1980년 사북
항쟁과 일상의 사회사

사북항쟁연구총서 1
1980년 사북: 항쟁과 일상의 사회사

초판 1쇄 발행 2021년 4월 19일

기   획 | 역사문제연구소 민중사반 사북팀
펴낸이 | 윤관백
펴낸곳 | ▨통한선인

등 록 | 제5-77호(1998.11.4)
주 소 | 서울시 마포구 마포대로 4다길 4, 곳마루빌딩 1층
전 화 | 02)718-6252 / 6257
팩 스 | 02)718-6253
E-mail | sunin72@chol.com

정 가 28,000원

ISBN 979-11-6068-471-1   94900
ISBN 979-11-6068-470-4   (세트)

사북항쟁연구총서 1

1980년 사북
항쟁과
일상의 사회사

기획 | 역사문제연구소 민중사반 사북팀

축사

대문자로 기록되는 사북항쟁

2020년 초부터 세계를 휩쓸고 있는 신종 코로나바이러스로 인한 미증유의 팬데믹 사태가 아직도 종식되지 않고 모든 사람들의 일상을 뒤흔들고 있습니다. 40주년을 맞아 역사적 복권의 전기로 삼으려 했던 1980년 4월의 사북항쟁과 관련된 일련의 계획들도 많은 이들의 노력이 있었지만 상당 부분 차질을 빚거나 훼손되기도 했습니다.

그동안 '80년 사북'은 우리 현대사의 전개에 미친 실질적인 영향과 파급력에도 불구하고 순도 100%의 밑바닥 노동자들이 벌인 사태라는 사실로 인해 우리 현대사에 소문자(小文字)로 언급될 수밖에 없었습니다.

하지만 민중의 삶은 스스로의 궤적을 찾아 어떻게든 흘러가고 물길을 만들어 냅니다. 지난 2016년부터 마음 따뜻한 역사문제연구소의 민중사반 사북팀 연구진들이 80년 4월의 사북 광부들이 지나온 신산(辛酸)한 삶에 초점을 맞추면서 비로소 사북항쟁이 이 나라 역사에 대문자(大文字)로 기록될 실마리를 찾은 것입니다.

그 사이 촛불 시민들에 의해 역사를 역주행하려는 세력들을 탄핵하기도 하고 정권이 바뀌는 등 많은 변화가 있었습니다. 변화 속에서도 이 땅의 민중의 역사를 올바로 기록하려는 열정을 일관되게 보여준 사북팀 연구진의 발길은 한 번도 끊이지 않았습니다.

어떤 시대, 어떤 민족에서든 민중들의 거세찬 삶의 소용돌이는 그 생긴 대로 계곡을 굽이치며 때로는 돌덩이를 굴리기도 하고 낙차 큰 폭포를 이루기도 하며 흘러갑니다. 하지만 아무리 거세찬 물길도 소용돌이도 각 시대의 사관(史官)들에 의해 대문자로 기록되지 않으면 역사의 시민권을 얻을 수 없습니다.

사북항쟁연구총서는 사북항쟁동지회 이원갑 초대회장께서 '광부의 목소리를 아무리 크게 외쳐도 허공에 흩어진다'고 절규한, 바로 그 광부의 목소리, 80년 사북항쟁의 목소리를 학문의 언어로 통역하는 것이라고 생각합니다. 허공에 흩어질 수도 있는 목소리를 꼭 들어야 할 사람들에게 전달될 수 있는 형식과 내용을 가진 언어로 바꾸는 것입니다.

김아람, 장용경, 장미현, 문민기, 김세림, 후지타 타다요시 등 연구진의 열정 덕분에 80년 사북항쟁이 역사(歷史)의 시민권을 얻을 수 있게 되었다고 생각합니다. 머나먼 사북까지 변화무쌍한 날씨와 험한 도로를 수없이 오가는 노고를 아끼지 않은 여러분께 가장 깊은 마음으로 감사의 말씀을 드립니다.

또한 지난 세월 동안 고통을 감내해 온 동지회 회원들과 사북 폐광지역의 많은 분들의 성원에 위로와 감사를 드립니다. 연구총서가 세상에 나올 수 있도록 행정적·재정적으로 지원을 보내준 관계기관 여러분께도 감사의 말씀을 드립니다. 이 책의 출간으로 팬데믹 사태 중에 맞는 41주년 사북항쟁기념일이 보다 더 의미 있는 자리가 되어 기쁘고, 사북항쟁을 기억하고자 하시는 모든 분들께 감사드립니다.

2021년 3월 31일
사북민주항쟁동지회 회장 황인오

책머리에

　1980년 4월, 부마민주항쟁과 5·18민주화운동 그 사이에 사북항쟁이 있었다. 강원도 정선군 사북읍에서는 동원탄좌 노동자들과 주민 수천 명이 4일 동안 공권력에 저항하였다. 열악한 노동조건과 노동조합의 비민주적 운영 및 부정 등으로 인한 분노가 폭발하여 4월 21일부터 24일까지 시위가 벌어졌다. 그 결과 노동자·회사·정부는 협상 후 합의를 이루었고 노동자들도 작업에 복귀하였다.

　그러나 계엄사령부는 항쟁 참여자를 처벌하지 않겠다는 합의를 무시하고, 참여자들을 불법적으로 연행하여 구금·고문하였다. 당시에 언론에서는 광부와 지역민의 폭력적인 대항 양상만을 집중적으로 보도하였다. 이로 인해 20여 년간 지역사회에서는 불신과 침묵이 이어졌고, 사건의 진상은 밝혀지지 못했다.

　2000년부터 자료집, 영화 및 다큐멘터리, 연구논저가 나오기 시작했고, 2005년에 참여자 중 이원갑·신경이 민주화운동 관련자로 인정되었다. 이러한 맥락 속에서 2008년 진실·화해를 위한 과거사정리위원회가 사건을 조사·보고하며, 국가가 피해자들에게 사과할 것을 권고하였다. 하지만 2021년 현재까지 국가는 사과하지 않고 있다.

　이러한 사북항쟁의 규모와 의미에 비해 그 연구는 많이 진전되지 못했다. 시위 농성을 하게 된 계기와 일자별 전개, 국가에 의한 피해가 진실화해위원회에 의해서 밝혀진 바 있다. 위원회에서는 조사 결과와 관련해서도 여러 연구 쟁점을 제기하였지만, 연구자들의 구체적인 검토는 미진하였다.

2016년 역사문제연구소 민중사반에서는 사북팀을 결성하여 사북항쟁의 실체와 역사성을 탐구하기 위해 공동 연구를 시작하였다. 사북팀 구성원은 이 책의 저자인 김세림, 김아람, 문민기, 장미현, 장용경과 후지타 타다요시이다. 사북팀은 2017~18년에 항쟁 참여자와 그 가족 10명을 구술하여 『사북항쟁 구술자료총서 1~3』[1]을 출간하였다. 2019년에는 동원탄좌의 자료를 수집하였고, 올해는 삼척탄좌의 자료를 조사·수집할 예정이다. 자료 수집과 연구를 병행하는 과정에서 1부의 연구논문이 작성되었다. 2020년에는 항쟁 40주년을 맞아 강연 및 좌담을 열었고, 2부에 그 결과를 담았다.

사북항쟁은 그 발생의 시대적 상황과 의미, 사건 전후 각 국면의 흐름과 특징을 면밀하게 검토해야 한다. 또한 그 기억과 기념의 문제에서도 관련자들이 서로 갈등하는 이유를 분석하고, 앞으로의 방안을 모색해야 한다. 1980년 사북의 상황을 가리키는 용어가 여전히 합의되지 않고, '사건'과 '항쟁'이 혼용되는 것은 이러한 과제가 있음을 잘 보여준다. 사북항쟁은 처음부터 계엄사령부에 의해 '난동', '폭동', '유혈사태' 등으로 이미지가 덧씌워졌고 이후 오랫동안 부정적으로 인식되어 왔다. 그러나 이는 사북항쟁의 발생 배경에 주목하지 않고, 항쟁의 한 측면만을 과도하게 부각시킨 결과라는 점에서 큰 문제를 지니고 있다.

사북팀에서는 사건이 가지고 있는 항쟁으로서의 성격을 중요하게 인식하여 이 책에서 사북항쟁이라 쓰고 있다. 2017~19년 논문이 쓰인 시점

---

1 이원갑·신경·황인오 구술, 『1980년 사북: 항쟁의 발발과 명예회복 과정』; 이명득·장문옥·조순란·이옥남 구술, 『1980년 사북: 여성의 탄광살이와 항쟁 참여』; 윤병천·최돈혁·이정근 구술, 『1980년 사북: 항쟁과 그 이후의 삶』, 도서출판 선인, 2020.

에는 '사북사건'으로 칭하였는데, 개념에 관하여 연구팀 내에서 논의 및 합의 과정이 없었고, 사건의 실체를 밝히려는 과정에 있었기 때문이다.

이 책은 사북항쟁의 성격을 다층적으로 규명하고, 그 의미를 재해석하려는 노력의 연장이자 작은 결과이다. 논문들과 강연 및 좌담은 항쟁의 장기적 배경과 직접적 계기, 전개 과정과 양상, 결과와 영향, 기억과 기념, 앞으로의 과제까지 포괄적으로 다루고 있다.

먼저 노동자들이 사북광업소를 점거하고 격렬히 투쟁하는 방식으로 시위가 전개될 수밖에 없었던 배경을 여러 측면에서 탐구하였다. 사북항쟁과 사북 지역을 분석하기 위해서는 산업·경제적 조건이 고려되어야 한다. 이 책의 논문을 통해 탄광촌의 전성기와 쇠퇴기를 함께 조망할 수 있으며, 이는 사북항쟁을 전후한 당시뿐만 아니라 현재의 사북 지역까지 시야에 넣고 항쟁의 의미를 생각할 수 있게 한다. 또한 왜 다른 탄광 지역이 아닌 사북에서 항쟁이 벌어졌는지에 관하여 분석이 이루어졌는데, 대형 재해가 계속되는 노동조건과 함께 경찰을 향한 광부들의 의식도 주목되었다.

김아람의 논문은 사북항쟁이 발생했던 동원탄좌가 1960~1970년대에 성장할 수 있었던 배경을 정부의 석탄산업 정책과 함께 고찰하였다. 이 연구는 정부의 석탄 증산이라는 목표를 달성하기 위해 기업의 불법 행위들이 용인되었으며, 이 시기 동원탄좌의 성장은 곧 비용 절감을 위한 노동자 억압, 사측의 횡령으로 이루어진 것임을 밝혔다. 이러한 문제는 사북항쟁 발발의 구조적 배경이 되었다.

문민기는 사북항쟁의 직접적 원인이었던 '사고'에 주목하였다. 이 '사고'는 1980년 4월 21일에 경찰이 지프차로 광부들을 치고 달아났던 사건을 가리킨다. 노·노 갈등이나 탄광의 구조적 문제만으로는 조직되지 않은 광부들의 시위를 전부 설명할 수 없고, 우발적이면서도 계기적인 사고를 함께 보아야 한다는 주장이다. 이는 탄광에서의 잦은 '죽음'들을 둘러싼 광부들의 감정을 이해하고, 사북항쟁의 직접적 원인을 파악할 수 있게 한다.

첫 번째 좌담에서는 항쟁의 배경에 대해 전국광산노동조합과 동원탄좌의 관계, 1970년대부터 사북에서 있었던 노동조합 운영 개선을 위한 노력이 다루어졌다.

이처럼 사북항쟁이 발발하기까지 국가와 공권력의 통제, 산업 구조와 정책, 노동조합의 역할과 기능, 광부들의 의식과 감정이 복합적으로 작용하고 있었다.

이 책에서는 사북항쟁 전개 과정에서의 폭력 문제를 중요하게 다루었다. 항쟁에서 나타난 폭력에는 국가를 포함하여 다양한 주체와 층위가 존재한다. 저항 주체가 행사하는 폭력 그 자체를 문제시해서는 당대의 맥락을 간과하게 되며 사건의 실상을 파악할 수 없다. 또 더욱 강력하고 심각한 피해를 끼친 국가 폭력이 오히려 가려질 수도 있다.

장용경의 논문은 사북항쟁 당시 광부들이 행사한 폭력과 국가 폭력 앞에 선 광부들의 대응에 초점을 맞추어 사북항쟁의 전개 과정과 주요 쟁점을 분석하였다. 이를 통해 '공안(公安)' 및 '항쟁(抗爭)'이라는 규범적 서사를 넘고자 하였으며, 특히 노조 지부장 부인 린치 사건에 대해 '과거 사실로서의 린치 인식'과 '과거 사실에 대해 현 주체가 취해야 할 태도'를 분리해 고찰해야 함을 강조하였다.

이 문제의식을 심화하여 두 번째 좌담이 열렸다. 여기서는 폭력을 어떻게 역사적으로 이해하고 성찰할지 발제와 토론이 이어졌다. 항쟁의 혼종성을 인정하며 폭력 발생의 맥락과 특징을 밝히고, 앞으로의 항쟁 계승 방안을 찾아야 한다는 것이 주요한 내용이었다. 그리고 그것이 광부들의 주체적인 행위성을 드러내고, 민주적인 기념을 할 수 있는 물꼬가 되기를 기대하였다.

한편, 사북항쟁의 또 다른 특징은 여성들이 적극적으로 참여했다는 점이다. 사북뿐만 아니라 그간 탄광에 관한 연구들에서 여성의 역할은 광부의 아내로 일상을 꾸리는 것에 한정되어 다루어졌다. 사북항쟁에는 여성들의 참여가 두드러졌고, 여성들의 피해는 성적 폭력으로도 나타났다. 그럼에도 항쟁 전후 여성들의 역할과 참여 양상은 깊이 있게 분석되지 못하였다.

장미현의 논문은 사북에서 여성들의 역할이 중요했음에도 그동안 드러나지 못했던 사회적 맥락을 분석하고, 구술을 통해 여성들의 기억이 가진 의미를 보여주었다. 적극적으로 참여한 여성일수록 더 침묵하거나 위축되었던 상황은 시대의 편견과 젠더 위계를 드러낸다. 목소리를 내고 이후 진상규명을 위한 운동에 나서는 여성들의 모습에서는 항쟁의 다양한 주체와 그들의 변화를 함께 볼 수 있다.

사북항쟁은 지역의 노동운동 및 주민 운동, 지역 공동체에 결정적인 영향을 미쳤다. 노동운동의 전반에서 사북항쟁은 다양한 의미를 지니는데, 하나는 유신체제에 억눌렸던 노동운동이 분출하면서 발발한 대표적인 탄광 노동쟁의이고, 열악한 노동조건, 노동자를 억압한 노동정책에 대한 정당한 저항이었다는 평가이다. 한편으로 민주적 노동조합이 없을 때 사측과 공권력의 탄압으로 투쟁이 멈출 수밖에 없는 사례였다는 평가도 있다. 이 책에서는 노동운동의 흐름 속에서 사북항쟁이 지닌 의미를 재평가하고자 했다.

민주화 이후 사북의 노동자들은 다시 노동쟁의를 벌였고, 1995년에는 폐광을 앞두고 생존권 보장을 요구하는 '3·3투쟁'을 전개하였다. 그 결과로 사북에는 카지노(강원랜드)가 건설되어 현재에 이르고 있다. 최근에도 주민들의 운동으로 2025년에 만료될 예정이었던 「폐광지역 개발 지원에 관한 특별법」 시효가 20년 연장되었다.

김세림은 사북항쟁이 지역에 무엇을 남겼는지를 1980년대 석탄산업 정책과 함께 살펴보았다. 이를 통해 사북항쟁 이후 전두환 정권이 지역에 약속한 '후생 복지'는 국가 폭력, 기업의 일상적 감시와 공존하여 사북항쟁 참여자들을 소외시키는 결과를 낳았으며, 급기야 지역 공동체를 와해시키게 되었다고 주장하였다. 또한 두 번째 논문에서는 연구의 대상으로 해석된 사북항쟁과 개인에게 항쟁이 남긴 영향 사이에 괴리가 있음을 발견하고 구술연구 방법론의 강점과 가능성을 확인하였다.

사북항쟁의 기억과 기념은 현재 진행형이다. 작년에는 항쟁 40주년을 맞아서 예년과 비교할 수 없을 정도의 큰 규모로 문화행사가 열리기도 했지만, 많은 사람들이 기억을 공유하고 함께 기념하기까지는 갈 길이 멀다. 이와 관련하여 두 좌담에서는 공통적으로 앞으로의 과제를 고민하고자 했다. 국가의 사과와 피해자 배·보상 외에도 기념의 주체를 확대·연대하고 연구 또한 심화해야 한다는 점이 강조되었다.

이어서 사북항쟁의 역사적 규명과 기념의 민주화를 위해서는 자료의 공개와 발굴이 필수적임을 지적하고자 한다. 1기 진실화해위원회가 조사한 자료가 공개되지 않음으로써 연구자들이 항쟁의 진상을 밝히는 데 한계가 있었다. 이제 활동을 시작할 2기 진실화해위원회는 기존의 자료를 공개해야 하며, 계엄군과 경찰이 의도적으로 누락하거나 은폐한 자료를 확인해야 한다. 또 명단이 있음에도 1기 위원회에서 조사하지 못한 100명 이상의 불법 연행·구금·고문 피해자를 찾아야 한다.

사북팀은 동원탄좌와 삼척탄좌의 자료를 수집하고 있지만, 지속적인 작업과 아카이빙이 필요하다. 정부와 지역민이 협업하여 방대한 양의 자료가 체계적으로 관리되기를 바라고 있다. 또한 구술 조사·연구는 시급히 해야 한다. 사북팀, 민주화운동기념사업회, 진실의힘 등에서 피해자들의 증언을 들었지만, 더 많은 피해자들이 낙인과 편견으로 인해 오래 침묵할 수밖에 없었다. 지금도 이분들은 고문 후유증이나 진폐 등 탄광 직업병으로 쇠약해지거나 사망하고 있기에 명예를 회복할 시간이 얼마 남지 않았다.

이러한 한계 속에서도 이 책은 그동안 연구에 활용되지 않았던 자료들을 바탕으로 구성되었다. 국가기록원의 동원탄좌 관련 자료, 사북 지역 관련 자료와 진실화해위원회 보고서·대한석탄공사·석탄산업합리화사업단 등 정부 기관 발간 자료들이 분석되었다. 대한탄광협회와 광산노조의 자료도 다루어졌고, 직접 수집한 동원탄좌 자료 일부가 활용되었다. 논문에서는 구술자료가 중요한 근거가 되기도 했다. 논문에서 인용한 『사북항쟁 구술자료총서 1~3』에 실린 구술자 현황은 다음과 같다.

구분	성명	구술일시	구술장소	총 구술시간	현 거주지
1권	이원갑	2018년 6월 30일, 7월 1일	구술자 자택	6시간 24분	강원 정선군 고한읍
	신경	2017년 6월 2일, 6월 3일	성북동 이종석 별장, 역사문제연구소	6시간 16분	경북 경주시 안강읍
	황인오	2017년 8월 13일 ~9월 10일	동북아평화경제협회, 부천시의회	12시간 8분	경기 부천시
2권	이명득	2017년 4월 22일, 4월 27일	구술자 자택, 역사문제연구소	4시간 26분	강원 정선군 사북읍
	장분옥	2018년 6월 19일	구술자 자택	2시간 42분	경기 성남시
	조순란	2018년 4월 20일	구술자 자택	1시간 52분	강원 정선군 고한읍
	이옥남	2018년 7월 1일	구술자 자택	1시간 57분	강원 태백시
3권	윤병천	2018년 6월 30일, 7월 2일	구술자 자택	4시간 1분	강원 정선군 남면
	최돈혁	2018년 7월 1일, 7월 2일	구술자 자택	4시간 49분	강원 태백시
	이정근	2017년 4월 22일, 4월 27일	구술자 자택, 역사문제연구소	4시간 12분	강원 정선군 사북읍

이 책은 총 2부로 이루어져 있다. 1부는 사북팀 연구자들의 논문, 2부는 심포지엄과 좌담으로 꾸렸다. '연구총서'를 기획할 때 그동안 나온 사북 관련 연구를 종합해야 하지 않을까 하는 생각도 있었지만, 사북팀

이 서로 충분히 공유한 문제의식의 결과를 집약하고자 했다. 1부의 논문은 각 저자의 관심 주제로부터 연구를 시작했는데, 논의를 진행하며 항쟁의 배경·전개·주체·결과를 체계적으로 다룰 수 있게 되었다. 물론 여기서 다루지 못한 중요한 주제들이 여전히 많지만 후속 연구를 기약하고자 한다.

2부의 〈사북, 역사를 열다〉는 항쟁 40주년 기념 심포지엄의 강연 및 토론과 좌담이다. 김동춘의 강연은 한국의 민주화 과정에서 사북항쟁이 지닌 의의를 여러 사례와 비교하여 검토하고, 질문을 제기하였다. 노동·정치·사회 부문으로 나누어 진행한 좌담에서는 관련 분야에서 탁월한 문제의식과 경험을 가진 김원·김정한·임송자·임채도·황인욱의 깊이 있는 분석과 통찰이 돋보였다. 여기에 항쟁 참여자들이 함께 하여 인사를 나누고 토론을 주고받아서 더욱 뜻깊은 자리를 만들 수 있었다.

〈사북 역사를 잇다〉는 황인오 사북항쟁동지회장의 제안으로 성사되었다. 사북항쟁에서 폭력 문제를 직접적으로 다루기까지는 오랜 시간이 걸렸다고도 할 수 있다. 김정한·박봉남·황인욱은 장용경이 쟁점으로 삼은 사건의 혼종성과 성찰적 기념, 광부의 행위자성과 연대의 필요성에 공감하면서도 그 구체적인 방법에 대해서는 각자의 견해를 밝혔다.

이상과 같은 저자들의 진지한 고민과 논의가 많은 독자들에게 닿을 수 있기를 기대한다.

이 책이 나오기까지 여러 곳의 도움을 받았다. 논문을 수록하도록 허락한 역사문제연구소와 구술사학회에 감사를 전한다. 심포지엄과 좌담은 강원도, 강원민주재단, 민주화운동기념사업회 등의 지원으로 열렸다. 구술자료와 동원탄좌 자료는 국사편찬위원회의 사업을 통하여 수집할 수 있었다. 또 도서출판 선인의 양해로 사북항쟁 기념식에 맞추어 책을 출간할 수 있게 되어 감사하다.

이제까지 연구가 진행될 수 있었던 데에는 사북에서 지역에 대한 애정으로 헌신을 다하고 있는 분들의 지지가 있었다. 연구진은 생동하는 역사의 현장에서 늘 배움을 얻는다. 앞으로도 3·3기념재단, 정선 고한·사북·남면·신동 지역살리기 공동추진위원회, 정선지역사회연구소, 동원탄좌 유물보존관과 삼탄아트마인의 격려와 협조로 사북의 역사가 계속해서 쓰일 수 있기를 바라고 있다. 또한 사북항쟁동지회의 의지와 열의로 광부의 항쟁과 일상이 역사의 중요한 장면으로 기록될 수 있었음은 다시 강조해도 지나치지 않다. 지금도 긴 고통 속에 있을 고문 피해자, 수천 명에 달했던 항쟁 참여자 분들도 용기를 내주시기를 간절히 청하고 싶다.

2021년 4월 사북항쟁 41주년 기념식을 앞두고
역사문제연구소 민중사반 사북팀

목차

1부
—
사북항쟁의 배경과 주체, 지역과 기억

1부에 실린 글들은 아래의 논문을 수정, 보완한 것이다.

· 김아람, 「1960~1970년대 석탄산업 정책과 동원탄좌」, 『역사문제연구』 42, 2019.
· 문민기, 「탄광사고를 통해 살펴본 사북사건의 배경」, 『역사문제연구』 42, 2019.
· 장용경, 「1980년 4월의 사북, 광부들의 폭력과 폭력 앞의 광부들」, 『역사문제연구』 42, 2019.
· 장미현, 「사북사건의 여성들―사라진 억센 여자들과 말하는 여성들」, 『역사문제연구』 42, 2019.
· 김세림, 「사북사건 이후의 사북―'복지'라는 외피를 쓴 일상적 감시」, 『역사문제연구』 42, 2019.
· 김세림, 「사북의 기억: 구술이 역사학에 주는 가능성」, 『구술사연구』 8(2), 2017.

1960~1970년대 석탄산업 정책과 동원탄좌

김아람

머리말
  1. 대단위 탄좌 설립
  2. '연탄 파동'과 석탄 수급 대책의 한계
  3. 1970년대 정부의 '생산 극대화' 방침과 동원탄좌의 성장 배경
맺음말

머리말

1980년 4월에 사북항쟁이 벌어졌던 곳이자 1970년대부터 2004년 폐광까지 사북 지역의 경제와 사회를 좌우했던 기업은 어디일까. 바로 (주)동원탄좌다. 이 논문에서는 1960~1970년대 정부가 추진한 석탄 산업 정책의 흐름과 그 성격을 밝히고, 동원탄좌의 설립 및 운영과의 관계를 살펴보고자 한다. 동원탄좌는 대단위 탄좌를 개발한다는 5·16군사정부의 방침에 따라 1962년에 강원도 정선군 고한읍(현 사북읍)에 설립되었다. 설립 후 1986년까지 지속적으로 생산량을 높이며 현 사북 지역의 석탄 산업을 지탱했다. 이후 '석탄 산업 합리화' 정책이 강원도에서도 본격화됨에 따라 동원탄좌도 생산을 감축하다가 2004년에 완전 폐광했다. 폐광을 앞두고 1995년에 지역 주민의 생존권 확보를 위한 '3·3 투쟁'이

벌어졌고, 「폐광지역개발지원에관한특별법」에 따라 내국인 카지노(강원랜드)가 설립되었다.

1960~1970년대 석탄 산업 정책의 흐름과 동원탄좌의 관계는 몇 가지 중요한 연구사적 쟁점을 가지고 있다. 첫째, 산업·경제사의 측면에서 국가와 자본의 밀접한 연관성을 보여 준다. 많은 선행 연구들이 지적한 대로 산업화의 계기나 역할은 국가(정부, 관료, 리더십), 자본(기업, 대내외적 자본 동원), 가계와 노동의 복합적인 상호 연관에서 찾을 수 있다. 국가의 자원 및 에너지 정책과 민간 기업의 성장 또한 유기적이며, 구체적인 국면에서 그 관계를 파악할 수 있다.

둘째, 지역사의 차원에서 동원탄좌의 성쇠가 사북 지역사회의 경제와 생활을 좌우하고, 변화를 도모했다는 점이다. 산업 구조의 고도화에 따라 동원탄좌를 비롯해 국내에서의 석탄 생산 규모가 축소됐고, 최근에는 환경 문제의 심각성이 인식되며 화석 연료의 사용은 더욱 줄어들 전망이다.[1] 이 변화는 탄광 지역 경제 구조도 변화시켰다. 사북읍은 동원탄좌가 설립된 후 인구가 크게 증가해 새로운 행정구역이 형성된 곳으로, 사북의 지역 경제는 광산을 기반으로 유지되다가 폐광 후에는 카지노가 중심이 되었다. 사북 지역민은 1960년대부터 탄광 조성, 폐광, 카지노와 리조트 조성으로 이어지는 변화를 겪고 있다.[2]

---

1 현재 국내의 탄광은 5개로, 대한석탄공사 장성(태백)·도계(삼척)·화순광업소와 민영 탄광으로 (주)경동(삼척 소재), 태백탄광이 있지만 태백탄광도 생산이 중단되었다(「석탄 감산에 문 닫는 탄광…내년 '연탄 대란' 현실로」, 『강원일보』, 2018. 10. 12). 또한 정부에서는 석탄 화력발전소의 가동을 중단하기로 했고, 미세 먼지 저감을 위해 생산을 감축하는 '탈석탄' 정책을 진행 중이어서 도계 지역과 석공 등 탄광 노동자들은 다른 생존 방안을 요구하고 있다(「"미세먼지 주범 찍히면서 졸지에 죄인…" 탄광촌의 검은 눈물」, 『한겨레』, 2018. 10. 23; 「화전 연료 전환에 탄광업계 벼랑 끝 몰려」, 『강원일보』, 2019. 1. 16).

2 현재 강원도 정선군 사북읍은 1973년 7월 1일에 신설된 행정구역이다. 그 이전에는 정선군 동면 사북리, 고한리, 직전리로 분리되어 있었는데 면 소재지와도 멀리 떨어져 있었다. 석탄 개발을 시작하면서 1962년 동면사북출장소를 신설했다. 읍으로 승격될 당시에 법정리 3개, 행정리 21개, 재건반 214개, 총 6,455세대(농가 319, 비농가 6,136), 총인구 47,309명이었다. 정선군, 『정선군지』, 1977, 141~142쪽.

셋째, 이 연구는 노동사와 생활사의 측면에서 사북항쟁으로 분출된 1960~1970년대 노동자의 생활과 삶을 규명하는 데에 기초적인 배경을 제공할 것이다. 동원탄좌의 운영은 사북 지역 사회와 노동자에게 심대한 영향을 미쳤을 뿐만 아니라 1970년대에 석탄 생산 규모가 커지면서 다른 탄광의 노동 조건에 있어서도 동원탄좌가 모델 역할을 맡았다. 정부의 석탄 정책과 기업 경영의 전반이 광산촌과 광부의 일상 전체에 영향을 미치는 것은 아니지만 동원탄좌의 성장 과정에서 노동자 규모, 노동조합의 역할도 확대되었다. 또한 정부가 기업에 생산량을 늘려야 한다고 요구할 때 기업은 노동자에게 더 높은 생산성을 강조하는 연쇄 작용이 일어났다.

이 쟁점들은 여러 자료와 선행 연구를 참조해 밝혀질 수 있다. 먼저 기관에서 발간한 간행물이 있다. 대한석탄공사(이하 석공), 석탄산업합리화사업단, 강원도, 정선군, 동원탄좌 측에서 발행한 자료들에서는 석탄 산업의 성장사를 축으로 하고, 시기별 정책과 산업의 쇠퇴 및 성장 배경을 다루고 있다. 이들 자료에서는 석탄 산업에 관한 법제와 정책의 변화를 개괄적으로 파악할 수 있고, 동원탄좌의 생산량 증대와 기술 개발 및 사세의 확장을 이해할 수 있다.[3] 그런데 이러한 간행물은 정책이나 기업 생산의 배경 및 과정보다 결과를 중심으로 서술되어 있다. 또, 석탄 산업 정책 전개와 동원탄좌의 성장은 그 시점이 같지 않기 때문에 정부·민영 탄광·동원탄좌의 관계는 면밀하게 검토해야 사실 확인이 가능하다. 일례로 석탄 산업이 1980년대 초반부터 본격적으로 합리화 정책의 대상이 되어 쇠퇴 일로에 접어드는 반면, 동원탄좌는 1986년에 최대 생산량을 기록했다.[4]

---

3 대한석탄공사, 『대한석탄공사 50년사』, 2001; 석탄산업합리화사업단, 『석탄광 폐광 지원 백서』, 1994; 강원도, 『강원 지역 탄광의 어제와 오늘』 상·하, 2006; 정선군, 『정선군 석탄산업사』, 2005.
4 전국의 석탄 생산 중 강원도의 비중은 1990년대에도 증가해 왔다. 1990년 71.2%에서

다음으로 탄광촌의 지역적 특징을 분석하는 연구들은 인류학, 지리학 등 여러 분야에서 진행됐다. 사북은 다른 탄광촌과 공통된 특징을 지니고 있지만, 먼저 연구가 시작된 것은 사북항쟁과 관련해 그 원인이 된 탄광의 열악한 노동 조건을 지적하는 데에 있었다. 사북항쟁 후 1980년대 중반부터 강도 높은 노동과 재해, 사측의 노동자 감시와 노조의 어용성이 제기되기 시작했다.[5] 2000년대에 들어서는 진상 규명 운동과 맞물려서 사북항쟁에 대한 관심이 크게 높아졌고 사건의 원인, 과정, 의미가 드러났다.[6] 사북항쟁을 밝힌 이러한 연구들은 1970년대 정부의 저임금 정책과 동원탄좌의 노동 억압적인 제도들－대표적으로 임금 도급제, 순회 감시－을 지적했다. 최근에는 동원탄좌 노조 지부 결성 과정, 전국광산노동조합과의 인적 갈등 관계를 분석한 연구가 나왔다.[7] 그러나 이들 연구에서는 석탄 산업 정책이 구체적으로 동원탄좌에 미치는 영향과 동원탄좌가 계속해서 생산량을 늘리게 한 배경에 대해서는 분석되지 않았다.

이 논문에서는 이상의 문제의식으로 다음의 주제들을 구체적으로 다루고자 한다. 첫째, 1960~1970년대 정부의 석탄 산업 정책과 제도의 목적과 성격을 밝히는 것이다. 둘째, 정부 정책이 '연탄 파동'과 같은 사회 문제나 석유 파동과 같은 세계 시장의 변동과 어떻게 관련되는지 분석하는 것이다. 셋째, 석탄 생산량을 늘린다는 국가와 기업의 목표가 실현되는 구체적인 과정을 살펴보고, 그 방식의 하나였던 부당한 회사 경영의 사례와 이를 묵인했던 정부에 관해 드러낼 것이다.

1995년에는 85.9%로 증가했다. 정선군에서는 이 원인을 강원도 외의 지역 폐광이 가속화되어서라기보다는 강원도의 대형 탄광, 즉 대단위 탄좌가 유지되고 있었기 때문이라고 분석했다. 강원도에서도 중소 규모 탄광의 폐광은 여타 지역과 비슷한 양상이었다는 점이 그 근거다. 정선군, 『정선군 석탄산업사』, 2012, 188쪽.

5 대표적으로 황인오, 「사북사태 진상 보고서」, 『노동 일터의 소리』, 1984(정선지역발전연구소, 『1980년 4월 사북(사북사건 자료집)』, 2000에 재수록) 참조.
6 박철한, 「사북항쟁 연구」, 서강대학교 정치외교학과 석사학위 논문, 2001.
7 임송자, 「전국광산노동조합 동원탄좌지부의 조직 활동과 사북사건」, 『사림』 75, 2021.

1. 대단위 탄좌 설립

정부 수립 후 석탄 산업의 구조는 국영 기업인 석공과 민영 탄광으로 이원화되었다. 이때 처음 문제가 되는 것은 일본인 소유의 광산과 그 개발 권리인 광업권을 처리하는 일이었다. 정부는 1950년에 석공을 창립했고, 1951년에 「신광업법」을 제정해 일본인들로부터 귀속된 광산을 중심으로 민간인에게 광업권을 인가하기 시작했다. 이 법에 기초해 적산 등 광업권을 민간인에게 불하하면서 석탄 생산을 국영 기업과 민간 기업이 병행하게 되었다.[8] 1950년대에 정부 주도의 석탄 산업 개발은 석공의 경영을 안정시키면서 산업철도 등 기반 시설을 부설하고, 민영 탄광 개발도 촉진하는 것이었다. 이 흐름은 1960년대로 이어졌다.

5·16군사정부는 작은 민영 탄광을 합쳐 '대단위 탄좌(大單位炭座)'를 설정했다. 대단위 탄좌는 개발탄좌 또는 탄좌라고도 하는데, 상공부 장관이 설정한 특정 구역 안에 있는 석탄 광구[9]의 집합체를 말한다. 탄좌를 개발하는 회사가 탄좌회사인데 탄좌회사는 신규 회사가 설립할 수 있고, 이미 시설을 갖추고 있어서 생산이 가능한 회사도 될 수 있었다.[10]

정부가 대단위 탄좌를 지정하게 된 일차적인 목적은 민영 탄광을 통한 석탄 광산의 효율적인 경영, 투자 촉진, 종합 개발이었다. 이를 실행하기 위해 1961년에 「석탄개발임시조치법」(이하 「임시조치법」)을 제정했다. 이 법에 따라 정부는 연간 30만 톤 이상의 석탄을 생산할 수 있다고 인정되는 지역 내의 광구들을 탄좌로 설정하고, 탄좌 개발에 필요한 시설 및 융자, 차관 보증을 제공하기로 했다. 탄좌회사는 5년간 각종 세금

---

8 석탄산업합리화사업단, 『한국 석탄산업사』, 1990, 56쪽; 김세건, 「"찌들은 몸" 사북 지역의 탄광개발과 환경문제」, 『비교문화연구』 10(1), 서울대학교 비교문화연구소, 2004, 159~160쪽.
9 광구(鑛區)는 '광업권을 행사하는 것이 인가되어 등록된 일정 구역의 토지'를 가리킨다 (한국광물자원공사, 『광물자원용어사전』, 2010. http://www.kores.net).
10 대한석탄공사, 『민영탄광종합개발사업·탄좌회사개설』 1963. 8. 2·12쪽.

도 면제되는 혜택을 받을 수 있었다.[11] 이에 따라 정부는 작은 광구들을 종합 개발하기 위해서 탄좌를 설정했고, 각 광업권자는 자기의 광구를 공동 출자해 탄좌회사를 설립할 수 있었다.[12]

주목할 점은 대단위 탄좌 설립이 정부에 의해 강제되었다는 것이다. 상공부 장관의 탄좌 설정 공고가 있으면, 그 탄좌에 포함된 각 광구의 광업권자는 공고 후 5개월 이내에 탄좌 개발 주식회사를 설립해야 했다. 그리고 이미 생산을 하고 있는 '기개발 탄좌'로 지정되면 5개월 이내에 주식회사 조직으로 변경해야 했다. 민영 탄광 광업권자가 탄좌 설립에 불응하면, 정부가 조광권을 설정해 타인이 채굴할 수 있게 하거나 국유화하도록 했다.[13]

정부가 대단위 탄좌를 설정하는 것은 광업권을 가진 민영 탄광을 강제로 통합해 탄좌회사를 설립하게 하고, 광업권을 회사에 귀속시키면서 이를 거부하면 국유화시킨다는 조치였으므로 문제가 될 수 있었다. 탄좌회사가 주식회사이자 사기업인데 그 지정을 정부가 한다는 것이어서 기업 운영과 이윤 추구에 제약이 될 수 있었기 때문이다. 「임시조치법」 법안 작성 단계에서도 탄광 업계가 초안에는 참여했으나 폐기됐고, 국가재건최고회의(이하 최고회의)가 주도해 수정안을 만들었지만 업계에서는 반대가 심했다.[14]

법안 심의 과정에서도 문제가 제기되었다. 영세 탄광을 합쳐서 대단위 탄좌로 개발할 때 헌법에 위배되지 않는지에 대한 질의가 있었다. 이때 대단위 탄좌를 설정하는 정부의 실질적인 목적이 드러났다. 상공부 차관은 "대단위로 함으로써 차관 원조 획득이 용이하게 될 것"이라고 응

---

11 「석탄개발임시조치법」 (법률 제936호, 1961. 12. 31 제정).

12 대한석탄공사, 『민영탄광종합개발사업·탄좌회사개설』 1963. 8, 2쪽.

13 대한석탄공사, 『민영탄광종합개발사업·탄좌회사개설』 1963. 8, 3쪽.

14 이창규(국회 상공위원회 전문위원), 「광업 관계 법률이 제정될 때 있었든 이야기 저야기」, 『탄협』 창간호, 대한탄광협회, 1969. 1, 26~27쪽.

답했다. 최고회의 재정경제위원회 자문위원은 "헌법 제88조에 의하면 생활 사정상 국가 목적에 맞도록 할 수 있게 되어 있어" 법을 제정한다고 보충했다. 헌법 제88조는 "국방상 또는 국민생활상 긴절(緊切)한 필요로 인하여 법률로써 특히 규정한 경우를 제외하고는 사영 기업을 국유 또는 공유로 이전하거나 그 경영을 통제 또는 관리할 수 없다"라고 정하고 있었다. 최고회의는 대단위 탄좌 설정이 국민 생활상 긴절한 필요여서 제외될 수 있다고 해석했고, 「임시조치법」이 제정되었다.[15]

또한 5·16 군정은 석탄 개발을 목적으로 한 차관 도입을 적극적으로 시도했다. 석탄 산업은 공공 차관이 도입될 수 있는 기간산업이었고 1950년대 후반부터 장면 정부까지 공공 차관뿐만 아니라 민간 외자를 도입하려는 교섭이 있었다.[16] 군정은 서독 공공 차관과 상업 차관에서 우선순위 투자 대상으로 석탄 개발, 전신, 전화 사업을 할당했다. 국제개발협회(IDA)에서도 탄차 도입을 위한 차관을 승인받았다.[17] 미국 공공 차관인 AID 차관으로도 민영 탄광 및 석공 탄광의 탄전 개발 사업 금액을 요청한 결과 석공 장성탄광에 950만 달러 도입이 조인되었다.[18] 정부는 차관을 통한 석탄 개발을 추진하는 가운데 대단위 탄좌 또한 차관 도입을 쉽게 할 수 있는 형태로 인식했다.

당시에 석공이 있었음에도 불구하고 정부는 석탄 개발과 차관 도입을 근거로 내세워 강력한 법적 제제로 민간 소유의 대단위 탄좌를 육성하면서 석탄 산업을 확장시켰다. 영국, 프랑스, 독일 등 이른 시기에 석탄 산

---

15 국회사무처, 『국가재건최고회의상임위원회 회의록』 제94차, 1961. 12. 27; 대한민국 헌법(시행 1960. 11. 29, 헌법 제5호, 1960. 11. 29. 일부 개정).

16 이정은, 『박정희 정권 시기 대자본의 외자도입과 금융기관 진출 연구(1960~1973년)』, 고려대학교 한국사학과 박사학위 논문, 2017, 32~34쪽. 탄광과 관련하여 1961년에 서독에서 삼척탄전에 화력발전소를 건설할 것과 석공 장성탄광 입갱 시설 자금을 차관으로 도입할 것이 제안되었다(「새해의 외자도입 전망」, 『경향신문』, 1961. 1. 1).

17 「외자 도입 교섭의 총결산」, 『경향신문』, 1962. 7. 29.

18 재무부 재무정책국 자금시장과, 「AID 차관에 의한 장성광 개발」, 『AID장성광개발 차관관계철(489·H·018)』, 1963 (국가기록원 BA0146517).

업이 발달했던 해외 사례와 비교해 볼 때, 정부가 실질적인 탄광 운영을 한 것과는 확연히 다른 방식이었다. 정부는 대단위 탄좌 설립 자체는 강제했으나 그 자금 조달과 운영은 민간에 맡기고 있었던 것이다. 석공은 이러한 정부의 정책이 해외 사례와는 "정반대의 방침"이라고 지적했다.[19]

5·16 군정이 석공을 포함한 민영 탄광 개발에 집중한 데에는 미국의 영향력이 작용한 것으로 보인다. 1950년대 중반에 석공에서 임금 지급을 못하고 광부들이 파업하는 등 운영상 문제가 발생하자, 한미 합동의 대책위원회를 조직했다. 이 위원회에는 대외활동본부(FOA), 유엔한국재건단(UNKRA), 한국민간원조사령부(KCAC), 제3철도수송사령부(3rd TRC), 미군병참관구사령부(KCOMZ)의 담당자가 속했고, 한국 측의 석공, 상공부, 재무부, 부흥부, 교통부, 한국은행, 산업은행, 군 파견단과 협의를 진행했다. 이 협의회는 민영 탄광 개발을 촉진해야 한다고 보아서 조직을 개편하면서 민영탄광특별분과위원회도 신설한 바 있었다.[20] 원조 당시에 미국은 석탄 산업에서 시장성을 강화해 석공 운영도 정상화할 것으로 기대했다. 5·16 쿠데타 직후 군정은 이러한 미국의 입장을 수용했을 것으로 추정된다.

전체 무연탄 생산량에서 석공의 비율은 1950년대 중반을 제외하고는 민영 탄광보다 높지 않았다. 1966년 이전까지는 양자의 생산 비율은 비슷했지만 1966년부터 민영 탄광의 생산 비중이 크게 증가하기 시작했다.[21] 전체 생산량 변화의 추이를 살펴보면, 〈표 1〉과 같이 1967년부터 1천만 톤을 초과해 1980년대 후반까지 그 규모가 유지되었다.

---

19 영국은 민영 탄광을 국유화한 뒤 석탄청이 담당해 개발하게 했고, 프랑스는 석탄공사를 설립해 개발하게 했으며 독일은 공사 혼합 기업 형태로 개발했다. 대한석탄공사, 『민영탄광종합개발사업·탄좌회사개설』 1963. 8, 3쪽.
20 임채성, 「군 파견단의 대한석탄공사 지원과 석탄 산업의 부흥(1954. 12~1957. 8)」, 『동방학지』 139, 2007, 252~253쪽.
21 대한상공회의소, 『석탄 산업의 현황과 과제』, 1977, 42쪽.

〈표 1〉 대한석탄공사와 민영 탄광의 무연탄 생산량[22]　　　　　　　(단위: 1천 톤)

연도	전체	공사		민영		비고
		생산량	%	생산량	%	
1951	162	78	48.1%	84	51.9%	전후 생산 개시
1956	1,815	1,262	69.5%	553	30.5%	석탄 산업철도 개통
1960	5,350	2,576	48.1%	2,774	51.9%	
1962	7,444	3,535	47.5%	3,909	52.5%	「석탄개발임시조치법」 제정
1964	9,622	4,641	48.2%	4,981	51.8%	
1966[23]	11,613	4,700	40.5%	6,900	59.5%	
1967	12,436	4,714	37.9%	7,722	62.1%	1966년 말 연탄 파동
1968	10,242	4,256	41.6%	5,986	58.4%	
1970	12,394	4,454	35.9%	7,939	64.1%	
1972	12,403	3,809	30.7%	8,594	69.3%	
1973	13,571	4,245	31.3%	9,326	68.7%	제1차 석유 파동
1974	15,263	4,410	28.9%	10,853	71.1%	
1975	17,593	4,574	26.0%	13,019	74.0%	
1978	18,054	4,672	25.9%	13,382	74.1%	제2차 석유 파동
1980	18,624	4,786	25.7%	13,838	74.3%	
1988	24,295	5,222	21.5%	19,073	78.5%	1987년 합리화 정책 시행
1995	5,720	1,975	34.5%	3,745	65.5%	
2000	4,150	1,476	35.6%	2,674	64.4%	

　1962년부터 시행된 「임시조치법」에 따라 설정된 탄좌와 탄좌회사는 1966년 말 기준 9개로 다음 〈표 2〉와 같다.[24]

22　대한석탄공사, 『대한석탄공사 50년사』, 2001, 259쪽의 '공사와 민영 탄광 생산량'; 대한상공회의소, 『석탄 산업의 현황과 과제』, 1977, 42쪽의 '무연탄 생산 실적'. 『대한석탄공사 50년사 1950－2000』에서는 1964, 1966, 1968, 1972, 1974, 1975년 기록이 누락되어 있다.

23　1/100로 축소된 것이어서 수정 기재함. 대한상공회의소, 『석탄 산업의 현황과 과제』, 1977, 42쪽.

24　대한석탄공사, 『민영탄광종합개발사업·탄좌회사개설』 1963. 8, 3쪽; 대한석탄공사, 앞의 책, 78쪽의 '탄좌회사 설립 현황(1966년 말 기준)'. 대성탄좌 기록은 대한탄광협회, 「5. 주요민영탄광생산량일람표」, 『탄협』 제2호, 대한탄광협회, 1970, 120쪽과 네이버기관단체사전·대성그룹 참조.

〈표 2〉 대단위 탄좌 현황(1966)

탄좌명	광구 수	설정일	회사명	설립 등기일	대표자 명	공사 매입	최초 생산규모 (1천 톤)	자본금 납입 (1천 원)	융자액 (1천 원)
사북	24	1962. 4. 24.	동원	1962. 9. 24.	이연		1,500	110,000	133,400
정암	17	1962. 4. 24.	삼척	1962 12. 10.	임창호		1,200	77,278	118,492
회동	24	1962. 6. 27.	회동	1962. 12. 10.	김명국	1966	1,000	30,000	18,953
나전	27	1962. 6. 27.	나전	1962. 12. 14.	김성광	1967	900	20,000	14,269
구절	10	1962. 6. 27.	구절	1962. 12. 10.	호상철		600	34,000	58,920
호남[25]	14	1962. 9. 28.	호남		·		300		
성주[26]	11	1963. 1. 11.	성주	1963. 1. 24.	손홍익	1967	840	10,000	105,200
강릉	13	1964. 3. 5.	강릉	1964. 4. 10.			700	51,000	27,200
문경[27]	13	1965. 3. 3.	대성	1965. 6. 1.	김수근		400	80,000	50,866

　동원탄좌는 「임시조치법」에 따라 24개 광구를 통합해 사북탄좌로 지정되며 설립되었다. 1962년 9월 24일에 원동탄좌개발주식회사로 설립등기를 했고, 이때 대표자는 정영호였다. 1962년 12월에 이연이 회사를 인수하고, 1963년 12월 1일에 동원탄좌개발주식회사로 상호를 변경했다.[28] 동원탄좌 사장이 된 이연은 1916년 1월 7일 전북 익산에서 태어나

25　1963년 8월 시점에 호남탄좌는 1962년 9월 28일에 설정되어 1963년 2월 28일까지 탄좌회사를 설립해야 했지만, 광구 중에 광업권 지분 확인 소송이 진행 중인 곳이 있었고, 영세한 광업권자들은 회사 설립 비용이 부족해서 설립을 하지 못하고 있었다. 대한석탄공사, 『민영탄광종합개발사업·탄좌회사개설』 1963. 8, 3쪽.

26　설정 당시 기개발 탄좌.

27　1926년 남한 최초 무연탄 개발. 창립 당시 공사 운영 기업체로 지정되었으나 1957년 이순덕에게 불하되어 민영 탄광으로 운영. 대한석탄공사, 『대한석탄공사50년사 1950·2000』, 2001, 80쪽.

28　동원탄좌개발주식회사, 『수갱건설계획서』, 1982. 5, 3쪽. 이연의 원동기업 인수 시점은 기록마다 약간의 차이가 있다. 1975년 기사에서는 1962년 12월로 기록하고 있는데, 탁경명의 책에서는 인수를 한 뒤 1962년 1월에 사북탄좌로, 63년에 동원탄좌로

전주 신흥고등학교를 졸업하고 1946년 당시 국내 최대의 건설사였던 창설사를 설립해 운영했다.[29] 해방 후 그는 미군정 발주 공사에 뛰어들었다. 정부 수립 후 쏟아져 나오는 관급 공사를 수주해 건설업계에서 상위 그룹으로 자리를 굳혔다.[30] 이어 1959년에는 대한교육보험을 공동 설립해 초대 회장을 지냈다.[31]

이연이 탄광업을 시작하게 된 계기로는 산업철도 공사가 있었다. 1950년대 후반 석탄 수송을 위한 중앙선과 태백선 공사가 차관으로 시작될 때, 산업철도 공사를 따낸 당시 동원토건 이연 회장은 공사 현장과 가까운 석탄 산지인 사북을 처음 방문하게 되었다. 이연이 사북 지역을 돌아본 뒤, 개발을 시작한 탄광업이 정부의 지원으로 장차 유망 기업이 될 것이라고 판단해 탄광업계 진출을 결심했다는 이야기도 있다.[32] 이연은 1963년부터 1992년까지 동원탄좌 회장과 동원그룹의 회장을 역임했고, 1986~1997년에는 대한석탄협회장을 맡았다.[33] 설립 당시 이연은 대한교육보험이 소유하고 있던 지분을 3억 원의 부채를 지며 인수했다.[34]

동원탄좌는 1962년에 설립된 후 사북 지역에서 석탄 산업의 독점적인 권한을 가지고 1964년부터 생산을 시작해 점차 그 양을 늘렸다. 정부로부터 부여받은 대단위 탄좌의 광업권 존속 기간은 25년을 원칙으로 했고, 기한 만료 전에 산업자원부 장관의 허가를 받아 연기할 수 있었다. 고한의 경우 삼척탄좌 외에 세원, 정동, 경일 등의 독립 광구를 가진 광

상호가 바뀌었다고 했다. 「'엄살 치부' 탄값 인상 요구」, 『동아일보』, 1975. 11. 25; 탁경명, 『80년 4월의 사북: 사북사태와 그 후』, 강원일보사, 2007, 139~140쪽.

29 「부고-이연 동원 명예회장 별세」, 『한국경제』, 2003. 4. 11.
30 탁경명, 앞의 책, 139~140쪽.
31 「부고-이연 동원 명예회장 별세」, 『한국경제』, 2003. 4. 11.
32 탄광 기술자들의 자문을 받아 사북 일대를 둘러본 이연은 기존 탄광인 원동기업이 매장량이 풍부하고 장래성이 있다는 것을 확인하고 원동탄좌를 인수하게 되었다고 한다. 탁경명, 앞의 책, 139~140쪽.
33 「이연 명예회장, 석탄사업 외길 걸은 경제계 큰 일꾼」, 『동아일보』, 2003. 4. 11.
34 「'엄살 치부' 탄값 인상 요구」, 『동아일보』, 1975. 11. 25.

업소가 있었으나, 사북에는 동원탄좌 외에 독립 광구를 가진 광업소가 없었고 10여 개의 군소 덕대, 하청업자들이 동원탄좌의 일부 광구를 일정 기간 동안 조차하고 있었다.[35]

5·16 군정은 광업권을 담보로 설정하고 개발 자금을 융자해 주는 제도도 신설했다. 「광업개발조성법」에서는 광업권과 광산 시설을 담보물로 설정할 수 있게 하고, 대출 자금은 정부 재정으로 충당하며 융자 대출 실무는 한국산업은행이 담당하게 했다.[36] 광업권자가 직접 신청하는 것은 아니고 정부 직할 기업체에서 광업권을 평가해 상공부에 제출하면 심사를 거쳐 융자를 추천했는데, 법 시행 초기에는 융자 추천을 석공이 담당했다.[37] 〈표 2〉에서와 같이 동원탄좌는 탄좌 중에서 융자액 규모 또한 가장 컸다.

하지만 유의해야 할 사실은, 〈표 3〉에서 알 수 있듯 탄좌가 제1차 경제개발5개년계획 기간 동안 계획한 생산량을 달성한 적이 없었다는 점이다. 생산량 규모도 석공 및 민영의 10% 수준이었다. 즉, 9개의 탄좌가 설정된 이후 1960년대 중반까지도 국내 석탄 생산은 석공과 여타 민영 탄광이 주도하고 있었다. 군사정부가 대단위 탄좌를 신설해 석탄 산업 개발과 차관 도입을 꾀했지만, 1960년대 중반까지 무연탄 생산량으로 볼 때 여전히 석공과 여타의 민영 탄광이 생산에 주도적인 역할을 하고 있었다.

---

35 황인오, 「사북사태 진상 보고서」, 『노동 일터의 소리』, 1984(정선지역발전연구소, 『1980년 4월 사북(사북사건 자료집)』, 2000에 재수록, 27쪽).

36 「광업개발조성법」(법률 제1089호, 1962. 6. 12 제정).

37 대한석탄공사, 『대한석탄공사 50년사』, 2001, 81~82쪽.

〈표 3〉 무연탄 생산 계획 대비 실적(제1차 경제개발5개년계획 연도)[38]　　　(단위: 톤)

연도		대한석탄공사	탄좌	민영 탄광	계
1962	계획	3,180,000		3,000,000	6,180,000
	실적	3,535,028		3,908,979	7,444,007
		111%		130%	120%
1963	계획	3,800,000	700,000	3,470,000	7,970,000
	실적	4,256,845	354,800	4,246,445	8,858,090
		112%	51%	122%	111%
1964	계획	4,600,000	840,000	4,160,000	9,600,000
	실적	4,641,267	414743	4,565,590	9,621,600
		101%	49%	110%	100%
1965	계획	4,600,000	845,000	4,555,000	10,000,000
	실적	4,630,000	751,951	4866260	10,248,211
		101%	89%	107%	102%
1966	계획	4,700,000	1,140,000	5,560,000	11,400,000
	실적	4,704,622	1,110,792	5,797,886	11,613,300
		100%	97%	104%	102%
합계	계획	20,880,000	3,525,000	20,745,000	45,150,000
	실적	21,767,762	2,632,286	23,385,160	47,785,208
		104%	75%	113%	106%

2. '연탄 파동'과 석탄 수급 대책의 한계

5·16군사정부가 1962년 「임시조치법」으로 대단위 탄좌를 설정해 석탄 생산을 늘리고자 했으나 체계적인 연료 정책은 없었다. 1962년에 울산정유공장이 완공된 후 에너지원 중 석유의 비중이 점차 높아지고 있어서 에너지원과 시장의 수요 변동 상황이 예상되는 중에도 정부의 종합적 정책은 부재했다.[39] 특히 석탄 산업에서는 기존 제도와 문제적 관행이 계

---

38 허륜, 「석탄 산업의 획기적인 육성책을 촉구함」, 『탄협』 창간호, 대한탄광협회, 1969. 1, 10쪽.
39 『광공세계』라는 잡지사를 경영하던 심동섭은 "석탄에 대한 정책은 우왕좌왕 당면 문제

속됐고, 「임시조치법」의 목표와 달리 적극적인 개발에도 제약이 많았다.

석탄 산업에 있어서 정부는 탄가 인상을 억제하며 저탄가 정책을 유지했다. 1950년대에는 석공이 발족한 후에 석공 탄가를 정부에서 결정해 국회의 동의를 얻어서 실시했고, 민영 탄가는 자유 거래를 인정해 체제상으로는 이원 가격 체제를 유지하고 있었다. 5·16 군정은 석공 탄과 민영 탄 외에 연탄까지 가격을 동결했고 행정부에서 탄가를 결정 고시하게 했다.[40] 1967년 국내 석탄 판매 가격은 대일 수출 가격보다 저렴했고, 일본 내 판매 가격의 1/3 수준에 그쳤다.[41] 1974년 4월에는 석공 탄과 연탄의 최고 가격을 통제했고, 1975년 4월에는 민영 탄까지 최고 가격을 제한해 탄가를 일원화했다.[42]

다음으로는 생산 설비가 갖추어지지 않았다. 석탄 생산에서는 채굴뿐만 아니라 관련 기반 시설이 필수적인데, 탄좌 설립 후에도 철도, 송·변전 설비가 4년여 동안 지연되고 있었다. 특히 수송용 철도는 큰 문제가 되고 있었다. 각 광산마다 '화차 쟁탈전'이 벌어지고 있었다. 대단위 탄좌인 우전, 회동에서도 수송력이 없어서 생산을 못하고 있었다.[43]

또한 〈표 3〉과 같이 대단위 탄좌가 1960년대에 계획만큼 실적을 달성하지 못했다. 거기에도 다음과 같은 몇 가지 원인이 있었다. 첫째, 탄좌 개발을 위한 자금 지원이 효율적으로 이루어지지 않았다. 이미 개발이 진행되고 있는 탄좌에 자금이 집중되었고, 시설 설비가 필요한 탄좌

처리에 급급한 미봉책에 그치고만 것이 사실"이라고 지적했다. 심동섭, 「석탄 정책의 정립을 촉구한다: 석탄 개발의 발전적 배경과 유류 대체의 졸속 과오에 관련하여」, 『탄협』 창간호, 대한탄광협회, 1969. 1, 36쪽.

40 정선군, 『정선군 석탄산업사』, 2005, 33쪽.
41 석공 고시 가격이 톤당 1,420원, 민영 탄 협정 가격이 1,750원으로 6달러 미만이었다. 「석탄 대책 시급」, 『경향신문』, 1967. 3. 8.
42 정선군, 앞의 책, 33쪽.
43 1967년 겨울을 대비한 연료 연도 중 성수기에는 열차 1천량, 비수기에는 920량의 석탄차를 배차하기로 계상했지만 3월 현재 하루 830량에 그치고 있었다. 「대단위 탄좌 개발에 암영」, 『매일경제』, 1967. 3. 1; 「석탄 대책 시급」, 『경향신문』, 1967. 3. 8; 「저탄 자금 재원 확보책 촉구」, 『매일경제』, 1967. 4. 6.

는 신청한 융자액이 삭감되었다. 둘째, 정부가 탄좌마다 편파적인 정책 집행을 하고 있었다. 일부 회사는 생산 능력이 있는데도 생산 목표량을 줄이게 하는 반면, 회사 설립이 안 된 호남탄좌의 송·변전 시설을 1963년도에 완료시키는 등 일관성이 없었다.[44]

탄좌의 생산이 부진한 데에는 탄좌회사와 정부의 부당한 유착 문제 또한 있었다. 나전탄좌가 1962년 개발 초기부터 정부로부터 지원받은 재정과 사채를 착복, 유용한 혐의가 드러났다. 나전탄좌는 2억 원 상당의 부채를 지면서도 탄광 개발을 하지 않았고, 상공부는 1966년 말에 탄좌 매매에 합의를 했다. 그러자 대표자가 채권자들을 피하려고 불법적으로 광업권에 저당권을 설정하고 도피해 버렸다. 상공부도 매매를 불법 승인해 줌으로써 대표의 재산 도피를 가능하게 했고, 탄좌 매입 또한 하지 않은 책임이 있었다.[45]

이러한 석탄 생산 단계에서의 문제는 자연스럽게 소비에도 영향을 미쳤다. 1965년에도 석탄이 부족해 1966년에 증산을 했음에도 불구하고 심각한 연탄 품귀 현상인 '연탄 파동'이 벌어진 것이다. 연탄 파동은 대단위 탄좌의 운영 문제를 포함해 석탄 산업 전반의 한계가 불거져 나온 것이었다. 연탄 파동의 원인은 다각도에서 살펴보아야 했는데, 탄광업계와 정부 각 부처의 방점은 제각각이었다.

먼저 탄광업계를 대표하는 탄광협회 측에서는 운송 설비의 부족을 강조했다. 성수기에 운송을 하지 못해 생산지는 약 80만여 톤의 석탄을 보유하고 있었지만, 소비지에는 저탄이 부족했다는 점이 연탄 파동의 원인이라고 보았다.[46] 강원도 지역에 집중적으로 매장되어 있는 석탄 운송의 핵심은 철도 건설에 있었는데, 1966년까지 신규 노선은 건설되지 못했

---

44 「대단위 탄좌 개발에 암영」, 『매일경제』, 1967. 3. 1.
45 「난맥 이룬 광무행정」, 『매일경제』, 1967. 3. 10; 「상공부」, 『매일경제』, 1967. 3. 24.
46 허륜(대한탄광협회 회장), 「석탄 산업의 획기적인 육성책을 촉구함」, 『탄협』 창간호, 대한탄광협회, 1969. 1, 10쪽.

다.[47] 상공부는 이 문제에 대해 교통부에 책임을 전가하고 있어서 문제가 되기도 했다.[48]

상공부는 업계가 생산량을 줄여서 석탄 공급이 부족해졌기 때문이라고 했다.[49] 그러나 절대적인 석탄 생산량은 1964~1966년 사이에 계속 늘어났으므로 적절한 지적이 아니다. 다만 수요량에 비교할 때 생산량이 그에 미치지 못하고 있었던 점은 사실이다. 또, 소비지에 저탄량이 부족했다는 점에는 정부와 업계가 같은 의견이었지만, 정부는 탄광 지대에도 저탄량이 없었다고 했다. 각종 저탄장에 있던 석탄이 비가 오면 유실되는데 통계상으로 소모량이 고려되지 않았다는 것이었다.[50]

1966년 연탄 파동으로 정부는 석탄 수급 조절 대책을 마련했다. 최초의 대응은 1966년 11월, 경제기획원에 연료대책본부를 설치해 나온 대안이었다. 탄광의 민영 탄을 석공에서 무제한으로 매수하도록 지원하고, 서울시는 책임 생산을, 철도청은 책임 수송을 하도록 한다는 내용이었다.[51] 1967년에는 보다 적극적인 대책이 나오게 되는데, 먼저 석공의 역할을 강화한다는 것이었다. 시설 자금 및 운영 자금 명목으로 석공에 19억 5,000만 원의 긴급 융자 추천책을 경제장관회의에 상정했다.[52] 이어서 대단위 탄좌를 점차 석공이 매입하도록 결정했다. 이때 정부의 입장은 석공 생산량이 석탄 총생산량의 40% 이하로 떨어지고 민영 탄광의 생산량이 증가되어서 석탄의 적정 가격 유지와 수급 조절에 차질을 가져

---

47 최종적으로 충북 제천과 강원 태백 백산에 부설된 태백선 103.8km 중 영월~함백 구간(22.6km)은 1957년에, 예미~고한 구간(30km)은 1966년 1월 19일에 개통했다. 「태백선」, 한국콘텐츠진흥원, 『문화원형백과』(http://www.culturecontent.com).

48 「연탄 파동 서로 책임 전가만」, 『동아일보』, 1966. 10. 12.

49 이상섭(상공부 동력국장), 「석탄 정책의 장래 전망」, 『탄협』 창간호, 대한탄광협회, 1969. 1, 18쪽.

50 당시 상공부 공업 제1국장이었던 오원철은 탄광업자 대표와 상공부의 연석회의에서 업자들이 보고한 것을 보았다고 했다. 오원철, 『에너지 정책과 중동 진출』, 기아경제연구소, 1997, 51쪽.

51 오원철, 앞의 책, 54쪽.

52 「석공에 19억 융자」, 『매일경제』, 1967. 4. 14.

오고 있다는 주장이었다. 따라서 석공이 탄좌를 점차적으로 매입해서 석탄 수요 조절에 대한 주도권을 잡도록 한다는 방침이었다. 그 1단계 조치로 나전탄좌와 성주탄좌를 4억 원으로 매입하고, 재원은 산업은행 융자로 충당시킨다고 결정했다.[53]

그러나 석공은 부실한 경영과 비상식적인 거래 관행으로 문제를 일으키고 있었다. 석공이 탄가 인상을 미리 고시해 두고 가격을 인상하기 하루 이틀 전에 막대한 양의 석탄을 현금이 아닌 연수표로 팔아넘겼던 일이 드러났다. 이러한 부당 판매는 석공의 재고를 줄이면서 민영 탄광의 생산은 위축시키고, 자금난을 촉진했다. 한 언론 사설에서는 "왜 석공에는 놀고먹는 사람이 그렇게도 많고 낭비가 많은가"라고 일침을 놓았다.[54]

또 다른 대책은 연료를 유류로 대체하는 일련의 조치들, 이른바 '주유종탄' 정책이었다. 스토브나 버너 등 유류 연소 기구의 수입을 자유화하면서 수입 시 관세도 전액 면제했다. 석유 판매점도 무제한 허가하기로 하고, 석유·경유·벙커C유의 가격을 30%가량 인하했다. 유류 수송용 유조차의 수입 또한 무제한 허가하고 면세 조치했다.[55]

정부가 유류 대체 정책을 시행하자 석탄 등 광업은 심각한 위기에 직면했다. 연탄 파동 후 석탄 증산량을 높였으나 수요가 그에 미치지 않자 탄광에는 저탄량이 증가하고 회사는 자금 압박을 받았다. 광부들은 임금을 체불하거나 실직했다. 1967년 9월 말 현재 전국의 저탄량은 전년도의 약 3배인 341만 톤에 달했다.[56] 삼척 지역에서는 33개 광구 중 23개

---

53 「석공서 매입 결정」, 『경향신문』, 1967. 5. 26.
54 석공은 탄가 인상의 예시가 여름철 비수요기에 판매를 촉진하는 방법이고 은행 지급 보증에 의한 외상 거래는 오래된 관습이라고 주장했다. 또한 탄가 인상 예시는 상공부 장관 이름으로 한 것이라며 변명했다. 탄가를 인상하면서 석탄을 미리 인상 전 가격에 판매해 석공에 손실을 가져오는데도 이를 관행이라고 했다. 「석공 운영의 실태」, 『동아일보』, 1968. 11. 13.
55 오원철, 앞의 책, 56~57쪽.
56 허륜, 「석탄 산업의 획기적인 육성책을 촉구함」, 『탄협』, 창간호, 대한탄광협회, 1969. 1, 10쪽.

가 문을 닫았고, 동원탄좌는 34개 갱도 중 12개가 휴광했다.[57] 광부의 체불 임금 지급과 실직 문제 해결, 석탄 소비 대책을 요구하며 전국광산노동조합(이하 광노) 주도로 전국적인 시위가 벌어지기도 했다.[58] 정부가 석탄과 유류의 수급 균형을 위해 상공부에 연료수급조정위원회를 설치해 의견 수렴을 시도하기도 했지만[59] 적절한 수요 예상이나 계획 없이 유류 대체의 각종 조치들을 진행하면서 탄광에는 저탄이 쌓이고 많은 광부들과 탄광촌이 피해를 겪었다.

1966~1967년의 연탄 파동과 유류 대체 정책은 석탄 산업이 처한 환경을 크게 변화시켰다. 석탄이 독점하던 에너지원이 유류와 함께 이원화되었고, 석탄 산업은 수요를 창출해야 함과 동시에 가격 경쟁을 할 수밖에 없었다. 이 문제는 정치적으로도 쟁점이 되었다. 여야에서는 대정부 청원과 건의안을 내놓았고 상공부가 대책을 마련했다. 1968년의 기본 방향 중 생산 대책을 보면 ① 1,200~1,300만 톤으로 생산 규모를 유지, ② 생산 체제의 합리화를 위해 고질(高質) 및 능률 탄광에 중점적인 투자로 양에서 질로 생산 전환, 석공의 경영 합리화 대책 실시, 적자 요인 억제, 근대화 기계 시설 촉진과 정비책의 강구, ③ 투자의 촉진을 위한 민영 탄광의 탄전 시추 갱도 시설 촉진에 연간 약 20억 원 투융자, 제세 면제 및 투자 공제 제도의 활용, 이익금 중 일정액을 투자하도록 규제를 내놓았다.[60] 투자 촉진 부문에서 주목할 점은 점차 심부(深部) 채탄에 따라

---

57 오원철, 앞의 책, 59쪽.

58 광노의 연료 대체 반대 투쟁에 대해서는 임송자, 「1960년대 전국광산노동조합 리더십 변화 과정과 조직활동」, 『사림』 44, 수선사학회, 2013, 353~358쪽 참조.

59 상공부 내에 설치한 위원회는 10명으로 구성되었는데, 상공부 차관(위원장), 교통부 차관, 경제기획원 기획차관보, 상공부 광공전차관보, 철도청 차장, 석공 총재, 한전 사장, 석유공사총재, 탄광협회 회장, 연료공업협동조합연합회 이사장 등이었다. 허륜, 「석탄산업의 획기적인 육성책을 촉구함」, 『탄협』, 창간호, 대한탄광협회, 1969. 1. 10쪽; 「연료수급조정위 위원 10명 발표」, 『매일경제』, 1967. 11. 18.

60 상공부, 「석탄 대책의 기본 방향」, 『경제장관회의록』, 1968. 3. 28 (국가기록원 BA0138706).

민영 탄광의 투자를 기대하기가 어렵다고 보고, 부진한 민영 탄광을 석공이 흡수·개발하도록 석공에 증자를 해야 한다는 내용이 포함되었다.[61] 즉, 석탄 산업 내에서 생산 규모를 적정선에 맞추고 석공을 중심으로 개발과 투자가 이루어져야 한다는 방향이었다.

이 '기본 계획'에는 공급, 가격, 고용 안정 및 이직자 대책, 지역사회 대책, 석탄 산업을 위한 항구적 재원 문제 연구 등도 서술되었지만 이전의 논의 사항들을 모두 반영하지는 못했다. 정치권의 건의에 기초해 작성된 연료정책심의위원회의 심사 보고서에서는 '종합 에너지 정책을 수립하는 기관을 조속히 설치할 것, 장기적인 적정선을 명시하고 석탄의 운송력을 강화할 것, 중소 도시와 농어촌 석탄의 소비 대책을 강화할 것'이 제안되었으나 이 같은 내용이 상공부의 '기본 방향'에는 포함되지 않았다.

정부의 석탄 산업 지원 대책은 1970년부터 시행한 「석탄광업육성에 관한 임시조치법」에 의한 생산 보조금 지급으로 구체화되었다. 이 법의 제정에는 탄광업계와 광노의 요구가 작용했다. 탄광업계는 1969년에 이르러서도 운영난과 채무를 해결하지 못하고 있다는 점, 호남정유가 가동되면 산업이 위축될 것, 유류 가격을 올리지 않고 탄가를 인상할 수 없다는 점을 들어서 석탄 산업 보호 법령 제정을 촉구했다.[62] 광노에서는 노임 체불을 사업주가 해결하지 못하고 있고, 채탄한 석탄이 산지에 체화되어 있다는 점을 법안의 필요성으로 들었다.[63] 광노의 문제 제기는 정부의 주유종탄 정책에 대응했던 투쟁에서 연장하고 있었다.

이러한 배경에서 「석탄광업육성에관한임시조치법」은 다음의 내용을 골자로 했다.[64] ① 석탄광업조성심의회를 설치하고 석탄자원장기개발계

---

61 위와 같음.
62 「석탄산업육성기본법 조속한 제정이 과제」, 『매일경제』, 1969. 1. 8; 「화력발전 등 석탄 사용토록」, 『매일경제』, 1969. 2. 6.
63 「시급한 '상환대책'」, 『매일경제』, 1969. 3. 3.
64 「석탄광업육성에관한임시조치법」 (법률 제2136호, 1969. 8. 4 제정).

획을 수립하게 함. ② 벙커C유의 유류세 수입의 전액을 석탄 산업 육성 자금으로 세출 예산에 계상하게 함. ③ 육성 자금은 석탄의 원거리 수송비·해상 수송비·시설의 근대화 자금 및 운영 자금에 대한 융자금·대량 소비처에 대한 가격 보조·탄광의 탐부 개발 촉진비 등으로 사용하게 함. ④ 민영 탄광 개발을 위한 융자는 대한광업진흥공사(이하 광진)에서 담당하게 함. 「석탄광업육성에관한임시조치법」으로 정부는 유류와 경쟁해야 하는 석탄업계를 달래는 한편, 실질적인 보조금 지급을 명문화하면서 석탄 생산량 증대를 요구할 수 있는 근거를 마련했다.

대단위 탄좌는 1960년대 초반에 석탄 개발과 차관 도입을 목적으로 설정되었으나 계획만큼 생산하지 못했다. 석탄 정책과 산업의 여러 문제들은 연탄 파동의 원인이 되었다. 정부는 석공 중심의 합리화 대책을 구상했으나 실행하지 못했고, 유류 대체 정책을 추진하면서 민간 탄광업계와 노동자는 큰 피해를 겪었다. 정부는 석탄 산업에 보조금을 지원하고 장기 개발 계획을 수립·진행한다는 법안과 함께 생산을 늘려야 한다는 방침을 세웠고, 석유 파동이 더해져 석탄 생산은 계속 증대했다.

3. 1970년대 정부의 '생산 극대화' 방침과 동원탄좌의 성장 배경

1970년대에 들어서 정부는 보조금으로 석탄 산업을 지원하면서 동시에 석탄 생산의 목표를 설정해 생산을 극대화시키기 위한 제도와 계획을 수립했다. 먼저 탄광별 책임생산제를 실시했는데, 탄광에는 석탄생산독려반을 파견했다. 1973년 3월 당시에는 석공이 420만 톤, 대단위 탄좌가 235만 톤, 민영 탄광이 635만 톤을 담당하게 해 총 1,290만 톤을 책임량으로 설정했다. 석탄생산독려반은 석탄 생산과 자금 사정, 석탄 수송 및 저탄 실태 등을 조사하고 증산용 자금 지원도 계획했다.[65]

---

65 「석탄 생산 책임제로」, 『동아일보』, 1970. 5. 21; 「석탄 책임생산제 공급 13%늘려 사

석탄 생산량을 높인다는 정부의 방침은 '석탄자원장기개발계획'에도 반영되었다. 1973~1981년까지의 계획에서 그 기본 목표는 "생산의 극대화"였다. 1978년까지 16,000톤 생산을 목표로 하였다.[66] 1973년 말에 시작된 석유 파동은 석탄 생산 증대의 필요성을 강화시켰고, 정부는 책임 생산량을 더 높여서 1975년 석탄 생산 목표는 1,700만 톤까지 올라갔다.[67]

석유 파동에 따른 생산 증대 계획에서 가장 높은 비중을 차지하는 업체로 동원탄좌가 부각되기 시작했다. 1975년 목표 생산량은 석공이 45만 톤이었던 데에 비해 동원탄좌가 130만 톤에 이르렀다.[68] 〈표 1〉에서도 확인되는 바, 석공과 민영 탄광(대단위 탄좌 포함)의 생산 비율은 1970년대 초반부터 3:7의 비율로 민영 탄광의 비중이 높아졌다.

1973년 상황에서 전체 석탄 생산량 계획으로 보면, 대단위 탄좌보다 민영 탄광의 생산량이 더 높았고, 점차 대단위 탄좌의 비중을 높여 간다는 것이었다.[69] 그중에서도 동원탄좌, 삼척탄좌, 대성탄좌 등 소수 몇 개의 탄좌가 생산을 크게 증대시키는 구조였다.[70] 1960년대에 9개로 지정되었던 탄좌 중 나머지는 소규모 개발에 머물렀다.[71] 소수의 대단위 탄좌 위주로 생산량을 늘리려는 계획은 생산을 합리화하려는 목적이었다. 설비와 시설에 들어가는 비용을 줄이고, 심부 채탄을 위한 기술 개발을 집중시키려는 것이었다.

용 장려」, 『경향신문』, 1971. 4. 20; 「상공부 탄광별 책임생산제」, 『경향신문』, 1973. 3. 29; 「탄전에 증산독려반」, 『경향신문』, 1974. 7. 17.

66 상공부, 「석탄자원장기개발계획(안)」, 『국무회의안건철』, 1973. 9. 3 (국가기록원 BA0084730).

67 「상공부 석탄 생산에 책임제」, 『매일경제』, 1974. 12. 18.

68 삼척탄좌 120만 톤, 대성탄좌 75만 톤, 호남탄좌 25만 톤이 배정되었다. 「상공부 석탄 생산에 책임제」, 『매일경제』, 1974. 12. 18.

69 상공부, 「석탄자원장기개발계획(안)」, 『국무회의안건철』, 1973. 9. 3 (국가기록원 BA0084730).

70 대한탄광협회, 「6. 주요 민영 탄광별 생산 실적」, 『탄협』 제9호, 대한탄광협회, 1977. 112~113쪽.

71 강원도, 『강원 지역 탄광의 어제와 오늘』, 2006. 87~88쪽.

동원탄좌는 1960년대 중후반부터 운송 설비가 신설되고, 개발 기술을 확보하면서 성장세가 시작되었다. 먼저 1966년 1월 19일에 태백선 철도가 개통했다. 태백선은 고한에서 황지까지 13km에 이르는 노선으로, 1968년에는 전철화하기로 결정되었다.[72] 동원탄좌는 1974년 생산량 100만 톤을 달성했고, 국내 민영 탄광 중 최고의 생산고를 기록했다.[73] 1973년 정부의 책임생산제 실시와 석유 파동의 영향으로 생산량이 급증했던 것이다. 1977년에도 생산 150만 톤을 달성하는 등 1970년대 중후반에 급속하게 생산을 늘렸다. 1977년 2월 1일에는 대단위 사갱[74]에 의한 1차 심부 개발에 착수했고, 1980년에 중앙 사갱 벨트 콘베이어를 구입해 수송을 개선했다. 1981년 7월에 650갱도와 1982년 6월 대단위 사갱 건설을 완료하고, 제2차 심부 개발에 착수하겠다고 계획했다.[75]

〈표 4〉 동원탄좌 석탄 생산량 변화 추이[76]　　　　　　　　　　　　　　(단위: 톤)

연도	석탄 생산량	연도	석탄 생산량	연도	석탄 생산량
1962	144,676	1975	1,395,377	1991	1,842,595
1967	385,770	1978	1,650,762	1993	1,650,620
1968	358,977	1980	1,587,553	1995	903,484
1969	355,680	1983	2,073,732	1997	644,644
1970	419,630	1985	2,874,808	1999	581,954
1971	486,355	1986	2,984,039	2001	522,000
1972	545,779	1988	2,836,029	2003	201,863(6월)
1973	718,124	1989	2,480,420		
1974	1,071,856	1990	2,323,577		

---

72 「7년 끌어온 「동력혁명」 중앙선·태백선 「전철화」의 의의」, 『매일경제』, 1968. 8. 3.
73 「동원서 석탄 생산 최고 기록」, 『동아일보』, 1975. 3. 21.
74 사갱(斜坑, incline)이란 경사지게 굴삭된 갱도인데 광물, 재료 및 인원의 운반, 통기, 배수 등의 목적에 사용된다. 세화편집부, 『화학대사전』, 세화출판사, 2001.
75 동원탄좌개발주식회사, 『수갱건설계획서』, 1982. 5, 3쪽.
76 전주익, 「동원과 석탄, 그리고 사북」, 『범바위문화』 2, 사북자생단체협의회, 2003, 26쪽; 김세건, 앞의 논문, 156쪽; 대한탄광협회, 「6. 주요 민영 탄광별 생산 실적」, 『탄

동원탄좌가 개발을 촉진하고 생산량을 늘릴 수 있었던 데에는 몇 가지 이유가 있었다. 먼저 자연적인 조건을 들 수 있다. 1960년대 후반부터 동원탄좌 노조 대의원을 역임했던 신경은 사북 지역 탄광의 특징에 대해 '매장량이 많고 메탄가스가 없어서 탄질이 좋았으며, 심부 개발을 하기 이전에 지상탄이 풍부해 채굴도 수월했다'라고 설명했다.[77] 석공 탄광에 비해 탄좌는 개발 시기가 늦기 때문에 지상탄이 더 남아 있었던 것으로 보인다. 특히 석공 탄광들은 일제 시기부터 채굴이 시작된 경우에 심부화가 더 빨라질 수밖에 없었다.

탄광의 조건이 좋다고 하더라도 설비를 구축하기 위해 막대한 자금이 소요되는데, 동원탄좌는 다른 탄좌나 민영 탄광에 비해서 자금 동원력을 갖추고 있었다. 앞서 서술한 대로 대단위 탄좌로 지정될 때부터 그 규모가 가장 커서 정부 융자도 최대 규모였다. 또한 동원탄좌는 1966년까지 다른 탄광이 받지 않았던 상업 차관 도입을 시도했다.[78] 1964년 10월 6일 경제기획원에 서독 데마그(Demag)의 차관 허가를 신청했고, 12월 박정희 대통령의 방독에 따른 서독 차관 공여 사업에 포함되면서 1965년 6월에 약 220만 달러 차관 도입이 국회 인준을 마쳤다. 다음 달 동원탄좌는 일본 우베코산[宇部興産]으로 차관선 변경을 요청했다. 가격, 수송운임이 저렴하고, 기자재 반입과 유지 보수품 확보가 용이하다는 점 등을 사유로 들어서 변경 승인이 되었다. 동원탄좌 임원진은 직접 일본에 가서 차관 교섭을 하기도 했다.[79] 그러나 결과적으로 차관 도입은 실패했다. 1966~67년 당시에 탄좌 개발이 전반적으로 계획보다 저조했지만,

협』제9호, 대한탄광협회, 1977, 112~113쪽.

[77] 신경, 『1980년 사북: 항쟁의 발발과 명예회복 과정』, 도서출판 선인, 2020, 179쪽.
[78] 이정은, 앞의 논문, 215쪽의 〈표 3-20〉 참조.
[79] 이때 겉으로 드러나진 않지만 일본과의 차관 수수에서 한국 기업이 일본 상사로부터 '리베이트'를 받는 것은 공공연한 관행이었던 점도 고려할 필요가 있다. 이정은, 앞의 논문, 171~173쪽.

동원탄좌는 적극적으로 차관 도입에 나섰고 일본 우베코산은 먼저 동원탄좌에 접촉하는 등 자금 동원의 계기를 형성해 갔다.

동원탄좌의 실제 자금은 대기업 지분으로 충당되었다. 동원탄좌는 대한교육보험의 방계 회사였다. 탄좌 설립 당시에 대한교육보험(대표 신용호)과 창설사 대표 이연이 50:50 지분으로 참여했다. 대한교육보험은 1968년 당시 23억의 자산을 보유하고 있었는데, 태원광업이라는 탄광에도 60%의 주식을 보유했다. 동원탄좌에 대해서는 책임준비금에 비해 운영 자금이 소요되어 자산에 손실을 준다고 우려하며 고려제지에 지분을 넘겨서 40%를 소유하고 있었다. 동원탄좌 주식은 황기룡[80]이 20%, 고려제지 대표 김원금[81]이 40% 비율로 구성되어 있었지만 고려제지 지분은 대한교육보험에 담보로 제공되어 있었다.[82]

동원탄좌 다음으로 1970년대에 높은 생산량을 보인 삼척탄좌는 생명보험 회사 중 가장 오래된 대한생명의 투자를 받았다. 1949년 9월 재무부 보험과장이었던 임창호와 강익하가 설립했는데, 1960년대 후반에 5개의 시중은행 주식을 매입해 동력에 투자했다. 삼척탄좌는 대한생명의 방계 회사로 6,400만 원이 투자되었는데, 대한생명이 투자한 기업은 한국전력공사와 대한중석공사였다.[83] 즉, 동원탄좌나 삼척탄좌는 공기업과 유사한 지위로 거액의 투자를 받을 수 있는 위치에 있었다.

생산 규모가 크게 늘어나는 1970년대에 동원탄좌는 생산 비용을 줄이고자 했다. 동원탄좌에 근무했던 신경은 부당한 임금 책정에 항의하며

---

80 제8대 한국광업협회 회장, 1967년 대한광업진흥공사 초대 사장. 「[에너지 100년 미래 100년] '국내 광업 100년' 변천사 〈상〉」, 『에너지경제』, 2019. 2. 10.
81 고려제지 사주. 「산업인맥 〈135〉 제지공업(1)」, 『매일경제』, 1974. 5. 20.
82 「재벌과 보험(7) 대한생명·대한교육」, 『매일경제』, 1968. 9. 4.
83 한국전력에는 7,900만 원, 대한중석공사에 1,200만 원이 들어갔다. 대한생명이 동력 회사에 투자하는 목적은 단체 보험인 퇴직보험을 확보할 수 있기 때문이라고 지적되었다. 「재벌과 보험(7) 대한생명·대한교육」, 『매일경제』, 1968. 9. 4.

1974년에 파업을 주도했다가 해고된 적이 있었다.[84] 탄광은 도급제 방식으로 석탄 채굴량에 비례해 임금이 책정되는데, 채굴량을 측정하는 검탄을 부당하게 해서 임금을 낮게 책정했다. 대부분의 탄광 기업들이 생산량을 측정할 때 '부비끼(ぶびき)'[85]를 해서 임금을 깎았다. 갱도에서 채굴한 석탄을 광차에 수북하게 가득 싣고 항 밖으로 나오면 움직일 때의 진동으로 인해 부피가 줄어들게 되는데, 사측에서는 기준 무게를 초과해도 부피가 가득 차지 않았다는 이유로 채굴량에 포함시키지 않았던 것이다. 동원탄좌도 부비끼를 했는데, 1979년에 검탄원으로 일하다가 해고된 김 모 씨의 고소로 3년 동안 4,000만 원을 갈취한 것이 드러났고 벌금을 물었다.[86]

1974년은 석유 파동과 동시에 동원탄좌가 100만 톤으로 민영 탄광 중 최대 생산량을 달성했던 해였다. 그러나 동원탄좌의 실적 이면에는 심각한 사회적 문제가 되었던 부정 사건이 있었다. 1975년 11월 24일에 대검특별수사부는 동원탄좌가 2년 동안 세무공무원 등에게 1,600만 원의 뇌물을 주고 2억 원의 각종 세금을 포탈했다고 밝혔다. 동원탄좌는 1974~1975년에 갱목을 사들이지 않고도 1억 원 상당을 구입한 것처럼 신고했고, 채탄에 필요한 각종 시설재 구입비도 하위로 신고해 법인세 등 2억여 원의 각종 세금을 포탈했던 것이다. 생산량의 30%를 광업법상 금지한 덕대제로 운영하며 덕대로부터 톤당 700원씩 수익금을 받으면서도 직접 운영하는 회사에서는 톤당 130원밖에 수익금을 내지 못한 것으로 허위 신고를 해 왔다. 또한 1974년에 광진으로부터 8억 원을 융자받아서 7,300만 원을 철근 구입비 명목으로 빼돌렸다는 사실도 드러났다.

동원탄좌는 1974년 7월~1975년 6월까지 약 5억 8,600만 원의 순이

---

84 신경, 앞의 책, 180~181쪽.
85 分리き·歩리き. 일본어 원어로는 '할인하다'라는 뜻을 가지고 있는데, 검탄원들이 실제 채굴량보다 채굴량을 적게 깎아 내리는 것을 의미함.
86 태백지역 인권선교위원회·한국기독교장로회 강원노회·한국교회사회선교협의회·광산선교위원회, 『광산민중현실』, 1988, 42쪽.

익이 난 것으로 추계되었으나 세무서에 신고된 액수는 2억 6,800만 원에 불과했다. 이연 회장은 2억 원의 회사 수익금을 횡령하고, 1973년에 회사 자금 5억 원으로 개인 부채를 상환했다. 1974~1975년간에는 8억 원을 생산 장려비로 융자받아서 서울 연희동 주택과 수내동 빌딩을 구입하는 등에 지출하였다.[87]

이 사건은 관련 부처 공무원들까지 연루된 것이어서 큰 파장을 일으켰다. 당시 세무공무원들은 과거에 영월세무서에서 근무했던 직원들이었다. 전 영월세무서 법인세 계장과 직원이 230~300만 원을 받았다. 중부국세청 감사실 400만 원, 노동청 영월지방사무소 징수계 서기는 산재보험 추징금 감면 조건으로 100만 원을 수수했다. 이에 공무원 6명이 구속되고, 이연 회장과 아들 이혁배 사장이 「특정범죄가중처벌 등에 관한 법률」 위반(탈세)과 뇌물 공여 등의 혐의로 입건되었다.[88]

대검찰청은 원탄 생산업자들이 탄가를 인상할 때마다 관계 당국에 뇌물을 주지 않았는지 집중 수사를 시작했다. 수사 범위는 광진과 은행까지 확대되었는데, 광진 직원과 전 서울은행 내자동 지점장 등이 뇌물을 받았다는 혐의가 포착되었다. 광진 서무과장은 검사계장으로 근무할 때인 1974년 말 동원탄좌가 석탄 생산 장려금을 정당하게 사용하는지 여부를 감사하면서 회사 측이 540만 원짜리 불도저를 1,800만 원에 사들인 것처럼 꾸미고, 1억 원짜리 삭도 공사를 2억 원에 한 것처럼 허위 서류를 꾸몄으며, 탄차 5백 대를 시가보다 비싸게 산 사실을 확인하고도 100만 원을 받고 묵인했다. 묵인한 광진 직원 2명은 사표를 냈다. 서울은행 내

---

87 「세리에게 천육백만 원 뇌물 주고 검찰, 동원탄좌 수사 … 6명 구속 2년 동안 2억 탈세」, 『경향신문』, 1975. 11. 24; 「동원탄좌 대표 입건 2억여 원 탈세 혐의」, 『매일경제』, 1975. 11. 24; 「광진공 상공부 은행 직원도 수회」, 『동아일보』, 1975. 11. 25; 「'엄살 치부' 탄값 인상 요구」, 『동아일보』, 1975. 11. 25.

88 「세리에게 천육백만 원 뇌물 주고 검찰, 동원탄좌 수사 … 6명 구속 2년 동안 2억 탈세」, 『경향신문』, 1975. 11. 24; 「대표 등 2명 구속을 검토 「동원탄좌」 2억대 탈세 적발」, 『동아일보』, 1975. 11. 24.

자동 지점장은 동원탄좌의 은행 융자와 관련해 80만 원을 받았다.[89]

그러나 탄광업계는 적자를 이유로 1975년에도 탄가를 50% 올릴 것을 계획하고 있었다. 이연은 동원탄좌를 대한교육보험으로부터 인수하면서 한때 이자까지 합쳐 부채가 8억 원이나 됐지만, 석유 파동으로 한 몫에 빚을 갚았다고 밝혀지며 탄광 기업이 큰 이윤을 얻고 있다고 지적되었다. 또한 생산 원가를 인상하는 데에는 관련 기관과의 뇌물 수수가 있었다는 점이 밝혀지며 탄가 인상 요구가 "업자들의 치부를 위한 엄살"이었다고 여겨졌다.[90]

정부는 사회 부조리를 일소한다며 수사를 확대했고, 관련자들 다수를 구속 기소하며 처벌하는 듯했지만 결과는 그렇지 않았다. 이연은 월동기에 탄 유통 질서의 혼란이 초래될 것이 우려된다는 등의 이유로 불구속되었고, 대부분은 구속 집행 정지 처분과 보석 등으로 풀려났다.[91] 이연은 징역 3년, 집행 유예 5년에 추징금 80만 원만을 선고받는 것으로 사건은 마무리되었다.[92] 중부지방 국세청 감사실 등 관련 공무원 6명 또한 징역 3~4년에 집행 유예 5년, 추징금 20만 원~400만 원 선의 처벌에 그쳤다.[93]

동원탄좌는 횡령과 뇌물 수수에도 불구하고 기업 운영에는 별다른 타격을 입지 않았지만, 다른 민영 탄광은 불황이었다. 석유 파동 후 정부가 1981년까지 2,400만 톤으로 생산을 극대화한다는 방침을 내세우며 증산을 촉구했다가 1974년 7월부터는 대단위 탄좌 생산 중지 조치를 하거나 산업용 연료를 제한하며 판매가 부진했기 때문이다. 생산 원가는 점차 상승했지만 판매가가 이에 미치지 않자, 절반 이상의 덕대업자는 휴폐업

---

89 「동원탄좌 수사 확대」, 『경향신문』, 1975. 11. 25.
90 「'엄살 치부' 탄값 인상 요구」, 『동아일보』, 1975. 11. 25.
91 「요란한 '용두' … 맥 빠진 사미 올해 부조리 관련 대사건 처리의 그 뒤」, 『동아일보』, 1975. 12. 30; 「광진공 상공부 은행 직원도 수회」, 『동아일보』, 1975. 11. 25.
92 「탈세 동원탄좌 대표 집행 유예 5년 선고」, 『경향신문』, 1976. 3. 19.
93 「동원탄좌 대표 집행유예 선고」, 『동아일보』, 1976. 3. 20.

했고, 대부분의 탄광들이 작업 시간을 줄였다.[94] 정부의 일관성 없는 정책으로 인해 여러 민영 탄광이 사후 대책 없이 휴폐업했지만 소수의 탄좌에는 생산이 집중되었다.

중대 사건에서 사면이 되었던 동원탄좌는 가시적인 복지 시설이나 생산 투자로 정부에 화답했다. 1976년에 종합 의료 설비를 갖춘 동원보건원을 준공했고, 이듬해에는 교육회관도 세우며 금광 개발도 추진했다.[95] 1981년 완공을 목표로 한 대규모 사갱 건설에도 90억 원을 투입했다.[96]

그런데 동원탄좌는 탄광뿐만 아니라 건설과 부동산에도 활발히 투자를 했다. 공일토건이라는 기업을 인수해 자본금을 8,000만 원에서 2억 원으로 대폭 늘렸다.[97] 또한 동원빌딩을 설립해 임대 및 관리업에도 진출하기 위해 신문로의 피어선학교 부지를 매입했다.[98] 1980년 당시에 동원그룹은 사북광업소 외에 골프관광업종인 로얄개발과 동원토건, 광산용 축전차를 생산하는 남방전기, 금광인 전주일광산 등 5개 업체를 소유하고 있었다.[99]

동원탄좌가 여러 부문으로 사세를 확장하는 한편, 탄광 노동자는 여전히 부족했다. 그 원인은 상대적으로 낮은 임금이 일차적이었고, 열악한 작업 환경도 물론 영향을 미쳤다. 1970년대에 탄광에서는 10명 이상이 사망하는 대형 재해가 8차례나 있었다.[100] 특히 1977년 석공 장성광

---

94 「불황에 허덕이는 탄광업계」, 『동아일보』, 1976. 9. 27.
95 「동원탄좌, 종합 의료 설비 갖춰 동원보건원 준공」 1976. 11. 15; 「동원탄좌 교육회관 건립」, 『매일경제』, 1977. 5. 31; 「동원탄좌서 2곳 광산 개발 본격 추진」, 『매일경제』, 1977. 3. 24.
96 「동원탄좌 대규모 사갱 건설」, 『매일경제』, 1977. 8. 5.
97 「동원탄좌, 건설업계 진출」, 『경향신문』, 1977. 12. 23; 「동원탄좌 건설업 본격 진출」, 『매일경제』, 1978. 2. 13.
98 「빌딩관리·임대업 진출 계획」, 『매일경제』, 1978. 6. 6.
99 「이연 회장 연행 조사」, 『매일경제』, 1980. 4. 28.
100 1971, 1973년 혈암탄광 광차 일주(逸走)와 인차 일주로 각 13명, 19명, 1973년 동고탄광 가스 폭발로 17명, 74년 어룡탄광 출수 사고로 12명, 삼척탄좌 출수 사고로 18명, 1977년 석공 장성광업소 수갱 내 전기 변압기 화재로 12명, 1979년 석공 함백 광

업소에서의 화재 사건 후 광부의 이직이 크게 늘었다.[101] 임금의 경우, 1979년 광부들의 월평균 임금은 건설업 단순 노동자 급료 수준이었다. 탄광업계는 월평균 임금이 25만 원은 되어야 한다고 지적했다. 아울러 탄가의 현실화가 시급하다고 주장하며 47.7% 인상을 요청했다. 정부도 잠시 65%까지 인상이 필요하다고 논의했으나 1980년에 최대 26.5% 인 상으로 타결되었다.[102]

1977년 이후 광부의 이직이 크게 늘어나서 석탄 생산에 차질이 우려 될 정도였다. 1978년 광부의 이직률은 29%에서 1979년에는 40%로 더 욱 증가했다.[103] 동력자원부는 광부 인력의 부족과 사기 저하에 대응하 기 위해 가족들의 갱내 견학, 마을 환경 정비, 장학기금 조성 등의 대책 을 마련했으나,[104] 사망으로 이어지는 중대 사고가 계속 반복되며 광부들 의 불안과 불만은 커질 수밖에 없었다. 또한 광부들이 요구한 비율의 임 금 인상은 좌절되었는데, 1980년 3월에 민영 탄광 최대 생산 업체인 동 원탄좌에서 노조 지부장 직무대리가 사측과 20% 인상에 합의했던 것이 다. 동원탄좌 결정에 영향을 받게 되는 다른 민영 탄광에서도 이 합의에 대해 분개했다. 당시 동원탄좌 지부 소속으로 서울에서 열린 광노 임금

업소 화약폭발로 26명, 석공 은성광업소 벨트 컨베이어 모터 과열 화재로 44명이 사 망하는 사고들이 있었다(강원도, 『강원 지역 탄광의 어제와 오늘』 상, 2006, 198쪽). 1960년대 이후 재해 원인과 사망자 수는 이 책에 실린 문민기의 논문, 〈표 2〉참조.

101 이 사고로 630여 명이 갱내에 갇혀 있다가 구출되었고, 12명이 사망했다. 「광부 이 직 늘어 저임·사고 위험 때문」, 『경향신문』, 1978. 2. 3; 「광부 이직률 높아 8월 말 현재 전체 21.6%에 달해」, 『매일경제』, 1978. 10. 10; 「장생탄광 사고의 교훈」, 『동 아일보』, 1978. 11. 17.

102 「동자부 광부 임금 33~65% 인상」, 『매일경제』, 1979. 2. 6; 「광산노조 임금 47% 인상 요청」, 『동아일보』, 1979. 3. 30; 「광부 임금 20~26.5% 인상 민영 탄광 3월 분부터 지급」, 『동아일보』, 1980. 4. 18.

103 전국 100여 탄광의 생산 목표가 1,820만 톤이고, 적정 인원은 5만 4,200여 명인데 5 만여 명에 불과했다. 「업계 적정 인원에 비해 4천여 명 부족 주요 탄광 광부 이직률 40%」, 『매일경제』, 1979. 4. 10; 「임금 올려도 광부는 이직」, 『매일경제』, 1979. 9. 17.

104 「모의 갱도·새마을회관 준공」, 『매일경제』, 1979. 7. 6; 「광부 가족 갱내 견학 모든 광산 확대키로」, 『동아일보』, 1979. 9. 12; 「동자부 광부 자녀 장학기금 85년까지 80억 마련」, 『매일경제』, 1979. 9. 22; 「광산 사고 막을 길 없나」, 『매일경제』, 1979. 10. 30 사설.

협상 회의에 참가한 이원갑은 불만이 큰 다른 회사 노조원들을 피해 도망치듯 떠났다고 한다.[105]

노조 선거 부정 때문에 직무대리 체제에서 불만이 커지던 동원탄좌 사북광업소에서는 30여 명이 다시 광노에 상경해 문제를 제기했다. 상경을 주도했던 신경을 경찰에서 연행하자 불만은 더욱 고조되었고 약속했던 집회도 허가가 번복되었다. 집회 허가를 믿고 모여 있던 광부들은 포위하던 경찰들 속에서 폭발 직전의 국면에 놓였다. 집회를 하려던 이날이 사북항쟁이 시작된 1980년 4월 21일이었다.

1960년대 후반부터 철도가 부설되었고 차관 도입이 적극 시도되며 동원탄좌는 생산 확대에 기반을 마련했다. 1970년대에 정부는 석탄 산업에 보조금을 지급하는 동시에 생산량을 극대화하라고 요구했다. 소수 탄좌의 역할은 더 커졌고, 동원탄좌는 책임생산제와 석유 파동의 영향을 받아 생산량을 높였다. 동원탄좌가 국내 최대 민영 탄광으로 확장한 데에는 다양한 요인이 있었다. 특히 자금을 동원할 수 있는 계기들과 비용을 줄여서 노동자를 압박하는 임금 체계, 사주의 횡령 및 정부와의 유착이 중요한 배경이었다. 광부들은 노조를 통해 낮은 임금 문제라도 개선하고자 했으나 정부의 소극적인 대응과 최대 탄광 동원탄좌의 협상 타결로 좌절되었고, 누적된 불만은 사북항쟁에서 폭발했다.

---

105 이원갑, 『1980년 사북: 항쟁의 발발과 명예회복 과정』, 도서출판 선인, 2020, 89쪽.

맺음말

1960~1970년대에 동원탄좌가 성장하는 데에는 일차적으로 정부의 석탄 산업 정책이 있었다. 1950년대에 석탄 산업은 국영 기업과 민간 기업의 이원적 체제였다. 민영 탄광 개발을 촉진하는 방침이 수립된 후 5·16군사정부는 석탄 개발과 차관 도입을 목적으로 민영 탄광을 강제 통합하는 대단위 탄좌를 설정했다. 그러나 1960년대 중반까지 대단위 탄좌의 석탄 생산은 부진했고 정부는 대책이 없었다. 정유 공장이 세워지며 석유와 석탄 공급과 수요에 대응할 연료 정책이 필요했지만 부재했다. 1966년에 연탄 파동이 크게 터지자 탄광업계는 정부의 기반 시설 부족을 지적하는 한편, 정부 측에서는 탄광업계가 생산을 부진하게 했다고 보았다. 정부는 장기적인 에너지 대책을 추진하지 못한 채 연탄 파동 후 석공 중심의 생산 대책을 모색했으나 실패했고 급하게 연료를 유류로 대체했다. 이에 석탄업계와 광부, 광산 지역은 큰 피해를 입었다.

정부는 석탄 산업의 위기로 연료 파동이 재연될 것을 우려했고 정치권, 탄광업계, 노조에서 적극적인 지원 대책을 요구했다. 그 결과 1970년부터 유류세를 광업 보조금으로 지원하게 되었고, 정부는 석탄 생산을 극대화시킬 조치들을 시행했다. 석유 파동으로 인해 정부는 에너지원으로 석탄을 강조하며 그 생산성 증대를 요구했다. 민영 탄광이 생산을 주도하는 상황에서 소수의 탄좌에는 더 높은 생산 목표가 설정되었다. 1960~1970년대 정부는 급속한 경제 개발을 추구하면서도 에너지 생산과 소비에 관한 장기 전망과 계획은 부진했다. 석탄 산업은 채굴 및 운송 과정에서 상당한 기반 시설이 필요했지만 우선 민간 기업을 통해 생산량을 높이게 한다는 구상이었고 나름의 자금력과 경영 조건을 가진 소수의 기업은 크게 성장할 수 있었다.

동원탄좌는 정부로부터 개발 지원금을 받는 것에 더하여 설립 직후부터 차관 도입을 추진했고, 국내 보험 회사가 지분을 관리하고 있었다. 이는 동원탄좌가 다른 탄좌에 비해서도 안정적인 지위를 가지고 자금 동원이 가능했음을 보여 준다. 또한 동원탄좌는 사북 지역에서 독점적인 지위를 지니며 개발 초기에 고품질의 지상탄으로 이윤을 확보할 수 있었다. 오히려 연탄 파동 후 동원탄좌의 생산량은 더 높아졌고, 석유 파동은 폭발적인 생산량 증가를 가져왔다. 소규모 민영 탄광은 불황에 접어들었으나 소수의 대단위 탄좌는 승승장구했다. 기업이 팽창하는 데에는 도급제와 검탄량 축소와 같은 부당한 임금 체계와 지불 방식이 있었다. 회사의 부당한 거래 및 관련 기관과의 부정 또한 있었다. 동원탄좌의 횡령과 뇌물 수수는 석탄 산업 전반을 조사하게 하고, 사회적으로도 크게 문제가 된 사건이었지만, 석탄 생산에 차질이 없어야 한다는 명목으로 미미한 처벌에 그쳤다.

1970년대에 정부와 기업 사이는 상호 협조하며 석탄 생산을 증가시켰지만 탄광 노동자의 생활수준은 이전 시기와 비교해 크게 달라지지 않았다. 기업은 탄가 인상을 요구하고 실현하더라도 임금에 반영하지 않았고, 도급제와 검탄 과정에서 임금을 통제했다. 계속되는 중대 재해 사고로 광부가 부족한 상황에서도 노동 조건이 개선되지 않았고 광부의 이직률은 높았다. 이때에 벌어진 동원탄좌의 사측과 노조 지부장의 임금 합의는 사북 지역 광부들의 축적된 불만을 폭발시키는 계기가 되었다.

사북항쟁으로 동원탄좌 직영과 하청의 탄광 노동자 및 그 가족들은 사측의 감시와 불안, 계엄사령부의 불법 구금과 고문을 겪었고, 군경이 지역민의 상호 고발을 유도하며 이후 지역사회에는 엄청난 갈등이 지속되었다. 석탄 산업이 사양화되며 지역사회 또한 위축되어 갔지만 동원탄좌는 건설, 관광, 부동산 임대업에도 진출하며 사세를 키워 갔다.

이 논문에서는 1960~1970년대 정부의 석탄 산업 정책과 동원탄좌의 관계, 동원탄좌가 성장한 요인들을 분석했지만, 여기에는 중요한 분석

대상 서술이 소략하다. 바로 기업 성장의 핵심적인 계기였던 노동자들이다. 이 시기 탄광 노동자에 대해서는 일반적인 양상과 동원탄좌의 특징이 복합적으로 분석되어야 한다. 그 내용에는 노동 강도, 임금 지불, 재해와 질병, 사택 등의 생활환경, 노조의 역할 등이 포함되어야 할 것이다. 사북항쟁 이후 탄광 노동의 중요성을 인식하게 되어 1980년대의 기록은 많아졌지만 1960~1970년대의 실제 상황은 구체적인 규명이 필요하다. 이는 추후 연구를 통해 밝히고자 한다.

【참고문헌】

〈자료〉

『강원일보』, 『경향신문』, 『동아일보』, 『매일경제』, 『한겨레』, 『한국경제』, 『에너지경제』, 『탄협』, 『광물자원용어사전』, 『자연지리학사전』
『국가재건최고회의상임위원회회의록』
『AID장성광개발 차관관계철(489·H·018)』, 1963 (국가기록원 BA0146517)
『경제장관회의록』, 1968. 3. 28 (국가기록원 BA0138706)
『국무회의안건철』, 1973. 9. 3 (국가기록원 BA0084730)
대한상공회의소, 『석탄 산업의 현황과 과제』, 1977.
대한석탄공사, 『민영탄광종합개발사업·탄좌회사개설』, 1963. 8.
동원탄좌개발주식회사, 『수갱건설계획서』, 1982. 5.
석탄산업합리화사업단, 『석탄광 폐광 지원 백서』, 1994.
석탄산업합리화사업단, 『한국 석탄산업사』, 1990.
이원갑·신경·황인오·김세림·김아람·문민기·장미현·후지타 타다요시, 『1980년 사북: 항쟁의 발발과 명예회복 과정』, 도서출판 선인, 2020.

〈단행본〉

강원도, 『강원 지역 탄광의 어제와 오늘』 상·하, 2006.
대한석탄공사, 『대한석탄공사 50년사』, 2001.
오원철, 『에너지 정책과 중동 진출』, 기아경제연구소, 1997.
정선군, 『정선군 석탄산업사』, 2005.
정선군, 『정선군지』, 1977.
정선지역발전연구소, 『1980년 4월 사북(사북사건 자료집)』, 2000.
탁경명, 『80년 4월의 사북: 사북사태와 그 후』, 강원일보사, 2007.
태백지역 인권선교위원회·한국기독교장로회 강원노회·한국교회사회선교협의회·광산선교위원회, 『광산민중현실』, 1988.

〈논문 및 기타〉

김세건, 「"찌들은 몸" 사북 지역의 탄광개발과 환경문제」, 『비교문화연구』 10(1), 2004.

박철한, 「사북항쟁 연구」 서강대학교 정치외교학과 석사학위 논문, 2001.

이정은, 『박정희 정권 시기 대자본의 외자도입과 금융기관 진출 연구(1960~1973년)』, 고려대학교 한국사학과 박사학위 논문, 2017.

임송자, 「1960년대 전국광산노동조합 리더십 변화과정과 조직활동」, 『사림』 44, 2013.

임송자, 「전국광산노동조합 동원탄좌지부의 조직 활동과 사북사건」, 『사림』 75, 2021.

임채성, 「군파견단의 대한석탄공사 지원과 석탄산업의 부흥(1954. 12~1957. 8)」, 『동방학지』 139, 2007.

전주익, 「동원과 석탄, 그리고 사북」, 『범바위문화』 2, 사북자생단체협의회, 2003.

탄광의 '죽음'들과 사북항쟁의 발발

문민기

머리말
1. 전쟁터와 같던 탄광촌의 삶
  1) 부상과 죽음이 함께하는 곳
  2) 전우와도 같았던 광부들
2. 탄광 사고에 대한 처우
  1) 만근을 재촉하는 노동 환경
  2) 죽는 광부만 서러운 사망 재해
3. 사북항쟁이 일어난 과정
  1) 광부와 경찰 사이에 고조되는 긴장감
  2) "경찰이 사람을 죽였다"는 외침
맺음말

머리말

1979년 10월 26일 박정희의 죽음을 계기로 정부는 27일 새벽 4시를 기해 제주도를 제외한 전국 일원에 비상계엄령을 선포했다.[1] 즉, 사북항쟁이 일어난 1980년 4월은 계엄하의 시기였다. 강원도 정선군 사북읍에 소재한 사북광업소의 광부들은 4월 21일부터 24일까지의 짧은 기간이었지만 광업소를 장악하고 거센 투쟁을 전개해 나갔다. 그 과정에서 많은 이들이 다쳤고, 진압 작전을 수행하던 순경 1명이 사망하는 사건도 있었다. 계엄하에서 수많은 광부들이 격렬한 투쟁을 펼쳤고 공권력이 투입되어 진압

---

[1] 「박정희 대통령 서거」, 『경향신문』, 1979. 10. 27.

을 시도한 사건인 것에 비하면 사북항쟁은 많은 주목을 받지 못했다.

그동안 사북항쟁에 주목했던 이들은 저마다의 목적과 시각을 갖고 있었다. 우선 직접 광부들과 부딪혔던 전두환 정권은 이를 '광부 집단 난동 사태'로 규정했다. 이를 통해 당시의 상황을 1980년 4월 이후 빈발한 '노사 분규'의 하나로 위치 지으며, 광부들이 사북읍을 '법과 질서가 없는 곳'으로 만들었다고 설명한다.[2] 이는 항쟁의 발생 원인과 배경을 무시한 채 어지러운 상황만을 부각해 모든 잘못을 광부들에게 돌리고자 하는 의도를 잘 드러낸다. 이러한 시각은 사북항쟁 당시의 '폭력적 상황', 즉 광부들이 술에 취해 있었다거나 사택을 부수었다거나 통제되지 않았다는 것을 강조한다. 특히 당시 노조 지부장 부인에게 가해진 린치 사건을 부각시키며 사북은 '광부 세상의 공포의 탄광촌'이 되었다고 말하며 '유혈 난동'이라고 평가한다.[3]

이처럼 사북항쟁을 '사태'라 규정하며 '폭력적 상황'에만 주목해 오던 시각의 전복을 시도하는 평가도 있다. 이를 위해 당시 광부들이 처해 있던 상황에 주목하고, 분석하는 작업이 주를 이루게 된다. 광부들이 격렬한 시위를 벌이게 된 배경을 '열악한 광산 노동 현실과 착취적 노동 구조'에서 찾아야 한다는 것이다.[4] 그리고 노동 통제와 가혹 행위가 일상이던 상황에서 비합법적인 투쟁에 의존할 수밖에 없었던 현실을 고려해야 한다고 주장하며, 사북항쟁 당시 광부들이 사북광업소를 점거하고 농성했던 것은 '새로운 자치 공동체의 가능성'을 보여 준다는 평가로 나아간다.[5] 이는 사북항쟁이 1995년 3·3 투쟁에도 영향을 미쳤다는 것과 합쳐

---

2 국가보위비상대책위원회, 『국보위 백서』, 1980, 12쪽.
3 탁경명, 『80년 4월의 사북: 사북사태와 그 후』, 강원일보사, 2007, 24·137쪽.
4 사북청년회의소 편, 『탄광촌의 삶과 애환: 사북·고한 역사 연구』, 선인, 2001, 183쪽.
5 이어지는 서술에서 "사북노동자항쟁은 대중운동 수준에서 군부독재에 저항하는 중요한 출발점을 마련하였다는 적극적인 의미를 지니고 있다"고 평가하는 지점을 볼 때, 이는 5·18 광주민주화운동과 사북항쟁을 비교하며 국가 권력과 국가 폭력에 항거했다는 의미를 강조하기 위한 것으로 판단된다. 김무용, 「1980년 사북 노동자항쟁의 새로운 이해와

져서 '사북사태'가 아니라 '사북노동항쟁'으로 명명하는 주요 논리로 작동한다.[6]

사북항쟁에 대한 평가가 엇갈리는 지점은 '폭력적 상황'을 어떻게 볼 것인가에 있다. 그에 따라 광부들의 난동 혹은 사태라고 보거나 광부들의 노동운동 혹은 항쟁이라고 본다. 그러나 단지 '폭력'에만 집중하는 것이 아니라, 사북항쟁의 발생 배경을 무엇이라고 볼 것인지 또한 평가가 갈리는 중요한 지점이다. 전자의 경우는 노동자들 간의 다툼을 좀 더 부각시킨다. 노조 지부장 선거를 둘러싼 자리싸움의 골이 깊게 파였으며, 노·노 갈등이 장기화되면서 발생한 것이 직접적인 배경이며 원인이라는 입장이다.[7] 노동자들 사이의 갈등에 주목하더라도 다른 시각에서 바라본 연구가 최근 발표된 바 있다. 임송자는 동원탄좌지부의 조직 활동을 꼼꼼히 검토하여 사북에서의 노조 활동이 사북항쟁으로 이어지는 흐름에 주목하면서 노동운동의 측면을 강조한다.[8] 후자의 경우는 노조 내부의 권력 갈등을 주요인으로 규정한다면 동원탄좌 노동자와 가족들의 대중적 참여와 투쟁의 격렬성을 설명할 길이 없다고 주장한다.[9] 물론 노조 지부장 자리를 둘러싼 갈등이 있었던 것은 맞지만, 애초에 갈등이 발생한 건 광부들의 열악한 현실을 해결하고자 하는 태도의 차이에서 비롯되었다는 입장이다.

약간의 차이는 있지만 사북항쟁이 발생한 근본적 원인을 노동자, 즉 광부들의 갈등에서 찾고 있다는 점은 동일하다. 단순히 갈등만을 부각시킬 것이냐, 갈등의 더 깊은 배경을 찾고 의미를 부여할 것이냐의 차이이

전망」, 『1980년 4월 사북(사북사건 자료집)』, 정선지역발전연구소, 2000, 15~17쪽.

6 〈네트워크스페셜: 탄광촌에 묻힌 22년의 한·사북사태를 다시 본다〉, 2002년 4월 28일 방영.

7 탁경명, 앞의 책, 2007, 105쪽; 탁경명, 『'사북사건' 33년 만의 화해』, 도서출판 예맥, 2012, 23쪽.

8 임송자, 「전국광산노동조합 동원탄좌지부의 조직 활동과 사북사건」, 『사림』 75, 2021.

9 사북청년회의소, 앞의 책, 183~184쪽.

다. 하지만 여기에서 남는 의문이 하나 있다. 노·노 갈등일 뿐이든 열악한 노동 환경에 대한 저항이든 '1980년 4월에 광부들이 사북광업소를 점거하고 농성하는 방식의 격렬한 시위로 전개된 이유는 무엇인가?' 하는 점이다. 당시 동원탄좌 사북광업소의 노동 환경이 열악했다고는 하지만 이는 다른 지역의 탄광 또한 마찬가지였다. 그렇다면 동원탄좌가 갖는 '특수성'은 어디에서 찾을 수 있을까. 게다가 계엄이라는 시대적 배경 속에서 파업을 넘어서는 '항쟁'으로까지 격화된 원인은 어디에 있을까.

사북항쟁에 대한 학술적 접근을 최초로 시도했다고 평가할 수 있는 박철한은 그의 논문을 통해 사북의 특수성을 찾고자 했다. 박철한은 사북항쟁을 사태가 아니라 항쟁이며, 정당한 탄광 민중의 저항이라고 평가했다. 그러면서 그러한 폭발력과 지속성의 충분조건을 구조적 모순 이면에 놓여 있는 탄광 민중의 일상세계와 공간 맥락에서 찾고자 한 것이다.[10] 그러나 논문을 통해 설명하고 있는 사북 지역의 일상 공동체는 박철한 스스로도 밝히고 있듯이 여타 탄광 지역과 동일하게 가지고 있는 공통점이었다. 차이점이라고 할 수 있는 비공식적 대항 조직은 노조 지부장 선거의 부당함을 주장했던 세력을 지칭하는 것이며, 이들의 활동이 조직된 노동자를 존재하게 했다는 점에서는 중요한 요소로 지적할 만하다. 그러나 이것은 결국 노·노 갈등이 사건의 직접적인 계기라고 이야기하는 것으로 되돌아오게 만든다.

이에 본고에서는 사북항쟁의 '시작점'에 다시금 주목하고자 한다. 1980년 4월 21일에 경찰이 지프차로 광부를 치고 달아난 사건이 사북항쟁의 도화선이었다는 것은 입장의 차이를 떠나 모든 이들이 동의하고 있다. 이 사고 이후 수많은 광부들이 격분하였고, 대규모 저항이 뒤따랐다. 따라서 사북항쟁이 여타 탄광 지역, 여타 노동 현장과는 달랐던 점을 꼽

---

10 박철한, 「사북항쟁연구: 일상·공간·저항」, 서강대학교 정치외교학과 석사학위 논문, 2002, 2쪽.

으라면 이 사건의 존재를 들 수 있을 것이다. 또한 사북항쟁이 향후 '폭력적 상황'으로 전개되는 결정적 계기이기도 하다. 지금까지 이 사고는 1979년부터 이어지던 갈등 국면에서의 한 가지 사건 정도로만 취급되었다. 이는 단지 우발적인 사건의 하나로만 해당 사고를 바라보았기 때문이다. 또한 광부들의 '노동 항쟁'이라는 점을 부각시기고자 하는 입장에서는 우발적인 사고가 항쟁의 시작점이 될 수는 없었다. 하지만 일상 공동체가 존재하고 불만이 누적되는 것만으로는 '항쟁'이 발생할 수 없다. 그렇기에 거기에 불을 붙인 발화점은 무엇이었는지를 다시금 고찰해 보고자 하는 것이다.

사고는 단지 하나의 단절된 사건으로 존재하지 않는다. 따라서 이 '시작점'을 제대로 바라보기 위해서는 탄광 사고와 '죽음'이라는 키워드를 통해 탄광의 실상과 광부들의 감정을 살펴볼 필요가 있다. 본고에서는 광산 재해 통계와 관련 일지 등을 통해 1960~1970년대 탄광의 실상을 확인하고, 광부들의 '죽음'에 대한 태도를 사북항쟁구술자료총서와 『탄협』 등의 잡지에 수록된 보안 수기를 통해 살펴보고자 한다. 그러나 사북에서의 '죽음'은 재해로 인한 것만을 지칭하지 않는다. 또 하나의 '죽음'이 1980년 4월 21일의 사고 당시에 존재했다. 본고에서는 이 두 종류의 '죽음'이 어떻게 연결되고 엄청난 폭발력을 갖게 되었는지를 설명하고자 한다. 이는 사북항쟁의 배경을 살피는 과정이기도 하며, 사북항쟁의 성격을 규정하는 데도 역할을 할 것이라고 기대한다.

1. 전쟁터와 같던 탄광촌의 삶

1) 부상과 죽음이 함께하는 곳

광산은 언제나 사고의 위협이 도사리고 있는 곳이다. 1985~1989년의 5년 동안 산업별 재해율을 보면, 전체 산업의 도수율이 9.79인 데 비해 광업은 53.56이다. 천인율 역시 광업은 114.54로 높은 수치를 보인다.[11] 이는 광업 부문의 재해 발생 비율이 전체 산업 평균의 5배가 넘는다는 것과 광부 10명 중 1명 이상이 재해를 입었다는 것을 나타낸다. 이처럼 광산에서는 사고가 끊이지 않았고, 이재자 숫자만 매년 수천 명을 기록했다. 이에 광업 부문에서는 무엇보다 광산 보안 대책을 중요하게 여겼으며, 1963년에는 「광산보안법」이 제정되기도 했다.[12] 광산 보안이란 광산 재해를 방지하고 광산 근로자에 대한 안전 위생수준을 향상시켜 광산 작업을 안전하고 합리적이며 경제적으로 수행하기 위한 공학적 기술이라고 정의하고 있다.[13]

그러나 법률을 제정하고 광산 보안의 중요성을 강조한다고 해서 사고의 발생이 줄어드는 것은 아니었다. 석탄 산업의 성장과 함께 재해 역시 증가하였는데, 그 원인은 탄광의 심부화(深部化)에 따른 지압의 증대 등으로 인한 작업 조건 악화와 보안 대책의 결함에 있었다.[14] 1970년도 재해 통계를 살펴보면 사망 및 중경상자를 포함한 총 이재자 7,716명 중 탄광이 80%에 해당하는 6,193명이고 일반 광산은 20%인 1,523명이다.

---

11 대한광업진흥공사 광산지도부, 『광산재해 분석 및 예방 대책』, 1990, 24~25쪽.

$$\text{도수율} = \frac{\text{재해건수}}{\text{연 근로시간 수}} \times 1{,}000{,}000 \quad \text{천인율} = \frac{\text{재해건수}}{\text{근로자 수}} \times 1{,}000$$

12 「광산보안법」(법률 제1292호, 1963. 3. 5 제정).

13 석탄산업합리화사업단, 『한국 석탄산업사』, 1990, 393쪽.

14 박재선, 「70년대 석탄 산업의 생산성과 재해 예방」, 『탄협』 제3호, 대한탄광협회, 1971, 57쪽.

이에 광산 보안 대책은 곧 탄광 보안 대책이라고 일컬어질 정도였다.[15] 해당 분야 종사자의 규모 차이가 있다는 것을 감안하더라도 매우 높은 수치이다. 탄광에서 석탄을 캐는 광부들은 높은 재해율을 기록하는 광업 분야 가운데에서도 가장 높은 위험군에 속한 사람들이었던 것이다. 동원 보건원에서 사북 지역의 환자들을 분석한 결과 1981년 전체 입원 환자의 59.5%가 정형외과 환자로 파악되었다. 이는 탄광 사고가 빈발해 중증 산재 환자가 많았기 때문이다.[16]

높은 재해율에는 탄광의 노동 형태도 큰 영향을 미쳤다. 석탄의 생산량을 늘리기 위해 탄광에서는 갑방(甲方, 08:00~16:00), 을방(乙方, 16:00~24:00), 병방(丙方, 24:00~08:00)으로 나눠 3교대 순환 근무를 했다.[17] 1주일을 주기로 밤낮이 바뀌는 노동 체계는 생체 리듬의 파괴를 가져왔고, 광부들은 불규칙한 수면으로 인한 피로에 시달릴 수밖에 없었다. 1980년대 초반까지만 해도 공휴일이 한 달에 두 번 있을까말까 하는 수준이었기에 노동 시간 또한 무척 길었다.[18] 게다가 많은 광부들이 생활하는 사택의 열악한 상태도 광부의 휴식을 방해했다. 동원탄좌의 사택은 겨울에는 춥고 여름에는 더웠으며, 특히 방음이 전혀 되지 않아 병방 작업을 하고 낮에 휴식을 취해야 하는 광부들은 도저히 쉴 수 없었다.[19] 이렇듯 광부들의 휴식 부족은 재해 발생의 주요 원인 중 하나였다고 할 수 있다.

이런 상황이다 보니 사망 사고 또한 빈번했다. 1966년부터 1981년까지 탄광에서 발생한 재해로 사망한 광부의 수는 아래 〈표 1〉과 같다.

15 염창록, 「탄광 보안의 현황과 전망」, 『탄협』 제4호, 대한탄광협회, 1972, 19쪽.
16 동원보건원, 『사북 지역 보건사업: 체험과 교훈』, 1982, 13쪽.
17 기록과 구술자에 따라서는 갑반, 을반, 병반이라고 지칭하기도 한다. 지칭하는 용어의 차이는 있지만 갑·을·병 3개의 조로 나누어 교대 근무를 했다는 것은 동일하다.
18 정연수, 『탄광촌 풍속 이야기』, 북코리아, 2010, 216~217쪽.
19 한국기독교사회문제연구원, 『사북사태 분석 보고서 – 동원탄좌 노동자 시위 사태를 중심으로』, 1980, 20쪽(박철한, 앞의 논문, 32쪽에서 재인용).

〈표 1〉 연도별 탄광 재해 사망자 현황   (단위: 명)

연도	사망자 수	연도	사망자 수	연도	사망자 수	연도	사망자 수
1966	173	1970	189	1974	223	1978	153
1967	168	1971	174	1975	222	1979	221
1968	119	1972	166	1976	217	1980	158
1969	161	1973	229	1977	183	1981	194

* 출전 : 석탄산업합리화사업단, 『한국 석탄산업사』, 1990, 438쪽.

  언뜻 보기에 사망자 수가 그리 많아 보이지는 않지만 한 가지 업종에서 매년 200명 정도의 노동자가 사망한다는 것은 가벼운 문제가 아니다. 단순히 생각해 보아도 광부들은 이틀에 한 번 꼴로 어딘가의 광부가 사망했다는 소식을 접하게 되는 것이다. 게다가 여기에 대형 재해가 포함되어 있다는 것을 유념해야 한다. 광산 재해는 대형 재해와 빈발성 재해로 나눌 수 있는데, 대형 재해는 일시에 많은 사상자를 내거나 광산 시설 및 광물 자원에 막대한 손해를 초래하는 재해를 말한다. 한국 광산의 대형 재해 기준은 5명 이상의 사망자가 동시에 발생하거나, 3명 이상의 사망자와 다수의 중상자가 발생했을 경우로 규정하고 있다.[20]

  대형 재해에는 운반, 가스, 화재, 폭발, 출수 등이 포함된다. 특히 출수[21]는 한 번 사고가 나면 많은 광부들이 질식해 목숨을 잃는 사고다. 동원탄좌에서 멀리 떨어지지 않은 고한에 있던 삼척탄좌에서도 1974년 5월 28일 출수 사고가 발생해 18명이 목숨을 잃었다. 화재나 폭발 사고는 석탄 채굴 작업의 특수성과 화약을 사용하는 작업 방식으로 인해 자주 발생할 수밖에 없었다. 역시 동원탄좌의 인근에 위치한 함백광업소에서는 1979년 4월 14일에 화약 폭발로 인해 26명이 숨지는 사고가 있었다.

---

20 석탄산업합리화사업단, 앞의 책, 434쪽.
21 갱내 출수의 원인은 지표 암반의 균열로 인하여 지표수나 하천수 또는 자연 지하수가 갱내로 유입되는 경우가 있으나 이로 인한 재해는 거의 발생하지 않는다. 굴진이나 채굴 작업 시 옛 갱도의 집적수가 하부로 갑자기 돌출해 매몰, 질식시키는 경우가 대부분이다. 석탄산업합리화사업단, 앞의 책, 435쪽.

이 소식들은 중앙 일간지에도 크게 보도되었다.[22] 이렇듯 탄광의 소식이 바깥 세상에 알려진다면 이는 대부분 대형 재해 소식이었으며, 광부들 사이에서는 자신들의 처지와 관련하여 더욱 중요한 소식으로 다루어졌을 것이다.

〈표 2〉에서 확인할 수 있듯이 거의 매년 대형 재해가 발생했으며, 동원탄좌에서도 1968년 11월 3일에 낙반 사고로 인해 4명이 사망하는 사고가 있었다. 이는 대형 재해를 정리한 표일 뿐이며, 1~2명이 사망한 사고까지 고려하면 일일이 열거할 수 없을 정도로 빈번하게 사망 재해가 발생하고 있음을 알 수 있다.

동원탄좌의 기록은 아니지만 3·3기념사업회에서 소장하고 있는 삼척탄좌의 기록을 통해 사망 재해 사례를 더욱 면밀히 들여다볼 수 있다.[23] 이 기록은 1965년부터 1980년까지 직영에서 106명이 사망하고 덕대구에서 54명이 사망한 사건의 일지다. 재해 발생 일시를 살펴보면 매년 사망 재해가 발생하고 있으며, 직영의 경우 앞서 언급한 출수 사고를 제외하고도 1~3명이 사망한 재해가 거의 두 달에 한 번 꼴로 발생하였음이 확인된다.

특히 주목되는 것은 입사한 지 1년이 채 되지 않은 시기에 사고로 목숨을 잃은 사례가 많다는 점이다. 입사 일자와 재해 발생 일자를 함께 기록한 사례들만 따로 추려서 살펴보면 직영은 91명 중 27명, 덕대구는 35명 중 29명이 입사한 지 1년이 되지 않은 시기에 사망 재해를 입었다. 심지어 입사한 지 7일, 5일, 2일 만에 사망한 사례도 발견되었으며, 가장 어린 나이에 사망한 광부는 19세의 후산부였다. 이러한 사례들은 재해

---

22 「인명 앞지른 채탄 욕심」, 『동아일보』, 1974. 5. 30; 「시급한 보안의식 제고」, 『매일경제』, 1974. 5. 31; 「또 안전수칙 외면 "화약 안고 불속에"」, 『경향신문』, 1979. 4. 16; 「광차 움직이는 충격에 뇌관 폭발」, 『동아일보』, 1979. 4. 16.

23 아래의 사망 재해 분석 내용은 다음의 재해일지를 바탕으로 구성하였다. 삼척탄좌개발주식회사 정암광업소, 『직영 및 덕대구 사망 재해자』, 1980.

〈표 2〉 대형 재해 발생 현황

일시		광산명	소재지	재해 원인	사망자 수
1962	10. 30	비봉	전북 완주	갱도 붕락	5
1963	1. 21	장성	강원 태백	갱도 붕락	6
1966	11. 4	화순	전남 화순	갱도 붕락	7
1967	9. 9	흥국	강원 삼척	갱도 붕락	6
	12. 27	장성	강원 태백	낙반	9
1968	11. 3	동원	강원 정선	낙반	4
1969	4. 21	장성	강원 태백	출수	6
	8. 23	화순	전남 화순	출수	6
	9. 21	명주	강원 명주	출수	4
	11. 6	화순	전남 화순	화약	8
1970	12. 10	흥국	강원 삼척	출수	6
1971	2. 15	혈암	강원 태백	광차 탈주	13
	12. 25	도계	강원 삼척	가스 폭발	6
1972	2. 28	단기	경북 문경	가스 중독	8
1973	2. 25	어룡	강원 태백	갱도 붕락	3
	5. 5	혈암	강원 삼척	인차 탈주	19
	10. 1	흥국	강원 삼척	가스 폭발	6
	10. 18	옥동	강원 영월	낙반	5
	11. 24	동고	강원 정선	가스 폭발	17
1974	1. 15	어룡	강원 태백	출수	12
	3. 12	함백	강원 정선	광차 탈주	5
	5. 28	삼척	강원 태백	출 수	18
1975	12. 1	장성	강원 태백	가스 중독	4
	12. 12	강원	강원 태백	출수	5
1976	5. 22	경동	강원 삼척	가스 폭발	4
	9. 19	경동	강원 삼척	갱도 붕락	4
1977	11. 16	장성	강원 태백	화재	12
1978	2. 17	장성	강원 태백	갱도 붕락	4
	4. 14	영월	강원 영월	가스 폭발	5
1979	4. 14	함백	강원 정선	화약	26
	10. 27	은성	경북 문경	화재	44
	12. 3	한성	강원 태백	갱도 붕락	4
1980	9. 25	삼탄	강원 정선	출수	4
1981	1. 6	은성	경북 문경	출수	8
	7. 1	정동	강원 정선	가스 폭발	7

* 출전 : 석탄산업합리화사업단, 『한국 석탄산업사』, 1990, 444~446쪽.

원인을 광부의 '부주의' 혹은 '미숙련'으로 몰아가기 좋은 것들이었다. 사
망 재해일지의 원인 분석란에는 광부들의 부주의함이나 감독 미비가 항
상 포함되어 있다.

그러면서 필요한 보안 교육은 제대로 시행되지도 않았다.

면담자 : 어떤 데가 위험하다, 어떤 데는 괜찮다, 어떻게 하면 위험하다 그
런 거를 배우셨나요?

구술자 : 회사에서 가르쳐 줘야 되는데, 그걸 안 가르쳐 줬기 때문에 [그냥]
작업을 했지.

면담자 : 그럼 알아서 배우신 거예요? 아니면 주변에서 같이 일하는 사람들
이랑 같이 이야기를 하면서 배우신 거예요?

구술자 : 그거는 자기가 일을 하면서 판단하지.

면담자 : 누구한테서 배운 것이 아니라?

구술자 : 그렇지. 판단은, 오래 하면 경험이라는 게 있잖아. 여기는 이게 좀 위
험하다 뭐 어떻게 단도리해야 된다, 요건 또 어떻게 해야 된다 이런
자기 경험이 있거든. 경험이 있으면 그거 단도리해가지고 일을 하고.

면담자 : 선생님은 어느 정도 경험이 있으셨지만 처음 들어온 사람들한테는
누가 이야기했어요?

구술자 : 그건 모르지. 그런 사람들은 아무것도 모르지. 그냥 자기가 오래
있으면 다 배우게 되어 있어.[24]

입사 1년이 채 안 되어 사망한 이들은 익숙하지 않은 작업 환경 속에
서 더욱 위험에 노출되어 있었던 것이다. 여기에는 그날그날 작업장이
바뀌는 상황도 크게 작용했다.

면담자 : 매일 배치를 다르게 하는 거예요?

---

24 이정근, 『1980년 사북: 항쟁과 그 이후의 삶』, 도서출판 선인, 2020, 300~301쪽.

구술자 : 그러니까 탄광에는 다른 직장처럼 가서 일하는 지정된 장소가 없어요. 오늘은 저기 배치 받으면 저기 가고, A구역. 또 배치 받으면 B구역 가야 되고, 이렇게 이렇게 작업 배치를 별도로 매일 해요. 그러니까 매일 작업 배치를 하는데, 거 이제 우리가 나이가 적으니까.[25]

시험 기간 없이 마구잡이로 집어넣었다는 말에서도 당시 탄광의 노동조건을 알 수 있다.[26] 그렇기에 '객관적 조건의 제약을 탈피할 수 없다고 하더라도 경영자가 열의를 갖고 주체적인 노력을 들여 보안 상황을 개선할 수 있는 여지가 있다'[27]는 것은 광부들을 더욱 조여서 보안의식을 확립하라는 것으로 읽힌다. 그러나 보안 교육은 겉으로 강조하는 것과는 달리 철저하게 이루어지지 않았으며, 특별한 조치가 없었던 상황에서 다시 사고가 발생하면 그 원인을 또다시 보안의식 미비에서 찾았다.

광산은 부상과 죽음이 함께하는 곳이었다. 그중에서도 석탄을 캐는 탄광에서는 일상처럼 느껴질 정도였다. 그렇기에 탄광촌을 도시를 덮는 탄가루와 광부들 삶 속에 파고든 죽음의 그림자가 드리워진 '잿빛 도시'라고 부르는 것은 과장된 표현이 아니다. 작업 중 일어난 사망 재해로 많은 사람이 죽어 나갈 때 "일터인지 전쟁터인지 모르겠다"라는 푸념이 쏟아지는 것도 당연하다면 당연하다.[28] 이처럼 많은 광부들의 목숨과 바꿔 채굴되기에 한국의 석탄은 '피로 물든 석탄'이라고까지 표현되는 것이리라.[29] 정말이지 탄광은 언제 목숨을 잃어도 이상하지 않은 전쟁터 같은 곳이었다.

---

25 이원갑, 『1980년 사북: 항쟁의 발발과 명예회복 과정』, 도서출판 선인, 2020, 50쪽.

26 신경, 『1980년 사북: 항쟁의 발발과 명예회복 과정』, 도서출판 선인, 2020, 189쪽.

27 김순창(대한석탄공사 안전관리부장), 「탄광 보안 문제에 대한 현황과 전망」, 『탄협』 제5호, 대한탄광협회, 1973, 55쪽.

28 정연수, 앞의 책, 224쪽.

29 염창록(상공부 광산보안과장), 「탄광 보안관리 개선을 위한 제언」, 『탄협』 제6호, 대한탄광협회, 1974, 27쪽.

2) 전우와도 같았던 광부들

부상과 죽음이 일상이었지만 탄광촌에는 전국에서 많은 사람들이 모여들었다. 이는 사북도 예외가 아니었다. 석탄 산업 합리화 정책이 시행되기 이전인 1980년대 중반까지만 하더라도 "개도 만 원 짜리를 물고 다닌다"고 이야기되던 곳이 바로 사북 지역이었다.[30]

구술자 : 그때만 해도 농사 지어가지고는 살기가 어려워도, 탄광에 들어오면은 그래도 살기가 좋았다고. 우리가 탄광에 들어갈 적에는 사람들이 많아가지고. 그것도 이제 뭐 시험 비슷한 식으로 쳐가지고 들어가거든?[31]

구술자 : 그때는 아주 심부 채탄이 아니고 900메다[미터], 700메다만 드가도 탄이 나오고 굉장히 [채탄을 많이] 했는데, 농촌에 농사짓는 [데] 비하면 굉장히 소득도 괜찮았어요. (중략) 그때는 광산이 좀 잘 나갔어요.[32]

구술자 : "사실은 농사짓고 뭐 이러다 보니 빚을 졌는데, 참 빚 갚을 일은 없고 그래서 답답해서 이래 나왔다."고 그러니까는 "그럼 니 광산 일을 한번 해 볼래?" 이러는 거야. "그 얼마나 좋아요?" [벌이가] 얼마나 되냐고 물었지. 물으니까는 뭐 얼마 된다 그래. 그러면 거기에 있는 거를 몇 년 안 하면 갚을 수 있는 확률이 있더라고. "그럼 거[기] 일하게 얘기 좀 해 달라." 그러니까 그러라고 [얘기 하더라고]. 그리고 와갖고 이틀만인가 바로 작업복 사 입고 일 나갔어.[33]

석탄 경기가 좋을 때는 농사를 짓거나 다른 노동을 하는 것에 비하

30 「썰렁한 거리 … 빈집만 1,400가구」, 『동아일보』, 1995. 3. 3.
31 이원갑, 앞의 책, 39쪽.
32 신경, 앞의 책, 176~177쪽.
33 윤병천, 『1980년 사북: 항쟁과 그 이후의 삶』, 도서출판 선인, 2020, 41~42쪽.

면 고수익을 얻을 수 있었다는 것을 구술자들의 증언을 통해서도 확인할 수 있다. 돈을 벌기 위해서는 위험을 감수할 수밖에 없다고 생각했던 다양한 사람들이 사북으로 모여들었다. 『정선군 석탄산업사』는 폭력배들이 박정희 정권의 사회 정화 정책을 피해 산골로 숨어든 후, 탄광이 활성화되면서 또 다른 토착 세력으로 자리 잡게 되었다고 서술하고 있다.[34] 구술자들의 증언에서도 동일한 이야기가 발견된다.

구술자 : 응. 종업원인데, 그 사람들은, 저 뭐야, 그때 껄렁패들이었어. (중략) 뭐 그런 사람들. 뭐 6공화국이카는데[이러는데], 보면 여러 도에[서 온] 사람. 전라도, 강원도 죽 있는데….

면담자 : 아, 그래서 6공화국이구나. (웃음)

구술자 : (웃음) 그래 이제 전라도 사람들이 전부 한 3,000명 [일을] 하는데, 700~800명은 전라도 그 저거들서[저기에서들] 왔고.[35]

구술자 : 그리고 주로 여기 모인 사람들, 저 탄광 지대에 모인 사람들이 거의가 경북 사람들이 많아요. 강원도 사람, 경북 사람들이 많은데, 농사짓는 거보다는 탄광에 들어와서 하니까. 농사지으면 하여튼 아침 해 떠서부터 저녁때까지 일하잖아요. 이건 우옛든[어쨌든] 중노동이라도 여덟 시간 하면 마치는 거니까. 소득도 농사짓는 것보단 낫고. 그러니까 이제 탄광으로 몰린 사람들이 많지요.[36]

사북 지역이 '전국 팔도민의 고향'이라고 불리기까지 했다는 것을 보면,[37] 당시 탄광촌을 이루고 있던 구성원들의 출신과 배경은 무척이나 다양했음이 짐작된다. 그러다보니 이렇게 모여든 사람들이 쉽게 융화되기

34 정선군청, 『정선군 석탄산업사 : 1948~2004』, 2005.
35 신경, 앞의 책, 187쪽. 구술자가 말한 '6공화국'이라는 것은 다양한 지역에서 사람들이 모여들어서 각각의 세력이 형성되어 있다는 의미로 보인다.
36 이원갑, 앞의 책, 51쪽.
37 박창현, 『박창현 기자의 탄광촌 취재수첩』, 금강P&B, 2012, 201쪽.

란 어려웠을 것이다.

전국광산노동조합 위원장인 최정섭은 당시 광부들의 형태를 네 가지로 분류하였다. 첫째, 다른 직업을 구할 수 없어 택한 사람, 둘째, 두더지 같은 생활을 하더라도 열심히 몇 년 해서 돈을 모아 보겠다는 사람, 셋째, 그저 막연히 목적 없이 살겠다는 사람, 넷째, 연고지가 광산 부근인 사람이다.[38] 중요한 것은 뒤에 이어지는 "광산과 더불어 살아 보겠다는 사람은 한 사람도 없다"라는 표현이다. 최정섭은 현실이 열악하므로 복지 문제를 개선해 광부들을 정착시키고 숙련공을 확보해야 한다는 주장을 펴고자 조금은 단순하고, 조금은 자기비하적인 분류법을 사용하면서 광산에 애착을 가지는 광부들이 없다는 것을 강조했다. 앞서 윤병천의 구술에서도 드러나듯이 빚을 갚기 위해 잠깐 발을 들였을 뿐이라고 생각하는 사람들이 많았다.

사북은 인구가 늘어나는 만큼 전국 각지에서 모여든 사람들로 가득 차게 되었다. 이는 사북광업소의 사택촌도 마찬가지였다. 게다가 생각보다 열악한 환경에서의 생활은 광산과 더불어 살겠다는 생각을 갖기 어렵게 만드는 상황이었다. 다시 말해 광부들 간의, 그리고 이웃들 간의 유대감이 형성되기에 긍정적인 바탕은 아니었다고 할 수 있겠다.

이러한 조건하에서 광부들 사이에 유대감이 형성되는 공간으로 선술집을 들 수 있다. 고된 노동 후의 막걸리 한 잔은 광부들에게는 약이었다. 사북 지역에는 정식 상호를 가진 130여 개의 크고 작은 술집이 있었다고 전한다. 이 공간을 통해 광부들은 많은 이야기를 나누며 서로의 신세를 한탄하거나 정보를 교환했다.[39] 이러한 음주 문화는 대부분의 탄광

---

38 최정섭(전국광산노조 위원장), 「석탄 산업에 있어서의 노사 협력과 근로자 복지후생」, 『탄협』 제9호, 대한탄광협회, 1977, 51쪽.
39 박철한은 선술집과 광부, 술이 만나서 지배계급에 대한 일상적 저항의 정치가 실현되었고 '약자의 무기'로써 일상의 저항이 작업장으로까지 이어졌다고 평가한다. 박철한, 앞의 논문, 36~40쪽.

촌에서 발견되는 것으로서 동료들과 함께하는 일명 사회적 음주는 비형식적인 방식으로 연대를 다지는 소중한 기회를 제공한 것으로 평가된다. 그리고 혹독한 작업을 지속할 수 있는 유일한 수단으로 음주를 적절히 활용할 경우 생산량 증대 효과를 기대할 수 있기에 노사 모두의 필요에 의해 묵인된 측면도 존재한다.[40]

광부를 포함한 지역 구성원들 사이에 유대감이 형성되는 또 다른 계기는 탄광 사고였다. 앞서 살펴봤듯이 탄광에서는 수많은 사고가 발생하고 있으며 사망 재해 또한 심심찮게 일어난다. 그러한 '생과 사의 기로'에서 고통스러운 시간을 보내다가 극적으로 구출되는 경우도 많다. 잡지 『탄협』에는 이러한 탄광 사고에서 어렵사리 생환한 이들의 '보안 수기'를 싣고 있는데, 이를 통해 당시 광부들이 느꼈을 감정에 대해 조금이나마 알 수 있다.

탄광 사고에서 광부들이 느낄 가장 큰 감정은 무엇보다도 죽음에 대한 공포일 것이다. 붕락으로 인해 갱도가 막혀 캄캄한 어둠 속에 갇히거나, 출수 사고 당시 죽탄으로 질식해 가다 원인 모를 힘으로 죽탄을 뱉어 낸 광부들은 죽음의 공포를 극복하기 위해 신을 찾았다. "믿지도 보지도 못한 하느님을 부르며 간곡히 우리 모두의 생명을 구해주시리라고 마음으로 빌"거나,[41] "살아 계신 나의 하나님!"이라고 '교회라고 한 번도 가 보지 않았던 나의 절규'를 외친 것이다.[42] 하지만 다시금 죽음이 닥쳐올 때는 '죽음의 신'을 기다리며 절망감에 휩싸이기도 한다.[43] 이처럼 감정적으로 어려울 때는 주변의 동료들이 힘이 되었다. 광부들은 죽을지도 모른다는 생각에 처연해지면서도 동료들과 이야기하고 억지웃음을 지어

40 홍금수, 『탄광의 기억과 풍경』, 푸른길, 2014, 217~218쪽.
41 정인수(석공 도계광업소), 「타산의 오차」, 『탄협』 제9호, 대한탄광협회, 1977, 94쪽.
42 배현용(경동탄광), 「유화과」, 『탄협』 제10호, 대한탄광협회, 1978, 49쪽.
43 배현용, 앞의 글, 51쪽.

가며 버텨냈다.[44]

이러한 상황에서 구출된 광부들은 주변 동료들이 새롭게 보였다. 발파 사고가 발생할 위기의 상황에서 불이 붙은 도화선을 손으로 뽑아 내며 피해를 줄였던 동료에게 '영웅 이상의 대우'를 해 주는 것은 당연했다.[45] 정인수는 붕락 사고에서 구출된 뒤 동료들이 악수를 청하며 반가워할 때의 감정을 다음과 같이 묘사하고 있다. "온몸에서 땀 냄새가 물씬 코를 찌르는 그들이 그렇게 고맙고 미더워 보일 수가 없었다. 같이 일하면서도 남남처럼 생소하게 느껴지던 그들이었는데 오늘은 따뜻한 정에 한없이 수고했다고 인사를 했다."[46] 탄광 사고를 겪고 난 뒤의 심경 변화에 대해 잘 보여 주는 대목이다.

동료들의 죽음은 자신의 위험을 다시금 자각하는 계기가 되었다. 사북광업소에서 보안요원 업무를 맡기도 했었던 신경은 동료들이 사고를 당했을 때의 심정에 대해 다음과 같이 말했다.

구술자 : 이 사람들이 금방 같이 일하고 와 아침을 묵고 같이 얘기하고 막걸리 한 잔 묵던 사람이 밤에 싸늘한 시체로 넘어올 때는 마, 천지가 아득하고 마 이랬는데.[47]

1980년 사북항쟁 이후, 갱내 작업 중 물통 사고[48]를 겪어 40시간 넘게

---

44 정인수, 앞의 글, 93쪽.
45 이창수(대한석탄공사 함백광업소 근무), 「생과 사의 기로에서」, 『탄협』 제8호, 대한탄광협회, 1976, 68쪽.
46 정인수, 앞의 글, 95쪽.
47 신경, 앞의 책, 197~198쪽.
48 이정근에 따르면 채탄을 위해 갱을 뚫는 과정에서 물통의 위치를 측량패들이 제대로 이야기해 주지 않아서 발생한 사건이다. 갑방 때는 문제가 없었으나 을방이 발파하고 나서 물이 뚝뚝 떨어지며 죽탄이 함께 쏟아지기 시작했다. 이정근은 쓰러지지 않은 동발에 의지해 버틸 수 있었다. 오히려 아무런 불빛이 없어 마음이 조급해지지 않았기 때문에 43시간 동안 버틸 수 있었다고 주변에서 이야기했다고 한다. 이정근, 앞의 책, 299~300쪽.

매몰되어 있다가 구출된 경험이 있는 이정근은 다음과 같이 이야기한다.

구술자 : 옛날에는 아이고. 아이 뭐 오늘 밥 잘 먹어가지고 또 "누구는 오늘 죽었다." 이 소리 들으면 일하다가도 또 아이고. "어디 구덩이 막 혔으니까 그 굴에 가야 된다." 이러면 "야, 거기 안에서 죽었는데 사람이." 죽는 수도 있고 살아가지고 있는 사람도 있고 그렇단 말이야. 그거 데리고 가서 사람 꺼내자니 이런 동발 넣어가지고 사람 들어갈 정도가 되어야 안에서 사람을 끌어내잖아. 그리 하자면 이게 몇 시간 간다고. 24시간 또 다 할지 말지 [몰라요]. 아이고, 몇 시간을 그냥 그래 내가지고 사람 끌어내야지. 안 그러면 죽고 그래. 요 이런 탄에 이래 완전 찡겨 뿌면[끼어 버리면] 가는 거지.

면담자 : 무너지면 그대로.

구술자 : 죽는 거고, 그 안 찡기고 안에 살아 있으면 이제 입구로 닿을 때까지 살아 있는 거고. 그런 거. 그러니 여기서 중간이 무너졌다고 하면 위에서는 얼마나 무너질란지 이게 모른다고. 그러니 안에 사람이 이게 공간이 많아야 되는데 공간이 없고 내려앉아 버리면 찡겨[끼어] 죽는 거지.

면담자 : 그렇게 위험하니까 항상 나는 오늘 죽을 수도 있다는 생각을 하고 갱에 들어가는 거죠?

구술자 : 그러니까 내가 안 죽자고 어떻게 어떻게 해야 된다라는 단도리는 되는데, 자기가 살라고 그거 뭐 하늘이란 게 일하는 게 그러나 뭐. 언제 무너져 뿔란지 뭣이 될라는지 모르잖아.[49]

이처럼 통계에서 드러나는 것 이상으로 탄광 사고와 사망 재해는 광부들 가까이에 있었다는 것을 알 수 있다. 말 그대로 생사고락을 함께한 광부들 사이에서는 '전우애'가 싹텄다. '전쟁터'라는 표현은 당시 광부와 부인들이 느끼는 솔직한 감정을 그대로 드러낸 것이었다. 갱내의 작업 환경에 대해서 "조건이 얼마나 나빴던지 '월남'이라는 별명이 붙을 만큼

---

49 이정근, 앞의 책, 324쪽.

덥고 또 먼지는 눈앞이 안 보일 정도로 심했다"는 서술은 실제 전쟁터인 베트남과 탄광을 동일시하고 있음을 보여 준다.[50] 광부의 부인 또한 아이가 아파서 방문한 부속 병원에서 붕락 사고로 다친 광부가 치료받는 모습을 보며 '전쟁터도 아닌데 저렇게 다칠 수가 있을까?'라는 생각을 갖게 되었다.[51] 당시 광부들을 지칭하는 용어 중에 하나였던 '산업전사'도 전쟁에 빗댄 용어라는 것은 재삼 말할 필요도 없을 것이다.

열악한 막장의 작업 조건과 노동 과정으로 인해 광부들은 자신의 처지를 '따라지 인생', '지옥 0번지', '문둥이 다음', '인간 두더지' 등 자조적으로 표현했다.[52] 홍금수는 이를 광부들이 스스로를 사회 하층 집단으로 규정하고 체념적인 생활 태도를 내재화하면서 사회에 대한 반감을 노골적으로 표출했다고 분석했다.[53] 이에 더하여, 광부들이 자기비하적인 표현을 사용하며 자신들의 '우울한 공통성'을 찾았다는 측면에서 일종의 유대감·연대감을 확인하고 키워 나가는 행위였을 것으로 판단된다.

박철한은 그의 논문을 통해 '탄광 민중의 폭발성, 집중성, 집단성, 연대성을 탐구'하고자 했다.[54] 이 과정에서 사북 탄광촌의 일상과 구조적·공간적으로 공동체가 형성되는 양상을 분석했다. 그러한 공동체적 성격은 한곳에 모여서 생활한다는 조건 이상의 것이 필요했다. 오히려 다양한 구성 양상을 고려하면 유대감은 형성되기 어려웠다. 그러나 광부와 가족들은 탄광 사고와 사망 재해를 겪으면서 하나의 집단으로 형성되어 갔다. 광부들은 단순한 노동자가 아니었으며, 같이 일하는 동료를 넘어 '전쟁터를 헤쳐 나온 전우'로 서로를 인식하게 된 것이다.

---

50 방용주(황지광업소), 「사철나무 얼굴」, 『탄협』 제11호, 대한탄광협회, 1979, 121쪽.
51 임순화, 「갱장의 아내」, 『탄협』 제11호, 대한탄광협회, 1979, 110쪽.
52 한국교회사회선교협의회, 『동원탄좌 시위 조사보고서』, 1980, 2쪽(박철한, 앞의 논문, 26쪽에서 재인용).
53 홍금수, 앞의 책, 191쪽.
54 박철한, 앞의 논문, 79쪽.

2. 탄광사고에 대한 처우

1) 만근을 재촉하는 노동 환경

1964년에 산재보험이 실시되고, 1977년에 의료보험이 실시되었지만 탄광 사고에 대한 보상 체계는 제대로 돌아가지 않았다. 기본적으로 탄광에서는 광부와 중간관리자 모두 부상이나 질병으로 일을 쉬는 것을 원치 않았다. 광부의 입장에서는 한 달에 배정된 일을 모두 나가는 '만근'을 하느냐 마느냐가 매우 중요했다. 하루라도 일을 쉬게 되면 받을 수 있는 월급에서 큰 손실을 보았기 때문이다.

> 구술자 : 진짜 그 당시만 해도 한 달에 한 번 놀까 말까야. 30일이면 30일, 31일이면 31일 다 해야 돼, 일을. 만약에 한 공수에 내가 천 원을 받는다 그러면, 한 공수 빠지면 한 삼사백 원씩 손 나는 거야. 그래 엄청나게 손을[손해를] 보는 거야. 그러니까 어쩔 수 없이 만근을 해야 되는 거야.[55]

"한 공수를 쉬면 열흘 굶는다"라는 표현도 이러한 현실을 잘 보여 준다. 그렇기에 광부의 부인들은 남편이 피곤해 하거나 조금 아파 하더라도 억지로라도 깨워서 출근을 시켜야 했다.[56] 또한 만근을 해야 월차 휴가를 받을 수 있었고,[57] 실물로 된 일종의 보너스를 지급받을 수 있었다.

> 구술자 : 만근하면은 극장표가 네 장인가 나왔어요. 그런데 우리는 애가 어려갖고 못 가잖아. 부부가 가라고 [나왔지만] 영화 볼라면 사북까

---

55 윤병천, 앞의 책, 48쪽.
56 최근배(동원탄좌 사북광업소 갱내 선산부), 「'막장'에서 벗어날 날을」, 『신동아』 1980년 6월호, 204쪽.
57 동원탄좌는 월 중 25공수 이상 출근한 자에 대하여 월 1회의 유급 휴가를 주고 연간 291공수 이상 출근한 자는 10일, 연간 261공수 이상 출근한 자는 8일의 연차 휴가를 주었다. 사북청년회의소, 앞의 책, 42쪽.

지 굴다리를 걸어와야 돼요. 근데 애들이 여럿이 있으니까 엄두를 못 내잖아요. (중략) 또, 만근하면 돼지고기 네 근 주고, 하나 빠지면 세 근 나오고, 또 두 갠가 빠지면 두 근 나오고, 세 개 이상 빠지면 없어. 그럼 그것도 한 개도 못 타 먹는 사람이 있어.[58]

작업 과정에서 부상을 입어서 집에서 쉴 경우 공상비가 지급되기는 했지만 그리 크지 않은 액수였다. 따라서 아픔을 참고 일을 하는 것이 오히려 더 이득이라고 광부들은 생각했다. 질병으로 쉬는 것은 생각할 수도 없었고, 감독들이 아파 보여서 쉬라고 할 때도 악착같이 일을 하겠다고 우길 수밖에 없었던 것이다. 결국 휴식이 부족하고 노동 능력이 떨어질 때에도 강도 높은 노동을 지속하게 되면서 안전과는 더욱 멀어지는 악순환을 만들고 만다.

이는 탄광의 중간관리자 입장에서도 필요악이었다. 사측에서는 수치로 나타나는 재해율을 떨어뜨리기 위해 고심했으나, 그 실적에 대한 압박은 중간관리자에게 주어졌다. 따라서 관리자들은 재해 보고를 해 봐야 자신에게 문책이 떨어지기에 기를 쓰고 출근을 시키거나, 정 상황이 좋지 않을 때는 재해로 인한 공상이 아닌 유급 휴가로 전환하는 식의 편법을 사용했다.[59] 만근을 재촉하는 것도 같은 맥락에서 해석 가능하다.

이러한 손익 문제에서는 광부와 중간관리자가 한 배를 탄 입장이었다. 이는 신경의 증언에서도 확인할 수 있다.

면담자 : 당시에도 산재보험이니 의료보험이니 있기는 한데.

구술자 : 있지요. 산재는 있지. 산재는 산재 처리를 하지요. 산재 처리 70% 가는 거는, 산재는 처리되요. 왜냐카면 법적으로 하는 그거는 다

---

58 장분옥, 『1980년 사북: 여성의 탄광살이와 항쟁 참여』, 도서출판 선인, 2020, 130~131쪽.
59 정연수, 앞의 책, 58쪽.

치면 저거 하는데. 주로 산재 처리도 일주일 이상 저거 되는 사람이 산재 처리를 하는데, 일주일 이내 되는 거는 자체 처리 캐가지고 이제 공수(工數)로 여어[넣어] 주는 게 그게 있어요. 있는데. 그거도 조금 잘못 비[보여] 놓으면 안 돼요. 어렵다 카이. 그게 왜냐카면 어련히 해 줄 것도 사람이 밉고 고운 걸 따진다카이. 일하는 사람을 근로자로만 대해야 되는데, 평소에 뭐 회사에 불만을 좀 [가지고] 있다 카면 이 불만 때문에 그걸 가감시킨다 카이끼네.[60]

광부는 산재 처리되는 것보다 출근 처리되는 것을 원했고, 중간관리자는 재해가 없었던 것으로 기록되기를 바랐다. 그리고 그 속에서 일정한 긴장과 타협이 존재했다. 결국 탄광의 재해율 감소는 이와 같은 일상의 정치를 통해 획득되었다. 따라서 매년 집계하는 재해 통계보다 실제로는 더 많은 사고들이 발생했을 것이다. 단지 숫자로 기록되지 않았을 뿐이다. 현실이 이러했기에 광부들은 다치거나 아파도 그냥 속으로 삭일 수밖에 없었다.

2) 죽는 광부만 서러운 사망 재해

그렇다면 사망 재해가 발생한 경우는 어땠을까. 광부들이 붕락이나 출수 등의 사고로 인해 매몰됐을 때, 그 소식을 가족들에게 바로 알려야 한다는 것은 깊이 생각하지 않아도 떠올릴 수 있는 조치이다. 하지만 실상은 전혀 달랐다. 1980년에 물통 사고를 겪은 이정근의 부인 이명득은 사고가 난 것을 전혀 인지하지 못하다가 주변 이웃을 다그쳐서야 사고 소식을 들을 수 있었다.

면담자 : 사람들이 사고 난 걸 알고 있었는데 얘기를 안 해 줬어요?

---

60 신경, 앞의 책, 204쪽.

구술자 : 그래, 그러면 그 현장에서 다 알고 있었지. 이정근 씨나 물통 사고에 다 죽었다 하는 걸 짐작하고 와 가지고선, 슬픈 일이니까 내한테 얘기를 못 해 주고. 아무튼 그래 술집이 거기에 한 서너 집 있는데, 밤 한 세시나 돼서 나는 그 술집을 다 가 보니, 두 집은 불이 다 꺼졌고 한 집은 불이 있는데, "오늘 저녁에, 우리 아저씨 안 왔어요?" 그 항주집이라는 데 가니까 "오늘 저녁에 안 왔다." 이거야. 이상하다, 술을 다 나오믄 탄까지 씻느라고 술 한잔 쓱 하고 [그러는데 생각했지요].

그래서 인쟈 [버스 탈 순서 자리를 맡는 깡통을] 놔놓고 와가지고, 밥을 안친다고 이제 쌀을 바가지에 떠가지고 씻자니까, 같은 을반 집이 젊은 새댁들, 그 이웃 아줌마들이 둘이 와가지고 "아저씨 왔어요?" 그래. "아저씨 안 왔는데?" 내가 [그]카믄 감이 딱 가는 거요. "우리 아저씨 안 왔는데? 뭐, 우리 아저씨 뭔 일 있대?" 이러니까, 광산에는 만날 아침밥이 사제밥[제사밥]이라잖아. 한데, "뭔 일 있대?" 이러니까, "아니요. 몰라요. 우리는." 그 모르는데 새댁들이 잠 안 자고 새벽에 올 일이 없잖아. "왜 왔어?", "아유, 몰라요." 마 바짝 물으니까, 우리 아저씨한테 가 물어봐[라고 이야기를 해요]. 가니까, 두 집이[두 집의 아저씨들이] 다 잠자더라고. 잠자기나 말기나 모가지 바짝 들고 일나라 카가지고[일어나라고 해가지고], 바른대로 얘기하라고. 그래 얘길 하더라고. 그런 얘기를.

면담자 : 남편 사고가 났다고?

구술자 : 어. 물통 사고가 [났다고]. 형님이 어제 을반 나가가지고, 물동 사고가 나가지고 여태 아직 못 나오고 있다고. 그질[그길]로 내려가가 감독네 집엘 들어가니까, 하믄 자물통을 마이 잠가 놓고 감독이 도망을 가 버리고 없어.[61]

이명득이 회사 마당으로 향했을 때는 이미 소장, 부소장, 과장급의 관리자들 차량이 와 있는 상태였다. 그리고 작업을 마치고 나오는 갑반 감독을 붙잡고 사고 소식을 바로 연락해 주지 않는 것을 따져 물었다고

---

61 이명득, 『1980년 사북: 여성의 탄광살이와 항쟁 참여』, 도서출판 선인, 2020, 100~101쪽.

한다. 심지어 그 갑반 감독 집의 식구들은 물통 사고 소식을 이미 알고 밤새도록 잠도 못 자면서, 이명득에게는 들키지 않도록 담요로 문을 가려 놓은 채였다. 1992년에도 10시간 넘게 광부들이 매몰된 사고가 발생했는데, 이때도 가족들에게는 알려 주지 않았다. 이런 모습을 보며 광부의 가족들은 "나중에 죽거나 그러면 자기네 마음대로 할라고 그러는 건지, 알 수가 없어요"라는 생각을 가질 수밖에 없었다.[62]

이러한 재해를 겪은 광부들은 자칫하면 사망자로 분류될 수 있는 위기에서 살아 돌아온 사람들이다. 그러나 그들은 며칠 제대로 쉬지도 못한 채 다시 작업에 나서야 했다.[63] 이정근은 물통 사고로 인한 보상을 받지 못하고 광산에서 계속 일을 해야 했다. 갱내에 들어가지 않으려면 바깥에서 할 수 있는 일을 해야 했지만, 그것은 "돈 차이가 많이 나서" 다시금 막장에 들어가야만 했다.[64]

사망 재해가 발생해 장례 절차에 들어가게 될 때는 상황이 더욱 나빴다. '죽은 자는 말이 없다'는 것이 너무나도 잘 통용됐기 때문이다. 이는 탄광의 실상을 담은 기록 어디에서나 찾을 수 있고, 구술 증언에서도 드러난다. 앞서 살펴보았지만, 사망 재해의 원인 중 빠지지 않는 것은 광부들의 '부주의'였다. 사고의 직접 목격자라 할 수 있는 당사자가 주검으로 나왔으니 그 누구도 당시의 상황을 증언할 수 없다는 점을 노린 것이다. "죽는 사람이 다 뒤집어쓰고" 간다[65] 또는 "죽는 광부만 서럽다"[66]는 것은 모두 이를 반영하는 표현이었다. 그리고 이것은 결국 보상금을 적게 지급하기 위함이었다.

유가족들과의 합의 과정에서는 가족 사항에 대해 조사한 다음 차별을

62 사북청년회의소, 앞의 책, 71쪽.
63 권영도(태영광업Co.), 「지하전선에서」, 『탄협』 제9호, 대한탄광협회, 1977, 88쪽.
64 이정근, 앞의 책, 303쪽.
65 이원갑, 앞의 책, 59쪽.
66 「인명 앞지른 채탄 욕심」, 『동아일보』, 1974. 5. 30.

하기도 했다.

<blockquote>
구술자 : 그래서 1,000일분 보상이 나오면, 1,090일. 90일은 이제 장례비
인데, 90일비는 임의적으로 회사에서 가지고, 수습될 때까지 써
요. 원래 죽은 사람 유가족들이 그걸 쓰고 해야 되는데, 이 사람들
이 뭐 절차상 [그렇다고] 카골라가여[하고는] 쓰는 기라. 뭐도 사
고, 뭐도. 그게 어디 소명도 안 밝혀요. 어디어디 썼다 카고 막. 그
러고 그때부터 한 며칠간, 4~5일 간 동향을 살펴요. '아, 이 집 가
족 사항에 공무원이 누가 있다. 경찰이 누가 하나 있다.' 하는 이거
를 살피거든. 고거는 고충 담당이라고 또 있어요. 있는데, 이걸 살
펴가지골라가 '아, 이 집에는 이쯤 해가 되겠다.' 싶으면 [그렇게
하는 거야]. 그게 원래 민보상을 다 해야 되는데, 합의 볼 때 해야
되는데, 없어요. 그거 사람 봐 가며 경중을 [판단]하고, 일괄적으
로 법대로 처리하는 게 아이라, 사람을 봐 가며 있고 없는 차이를
거서 매겨 뿌려요. 그러니 그게 하나의 비리죠. 제일 큰 비리라.
그러고 인명을 경시한다카이끼네.[67]
</blockquote>

이정근은 이러한 행태를 두고 "죽은 사람 놓고 흥정을 한다"라고 표현
했다.[68] 이는 남겨진 유가족들에게 한 번 더 상처를 주는 행위였다. 그나
마 받는 사망 보상금도 많지 않아서 이후 가정의 경제적 책임은 광부의 아
내에게 맡겨지는 것이 대부분이었다.[69] 이는 사망 재해뿐만 아니라 목숨은
부지했지만 사고로 노동 능력이 상실된 광부들의 가정도 마찬가지였다.
사북항쟁 당시 남편이 큰 부상을 입었던 장분옥의 경우가 대표적이다.
　탄광에서 재해 등으로 인해 동료가 사망했다는 소식을 들었을 때 주
변의 광부들이 화를 내지는 않았느냐는 질문에 신경은 다음과 같이 대
답했다.

67　신경, 앞의 책, 203쪽.
68　이정근, 앞의 책, 329쪽.
69　사북청년회의소, 앞의 책, 69쪽.

면담자 : 광산에서 누가 죽었다라고 하면 주변에서 같이 일하시는 분들이 화내거나 이런 분위기가 많았나요?

구술자 : 화 그것도 안 내. 왜 그러냐 하면 으레히 '저것도[저렇게] 실려 가는구나. 아이고, 우리도 저런 모습인데.' 늘 근신하는 거지. 우리는 저러지는 말아야 되겠다. 우선 안 죽어야 되겠다. '저러지 말아야 되지.' 카고. 반항의식이 항시 있다고.[70]

　　여기서는 두 가지 감정이 동시에 드러난다. 우선 "으레히" 실려 간다는 표현에서 사망 재해에 대해 무감각해지는 광부들의 모습을 발견할 수 있다. 재해 통계와 그 이면에서 드러나듯이 사망 재해는 일상이 된 것이었고, 이는 사북 지역이라고 해서 다르지 않았다. 그러나 광부들이 사망 재해에 대해 화를 내지 않은 것이 무뎌졌기 때문은 아니다. "반항의식이 항시 있다"는 것에서 알 수 있듯이 '죽음에 대한 불만'은 내재해 있었다. 그럼에도 그것을 드러내지 않았던 것은, 표출한다고 해서 당장 해결되지 않으리라는 실망감 때문이었을 것이다.

　　이미 수많은 탄광 사고와 그에 대한 광업소 측의 대응을 겪으면서 광부들은 제대로 된 보상이 이뤄지지 않을 것을 알았고, 우선은 광부들 스스로 조심하는 게 최선이라는 것을 학습했다. 그렇다고 그것을 용인한 것은 아니며, 불만은 축적되고 있었다. '전쟁터' 같은 곳에서 생사고락을 함께한 '전우'의 죽음 앞에 아무런 감정이 생기지 않을 리 없었다. 다만 탄광에서의 사고는 너무나 일상적인 것이었고, 그러한 위험을 늘 안고서 살고 있다는 사실을 누구보다도 광부들 스스로 잘 알고 있었다. 그렇기에 안타까운 사고로 목숨을 잃은 동료를 바라보며 회사의 처우에 불만을 가지면서도 한편으로는 '어쩔 수 없다'는 심정 또한 갖게 되었던 것이다.

---

70 신경, 앞의 책, 204쪽.

3. 사북항쟁이 일어난 과정

1) 광부와 경찰 사이에 고조되는 긴장감

1980년 4월 21일을 전후한 상황은 사북항쟁을 소재로 한 책과 영상 매체 등에서 많이 다루고 있다. 물론 각 기록의 입장과 시각에 따라 조금씩 차이가 있다. 우선 당시의 상황을 간략히 살펴보자.

노조 지부장 선거 문제가 해결되지 않은 데 더해 임금 협상 과정에서 이재기 지부장이 마음대로 사측과 20% 인상에 합의했다며 광부들의 불만은 높아져 가고 있었다. 이러한 불만에는 사측에 대한 것과 이재기 지부장에 대한 것이 혼재되어 있다.

> 구술자 : 다른 탄광에서는 없는 암행독찰대라는 게 있었어요, 동원탄좌에.
> 다른 탄광에는 어데도 없었어. 암행독찰조가 있는데, 이것은 사장의 친인척으로 구성된 사람들로 이제 한 6명 정도 구성이 돼 있어요. 그러니까 이 사람들은 작업을 하는 게 없고 24시간 광부들의 사생활서부터 직장까지 전부 다 감시를 하는 거라. 밤에도 말이지. 뭐 12시고 1시고 그건 상관없어. 아무 때고 가서 회사 흉 안 보나, 뭔 얘기하나 듣는 거야. 술자리서 있음 술자리 가서 눈치 보고. 거기서 뭔 얘기하느냐 듣고. 그리고 회사에서 누가 일을 약간 나태하게 한다거나 피곤해서 조금 졸고 있었다거나 이러면 회사에 보고를 하는 거예요.[71]

이원갑이 말하는 것처럼 이 '암행독찰대'는 동원탄좌에만 존재하는 독특한 노무 관리 방법이었는데, 말 그대로 '몰래 숨어서 광부와 그 가족들을 감시하는 사람들'이었다. 이를 포함해 회사에 대한 광부들의 불만은 점점 쌓이고 있는데 임금 문제까지 겹쳤던 것이다. 이런 상황에서 광

---

71 이원갑, 앞의 책, 67쪽.

부들의 입장보다는 회사 측의 입장을 대변한다고 평가받는 이재기 지부장은 이미 '저쪽 편' 사람이었다.

이에 신경을 필두로 한 광부들은 서울에 위치한 전국광산노조 사무실까지 찾아가 사태 해결을 촉구하기도 했다. 한편, 사북에서는 어윤철 사북지서장이 4월 21일에 집회를 여는 것을 허가하겠다고 약속하며 광부들을 달래는 상황이었다. 그러나 경찰은 약속을 깨고 집회 허가를 번복하였고, 이 사실을 제대로 전달받지 못했던 광부들은 집회를 열기 위해 움직이고 있었다. 4월 21일 오후 2시에 광부들이 노조 사무실에 모여 들었으나 경찰은 "계엄하의 집회는 불법"이라며 광부들을 해산시키려 했다.

4월 21일 오후 노조 사무실에서 있었던 사건에 대해 군법회의 판결문은 다음과 같이 정리하고 있다. 광부 150여 명이 동원탄좌 노조 사무실에 모여 노조 부지부장 홍금종을 에워싸고 구호를 외치며 폭행을 가했다. 16시 30분경 광부들의 동태를 파악하기 위해 그곳에 나와 있던 정선경찰서 이운선 순경에게 광부들은 "경찰이 이 사태를 모르고서 무엇하러 노조 사무실에 들어왔느냐, 저 새끼, 죽여라"고 고함치며, 이운선의 어깨를 잡아 흔들어 다중의 위력을 보이며 폭행을 가했다. 폭행을 당한 이운선이 그곳에서 약 15미터 떨어진 곳에 세워 둔 지프차를 타고 도주하려 하자 4명의 광부가 차 본네트 위에 올라가며 방해를 했다.[72] 사건의 원인은 난동을 부리고 경찰을 위협한 광부들에게 있는 것처럼 쓰여 있다.

노동일보 기자로 일했던 홍춘봉은 자신의 책에서 4월 21일의 상황을 다음과 같이 묘사하고 있다. 광부들의 수가 계속 불어나고 있는 사이 정선경찰서 이운선 형사는 사복 차림으로 노조 사무실에 들어가 동태를 살피다가 한 광부가 술을 마셔 거나해진 목소리로 "당신은 뭐냐"고 묻자 다짜고짜 광부의 뺨을 때렸다. 그러자 화가 치민 이 광부가 "경찰이 사람

---

72 제1군사령부 계엄보통군법회의, 「사북사태 판결문」 1980. 8. 6(정선지역발전연구소, 앞의 책, 169쪽에서 재인용).

때렸다. 저놈 죽여라"고 소리쳤다. 그러자 다급해진 이운선은 창문을 통해 노조 사무실 밖으로 뛰쳐나가 시동을 걸고 대기 중이던 지프차에 몸을 실었다. 사무실 바깥에 대기하던 광부들은 형사가 갑자기 창문을 통해 달아나 지프차를 타자 "네놈들도 지부장과 한패다. 당장 내려라"고 소리를 지르며 앞을 가로막았다.[73] 이 책에 서술된 내용을 따르자면 이운선 순경이 먼저 광부를 때리며 사태를 위협한 것처럼 되어 있다.

서술에 차이가 있음에도 공통적으로 읽어 낼 수 있는 것은 '경찰에 대한 불만'이다. 사북 지역에서 경찰의 감시는 사건이 터지기 전부터 이루어졌는데, 1979년 3월 29일부터 사북항쟁 당시까지 정선경찰서 정보과장을 비롯한 수 명의 형사가 현지에 상주했다.[74] 노조 활동에 경찰이 예전부터 관여해 왔다는 것은 구술 증언에서도 찾을 수 있다.

> 면담자 : 장성광업소에 계실 때에는 경찰이 별로 안 보였었나요? 사북이 특히 그런 게 심했나요?
>
> 구술자 : 그렇지요. 장성광업소에서는 경찰이 오고가고 뭐 이런 거 없었고. 사북에서 하는 그 행세들이, 물론 노조 지부장도 문제지만도 거기서 하는 짓들 경찰관들이 사사건건 타치(touch)를 하고 들어왔어요.
>
> 면담자 : 경찰에 대한 불만도 이제 막 점점 쌓이는 거죠?
>
> 구술자 : 그렇지요. 그게 어마어마해지는 거지요.[75]

또한 공소장과 판결문에는 묘사하지 않았지만, 당시 집회에 참여했던 광부들은 이운선 순경이 당시 사복을 입고 광부인 것처럼 행세했다고 기억하고 있다. 조합원들은 거의 서로를 아는데 모르는 사람이 왔다 갔다

73 홍춘봉, 『탄광촌 공화국』, 노동일보사, 2002, 62~63쪽.
74 전국광산노동조합, 『사북사태 발생에 대한 진상』, 1980, 16~18쪽(박철한, 앞의 논문, 15쪽에서 재인용).
75 최돈혁, 『1980년 사북: 항쟁과 그 이후의 삶』, 도서출판 선인, 2020, 156쪽.

하기에 광부들이 웅성대기 시작했고, 겁을 먹은 경찰이 창문을 열고 도망갔다는 것이다. 이를 "세간"이라고 표현한 것은 사복경찰의 목적을 잘 드러내는 표현이 아닐 수 없다.[76]

2) "경찰이 사람을 죽였다"는 외침

급박한 상황 속에서 지프차에 타고 있던 경찰 장인택이 엉겁결에 엑셀을 밟아 버렸고, 원일오를 들이받은 후 그의 허리와 다리를 타고 넘으며 앞에 서 있던 광부들을 들이받았다.[77] 이 사고로 인해 원일오는 다리와 허리는 물론 소장이 터지는 큰 부상을 입었다. 그리고 이 광경을 목격한 광부들은 "경찰이 사람을 죽였다"라고 외치게 되었다. 재판 기록에는 "경찰차가 사람 치었다"라고만 되어 있고,[78] 탁경명은 그의 책에서 이를 '거짓 소문을 퍼뜨린 탓에' 유혈 소요 사태로 치달았다고 했지만[79] 사고의 목격자들은 당시 '사람이 죽은 것'으로 보았다고 증언했다.[80]

> **면담자** : 차 출발하는 그 장면을 직접 목격하셨어요?
>
> **구술자** : 예. 바로 나 그 옆에 있었으니까요. 출발하니까, 아니 사람이 밑에 하나 들어가 뭐 깔려 버리는 거예요. 차바퀴는 넘어가고. 하이고, 이런 깜짝 놀라 일이 또 어디 있어요? 그래가지고 차는 치고 넘어가가지고 내려가 버리고. 우리는 보니까 사람이 죽었어요. 죽었더라고. 아이고, 이제 거기서 대번, 이게 고만 폭발이 생기는데. "경

---

76 윤병천, 앞의 책, 49쪽. 여기서 구술자는 세작(細作)과 간자(間者)를 함께 일컫는 것으로 보인다. 사복 경찰이 조합원들 사이에 끼어 있었던 자체가 감시 행위이고 간첩 행위라는 의미이다.

77 사북청년회의소, 앞의 책, 197쪽.

78 제1군사령부 계엄보통군법회의, 「사북사태 판결문」1980. 8. 6(정선지역발전연구소, 앞의 책, 169쪽에서 재인용).

79 탁경명, 앞의 책, 2012, 93쪽.

80 이에 대해 당시 창문을 넘어 도주했던 경찰인 이운선은 차에 치인 게 아니라 돌에 의해 광부가 다친 것으로 파악됐다고 증언했다. 이미영, 《먼지, 사북을 묻다》, 2002.

찰관이 사람 죽였다." 그러니까 치인 사람은 그 무슨 차로 저기 병원으로 데리고 갔는지 그게 좀, 경찰차가 와가지고 데리고 갔는지, 하여튼 뭐 주변 차인지 회사차인지 그건 좀 기억 안 되고. 어쨌든 간[간에] 그 죽은 사람은 병원으로 데리고 갔어요. 데리고 가고 사람들이 그 다음에는 "아, 이게 경찰관 사람 죽인 거 아니냐." 거기서 대번 마 불꽃이 튀어 버렸어요. "경찰관이 사람 죽였다." 그래가지고 거기서 다들 아우성치면서 있는데, 그때 모인 거이 한 500명도 넘지 싶어요.[81]

"경찰이 사람을 죽였다"라는 외침은 삽시간에 퍼져 나갔고, 많은 이들이 증언하고 기록으로 남겨져 있듯이 이 사건은 '불씨'가 되었다. 그 소문을 듣고 동원탄좌 직영 소속과 하청까지 합친 6,000여 명의 작업이 모두 중지되었다. 광부 가족들과 시장 상인, 일반인들까지 합류한 사북항쟁은 이렇게 시작되었다.[82]

1980년의 르포 기사에서도 전하고 있듯이 당시 광부들은 원일오가 경찰 지프차에 의해 사망한 것으로 오해했고, 사고 이전의 행태까지 포함해 "사태의 가장 큰 원인도 광부들의 요구를 경찰력으로 짓누르려는 데 있었다"라고 주장했던 것이다.[83] 이는 단순히 우발적인 사고가 기폭제가 되었다는 인식이지만, 좀 더 면밀하게 살펴볼 필요가 있다. 특히 '경찰이 광부를 죽였다'는 의미에 집중해야 한다.

탄광에서 광부들이 사망하는 것은 분명 안타까운 일이지만, 있을 수 없는 일은 아니다. 앞서 이야기했듯이 오히려 일상에 가까운 쪽이었다. 하지만 그것은 '사고'에 의한 죽음일 경우에 해당되는 이야기다. 1980년 4월 21일의 '사고'는 경찰이라고 하는 공권력에 의해 발생한 것이었다.

---

81 최돈혁, 앞의 책, 161~162쪽.
82 윤병천, 앞의 책, 56쪽.
83 김충근(동아일보사 사회부기자), 「사북탄광사태의 심층 분석」, 『신동아』, 1980년 6월호, 192쪽.

탄광의 '죽음'들과 사북항쟁의 발발 • 87

공정해야 할 공권력이 언제나 사측의 편만 든다는 불만, 거기에 사사건건 광부들의 활동에 개입하는 행태 등으로 인해 당시 사북의 광부들이 가진 경찰에 대한 감정은 극도로 나빴다. '전쟁터'와 같은 탄광촌의 분위기에 빗댄다면, 자신들의 '적'에 해당하는 존재가 경찰이었다. 결국 경찰 지프차에 의한 사고는 '경찰이라고 하는 적이 전우를 죽인 사건'이 되는 것이다. "사람을 벌레 취급도 않는 경찰을 부수자"[84]라는 분노의 표현은 사북항쟁이 가진 특수한 상황을 잘 보여 주고 있다.

이때부터는 적군과 아군을 구별하는 전시 상황과 유사한 흐름이 펼쳐진다. 암행독찰대를 운용하며 광부들을 억압했던 사측과 어용 노조라 비판받았던 이재기 지부장, 그리고 사측의 편을 들면서 사건에 개입하던 경찰 모두가 '적'이었다. 따라서 "경찰이 사람을 죽였다"라는 외침은 단순한 사실―비록 잘못된 사실이라 할지라도―전파를 넘어서는 파급력을 가질 수밖에 없었다. '전우를 잃은' 광부들은 당연히 분노했고, 수백 명의 광부들이 사북지서에 몰려가 무력시위를 펼치는 상황으로 사태는 전개되었다. 그 뒤는 당시 신문에서 '무법', '난동', '공포의 탄광촌', '악몽' 등으로 표현하는 4일을 겪게 된다.[85]

사북항쟁의 우발적인 시작과 통제가 불가능했던 양상은 결국 4월 21일에 있었던 위 사건에서 기인하는 것이다. 박철한은 그의 논문을 통해 "이 시기 다른 탄광 지역에서 설사 경찰에 의한 광부 역상 사고가 일어났더라도 폭발적 저항은 발생하지 않았을 것이다. 그만큼 '저항성의 응축'은 결코 우발적 변수만으로 환원될 수 없는 것이다"라고 주장했다.[86] 박철한은 '탄광 민중의 저항'을 가능하게 한 여러 요인들을 살피면서, 불만

---

84 김충근, 앞의 글, 194쪽.
85 「무법 4일 … 공포의 탄광촌」, 『동아일보』, 1980. 4. 24; 「광부 3,600여 명 집단 난동」, 『경향신문』, 1980. 4. 24; 「사북 '악몽 4일' … 평온의 첫밤」, 『경향신문』, 1980. 4. 25.
86 박철한, 앞의 논문, 67쪽.

이 쌓이고 환류되는 구조를 밝혀냈다. 하지만 사북항쟁과 같은 형태로 터져 나오게 된 것에는 '특수성'에 대한 고려가 필요하다. 박철한이 말한 것처럼 '광부 역상 사고'가 다른 지역에서 발생했을 때, 사북항쟁과 유사한 투쟁이 벌어지지 않았을지도 모른다. 그렇다면 역으로 사북 지역에서 '광부 역상 사고'가 없었다면 사북항쟁은 발생했을까.

사북항쟁의 주모자로 지목된 이원갑은 당시 노조 지부장이었던 이재기에 반대되는 인물로 그려지며, 그간의 많은 투쟁을 주도했다. 이원갑은 4월 21일 집회 허가가 났기 때문에 거기에 맞춰 계획을 세워 놓았다고 증언한다.

> **구술자** : 그러니까 4월 21일 날 오후 2시에 집회 허가를 내 준다 그러니까, 집회 허가 났겠지 하고 우리 다 올라간 거야. 그 전에, 이제 줄기로 얘기하면은 우리가 원하는 조건이 달성 될 때까지 무기한 투쟁을 하는 거다. 그리고 우리가 대책을 세웠댔다고. 우리가 밤에 말이지, 있다가 보면은 사람들이 술을 한 잔 마실 수도 있고. 며칠을 견디다 보면 또 기물이 파손된다거나 여러 가지 있을 수가 있는데. 유리창이 한두 장 깨지는 건 몰라도, 그러다가 방화를 한다거나. 예를 들어 그런 사태가, 사람이 많으면 어떻게 될지 모르니까. 거기에 대해서 우리가 사전에 얘기할 수 있는 그런 조도 짰다고. 오래 투쟁할 거 생각하고 그런 거를 예방할 수 있는 사람들도 이래 이래 다 짰는 거예요. 그래가지고 이제 4월 21일 날 하나 둘 씩 모이기 시작해가지고 했는데. 그 사건이 일어나고, 그러니까 경찰차가 사람을 쳐가지고 말이죠.[87]

이원갑의 증언에 따르면 장기적으로 투쟁할 것을 예상하고, 그에 맞춰 3개 조로 나누어 교대로 자리를 지킬 것까지 계획을 짜둔 상태였다.

---

87 이원갑, 앞의 책, 103쪽.

그러나 1,500명 정도로 예상했던 계획은 "상상도 안 했"던[88] 사건의 발생으로 틀어지게 되었다. 사람이 수천 명으로 불어나게 되면서 나중에는 "그 계획조차도 감당 못한 게" 된 것이다.[89] 그렇게 "통제가 불가능"한 상황까지 사태는 확산되었다.[90] 이원갑을 포함한 그 누구도 당시 상황을 어찌 할 수 없었다.

면담자 : 결국은 무기고를 전혀 건드리지 않고 오히려 광부들이 그걸 지켰잖아요.

구술자 : 근데 그거는 저도 잘 몰라요. 그때 실제로 지켰는지 어쨌는지. 박노연 씨라는 분이 그랬다고 했는데, 난 나중에 사태가 끝난 뒤 신문 보도를 보고 알았던 거고. 실제로 아시는 것처럼 그 당시에 사태가 정말 무질서하고 뭐 계통도 없고 이랬기 때문에, 사실은 전혀 이원갑 씨가 이걸 통제할 수는….

면담자 : 상황이 아니었다?

구술자 : 그나마 말이 먹히는 분이었긴 하지만, 그걸 당신이 그 흐름을 역행해서 어떻게 할 수 있는 상황은 전혀 못 됐어요. 이게 뭐 내가 몰랐다고 다 아니라고 말하는 건지도 모르겠지만, 그때 내가 보기엔 그랬던 거 같아요.[91]

면담자 : 그걸 보시면서 '너무 커졌다. 이건 이제 좀 수습을 해야 되겠다.'라는 생각이 드셨던 거라고 말씀해 주셨는데, 비슷하게 생각하신 분들이 주변에도 있었던 거 같으세요?

구술자 : 염려하는 사람들도 다수 많았어요. 많았는데, 이게 너무 걷잡을 수 없는 상황이 가 놓으니까 이거는 뭐 그대로 놔두는 수밖에 없더라니까요.

---

88 윤병천, 앞의 책, 59쪽.
89 이원갑, 앞의 책, 106쪽.
90 신경, 앞의 책, 235쪽.
91 황인오, 『1980년 사북: 항쟁의 발발과 명예회복 과정』, 도서출판 선인, 383쪽.

면담자 : '좀 수그러들 때까지 그대로 놔두는 수밖에 없다.' 이렇게 생각하셨던 건가요?

구술자 : 거기선 누가 말릴 수도 없는 거고. 이원갑 씨가 거기 가서 "이거는 안 된다. 너무하다." 노조 사무실인가 어데서, 거기 가[서] 그랬는지 그 얘기하다가 이원갑 씨는 까딱하면 맞아 죽을 뻔했다니까요. (중략) 그러니까 뭐 뒤로 빠져나오고. 그래 그다음부터는 이제 무슨 뒤에서 수습을 좀 해 볼라고 왔다 갔다 하는 거 같애요. 근데 그거 잘 안 돼요.[92]

'경찰이 광부를 죽인' 사건이 없었다면 사북에서의 집회는 여타의 노동자 시위와 비슷한 양상으로 흘러갔을 것이다. 집회 허가가 다시 취소되었기에 시위가 불발되었을 수도 있다. 그렇지 않고 광부들이 '불법 집회'를 열어서 시위가 격렬히 전개되었을 수도 있다. 하지만 동료의 죽음을 눈으로 본 광부들이 폭발하는 것과는 다른 양상을 띠었을 것으로 생각된다. 수천 명이 광업소를 폐쇄하고 안경다리에서 경찰과 투석전을 벌였던 것, 그리고 '폭력적 상황'이 전개되었던 것 등은 모두 우발적 사건이 계기가 되어 일어난 사북항쟁이 통제가 불가능한 상황으로 전개되었음을 보여 주는 사례들이다.

사북항쟁 기간 동안 더욱 참혹한 사건이 벌어지지 않을 수 있었던 요인에 대해서 대부분의 사람들이 무기고와 화약고를 광부들 스스로 지켜 낸 것을 꼽는다. 그러나 광부들의 심리적 화약고에는 화약이 가득했다. "경찰이 사람을 죽였다"라는 외침은 그 심리적 화약고에 불을 붙이는 것과 다름없었다. 그 사고는 엄청난 폭발력을 보여 주었고, 그 폭발은 사북 전체를 휩쓸었다.

---

92 최돈혁, 앞의 책, 172~173쪽.

맺음말

탄광에서 일하는 광부들의 노동 조건이 열악하다는 것은 누구나 이야기하던 사실이었다. 실제로 살펴본 현실은 열악하다고 표현하는 것 이상이었다. 탄광 사고는 다른 산업과 비교해서 몇 배나 잦았고, 사망 재해 또한 빈번해 이틀에 한 번 꼴로 사람이 죽어 나가는 실정이었다. 사고로 죽지 않는다고 하더라도 진폐와 규폐 같은 질환으로 죽을 날을 받게 될지도 모른다는 공포도 상존했다. 이처럼 탄광은 부상과 죽음이 일상인, 마치 전쟁터와 같은 곳이었다. 그러한 전쟁터에서 함께 일하는 동료 광부들은 전우와 같았다. 전국 각지에서 사람들이 모여든 탓에 출신 지역이나 배경은 제각각이었지만, 생사고락을 함께하며 그들은 유대감을 형성해 나갔다. 이는 비단 광부들만 해당되는 것이 아니라 그 가족들도 공유하는 감정이었다.

그러나 이러한 부상과 죽음에 대한 대우는 좋다고 말하기 힘들었다. 부상을 입거나 병에 걸려도 광부들은 아픈 몸을 이끌고 다시 갱내 작업에 나서야 했다. 이는 광부들이 원한 측면도 있지만, 애초에 강도 높은 노동을 계속하지 않으면 생계가 위협받는 상황에 놓여 있었다는 사실부터 지적해야 할 것이다. 죽은 자들은 모든 책임을 떠안고 가야 했다. 사망 재해의 가장 큰 원인은 광부들의 '부주의'라고 기록되었으며, 이를 근거로 광부들의 죽음은 제대로 보상받지 못했다. 이 모습을 지켜보는 광부들은 화도 내지 않았다. 그렇지만 불만은 차곡차곡 쌓여 갔다. 언제든 불을 붙이면 터질 수 있는 심리적 화약고에 화약이 채워지고 있었던 것이다.

바로 그때 이 심리적 화약고에 불을 붙이는 사건이 발생한다. 1980년 4월 21일 오후, 경찰들이 지프차로 광부들을 깔아뭉개고 지나간 사고를 목격한 광부들은 "경찰이 사람을 죽였다"며 쌓아 두었던 불만을 폭발시켰다. 그렇지 않아도 곱게 보이지 않던, 오히려 광부들의 적으로 보이던 경찰이 '전우'를 죽였다는 것이 갖는 폭발력은 어마어마했다. 예기치 않았던 폭발은 4일 동안 사북 지역 전체를 휩쓴 폭풍이 되었고, 통제가 불가능한 상황으로 전개되었다.

광부들에게 '죽음'은 일상이었다. 죽음이 일상인 문화가 유대감을 형성하는 배경이 되기도 했지만, 공포와 불만이 없을 수 없었다. 그런 조건 하에서 발생한 1980년 4월 21일의 사고는 전혀 다른 '죽음'을 광부들의 눈앞에 펼쳐보였다. 이것이 실제 광부가 사망한 사고가 아니었다는 것은 오히려 중요하지 않다. 대다수의 사람들이 '죽음'을 목격했다는 '오해'가 분노를 폭발시키는 결정적 계기가 되었다는 것에 주목해야 한다.

사북항쟁은 이와 같은 우발적 요소가 있었기에 '특수성'을 갖는 사건이 되었다. 물론 이 특수성이라는 것이 단순히 오해된 '죽음' 하나에만 기인한 것은 아니다. 사북광업소의 경우 다른 지역과는 달리 암행독찰대라는 특수한 형태의 감시 체계와 경찰의 개입이 이전부터 광부들의 불만을 자극하고 있었다. 또한 광부들의 열악한 노동 조건과 노조를 둘러싼 갈등들도 존재했다. 하지만 애초부터 광부들이 '폭력적'인 양상을 보이며 문제 해결을 바랐던 건 아니었다. 억눌려 있던 것이 하나의 사고를 계기로 터져 나올 때, 그것은 결정적 국면 혹은 사건을 만들어 낸다. 그렇기에 사북항쟁은 당시의 구조적인 문제만을 가지고는 설명이 어렵다. 구조적인 문제와 더불어 우발적인 사고를 함께 살펴보아야 한다. 사북항쟁은 이처럼 '죽음'들을 둘러싼 광부들의 감정을 들여다 볼 때에야 한 발짝 다가갈 수 있을 것이다.

〈참고문헌〉

〈자료〉

『경향신문』, 『동아일보』, 『매일경제』, 『신동아』, 『탄협』
국가보위비상대책위원회, 『국보위 백서』, 1980.
대한광업진흥공사 광산지도부, 『광산재해분석 및 예방대책』, 1990.
동원보건원, 『사북지역 보건사업: 체험과 교훈』, 1982.
삼척탄좌개발주식회사 정암광업소, 『직영 및 덕대구 사망 재해자』, 1980.
석탄산업합리화사업단, 『한국석탄산업사』, 1990.
이원갑·신경·황인오·김세림·김아람·문민기·장미현·후지타 타다요시, 『1980
　　　년 사북: 항쟁의 발발과 명예회복 과정』, 도서출판 선인, 2020.
이명득·장분옥·조순란·이옥남·김세림·김아람·문민기·장미현·후지타 타다요
　　　시, 『1980년 사북: 여성의 탄광살이와 항쟁 참여』, 도서출판 선인, 2020.
윤병천·최돈혁·이정근·김세림·김아람·문민기·장미현·후지타 타다요시,
　　　『1980년 사북: 항쟁과 그 이후의 삶』, 도서출판 선인, 2020.

〈단행본〉

사북청년회의소 편, 『탄광촌의 삶과 애환: 사북·고한 역사 연구』, 선인, 2001.
정선군청, 『정선군 석탄산업사 : 1948~2004』, 2005.
정선지역발전연구소, 『1980년 4월 사북(사북사건 자료집)』, 2000.
정연수, 『탄광촌 풍속 이야기』, 북코리아, 2010.
박창현, 『박창현 기자의 탄광촌 취재수첩』, 금강P&B, 2012.
탁경명, 『80년 4월의 사북: 사북사태와 그 후』, 강원일보사, 2007.
탁경명, 『'사북사건' 33년 만의 화해』, 도서출판 예맥, 2012.
홍금수, 『탄광의 기억과 풍경』, 푸른길, 2014.
홍춘봉, 『탄광촌 공화국』, 노동일보, 2002.

〈논문 및 기타〉

박철한, 「사북항쟁 연구: 일상·공간·저항」, 서강대학교 정치외교학과 석사학위
　　　논문, 2002.
임송자, 「전국광산노동조합 동원탄좌지부의 조직 활동과 사북사건」, 『사림』 75, 2021.

1980년 4월의 사북, 광부들의 폭력과 폭력 앞의 광부들

장용경

머리말
1. 광부들의 폭력
  1) 노조 지부장 선거 문제와 노동자 배제 카르텔
  2) 폭력의 발생과 린치 사건
2. 폭력 앞의 광부들
  1) 주동자 불처벌 요구와 협상의 미봉
  2) 공수부대 투입설과 무기고 점거
맺음말

머리말

이 글에서는 1980년 4월 21일~24일까지 강원도 사북에서 일어났던 '사북사건[1]'의 전개 과정과 쟁점을 광부들의 폭력과 국가 폭력에 맞선 광부의 대응이라는 틀로 정리하고자 한다. 이를 통해 사건에 대한 항쟁(抗爭) 및 공안(公安) 서사라는 부조적 관점을 벗어나 사북사건의 고유성을 파악하는 방도를 모색하는 계기로 삼겠다. 사북사건에서 노동자와 사측 사이의 쟁점 사항 못지않게, 지역의 국가 기구 및 회사 측의 구조적 폭력

---

[1] 이 글에서는 '항쟁' 혹은 '사태'로서의 전제적 성격 규정을 피하기 위해 '사북사건'이라는 용어를 사용한다. 사건에 '노동 항쟁'이나 '민주 항쟁'이라는 성격이 있지만, 다른 성격을 은폐하는 효과도 있어 전체를 사용하는 용어로 사용하지는 않는다.

과 이에 대응한 대항 폭력－사건 기간의 경우에는 특히－을 수단이 아니라 그 힘의 대치 및 선악의 전위(轉位) 과정을 목표로 해서 분석할 필요가 있다. 그래야만 '공안' 또는 '항쟁'이라는 규범을 넘어 사북사건의 고유성을 파악할 수 있을 것이다.

2000년 정선지역발전연구소에서 '사북사건 자료집'인 『1980년 4월 사북』[2]을 간행한 이후, 사북사건에 대해 크게 두 가지 접근법이 대립하고 있다. 하나는 1980년 당시 언론 보도와 맥을 같이하는 것으로, 사북사건은 노·노 갈등에서 비롯된 광부들의 폭력 난동으로서 노조 지부장이 되려는 이원갑, 신경 등의 선동에서 비롯된 것으로 보고 있다.[3] 다른 하나는 사북사건이 '세계 체제와 한국 자본주의의 탄광 민중에 대한 수직적 억압과 착취 체제에 민중이 주체가 되어 저항한 항쟁'이라는 시각이다.[4]

같은 사건을 두고 항쟁 서사와 공안 서사가 대립하고 있음에도, 이들은 공통적으로 다음과 같은 약점을 지니고 있다. 1) 사건 전체에 항쟁 혹은 난동이라는 단일한 성격이 일관되게 각인되어 있는 것으로 보기 때문에, 긍정·부정 혹은 용기·굴종 등이 혼종되어 있었던 사태의 리얼리티를 파악할 수 없고, 둘째, 수많은 고유명사가 사용되고 있음에도 불구하고 이들이 사건의 구체성을 드러내 주기보다 저항 혹은 폭동의 대행자로 묘사되고 있을 뿐이라는 점이다. 하지만 사건의 디테일은 고유명사에서보다 전개 과정의 맥락을 통해 드러날 것이다. 한편, 진실·화해를 위한 과거사정리위원회에서는 2008년 사북사건 진상 조사 보고서 『80년 사북사건』을 간행했다[5]. 이 보고서는 위원회 설립 목적에 맞게 자료를 집

---

2 정선지역발전연구소, 『1980년 4월 사북(사북사건 자료집)』, 2000.
3 탁경명, 『80년 4월의 사북: 사북 사태와 그 후』, 강원일보사 출판국, 2007; 탁경명, 『'사북사건' 33년만의 화해』, 예맥, 2012.
4 박철한, 「사북항쟁 연구: 일상·공간·저항」, 서강대학교 정치외교학과 석사학위 논문, 2002.
5 진실·화해를 위한 과거사정리위원회, 「80년 사북사건」, 『2008년 상반기 조사 보고서』, 2008, 과거사관련업무지원단 제공.

대성하고 사건의 실체적 진실을 규명하려고 노력했는데, 각 국면의 진실 규명에 초점을 맞추었기 때문에 오히려 사건의 국면적 특징과 전체 흐름을 파악하기 어려운 측면이 있다.

이 글에서는 다음과 같은 점에 초점을 맞추어 사북사건의 전개 과정과 그 맥락을 드러내도록 하겠다.

첫째, 1980년 4월 21일 광부들의 폭력을 야기한 노·노 갈등의 상황과 그 갈등의 구조로서 사북에서 노동자 배제 카르텔이 어떻게 연결되어 있는지를 살펴보겠다. 여기서는 1979년 4월 제6대 노조 지부장 선거에서 1980년 4월 21일까지의 사태 전개 과정을 다룰 것이다.

둘째, 광부들 폭력과 린치의 발생 동기를 밝히는 한편, 이 과정에서 발생한 노조 지부장 부인에 대한 린치 문제의 성격을 정리하겠다. 문제를 도덕적·물리적인 측면이 뒤섞여 있었던 과거·사실로서의 린치 인식과 그 사건을 기념하기 위해 과거에 대해 현재 주체가 취해야 하는 태도라는 두 측면으로 분리하여 고찰할 필요가 있다.

셋째, 4월 22일 오후부터 4월 24일 새벽에 이르는 동안의 광부-당국 간 협상 과정과 그 성격을 밝히겠다. 협상 과정에서 광부들이 강력하게 요구한 주동자 형사 처벌 면제 요구의 성격과 그 문제가 수습의 시급성 때문에 미봉되는 과정 및 그 후과(後果)에 대해서도 서술할 것이다.

넷째, 4월 23일 오후 이후, 공수부대 투입설에 대한 광부들의 대응으로서 무기고 및 화약고 접수 문제를 다루겠다. 여기서는 노동자 배제 카르텔에 침묵하지 않았던 것처럼, 공수부대 투입에 굴하지 않고 자존감을 지키고자 했던 노동자 주체의 존재에 초점을 맞추겠다.

이 글에서 이용한 자료는 다음과 같다. 먼저 사북사건의 사실에 대해서는 진실·화해를 위한 과거사정리위원회의 조사 보고서(2008) 중 「80년 사북사건」을 기본으로 활용했고, 사건 참가자들의 기억과 경험에 대해서는 국사편찬위원회 지원으로 2017년에서 2018년 두 해에 걸쳐 수집된 「사북항쟁 참가자의 삶과 기억」이라는 구술 자료 및 이를 저본으로 하여 간행된 『사북항쟁 구술자료총서』(1~3)[6]를 활용하였다.

1. 광부들의 폭력

1) 노조 지부장 선거 문제와 노동자 배제 카르텔

① 어용 노조와 지역 지배 카르텔

1979년 4월 13일, 제6대 동원탄좌 노조지부장 선거가 실시되었다. 이 선거에서 1964년부터 1, 2대 지부장을 역임했고, 1976년에는 다시 5대 지부장을 지낸 이재기가 당선되었는데, 이 당선에서 선거권이 있는 대의원 수를 조합원 수가 아닌 종업원 수에 따라 배정한다는 대의원 배정 원칙의 변경이 큰 역할을 했다. 그렇기 때문에 회사의 '대의원 매수'에 대비해 나름대로 대의원들 수를 관리하고 있었던 이원갑·신경 등 '대항 세력'[7]은 부정 대의원을 통한 선거 패배를 인정할 수 없었다.

당시 4번째 지부장 선거에 나섰던 이재기는 단순한 후보가 아니었다. 그는 1960년대에 지부장을 역임하다가 보험금 횡령으로 구속된 적이 있었고, 1976년에는 말을 잘 듣지 않았다는 심진구 지부장을 대신해[8] 그 능력을 인정한 회사에 의해 지부장 후보로 지목되었던 것이다.

신경의 기억에 따르면, 동원탄좌에서 1972년에 축전차 도입을 계기로 한 임금 인하 반대 파업이 3일간 일어났다고 한다. 이때 신경은 노조

---

6 이원갑 외, 『1980년 사북: 항쟁의 발발과 명예회복 과정』, 도서출판 선인, 2020; 이명득 외, 『1980년 사북: 여성의 탄광살이와 항쟁』, 도서출판 선인, 2020; 윤병천 외, 『1980년 사북: 항쟁과 그 이후의 삶』, 도서출판 선인, 2020.

7 이원갑·신경 등 이재기에 대항해 제6대 지부장 선거에 임했고 이후 1980년 사북사건에서 주도적 역할을 한 집단을 통칭해 대항 세력이라고 부르겠다. 물론 특정 조직이 아니라 인적 네트워크를 통한 느슨한 결합이다.

8 이원갑, 앞의 책, 84쪽.

원의 지지를 받아 대의원을 하고 있었는데, 이 파업 주도를 계기로 해고되었다가 1974년에야 복직되었다. 신경은 대의원을 하면서 노동자들과 처지를 공유하고, 회사에 노조원의 요구를 전하는 것이 대의원인 자신의 임무라고 생각했다. 그는 일본에서 태어나 경상북도에서 초보적인 한학을 배우고 자란 보수적인 인물이지만 처지를 공유하고 노조의 원칙을 지켜 나갔다는 점에서 사북 광산 노동자들의 구심점이 될 수 있는 인물이었다. 제6대 노조 지부장 선거에 나갔던 이원갑은 그의 부친이 근무하던 대한석탄공사 장성광업소에서 10여 년간 근무하다가 1973년 동원탄좌로 옮겼는데, 그는 감독을 하면서도 광부들과 동등하게 어울렸으며, 매우 적극적이어서 신중하고 보수적인 신경과 손발이 잘 맞았다.

1979년 제6대 지부장 선거에 즈음해서 대항 세력은 승리를 장담할 수 있을 만큼의 인원인 14명의 대의원을 확보하고 있었다. 이 말은 역으로 노조 지부장 이재기는 노동자로부터 괴리되어 회사에 의해 조종되고 있었다는 점을 반증해 주는 것이다. 당시 동원탄좌 공무부장 정ㅇㅇ은 "1979년 6대 지부장 선거에서 이재기는 출마를 포기하려 했으나, 회사에서 만류했다"라고 증언해, 노조 지부장 선거에 이연 회장의 개입이 있었음을 시사해 주었다.[9] 또한 사북사건 합동수사단 수사를 지휘했던 보안부대 중령 박ㅇㅇ은 1980년 당시 동원탄좌 노조에 대해 다음과 같이 말한다.

(…) 당시에 노조가 완전히 업주편을 들고 있었습니다. 이른바 어용 노조란 것이지요. 광부들이 노조 지부장에 대한 불만이 많았습니다. 당시 노조 지부장의 위세가 얼마나 대단했던지 당시 정선경찰서장이 노조 지부장으로부터 돈을 받았다는 제보도 있었어요. 서장은 나중에 아마도 인사 조치되었을 겁니다. 광부들이 이용하는 피엑스 물건 값이 예를 들어 100원짜리가 150원씩 할 정도로 비쌌습니다.[10]

---

9 진실·화해를 위한 과거사정리위원회, 앞의 글, 153쪽.
10 진실·화해를 위한 과거사정리위원회, 앞의 글, 154쪽.

더욱이 이재기는 지부장을 역임하는 중에도 "조합원들로부터 거둔 연간 전체 조합비 1억 3,000만 원을 회의비, 섭외비, 사무비, 운영비 등으로 낭비했으며, 노조 간부와 조합원의 괴리감, 노조의 존재 가치를 노조원들은 크게 느끼지 않았고 노조 간부와 조합원들의 접촉이 전무한 실태"[11]였다고 하니, 한마디로 회사가 노동자를 관리하기 위한 방편으로 유지했던 어용 노조였다.

동원탄좌에서는 1980년 4월까지 관, 경찰, 회사, 노조 등을 한편으로 하고 "조합원 편에 선다[12]"는 명확한 자의식을 가진 이원갑, 신경 등 대항 세력을 한편으로 하는 대결 구도가 명확했다. 박철한은 '지역 지배의 카르텔'이라는 용어[13]를 사용했는데, 이는 사북에서 경찰 등 지역 국가기구·회사 등 탄광 자본·노동조합 등이 연합해 지역 지배를 위한 카르텔을 결성하고 있었던 사실을 말한다. 그런데 이 지배 카르텔의 결성 이면에는 광부들의 이익과 요구를 배제하기 위한 목적이 있음은 두말할 필요가 없다.

② 1980년 임금 인상 문제와 '노 · 노 갈등'

지부장 선거 패배 이후 이원갑을 비롯한 광부들은 선거 부정 문제를 상급 단체인 전국광산노동조합(이하 광노)에 제기했다. 이에 광노 상임위원회는 1979년 5월 8일 동원탄좌 노조 선거를 무효로 선언하고 이영근 조직부장을 노조 지부장 직무대리로 위촉해 재선거 실시를 지시했다. 그러나 이재기는 이에 승복하지 않았고, 노조 지부 업무도 인수인계하지 않았다. 그럼에도 광노에서는 지부장 대리를 이재기, 신경 등으로 교체

---

11 육군본부, 「계엄사」, 1982, 730쪽(진실·화해를 위한 과거사정리위원회, 앞의 글, 153쪽에서 재인용).
12 신경, 『1980년 사북: 항쟁의 발발과 명예회복 과정』, 선인, 2020, 208쪽.
13 박철한, 앞의 글, 11쪽.

해 가면서 재선거 및 직접 선거를 종용했을 뿐인데, 이재기는 1980년 4월 23일까지 지부 운영권을 인계하지 않았다.[14]

이 와중에 선거 문제 해결 방법의 하나로 제기된 것이 지부장 직접 선거였다. 광노에서는 8월 10일 당시 직무대리 이귀택과 그 이후의 직무대리 신경(9월 17일~11월 15일)에게 직접 선거 실시를 지시했는데, 신경은 1979년 9월경에 광부 2,568명의 연서를 받아 노조 지부장 직선제를 실시하려 했다. 그러나 회사 측과 강원도, 경찰, 정보기관 등의 선거 방해로 무산되었다. 신경이 지부장 직접 선거 공고를 하자 이연 회장의 전권을 받은 윤 모 이사와 강원도, 경찰, 정보기관이 선거에 개입했다.

> 1979. 10. 9. 오후 2시~3시 30분까지 정선군수, 정선경찰서장이 직접 동원탄좌에서 계장급 이상 약 100명 정도를 모아 놓고 절대로 지부장 선거는 할 수 없다, 만일 하면 관에서 개입, 중단하겠다는 요지의 말을 하였고 계장급 이상은 이에 협조할 것을 당부[15]

노골적인 선거 방해였다. 신경의 말대로 이재기는 "그만치 정부하고 돈 주고받는 게 있어서", "광노에서도 해결 못할 정도로 배경이 든든"했다.[16]

이러한 답보 상태에서, 1980년 봄 광부들을 자극하는 사건이 벌어졌다. 3월 31일 노조 지부장 대리 이재기는 회사 측과 20% 임금 인상에 합의했다. 탄가 인상 시 재조정이라는 조건을 붙였음에도, 당시 광노에서 주장하던 42.75% 인상에 비해 20%는 턱없이 낮은 수치였다. 사북사건 후 광부들이 수용한 임금 인상율이 20%였기에 그것이 현실적으로 낮지 않았다고 주장할지도 모르지만, 그러나 수치 자체가 중요한 것은 아니었

---

14 선거 무효화 이후 광노가 위촉한 지부장 직무대리는 다음과 같다. 이영근→이재기 (5.8~7.18)→이귀택(7.19~)→신경(9.17~11.15)→이재기(11.15~)
15 진실·화해를 위한 과거사정리위원회, 앞의 글, 154쪽.
16 신경, 앞의 책, 207쪽.

다. 이재기는 동원탄좌 광부들과 협의도 없이, 다른 민영 탄광과 보조를 맞추지도 않은 채 단독으로 20% 인상을 합의한 것이다. "성급했거나 회사의 요구를 뿌리치지 못하고 끌려갔다는 비판"을 받을 만한 것이었고, 나쁘게 말하면 "규모가 제일 큰 흑자 회사가 임금을 20% 인상했으니 우리도 그 이상은 올려 줄 수 없다는 담합으로 나올 수 있는 빌미"를 제공한 것이었다.[17] 그러니 이재기는 동원탄좌뿐만 아니라 전 민영 탄광 노동자의 원성을 살 만한 존재가 되었고, 회사가 노동자로부터 분리된 이재기의 조건을 잘 활용한 것이었는지도 모른다. 이제 이재기의 존재를 두고 넘어가려야 넘어갈 수 없는 상황이었다.[18]

1980년 4월 16일~17일 이원갑·신경 등은 계엄사령부, 대검찰청, 노동청 등에 탄원서를 제출하고, 광부 대표 20여 명과 함께 광노에 상경, '직접 선거 불실시 책임' 및 '임금 인상' 문제를 따지며 농성했다. 이원갑은, 이 사실에 놀란 노동조합이 부위원장을 보내 "내려가서 선거를 다시할[19]"것인데, 18일에 사북에서 협의하자고 하여 내려왔다고 한다.

대화는 처음부터 난항이었다. 광부 측은 부정 선거와 임금 인상에 대한 이재기의 해명을 요구했다. 신경 등 광부들은 '직무대리를 아무도 인정해 주지 않는데, 자리만 지키고 있지 말고 앞으로의 처신 문제를 명확히 해 달라'[20]고 요구했고, 이에 대해 이재기는 "나는 강원도지사가 임명한 지부장이니까, 나는 [지부장 자리에서] 못 나간다"[21]고 하였다. 이재기 지부장 인정 여부를 두고 정면으로 부딪친 것이다.

그날 광부들과 대항하던 이재기는 경찰에 신변 보호를 요청했고, 경찰은 오후 5시경 이들 모임을 불법 집회로 규정해 이재기와 신경을 사북

---

17 탁경명, 앞의 글, 2007, 112~113쪽.
18 이원갑, 앞의 책, 89~90쪽.
19 이원갑, 앞의 책, 92쪽.
20 신경, 앞의 책, 219쪽.
21 이원갑, 앞의 책, 90쪽.

지서로 연행했다. 신경이 연행되자 광부 300여 명은 사북지서로 몰려갔다. 수백 명의 광부들이 사북지서를 둘러싸자, 당황한 경찰은 21일에 '노조 집회를 허용한다'는 각서를 쓰고 신경을 풀어 주었다. 계엄하에서 집회를 허용한다고 했으나 이는 경찰 권한 밖의 일로서, 소나기는 피하고 본다는 임시변통에 불과했다.

4월 21일 오전, 계엄분소(1군지사)에서 집회 불허 결정을 통보했다지만, 어쩐 일인지 이 사실은 광부들에게 제대로 전달되지 않았다. 오후 2시, 오전에 집회가 불허되었다는 사실을 모르는 광부들은 노조 사무실로 속속 모여들었다. 그들은 오래된 지부장 문제가 '허락된 집회'에서 해결될 줄로 기대했다. 그러나 그 자리에 이재기는 없었으며, 광부들은 또 속았고 무시당했음을 깨달았다. 강원도경의 기록과 목격자 진술에 따르면,[22] 뒤늦게 집회가 불허되었다는 사실을 알게 된 노조 사무실의 분위기는 무겁고 험악해서 무슨 일이 터져도 이상하지 않을 정도였다. 아무 일도 없었던 듯 넘어갈 수 없었다.

한편, 탁경명은 사북사건이 지부장 자리싸움에서 벌어진 노·노 갈등이라고 규정한다.[23] 위에서도 보았듯이, 1979년~1980년 사북에서는 '노조 내부 갈등'이 사태를 전개시켜 왔다고 할 수 있다. 더구나 이원갑은 1979년 지부장 선거를 앞두고, "대의원에 당선되면 이재기 당신을 밀어 주겠다"[24]라는 약속으로, 감독은 대의원이 될 수 없다는 규정을 바꾸어 대의원이 되었다. 그렇지만 선거권과 피선거권이 있는 대의원이 된 이후 그는 이재기에 대항해 지부장 선거에 출마했다. 그렇기에 탁경명은 지부장 자리를 둘러싼 노·노 간 상호 불신 문제가 사북사건의 진실이라고 주장하는 것이다.

---

22 강원도경, 「동원탄좌 노사분규 개황」(1980. 4); 진실·화해를 위한 과거사정리위원회, 앞의 글, 160쪽

23 탁경명, 앞의 책, 2007, 105쪽.

24 이원갑, 앞의 책, 72쪽.

그러나 이원갑의 전략은 개인적 야망이 아니라 노동조합을 바꾸기 위해 대항 세력이 "찾다 찾은 마지막 작전"[25]으로 보아야 한다. 회사가 대의원을 관리하고 있던 상황에서 지부장 선거(간접 선거)에 나갈 방법은 그 수밖에 없었다. 여기에다 사태를 노·노 갈등으로 보는 관점의 더 큰 문제는, 그 시각이 지역 지배 카르텔에 대항해 노동자의 이익을 옹호하려는 움직임을 배제한다는 것이다. 1980년 4월, 사북에서는 어용 노조-대항 노조 차원의 노·노 갈등이 심각했지만, 이 갈등의 이면에 지배 카르텔에 대한 노동자들의 항의가 존재했던 것을 잊어서는 안 된다.

2) 폭력의 발생과 린치 사건

① 광부 폭력의 발생과 그 성격

> 같은 날 15:00경, 노조 사무실 내에서 광부들 수십 명과 노조 부지부장 홍금웅 사이에 실랑이가 벌어지고 있었고, 그 주위에서 정선경찰서 소속 사복 경찰 김○○, 이○○, 최○○ 등이 사진 채증하다가 이○○이 광부들과 "왜 사진을 찍느냐", "넌 니 일이나 해!"라며 언쟁이 일어났다. 이때 광부들이 "저놈 잡아라!"며 외치자 이○○은 위급함을 느껴 노조 사무실 1층 창문을 넘어 건물 앞마당에 세워 둔 경찰 지프차에 올라탔고, 앞마당에 모여 있던 광부들이 경찰차를 에워싸고 막자 운전수 장○○ 순경이 그대로 군중 사이를 경찰차로 밀고 나가면서 광부 원일오 등을 치어 중상을 입히는 교통사고가 발생하였다.[26]

광부들은 병원으로 실려 간 원일오가 죽었으며, 광부를 차로 치어 죽인 경찰은 그대로 뺑소니친 것으로 알았다. 소문도 그렇게 났다. 노동자의 목소리(요구)를 무시하고 봉쇄하다 못해, 이제는 차를 가로막는 노

---

25 이원갑, 앞의 책, 74~75쪽.
26 진실·화해를 위한 과거사정리위원회, 앞의 글, 160쪽.

동자의 존재=몸을 또 무시하고, 죽음도 돌보지 않은 채 도망간 것이다. '사람을 보호할 사람'이 '광부를 죽이고' 도망갔다.

이 순간 광부들에게, 차마 공공연히 말하지 못했거나 은폐하고 있던 사실이 명확해졌다. 아무도 광부를 보호해 주지 않으며, 사북에서 경찰은 광부의 적이라는 사실. 광부들은 흥분했다. "목숨을 팔아 생계를 유지하고 있는 상황에서 노조 간부의 배신, 회사의 횡포, 상급 노조의 무력함 등으로 이제 오직 자신만을 의지할 수밖에 없는 광부들에게 있어서 무책임한 폭력(광부 역상)적 행위는 누적 불만과 분노의 화약고에 불을 붙인 격이었다."[27] 사북에서 폭력이 시작되었다.

그날 밤의 상황을 진실·화해를 위한 과거사정리위원회(이하 '진실화해위원회') 보고서를 참고해 정리하면 다음과 같다.

1980년 4월 21일,
20:00시경부터 사북지서가 광부와 주민들에 의해 점거됨으로써 ㈜동원탄좌가 소재한 사북리 일대는 경찰 치안의 공백 상태에 빠져들었다. 그날 밤 사북광업소 곳곳에 십여 개의 황톳불이 밝혀진 가운데 광부들과 부녀들은 삼삼오오 모여 밤을 지샜다. (…) 노조원들 외에 부녀자와 해고된 광부 등이 참여하면서 노조 건물과 경찰지서뿐만 아니라 주민들의 평소 원한의 대상이 되었던 광업소 사무실, 회사 간부 사택, 노조 간부 사택 등이 공격의 대상이 되었다. 술에 취한 일부 광부와 주민들은 수십 명씩 몰려다니며 동원탄좌 검수과장, 양곡과 사택 배급 담당 직원들을 찾아내 폭행을 가했다. (…) 다음 날 새벽까지 (…) 정선군 보안대장, 중앙정보부 조정관, 정선경찰서 정보과장 등을 집단 폭행하고, 광업소 유리창과 집기를 파괴하고, 광업소 보안실 비품을 파괴하고 소각하는 등 다중의 위력을 앞세워 폭력 파괴 행동을 하였다.[28]

27 황인오, 「사북사태 진상 보고서」, 『노동 일터의 소리』, 1984(정선지역발전연구소, 『1980년 4월 사북(사북사건 자료집)』, 2000에 재수록, 49쪽).
28 진실·화해를 위한 과거사정리위원회, 앞의 글, 162~163쪽.

누구도 예상치 못한 폭력이 밤사이 사북 광업소 일대를 휩쓸었다.

> 구술자 : 그때부터는 통제가 불가능해. 예측 못했지요. 우리는 "야, 이거는 이
> 사람들 이래 하면, 뭐 가지고 법적으로 이만치 했으면 될 거라. 이제
> 법이 있으이끼네." 막 이 정도였는데 사건이 이만치 커지니. (…) 군
> 중 심리 카는 거는 한 번 저기 해 놓으면, 와 하는 기 있기는 있어요.
> (…) 책임은 누가 지겠지 카고 이 사람들은 막 막무가내지.[29]

다음날 오전에도 폭력적이고 격앙된 분위기는 사그라들지 않았다. 이
재기 노조 지부장의 부인 김ㅇ이가 광부들에게 린치를 당한 것도, 경찰
이 무모하게 진압 작전을 펼친 끝에 순경 1명의 사망자를 남기고 물러난
안경다리 전투도 이러한 분위기에서 벌어졌다.[30]

사북사건 직후 언론은 '김ㅇ이 린치 사건'과 '안경다리 투석', 이 두 폭
력적 광경만을 집중 보도했다[31]. 그런데 이원갑을 비롯한 노동자들은 사
북의 이야기를 광부들의 폭력성에서 시작하지 않는다. 광부들의 요구는
계속 묵살되었고, 1년간 끌었던 사태가 해결되리라 믿었던 그날 그곳에
서 광부들의 몸과 죽음이 또 경찰로부터 무시되었다.

광부들에 대한 배제라는 구조적 폭력을 시야에 넣으면, 광부들의 폭
력은 비폭력의 종말이 아니라 노동자 배제라는 구조적 폭력에 대한 응징
을 통해 새로운 관계의 장을 열려는 시도였다고 볼 수 있다. 신경의 말대
로 "(그것을-인용자) 깨는 것은 요즘 말하자면 투쟁, 누가 코피가 터져
야 일이 생기지, 안 그러면 절대로 해결될 일이 아니"었던 것이다.[32] 사
북에서는 기존의 질서, 그 질서를 지탱하거나 이에 기생하는 존재에 대

---

29 신경, 앞의 책, 235쪽.
30 안경다리 전투에 관해서는 진실·화해를 위한 과거사정리위원회, 앞의 글, 163~168쪽.
31 당시 언론 보도의 태도와 의도에 대해서는 이한빛, 「노동운동 시대의 탄광 재현: '사
  북사건' 이후 탄광 소설을 중심으로」, 『역사문제연구』 41, 2019를 참조
32 신경, 앞의 책, 207쪽.

한 전복과 파괴 없이는 한 발자국도 나아갈 수 없었다. 광부들의 폭력을 "폭력과 비폭력 또는 전쟁과 평화로 딱 잘라 구분되는 범주"[33]로 이해할 수 없다.

② 과거 사건으로서의 린치와 사북사건의 기념

사북사건이 발생한 날 밤 이재기는 사북에 없었다. 노동자 무시와 봉쇄의 상징이던 그가 사북에 없었던 것이다. 그날 밤 광부들은 '노조 건물과 경찰지서, 광업소 사무실, 회사 간부 사택, 노조 간부 사택 등'을 공격하고, 동원탄좌 검수과장, 양곡과 사택 배급 담당 직원들을 찾아내 폭행하며 "다음 날 새벽까지 (…) 정선군 보안대장, 중앙정보부 조정관, 정선 경찰서 정보과장 등을 집단 폭행"하였는데, 이 파괴와 폭행의 묵시적 목록에 이재기가 들어 있을 것은 불을 보듯 뻔하다.

다음날 지역의 여성들과 광부들을 앞세운 시위대가 이재기 부인을 찾았다. 부인한테 그가 간 곳을 묻거나 그녀를 인질로 잡고 있으면 이재기를 찾을 수 있을 줄 알았다. 합동수사단 수사 기록 중 「사건송치서」에 편철된 〈의견서〉에는 그 인질과 린치 사건을 다음과 같이 적고 있다.

> 4월 22일 10시경, 사북광업소 정문에 모인 부녀자와 광부 200여 명은 노조 지부장 이재기를 찾기 위하여 이재기의 처인 김○○를 체포하여 인질로 삼을 목적으로 사북리 1반 소재 김○○의 집까지 몰려갔으나 김○○가 사전에 피신하여 보이지 않자 부엌에 쌀을 씻어 놓은 것을 보고, 부근을 뒤져 이웃집 정○○의 뒷방 침대 밑에 숨어 있던 김○○를 찾아 팔을 붙잡고 앞장세워 그로부터 1.5km 떨어진 노조 사무실 2층 옥상까지 끌고 갔다.[34]

---

33 사카이 다카시 저, 김은주 역, 『폭력의 철학』, 눈처럼, 2007, 13쪽.
34 진실·화해를 위한 과거사정리위원회, 위의 글, 164쪽.

김○이는 이재기를 찾기 위한 인질이었고, 인질에게 구타와 난행이라는 성적 가혹 행위가 가해졌다. 그래도 이재기는 나타나지 않았고, 그녀는 4월 24일 오전 8시경까지 정문 게시판 기둥에 묶이거나 창고에 갇혀 있다가 3차 협상이 끝난 후에야 풀려났다.

김○이는 자신이 겪었던 린치에 대해 다음과 같이 말한다.

> 그날 광부들이 우리 집으로 몰려온다는 얘기를 듣고 겁이 나 옆에 사는 정○○ 씨의 집으로 피신을 했습니다. 그 집 안방 침대 밑에 있었는데 사람들이 몰려와 나를 발견하고는 마구 때리며 끌고 나갔습니다. 주로 부녀자들이 많았던 것으로 기억합니다. 이름과 얼굴을 정확하게 기억할 수 없습니다. 광부들과 부녀자들은 나를 광업소 정문 근처로 끌고 가면서도 계속 머리와 온몸을 구타했습니다. 광업소 정문 근처 전봇대 기둥에 묶이고 난 후 더욱 구타가 심해졌습니다. 상의, 하의를 모두 벗기고 온갖 난행을 저질렀습니다. (…) 가해자의 얼굴을 다 기억하지 못하지만 신○○라는 사람은 뚜렷이 기억하기 때문에 군검찰 수사와 재판 과정에서 지목할 수 있었습니다. 그는 다른 사람보다 나이가 좀 들어 있어서 기억할 수 있었습니다.[35]

이 린치 사건이 사북사건 전체에서 차지하는 위상은 무엇일까? 탁경명은 린치 사건을 '무고한 여인에게 사형을 가한 짐승만도 못한 짓'[36]이라고 주장한다. 그는 린치 사건을 사북사건의 본질이라고 생각한다. 그러나 논문에서 사북사건의 전개 과정을 자세히 서술한 박철한은 그날 있었던 안경다리 전투에 대해 언급하면서도 노조 지부장 부인에 대한 린치는 일체 언급하지 않는다. 광부들의 계급적 증오가 이재기에게서 김○이로 전이된 것뿐이라는 인식일 터이다. 인간성의 막장 또는 자연스러운 폭력

---

35 진실·화해를 위한 과거사정리위원회, 앞의 글, 165쪽.
36 탁경명, 앞의 책, 2007, 58쪽.

전개의 희생이라는 주장 사이에서 중간 영역은 존재하지 않는다.

역사의 세계를 규범으로 판단할 수 없는 것처럼, 현실적으로 발생할 수 있고 존재한다고 해서 모든 것이 정당화되는 것도 아니다. 현실의 사건이란 존재와 규범에 걸쳐 혼종되어 있다.

신경에 따르면, 당시 이재기가 돈을 가지고 피신했다는 소문이 파다하게 돌았다고 한다. 이 돈은 물론 조합비였기 때문에, 사람들은 이재기를 찾으려고 혈안이 되어 있었고, 부부였던 이재기와 김ㅇ이는 공범이라고 생각했다.[37] 부부=공범이라는 다리를 타고 폭력이 김ㅇ이에게 건너갔다.

이 폭력을 제어할 수 없었을까? 신경은 이재기가 부인을 두고 도망간 점, 김ㅇ이가 광부들에 대해 당당하게 대하지 못하고 옆집 침대 밑에 숨은 점, 또 린치가 사건 지도부가 모르는 곳에서 벌어진 점―신경은 교도소에서 이에 대한 영상을 보았다―을 이 사건의 아쉬운 대목이라고 말한다. 흐름을 멈출 수 있는 계기가 몇 번 있었는데, 모두 무산되어 버렸다. 만약 자신이 그때 알았다면 "우리 용기로 가지고 맞더라도 가로막을 수 있다"[38]라고 한다. 그러했을 것이지만, 제지할 수 있던 사람과 눈에 띄는 공간을 피해 그 사건이 일어났다. '하는 행위가 나쁘지만, 지부장이 도망가는 원인제공'[39]도 있어서 사건은 그렇게 발생했던 것이다. 그렇기 때문에 사건에 대해서 짐승만도 못한 짓이라거나 계급적 증오의 실천 등 하나의 측면으로만 축소해 바라보는 건 사태를 왜곡하는 것이다.

린치에 대해 다음 두 가지 차원의 인식이 필요하다. 첫째, 자연 발생적이고 도덕적인 측면이 뒤섞여 있는 린치 사건을 현재의 규범적 판단을 중지하고 보아야 한다는 점이다. 린치 사건은 역사적 아프리오리(a priori)로서 이에 대한 판단과 배제를 통해 없앨 수 있는 것이 아니다.

---

37 신경, 앞의 책, 246쪽.
38 신경, 앞의 책, 247쪽.
39 신경, 앞의 책, 248쪽.

더 나아가 모든 역사적 현재=사실에는 결여나 구멍이 있어서, 가능했을지도 모르는 완벽함이라는 시각으로 이를 판단하지 말아야 한다.

둘째, 그럼에도 현재가 과거를 기념하고자 할 때에는 위에서 말한 역사적 아프리오리에 대한 인식과는 별개의 태도가 필요하다는 점이다. 과거를 숭배하거나 과거의 결여를 정당화하지 말고, 과거와 긴장되고 생산적인 관계를 맺어야 한다는 것이다. 이와 관련, 사북사건을 민주화운동의 일환으로 기념하려는 측에서 린치를 어떻게 위치시킬 것인지는 중요한 문제이다. 기념은 사건에 대한 의식적인 기억과 재현이기 때문이다. 이원갑은 다음과 같이 말한다.

> 구술자 : 근데 그 린치 사건을 얘기하면, 그 신문지상에 '린치', '린치' 이래서 그러는데 사실상 이제 게시판 기둥에 묶인 거거든요. 그러는데 우옛든 우리 사건의 오점으로는 남습니다마는, 그래 뭐 얘기를 한 것처럼 지부장이 죄가 있지 부인이 뭐 죄가 있겠어요. 그래 그거는 잘못된 일이라고 생각을 하는데, 우리가 '사북민주항쟁'이다 하는 이 근본 근거하고 그 린치 사건하고는 다른 거예요. 왜냐면 그 사건에 대해서 가담된 사람은 처벌을 받았어요. 형사상으로도 보면은 처벌을 받은 거고, 이 사건 원래의 진상하고는 다른 거예요. 이 진상을 자꾸 린치 사건에 가담을 시켜가지고 진실을 왜곡한다는 것은, 그것은 있을 수 없는 일이거든요. (…) 린치에 대해서, 그 당시 묶였던 그 사건은 그대로 그 사람들 다 처벌 받았고. 그러니까 이 진상하고 그것을 같이 결부해서 한다는 것은 얘기가 안 되거든요. (강조 인용자)[40]

이원갑의 말을 요약하면, ① 린치는 사북사건의 오점이었지만, 이에 가담한 사람은 이미 형사 처벌을 받았다. ② 오점으로서의 린치와는 다른 '민주 항쟁'으로서의 본질을 사북은 가지고 있다는 것이다. 그는 린치

---

40 이원갑, 앞의 책, 152쪽.

를 이미 처벌이 끝난 것으로 생각해 사북의 재현에서 이를 떠올리고 싶어 하지 않는다. 사건의 '당사자'로서, 또 사건이 린치로 상징되어 과잉 재현된 것을 경험한 피해자로서 그의 반응이 이해 못할 바도 아니다.

그러나 린치가 혐오스럽다고 해서, 사북사건에서 광부들 폭력의 연장선상에 린치가 있었고, 그래서 린치가 사북 폭력의 일부였다는 사실을 부정할 수 없다. 또한 린치 사실이 사후의 처벌로 없어지는 것도 아니다. 다른 한편으로는, 린치가 있었다고 해서 그것 때문에 노동 항쟁이라는 성격이 부정되는 것도 아니다. 그렇다면 린치를 사북에서 지우기보다, 이 존재를 통해 피해자의 폭력이 모두 정당화되는 것이 아니고 가해도 존재할 수 있다는 인식을 하게 함으로써 사건에 대해 성찰할 수 있는 주체를 만드는 계기가 될 수도 있지 않을까? 이를 위해서는 역사적 사실을 역사적 사실로서 존중하는 태도와 다른 한편으로 이러한 역사적 사실과 좀 더 생산적인 관계를 통해 기념하려는 후대의 주체가 필요하다고 생각한다.

2. 폭력 앞의 광부들

1) 주동자 불처벌 요구와 협상의 미봉

① 협상의 전개와 '주동자 불처벌' 요구

경찰의 안경다리 작전이 실패로 돌아간 4월 22일 오후부터 강원도경·회사·광부(광노)·주민 간의 협상이 시작되었다. 경찰은 무리한 진압작전으로 다수의 사상자를 내고 퇴각한 상황이었고, 광부들 역시 한바탕 폭력이 휩쓸고 지나간 후 이 이상 사태를 끌고 가기 쉽지 않았다.

협상에 대해서는 진실화해위원회 보고서와 박철한·탁경명의 글, 이원갑·신경 등의 구술이 제각각이다. 진영 논리에다 급박한 상황이어서 자세히 기억하기 어려웠는지 체계적이지도 않고 조각조각이다. 여기서는 진실화해위원회 보고서의 시간을 따르되, 여타 자료를 보충해 협상 과정과 그 쟁점을 재정리하겠다. 진실화해위원회는 강원도경 「동원탄좌 노사분규 개황」 및 광산노조 보고서 「사북사태 발생에 관한 진상」을 근거로 협상 과정을 다음과 같이 정리하고 있다.

1차 협상은 1980년 4월 22일 15시경 삼척탄좌 객실에서 "강원도경 국장과 수사과장이 지부장 이재기, 광부 대표 이원갑·신경 등을 만나 그 자리에서 이재기의 사표를 받고, 이원갑과 신경을 사북으로 보내 광부들을 설득하도록 함. 그러나 사북의 광부들이 이재기가 직접 나타나 사의를 표명하기 전에는 믿을 수 없다고 반대하여 실패"[41]했다고 한다. 그러나 이원갑 및 신경은 4월 18일 이후 이재기를 본 적이 없으며, 또한 그들이 이재기 사표 안을 가지고 광부들과 논의했다는 이야기도 없으므로, 실제로 협상이 진행되었는지 여부는 알 수 없다.

두 번째 협상은 4월 22일 19:00~19:30 사북읍사무소에서 열렸다. 협상 전 이원갑, 신경은 최정섭 광노 위원장과 함께 광부들의 요구안을 정리했다고 한다.

구술자 : 이제 사람이 뭐 한 5,000명 이상 모여 있는데 거기 서서 협상안을 뭐 어떻게 도출해요? 평소에 우리 원하던 게 있잖아. (…) 지부장 선거 문제, 임금 문제, 복지후생 문제, 그다음에 안전관리 문제, 뭐 이런 주제 한 거지. 전부 다. 상여금 문제, 뭐 이런 거. 그래가지고 이제 몇 가지 해가지고 내가 올라갔다구요. (…) 도지사하고 경찰국장하고 앉아가지고 이래 보디만은[보더니만] 말이여. "이거는 되고, 이거는 안 되고, 이거는 뭐 곤란한데." 뭐 이러면서 저희들이 이래 [줄을] 긋는 거예요. 그럼 대체적인 게 임금 문제하고 처우 문제에 달려 있는 거야. … 요걸 가지고 내려가서 사람들을

---

41 진실·화해를 위한 과거사정리위원회, 앞의 글, 175쪽.

설득을 해라 이거야. (…) [그래서 내가] 이거는 회사의 책임 있는 사람이 나와서 같이 얘기를 해야 되는 거지 말이지, (…) 도지사님 하고 경찰국장님이 된다는 대로 요거 가져와서 하게 되면은 뭐 협상을 해 왔다고 얘기가 되느냐 말이지. (…) 그러고 난 내려와 부렀어.[42]

진실화해위원회 보고서에서는 광부들이 "노임 30% 인상, 상여금 400%, 주동자의 형사 처벌 면제 등" 9개 안을 만들어서 이를 대책본부와 협의했는데, 대책본부에서는 노임 20% 인상, 상여금 300%, 주동자의 형사 처벌은 더 이상 데모가 확대하지 않을 경우 선처한다는 사항을 광부 측에 전달했다고 기록했다. 광부들이 만든 안을 토대로 도지사와 도경국장이 검토해서 협상안으로 삼으려 했던 것이다. 이에 대해 이원갑은 협상 상대인 회사 측의 이야기가 없다는 이유로 타결을 거부했다.

그런데 이 협상에서 광부 측의 가장 중요한 요구는 '주동자에 대한 형사 처벌 면제'였다. 이원갑과 신경은 그것을 요구했다는 사실을 명확히 말하지는 않았지만, 구술 중간중간 그 사실이 드러나기에 요구 조건에 포함되어 있었을 것으로 보아도 좋다고 생각한다. 대책본부에서는 "주동자의 형사 처벌은 더 이상 데모가 확대하지 않을 경우 선처"한다고만 했다.[43] 아마도 이 문제에 대한 입장 차이 때문에 2차 협상이 결렬된 것으로 보인다.

협상이 결렬되자, 대책본부에서는 다음날 아침 강원도지사 등이 결정한 합의문 1,000장을 사북광업소 일대에 일방적으로 배포했다. 이에 대해 광부들은 합의문이 회사에 유리하고, 또 주동자 불처벌 약속이 없기 때문에 투쟁을 계속할 것을 결의했다. 23일 오후, 이들이 김ㅇ이를 끌고 다니며 사북 시내를 시위하고, 또 공수부대에 대비해 무기고와 화약고를

---

42 이원갑, 앞의 책, 113~114쪽.
43 진실·화해를 위한 과거사정리위원회, 앞의 글, 176쪽.

점거한 것에는 이러한 맥락이 존재한다.

② '주동자 불처벌' 문제의 미봉과 사건의 종점

4월 23일 오후, "협상 대표로 참가한 광부들을 사태 주동 인물로 취급하지 않겠다"는 도경국장 확인서를 바탕으로, 광부들은 도망간 대의원들을 대신해 노동자 대표를 다시 구성했다. 회사 측에서도 광업소장이 나와, 도지사와 도경국장의 중재로 협상이 다시 시작되었다. 광노위원장과 노동자 대표, 그리고 광업소장 등 이제 협상의 모양새가 갖추어진 것이다.

이날 공수부대가 투입될 것이라는 이야기가 광부들에게 알려졌다. 시간이 촉박한 가운데, 이재기 사퇴 및 임금 인상 문제가 타결되고, '주동자 불처벌 요구'가 남아 있었다. 당시 대책본부에 있었던 김〇〇 검사는 다음과 같이 말한다.

> 당시 대책회의에서는 광부들의 제일 우선적인 요구가 이번 사태로 법적 처벌을 하지 말아 달라는 것이었습니다. 검찰에서 이에 대한 약속을 해 줄 수 없겠느냐는 요지의 얘기를 나에게 했습니다. 나는 '그런 요구는 받아들일 수 없다. 어쨌든 불법적인 행위에 대해서는 사태 수습 후라도 처벌할 수밖에 없다'는 요지의 답변을 했습니다.
> 그날 밤 광부들과 대책본부 관계자들이 밤새 협상을 했다는데 나는 그 협상 자리에 직접 참여하지는 않았습니다. 대신 도지사, 도경국장 등과의 대책 회의에 같이 참석하기는 했습니다.[44]

진실화해위원회 보고서는 주동자 불처벌 요구가 "사태의 책임을 누구에게 물을 것인가라는 것"이었다고 하면서, "광부들은 일관되게 사북지서장, 사북읍장, 이재기 어용 노조 지부장에게 사태의 근본 책임을 물었

---

44 진실·화해를 위한 과거사정리위원회, 앞의 글, 176쪽.

고 그래서 자신들에 대한 형사 처벌을 하지 말 것을 요구했다"라고 했다. 그리고 최종 협상안에 "경찰이 사태 수습에 절대로 실력 행사를 하지 않는다"와 "회사와 당국이 최대의 노력으로 원만히 해결한다"라는 문구가 들어간 것은 이 때문이라고 했다.[45]

그렇지만 경찰이 사태 수습에 실력 행사를 하지 않고, 당국과 회사가 원만한 해결을 위해 최대한 노력한다는 타협안이 주동자 불처벌 약속을 의미한다고 볼 수 없다. 신경은 형사 처벌 면제를 요구한 것에 대해, "형사 책임 같은 거. 우선 겁이 나이끼네, 다 붙들려 가고 이러이끼네 (…) 광산에 왔다가 붙들려 가 보이, 그러이 겁이 나이끼네 그런 문제도 넣고. 여어가지고 다 합의 본 거"[46]라고 했다. 그러니 진실화해위원회 보고서처럼 주동자 불처벌 약속 요구는 사태의 책임 소재를 묻는 성격의 것이 아니라, 신경의 구술처럼 광부들이 선처를 바라는 측면이 강했다. 사북사건에서 이런 측면을 무시할 수 없다.

우여곡절 끝에, 협상은 "이번 사태로 광부들에게 어떠한 처벌도 하지 않기로 약속한다"는 도경국장의 약속으로 일단락되었다.[47] 그런데 유내형 도경국장은 2007년 인터뷰에서 "사북 사태 기간 동안 발생한 불법 행위에 대해 처벌하지 말아 달라고 해서, 법이 허용하고 나의 권한이 미치는 범위에서 원만히 처리되도록 최선을 다하겠다"[48]라고 이야기했다고 진술했다. 그렇지만 『조선일보』 보도와 진실화해위원회 보고서를 보았을 때, 주동자 불처벌 요구가 어느 정도 받아들여지지 않고는 타결되기 어려웠다. 그런데 춘천지검 검사의 말과 같이, 어떻게 시위 도중의 불법 행위를 처벌하지 않겠다고 약속할 수 있었을까? '원만히 처리되도록 최선을

45 진실·화해를 위한 과거사정리위원회, 앞의 글, 182쪽.
46 신경, 앞의 책, 259쪽.
47 「광부 처벌안해」, 『조선일보』, 1980. 4. 25.
48 진실·화해를 위한 과거사정리위원회, 앞의 글, 177쪽.

다한다'는 말과 '불처벌 약속' 사이에 어떤 간계가 숨어 있었던 것일까?

주동자 불처벌 약속에 대해 몇 가지로 해석할 수 있다. 첫째, 불처벌 약속으로 사태를 일단 미봉하려고 한 경우다. 이 경우 유내형 도경국장의 2007년의 진술은 거짓말이 된다.

둘째, 마지막 협상에서 경찰 당국은 형사 처벌 면제로 사태를 미봉하고, 5월 6일 다시 합동수사본부의 '형사 처벌'로 사건을 수습할 계획이 있었다고 해석하는 것이다. 이 경우 사북사건은 5월 6일이 종점이 된다. 신경의 견해도 이와 비슷하다. 시간이 흘러 그는 사태를 다음과 같이 회고했다.

> 구술자 : 이 사람들은 이제 유도 작전이라. 왜냐하면 이 사람들이 하는 거하고, 우[위]에 있는 사람들하고는 다르거든요. 우에 정치하는 군부 상부에서[는] 수습만 하라 카고, 자기들은 자기대로 진행하는 거라. 근데 이 사람들은 조건부로 "절대로 처벌을 원치 않는다." 뭐 이래 했거든. 그래서 도경국장은 거 와가 증인을 해가지고, 내가 그런 말 하는 것도 녹음을 다 했는데도, 자기는 또 안 했다 이 카거든. (…) 자기가 자기 권한을 가지골라 해 주겠다고 이랬는데, 그게 다 위선이죠.[49]

강원도경은 4월 22일 이후 경선경찰서에 공문을 보내 주동자 명단을 작성하라고 지시했다. 4월 29일 자 강원도경의 「사북광업소 소요 사건 관련자 신원파악 상황 보고」에는 119명의 명단이, 4월 30일의 「사북 광부 난동 사건 관련자 명단」(동해물산)에는 130명의 명단이 작성되어 있다. 이를 바탕으로 5월 6일부터 5월 26까지 총 200여 명을 정선경찰서로 체포·연행했고, 5월 26일 이들 가운데 총 81명의 구속자들을 검찰에 송치했다. 4월 24일 일단 불처벌 약속으로 미봉하고 사후에 확실히 수습

---

49 신경, 앞의 책, 271~272쪽.

하자는 생각이었던 것이다.

한편, 이 미봉책을 다르게 해석할 수도 있다. 23일 오후는 이미 공수부대의 사북 투입이 결정된 시점이었다. 이러한 상황에서 "유 국장은 1군사령관의 공수부대 투입 압력을 두 번이나 완강히 거부하고 경찰 힘으로 진압하겠다고 나선 상태여서 마음이 급했다"[50]고 한다. 여기에다 광부들은 주동자 불처벌 요구를 굽히지 않았다. 어떻게 할 것인가? 자격이 없음을 알고도 불처벌을 약속해 일단 미봉하고 공수부대 투입을 막을 것인가? 상황이 이렇다면 5월 6일의 주동자 체포는 공수부대 투입을 막은 대가가 된다. 정확히 어느 측면이 강했는지, 이 부분에 대한 더 면밀한 고찰이 필요한데, 이는 추후의 과제로 남기고자 한다.

이렇게 해서 4월 23일 새벽에 이재기 사퇴, 임금 20% 인상, '경찰의 실력 수습 금지' 및 '회사와 당국의 최대한 원만한 해결 노력'을 합의점으로 해서 사건은 끝이 났다. 최소한 이재기는 사퇴했다.

일반적으로 4월 24일 새벽을 사북사건의 종점으로 잡는다. 그러기 때문에, 진실화해위원회에서도 "핵심 당사자들이 대화와 협상을 통해 합의문을 작성하고 평화적으로 타결"되었다고 했으며, 나중에 체포 구금한 것은 합의 정신을 위반한 것으로 보고 있다.[51] 박철한은 4월 28일로 잡는다. 그렇지만 3차 합의를 공수부대 투입을 막기 위한 경찰 측의 미봉책으로 본다면, 4월 24일이나 28일의 합의는 사건의 종점이 될 수 없고 최소한 사건은 5월 6일까지 연장되어야 한다.

---

50 탁경명, 앞의 책, 2007, 38쪽.
51 진실·화해를 위한 과거사정리위원회, 앞의 글, 182·208쪽.

2) 공수부대 투입설과 무기고 점거

① 무기고 · 화약고 점거와 협상력 제고

광부와 경찰, 그리고 강원도지사가 협상을 진행하는 와중에, 공수부대가 투입될 것이라는 소문이 광부들에게 전해졌다. 이 소식은 당시 진행되고 있던 협상에 어떤 영향을 미쳤을까? 그리고 무기고와 화약고를 점거해 물리력을 확보한 광부들은 이를 통해 무엇을 하려고 했을까?

이원갑이 사북에 공수부대가 들어온다는 말을 들은 건 4월 23일 오후였다. 4월 23일은 2차 협상안이 회사 측에 유리하고 주동자 불처벌 약속이 없다는 이유로 거부된 다음날로서, 대책본부에서는 아침 광부들이 동의하지 않은 제2차 '협상안'을 헬리콥터로 배포한 상태였다.

이날 이원갑은 사북읍 사무소 근처에서 어떤 남자를 만났다.

> 내가 이렇게 내려오는데, 사북읍 사무소 있는 데서 어떤 사람이 말이죠, 그 한 그 당시 봤을 적에 한 30대쯤 되어 보이는 것 같아. (…) "12시에 공수부대가 내려오는데, 그렇게 아시고 그렇게 아십시오." 하는 소리만 하는 거야. 그래서 내가 물었지. "당신 누구신데 내한테 고마운 이야기를 해주느냐."[52]

그 사나이는 자기가 누구인지 이야기해 주지 않았고, 그럼에도 이원갑은 그 말의 진실성을 의심하지 않았다. 여러 가지 풍문과 정황을 고려해 봤을 때 공수부대가 사북에 들어올 것은 확실해 보였고, 그날 오후 이원갑을 비롯한 광부들은 공수부대 투입에 대응해 무기고와 화약고를 점거했다.

---

52 이원갑, 앞의 책, 114~115쪽.

구술자 : "그럼 방법은 무기를 탈취하는 방법밖에 없다." 그럼 공수부대에
　　　　같이 대항해 싸워야 된다는 얘기야. 그래서 우선 사북지서 무기
　　　　고, 동원탄좌가 예비군연대니까 연대 무기고, 그다음에 다이너마
　　　　이트를, 채굴하기 위해서 다이너마이트를 써요. 다이너마이트 화
　　　　약 보관돼 있는 화약고. (…) 사람들 배치를 싹 시킨 거라. (…) 그
　　　　러니까 사람들이 패를 나눠가지고 이래 한 칠팔십 명씩 막 무기고
　　　　로 가고, 화약고로 막 올라가고, (…) 그런데 이제 그 얘기는 했지.
　　　　"절대 가서 폭발을 시키면 안 된다. 공수부대가 쳐들어올 때까지
　　　　는 절대 못 하게 해라." (…) 왜 그러냐 하면, 며칠 동안 투쟁을 하
　　　　다 보니까 지친 사람도 있고, 술 먹고 뭐 이런 사람도 있고 그러니
　　　　까 갑자기 불의의 사고가 일어날지도 몰라요. 그래 이제 철저하게
　　　　아주 붙들어 놓는 거라.[53]

　　당시 사북지서 무기고와 예비군 무기고에는 예비군 연대급 병력이 무
장할 수 있는 소총(칼빈 890정, M1 소총 472정과 실탄 10여만 발)이 보
관되어 있었고, 각 항도에 흩어져 있었던 화약고에는 전체 규모를 알 수
없는 다량의 다이너마이트가 적재되어 있었다. 예비군 동원 등을 위해
분산 보관되어 있던 무기가 다른 수단으로 전용될 수 있었던 것이다. 더
구나 당시는 이리역 폭파 사고가 일어난 지 몇 년 지나지 않은 시점이라
모두가 이 다이너마이트의 폭발력을 기억하고 있었다. 이런 기억과 광부
들의 사생결단의 자세 속에서 제3차 협상이 열렸다.

　구술자 : [도지사와 경찰국장이] "절대 공수부대를 투입을 안 할 테니까 화
　　　　약고하고 무기고하고 폭파하지 마라." 이거 가지고는 안 되니까
　　　　회사에서 책임 있는 사람이 나오고, 그리고 어떤 협상을 해야 되는
　　　　거라 말이지. (…) 내가 가가지고 각 개소마다 대표자를 구성해 오
　　　　겠다.[54]

---

53 이원갑, 앞의 책, 115~116쪽.
54 이원갑, 앞의 책, 116쪽.

화약고 접수를 통해 회사 측의 '책임 있는' 광업소장을 소환하고 노동자 대표도 재구성하여 '효력 있는' 협상이 가능했다는 것이다. 광부 측의 '결연한' 행동과 또 군 투입을 막고 있던 도지사·경찰 측의 조바심과 우려가 맞물려 협상이 극적으로 타결될 수 있었던 것이다.

② 국가 폭력의 예감과 책임지는 주체

군 투입 계획이 사북에서의 협상 진행과 어느 정도 연동되었는지 알 수 없지만, 사북 밖에서는 협상과 별개로 공수부대 투입 계획이 착착 진행되고 있었다. 국군기무사가 진실화해위원회에 제출한 자료에 따르면, 사북에 군대 투입을 요청한 것은 4월 21일과 4월 22일 경찰의 군 병력 투입 요청 이후라고 한다. 그러나 육군본부에서 간행한 『계엄사』에는 1980년 4월 22일 23시 ○○특전여단 ○○대대가 사북사건 진압을 위해 원주로 부대 배속된 것으로 나타나 있고, 당시 1군 계엄사는 강원도지사의 군 투입 유보 요청에도 군 병력 투입 계획을 구체화하고 있었다고 한다. 그리고 23일 밤에 25일 새벽에 공수부대가 투입될 것이 결정되었다.[55] 결과적이기는 하지만, 다음과 같은 진실화해위원회의 추정도 일리가 있다.

최종 협상이 진행되던 4월 23일 밤, 계엄사령부는 4월 25일 새벽을 군 병력 투입 시점으로 정해 놓고, ○○특수여단 2개 대대 병력에게 작전 명령과 부대 배속 결정을 내린 상황이었다. 따라서 사태의 핵심 당사자들이 대화와 협상을 통하여 합의문을 작성하고 평화적으로 타결한 것은 대규모 충돌 사태와 더 큰 인명 피해의 가능성을 사전에 막을 수 있었던 중요한 계기가 되었다. (…)
당시 일부 광부들은 위험 시설인 화약고와 무기고를 지켜 더 큰 피해

---

55 진실·화해를 위한 과거사정리위원회, 앞의 글, 174쪽.

를 사전에 예방할 수 있었다. 당시 일부 광부들은 공수부대 투입 계획을 알고 있었고 (…) 일부 술에 취한 주민들의 행패에도 불구하고 화약고와 무기고를 안전하게 지킨 동원탄좌 광부들의 이성적 행동이 극단적인 사태를 막을 수 있었다.[56]

한마디로 공수부대 투입 소문에도 불구하고 광부들은 경거망동하지 않았고 젊은 광부들을 중심으로 "이성을 잃지 않고 무기고와 화약고를 지켰다"는 것이다. 그런데 만약 진실화해위원회의 말처럼, 공수부대 투입에 임박해서 이성을 잃지 않고 무기고와 탄약고를 지켰다는 사실 자체를 높이 산다면, 비록 국가에 의한 사전 학살이 있었다는 점에서 사북과 다르지만 국가 폭력에 대해 결사 항전을 택한 1980년 5월의 광주는 어떻게 평가해야 하는가? 공수부대 투입에 대비해 무기를 수습했어야 했는가? 그럴 수는 없었을 것이다. 사북에서도 공수부대 투입에 대비해 다만 '무기고와 화약고를 지키려' 했던 것만은 아니었다. 그건 결과적인 것이었다.

사북에서 화약고를 접수한 것이 어떤 차원에서 이루어졌는지, 즉 국가의 압도적 폭력에 대응해 불상사를 미연에 방지하기 위한 것이었는지, 아니면 죽음도 불사하는 수단을 확보하고, 폭력의 사용을 자제하면서도 최종적으로 국가에 맞서 나가기 위한 것이었는지를 묻는다면, 사북사건에서 공수부대 투입에 대한 광부들의 구체적 대응 양상을 밝히고 이를 광주와 대비시켜 이해할 수 있을 것이다.

위에서 언급했듯이, 이원갑은 당시 주동자 중 한 사람으로서 상황을 잘 파악하고 있었지만, 그의 이야기에는 상황에 대한 적극적이고 영웅주의적인 면모가 반영되어 있다. 반면, 당시 같은 상황과 위치에 있었던 신경은 화약고 접수 실상에 대해 좀 더 어두운 버전을 이야기한다.

---

56 진실·화해를 위한 과거사정리위원회, 앞의 글, 182쪽.

구술자 : [탄약고] 그거는 조별로 사람들이 가가지고 7명씩, 8명씩 하고. 거기 집행부가 있어, 집행부 있잖애. 우리 편에서 마카 그걸 보호하려고. (…) 우예든지 유출 어디 [못하게] 해라. 대한민국 국기고, 대통령 사진이고, 전부 그것 때문에 보존 다 됐지. 무기고 같은 데 일체 침범 못하도록 하고, 그래 올 때는 거짓말도 하고, 막 공수부대 내리오면 우리도 탄약을 터줏는다[터트린다]. 우리 삶을 우리가 해야 된다. 같이 죽어야 되지, 왜 우리만 죽노. (…) 그때 그 사람들이, 아까도 얘기했지만, 형사들이 전[전부] 사복 입고 다 그래 와가, 그 얘기를 또 밖에다 전하고, 그래가 뉴스 나오고 막 이랬지.

면담자 : 당시에 무기고 열고 더 격하게 싸우자고 주장하는 사람들은 없었어요?

구술자 : 그거는 없[었]어.[57]

신경에 따르면, 공수부대 투입에 대항해 무기고를 열어 진짜 싸우자는 주장은 없었고, 다만 그것이 유출되지 않도록 보호하려고 했다고 한다. 그런데 여기서 보호란 물리적 보호를 포함해, 시한을 넘어 사태 수습이 불가능해졌을 경우 공수부대가 들어오고, 코너에 몰린 광부들이 화약고와 무기고를 열 수밖에 없는 상황을 감당하는 것도 포함한다.

구술자 : 이래가지고 나중에 증언을 하더만. <u>도지사도 와가지고 공수특전단이 원주서 일로 와가지고 백운산까지 와가지고 어느 수준에서 보내가 진압할 거이끼네, 이게 내 위치에서는 할 수 없다고 도지사가 얘기를 했잖아. 그러이끼네 혹여 그 시간에 수습이 안 되면, 그래가지고 걱정이…, 수습이 됐는 거지.</u>[58] (강조 인용자)

4월 25일 동틀 무렵 공수부대가 투입되기로 했다는 사실은 문서로 확인된다. 그런데 그 소문을 광부들에게 흘린 이유와 주체는 누구였을

---

57 신경, 앞의 책, 269쪽.
58 신경, 앞의 책, 265쪽.

까? 이원갑은 '스쳐 지나가는 어떤 사람'이라고 하면서 그 사람을 특정하지 못했다. 그 어떤 사람은 광부들을 협박해 협상을 조속히 마무리 짓기 위해 그 언사를 흘렸을까? 아니면 이원갑의 추측대로 광부들 사정이 불쌍해서 정보를 흘렸던 것일까? 지금 정확히 알 수 없다.

이원갑은 광부들이 이를 빌미로 무기고와 화약고를 접수해 대등한 협상력을 얻었다고 했다. 하지만 무기고와 화약고 접수에는 사태가 수습되지 않은 상태에서 공수부대가 들어온다면 원치 않는 희생을 각오해야 할 순간이 올지도 모른다고 걱정하는 신경의 모습도 들어 있다. 그 걱정이야말로 불운한 상황을 예감하면서도, 그 상황에 굴복하거나 회피하지 않고 책임져 나가는 주체가 사북에도 존재하고 있었음을 암시하는 것은 아닐까?

이 주체는 어용 노조에 대항해 노조의 원칙을 지키고자 했던 주체와 같은 모습이라고 생각한다. 이들은 "총 한 방이면 다 끝날 일"이라고 생각했던 권력에 굴종하지 않았다. 죽음을 불사(不辭)하지만, 또한 죽음 자체를 목적으로도 하지 않을 만큼 유연했다. 이런 면에서 사북사건은 강원도 산골에 고립되었지만, 국가 폭력에 대한 주체의 대응 수위라는 측면에서 광주와 동질성을 지닌 사건이었다고 하겠다.

맺음말

그간 사북사건에 대해, 광부 폭동 혹은 민중 항쟁이라는 진영적 논리로의 과도한 일반화가 사건의 고유성 인식을 방해해 왔다고 할 수 있다. 이 글에서는 이를 넘어 사건의 구체적인 전개 과정 및 사건·행위의 다면적인 성격을 드러내고자 하였다.

사북사건은 흔히 4월 21일~4월 24일까지의 일련의 사건을 말하는데, 그 뿌리는 1972년의 축전차 도입에 따른 임금 인하 반대 파업까지 소급할 수 있을 만큼 깊다. 지금 그 사건을 소상히 기억하는 사람이 없고, 기록도 없어 그 과정을 밝힐 수 없다. 사북에서 지역 지배 카르텔에 대항해 노동자 이익을 본위로 한 노조 설립 움직임은 1979년 4월 지부장 선거 이후 노·노 갈등 형태로 표출되었다. 이 때문에 사북사건을 이해할 때, 노동자 투쟁 일반 혹은 노·노 갈등으로 환원하기보다 두 차원을 연계해 이해해야 한다.

사건의 발단은 경찰이 차로 광부를 친 것에서 기인한다. 4월 21일 집회에서 광부들은 1년을 끌었던 지부장 문제가 해결될 것으로 기대했는데, 해결은커녕 '사람을 보호'해야 할 경찰이 사람을 치고 도망갔던 것이다. 이후 이틀간, 대항 세력도 통제하지 못할 정도로 회사 간부와 경찰에 대한 구타, 그리고 건물과 집기에 대한 파괴가 이어졌다. 기존의 질서와 이를 지탱하고 여기에서 기생하던 존재에 대한 전복과 파괴가 이루어졌다.

노조 지부장 부인에 대한 린치가 발생한 것도 이 와중이었다. 김ㅇㅇ에 대한 린치가, 조합비를 가지고 도망간 이재기의 공범이라는 생각에서 발생했기에, 린치는 광부 폭력 흐름의 일부였다. 그렇지만 그것이 자연 발생적인 감정의 발로였다고 해서 정당성을 가질 수 있는 것은 아니다. 그렇기 때문에 사북사건을 이해할 때, 가해와 피해, 규범과 물질적인 흐름이 섞여 있는 역사적 아프리오리로서 인식하는 태도가 필요한 반면,

사건을 기념하기 위해 이 혼종된 과거 사실과 생산적인 관계를 맺을 수 있는 주체의 형성도 필요하다.

4월 22일부터 광부들과 대책본부는 협상에 들어가는데, 여기서 쟁점은 주동자 불처벌 문제였다. 노동자들은 이를 협상 조건에 넣어서 일괄합의를 하려고 했고, 강원도지사나 도경국장은 이를 약속할 권한이 없었다. 결국 공수부대의 투입 우려라는 촉박한 조건에서 일단 그 요구는 '수용된 것'으로 미봉했는데, 그 때문에 사건의 종점과 노동자 체포 등 당국의 후속 조치에 대한 다양한 해석이 가능하다.

4월 23일 오후 이후 광부들은 공수부대 투입에 대비해 무기고와 화약고를 점거했다. 이를 협상에 활용하려는 측면도 있었지만, 더 본질적으로는 국가 권력이 무장력으로 굴종을 요구할 때 이에 대응해 자기를 지켜 나가려는 측면이 강했다. 이런 주체가 존재했다는 측면에서 사북은 광주와 견주어서 이해할 수 있다.

사북사건에 대해 항쟁과 난동이라는 규범적 판단을 중지해야만 그것을 바라보는 주체의 소망과 별개로 움직여 간 사건의 고유성을 인식할 수 있을 것이다. 이 공간에서의 사건들은 모두 검거나 희지 않으며, 또한 모두 선하거나 악하지만도 않다. 이렇게 볼 수 있을 때 비로소 사북사건은 현세대와 생산적인 관계를 맺을 수 있을 것이다.

【참고문헌】

〈자료〉

진실·화해를 위한 과거사정리위원회, 「'80년 사북사건」, 『2008년 상반기 조사보
　　고서』, 2008. 과거사관련업무지원단 제공.
이원갑·신경·황인오·김세림·김아람·문민기·장미현·후지타 타다요시, 『1980
　　년 사북: 항쟁의 발발과 명예회복 과정』, 도서출판 선인, 2020.
이명득·장분옥·조순란·이옥남·김세림·김아람·문민기·장미현·후지타 타다
　　요시, 『1980년 사북: 여성의 탄광살이와 항쟁 참여』, 도서출판 선인,
　　2020.
윤병천·최돈혁·이정근·김세림·김아람·문민기·장미현·후지타 타다요시,
　　『1980년 사북: 항쟁과 그 이후의 삶』, 도서출판 선인, 2020.

〈단행본〉

사북청년회의소, 『탄광촌의 삶과 애환: 사북·고한 역사 연구』, 선인, 2001.
사카이 다카시 저, 김은주 역, 『폭력의 철학』, 눈처럼, 2007.
이옥수, 『내사랑 사북』, 사계절출판사, 2004.
정선지역발전연구소, 『1980년 4월 사북(사북사건 자료집)』, 2000.
탁경명, 『'80년 4월의 사북: 사북 사태와 그 후』, 강원일보사 출판국, 2007.
탁경명, 『'사북사건' 33년만의 화해』, 예맥, 2012.

〈논문 및 기타〉

박철한, 「사북항쟁 연구: 일상·공간·저항」, 서강대학교 정치외교학과 석사학위
　　논문, 2002.
이한빛, 「노동운동 시대의 탄광 재현: '사북사건' 이후 탄광 소설을 중심으로」,
　　『역사문제연구』 41, 2019.

사북항쟁의 여성들 : 사라진 억센 여자들과 말하는 여성들

장미현

머리말

1980년 4월 21일부터 24일까지 강원도 정선군 사북읍 ㈜동원탄좌 사북광업소에서는 광부와 주민들이 어용노조지부장 사퇴와 노동조건 개선을 요구하며 사북읍 일대에서 집회와 시위를 개최했다. 사건 와중에 광부 부상자들뿐만 아니라 경찰 사상자들이 다수 발생했다. 더구나 어용노조지부장을 소환하기 위해 지부장 부인 '린치사건'까지 발생한 후 언론에 집중 보도되면서 사북항쟁은 '폭동', '폭행' '난동사건'으로 인식되었다. 이로 인해 오랫동안 사북항쟁은 사북사태라고 불렸고 전두환 정권의 억압 속에서 당사자들은 침묵을 강요당했다. 현재, 사북민주항쟁으로 불리기까지 당사자들뿐만 아니라 사북항쟁에 대한 한국사회의 인식에도 변화가 있었다.[1] 그러나 이 같은 인식의 변화에도 불구하고 사북항쟁 여성들의 삶과 기억은 조명 받지 못한 채 오랜 시간이 흘렀다.

역사적 사건으로 사북항쟁이 갖는 특징 중 하나는 여성들이 적극적으로 '사태' 또는 '항쟁'에 참여했다는 점이다. 집회 참여, 행진, 수습에 이르기까지 여성들의 역할이 곳곳에서 발견된다. 하지만 사건 발생 직후 이런 역할들은 대부분 소거되었고 사북항쟁에 참여한 여성들은 전술한 지부장 부인 '린치사건'의 주동자들로 인식되었다.[2] 주동자로 총 119~150명 정도의 명단이 작성되었고 정확한 숫자는 파악할 수 없지만 진실·화해를 위한 과거사정리위원회의 보고서에 따르면 대략 "200명 연행자 중 '부녀자들'이 4~50명에" 달하였다.[3] 여성 연행자들 중 최종 4인의 여성들이 모두 지부장 부인 '린치사건'의 죄목으로 기소되어 유죄를 선고 받았다.

이처럼 사북항쟁에 참가한 여성들의 수가 적지 않고 사건 이후 여성들이 받은 영향이 컸음에도 불구하고 사북항쟁의 여성 참여자들에 대한 연구는 많지 않다. 주로 2000년대 이후, 사북항쟁 여성 관련자들이 조사받는 과정 중 당한 가혹행위를 규명하는 차원에서 연구가 이루어졌다.[4]

---

1 2019년 4월 21일 개최된 제39주년 기념식을 보도한 언론들은 이 사건을 모두 '사북민주항쟁'으로 호명하였다. 2018년 제38주년 기념식에는 최문순 강원도지사가 참석하였고 올해 기념식에는 최승준 정선군수가 참석하였다. 사북항쟁은 '사북민주항쟁'이자 지역의 자랑스러운 역사로 기억되기 위한 다양한 활동이 진행 중이다.

2 대표적 가해자로 여성들이 지목되는 과정에 주목한 것은 아니지만, 당시 언론이 '지부장 부인 김○○ 린치사건'을 전면에 내세우면서 광부들이 행사한 폭력을 무절제한 것으로 비판하는 등, 당시 사북항쟁을 지부장 부인 '린치사건'으로 등치시켜 나간 과정에 대해서는 이한빛, 「노동운동 시대의 탄광 재현 – '사북항쟁' 이후 탄광소설을 중심으로」, 『역사문제연구』 41, 역사문제연구소, 2019, 138~140쪽 참조.

3 조사보고서에 따르면 강원도경에서 작성한 "사북광업소 소요사건 관련자 신원파악 상황보고" 문건에는 핵심 인물이 총 119명으로 작성되었다. 1980년 4월 30일 작성된 중앙정보부 강원지부의 문서인 "사북 광부난동 사건 관련자 명단('동해물산'에서 파악)"에서는 총 130명을 주모자로 파악했다. 1980년 6월 17일 강원도경 정보2과에서 작성한 문건에는 총 149명의 관련자 명단이 기재되었다. 진실·화해를 위한 과거사정리위원회, 「80년 사북항쟁」, 『2008년 상반기 조사보고서』, 2008, 183~184쪽.

4 홍춘봉, 「광부 아리랑」, 정선지역발전연구소, 『1980년 4월 사북(사북사건 자료집)』, 2000, 94~127쪽.

기자인 홍춘봉은 취재 과정에서 인터뷰한 내용을 토대로 사북항쟁 이후 계엄사 합동수사부가 수사 과정에서 여성 연행자들에게 가한 가혹수사와 이들이 당한 피해를 규명했다. 하지만 여성들이 참여한 동기와 배경은 구체적으로 다루지 못했다. 사북항쟁에 여성들의 참여율이 높았던 원인과 구조적 배경에 주목한 연구는 박철한에 의해 이루어졌다.[5] 박철한은 여성들이 사북항쟁의 과정에 폭발적으로 참여한 동기를 분석하면서 그들이 빨래터와 사택 중심으로 일상을 공유한 관계였다는 점에 주목했다. 또한 새마을 부녀회와 사택의 반장들이 앞장서서 "참여 안 하면 빨갱이"라는 식으로 지배 이데올로기를 전유해 미시동원전략을 활용했기 때문에 참여율이 높았다고 보았다. 박철한의 연구는 저항의 미시동원 맥락을 일상과 연결시켜 분석했다는 점에서 의미가 있다. 하지만 사북항쟁은 조직적·계획적인 항쟁이었다기보다 탄광촌의 구조적 조건과 우발적 사건들이 겹치면서 벌어졌다.[6] 더구나 사북항쟁 자체에만 주목해 이 사건의 여성 당사자들이 서로 다르게 사건을 경험했다는 점과 사건 이후 그녀들의 기억에는 주목하지 못했다.

여성 관련자들이 당한 피해자성에 주목한 이는 다큐멘터리 감독인 이미영이었다. 이미영은 사북항쟁 관련자들의 인터뷰를 촬영해 독립 영화로 제작했는데 이미영의 인터뷰를 통해 사북항쟁에 참여한 남성 광부들의 경험과는 다른 ①사북항쟁 구속자들의 여성 가족들—주로 아내들—이 당한 경제적·정신적 고통과 ② 사북항쟁으로 연행된 여성 관련자들이 귀가 후 겪은 고통과 죄책감이 수면 위로 드러났다. 이미영은 여성 다큐멘터리 감독으로, 이전의 연구자들과는 달리 남성 참여자들과 함께 그들

---

5 박철한, 「사북항쟁 연구: 일상·공간·저항」, 서강대학교 정치외교학과 석사학위 논문, 2002.
6 탄광촌에 일상적인 죽음과 폭력이 난무한 가운데 "경찰이 사람을 죽였다"는 사건과 소문이 만나서 사북항쟁이 확산되었다는 사북항쟁 연구에 관해서는 이 책에 수록된 문민기의 논문 참조.

의 아내도 인터뷰했다.[7] 이전에는 인터뷰에 포함시키지 않았던 여성 관련자들을 인터뷰 했고 당사자의 증언을 통해 성적 가혹행위의 실상을 밝혔다. 사태 수습에 참여한 남성들의 이름만 거론했던 다른 연구들과는 달리 사북항쟁 수습에 참여한 여성 활동가 손인숙 수녀도 인터뷰 했다. 손인숙 수녀는 자신이 직접 듣고 경험한 사북항쟁 여성 관련자들의 경험과 인식을 전했다. 이 인터뷰에서 손인숙 수녀는 여성들이 성적 가혹행위와 검거의 고통을 수치스럽게 생각해 오랫동안 침묵했다고 밝힌 바 있다. 이미영 감독이나 손인숙 수녀는 남성과 여성이 항쟁에 동참했더라도 '항쟁' 이후의 삶과 기억이 젠더적으로 다를 수 있다는 점을 보여줬다.[8] 이미영 감독은 여성 참여자의 경험과 기억을 통해 '민주화운동'의 이면에 여성들이 당한 고통이 있었다는 점을 부각시켰다. 하지만 여성들의 피해자성에만 주목했다는 한계가 있다. 사북항쟁에 적극적으로 가담한 여성들도 있었고, 피해자적 측면뿐만 아니라 가해자적 측면을 포함한 중층적 측면이 여성들 내에 존재했기 때문이다. 오히려 사북항쟁에 적극 가담한 여성들이 있었다는 점을 드러내는 동시에, 여성들이 자신들의 기억을 '참여 안함'과 피해자로 구성하는 과정에 좀 더 주목할 필요가 있다.

이 같은 선행연구를 바탕으로 본 연구는 다음과 같은 세 가지 문제를

---

7 이미영 감독은 전작 《먼지의 집》에 이어 사북의 탄광촌과 광부들에 관심을 가지다 1980년 사북 탄광 파업에 대한 다큐멘터리 《먼지 사북을 묻다》를 제작했다. 당사자들을 만나 사북 사건에 대한 전말과 2000년 4~6월에 걸쳐 20년이 흐른 '지금' 당사자들에게 사북 사건이 어떤 의미로 남아있는지를 인터뷰하고 촬영했다. 영화 제작 과정 내내 사북에 거주하거나 자주 방문했고 정선지역발전연구소가 추진한 '사북항쟁 자료집' 제작에도 편집연구위원으로 활약했다. 영화는 2002년에 개봉했고 제6회 인권영화제 올해의 인권영화상을 수상했다. 2015년부터 사북을 방문한 필자에게도 사북항쟁 당사자들은 이미영 감독 얘기를 많이 했고 이미영 감독이 촬영한 경험과 구술 인터뷰의 차이에 대해 언급하기도 했다.

8 "여자들이 경찰서 가서 당한 일들은 말도 못해요. 여자들이 거기서 나와서는 말도 못하고 잠자다 가도 벌떡벌떡 일어나서 깨고…. (…) (사북) 사람들이 광산이 어떤가를 알게 된 거고, 그리고 광부들이 부인 린치 했다는 걸 알지만 경찰들이 무섭게 보복한 건 아무도 몰라요. 나중에 사람들은 죄책감 속에 숨어 살았고, 다 도망가 버렸고 그리고 후에 재판장 님한테 가서 선처에 감사하다고 인사하러 가기로 약속했는데 한 사람 나오고 안 나온 거예요." 이미영 면담, 「손인숙 수녀 인터뷰」, 정선지역발전연구소, 앞의 책, 139~140쪽.

규명하려 한다. 첫째, 사북항쟁 전개과정 중 여성들의 역할과 참여 양상을 드러낼 것이다. 둘째, 사북항쟁에 여성 참여자들의 역할이 존재했음에도 불구하고 그들이 드러나지 않았던 맥락을 살펴볼 것이다. 셋째, 구술증언자료와 개인구술을 활용해 사북항쟁을 각자 다르게 경험한 여성들이 '여성들-자신들'의 기억으로 사북항쟁에 어떤 의미를 부여하는지 살펴볼 것이다. 이 과정을 통해 침묵과 거대 서사를 거스르려는 '여성들'의 말하기가 갖는 의미를 파악할 수 있을 것이다.

이 글에서는 사북항쟁 관련 문헌자료들뿐만 아니라 2006년 진실화해위원회에서 진상규명을 위해 진행한 진술청취 영상을 구술증언자료로 활용할 것이다.[9] 이 구술에서는 사북항쟁 가담으로 검거, 연행, 가혹수사, 유죄를 선고받은 여성들보다 사북항쟁 남성 주동자들의 아내들을 주로 인터뷰했다.[10] 또한 2020년 출판된 사북항쟁 구술자료총서를 자료로 활용한다. 구술자료총서는 총 3권으로 구성되었는데 이 중 2권인 『1980년 사북: 여성의 탄광살이와 항쟁 참여』에 사북항쟁을 경험한 여성들의 경험과 인식이 잘 나와 있다. 전자의 자료는 영상자료를 청취하며 활용하였고 후자의 자료는 구술자료총서의 본문 내용을 활용했다. 이 과정을 통해 여성들이 사북항쟁 당시 서로 다른 선택을 했던 과정과 그것을 기억하는 방식도 젠더구조가 작동된 결과라는 점을 드러내고자 한다.

---

9 진실화해위원회는 2006년 1월 10일 이원갑 등 사북항쟁 관련자 15명이 진실규명을 신청한 후 참고인 및 조사대상자 포함 총 90명의 진술청취를 실시하였다. 이 가운데 사북항쟁 주동자로 정선경찰서에 연행된 진술자 1~4 여성 관련자들의 진술청취 영상녹화본을 자료로 활용하였다. 녹화가 진행된 정확한 날짜는 나와 있지 않다. 이하 본 글에서는 진실화해위원회 진술청취, 2006으로 칭한다.

10 사북항쟁 구술자료총서에 면담자로 참여한 김세림은 사북항쟁 참여자들의 구술을 통해 개인적 시선으로 역사적 사건을 바라보면 역사연구에 새로운 해석을 제공할 수 있다는 구술사 연구의 가능성을 밝힌 바 있다. 이러한 문제의식과 가능성에 공감하면서도 본 연구에서는 여성 참여자들의 구술자료에 한정해 사북항쟁 여성참여자들의 삶과 기억에 주목하고자 한다. 이 과정에서 김세림과 같은 구술자의 구술자료를 활용하지만 해석을 다르게 한 부분도 있다. 이 책에 실린 김세림의 두 번째 논문 참조.

1. 사북 여성들의 사북항쟁

1) 사북항쟁 속 억센 여자들

〈사진 1〉 사북항쟁 당시 사진 속 여성들[11]

　사북항쟁 당시를 보여주는 사진들 속에는 집회에 참가한 여성들이 자주 등장한다. 〈사진 1〉속 여성들은 구호를 외치는 남성을 보고 있다. 아이를 업고 나온 여성들도 보인다. 정면의 여성들뿐만 아니라 사진 속 후면에도 여성들의 모습을 발견할 수 있다. 사북항쟁은 4월 21일부터 4월 24일 아침 최종협상이 타결될 때까지 총 4일간 전개되었다. 그렇다면 사북항쟁에서 여성들은 어느 시점부터 대거 가담하게 되었을까? 먼저 진실화해위원회의 조사에 따르면 4월 21일 오후 "경찰차가 광부를 치고 그대로 달아났다." 라는 소문이 사북읍에 퍼진 직후부터 사북광업소 곳곳에 화톳불을 밝히고 광부들뿐만 아니라 '부녀자들'이 국을 끓이고 밥

---

11 이 사진은 대표적으로 사북항쟁 당시 상황을 보여주는 사진으로 인용된다. 이미지는 2017년 11월 3일, 「38년 전 암행독찰, "회사서 간밤 부부싸움까지 파악"」, 『오마이뉴스』에서 인용했다. 기사 중 인용된 이 사진의 제공자는 이원갑으로 나와 있고 사진은 "1980년 4월 22일 사북사태 사건 현장"으로 소개되었다.

을 지어 광부들에게 제공하였다고 나와 있다.[12] 군 검찰의 공소장에는 4월 21일 오후 5시부터 9시 사이에 광부 500명이 ①집회를 허가하라 ②이재기는 사퇴하라 ③현 노조집행부 물러가라 라는 구호를 외치며 사북지서로 향할 때에 전선자, 김금녀, 김화자, 김옥자 등 40여 명의 '부녀자들'이 함께 했다고 밝혔다.[13] 양 자료 모두 사건의 초기부터 광부들의 집회에 '부녀자들'이 함께 했다는 점을 밝히고 있다. 사북항쟁의 주동자 중 한 명이었던 이원갑은 최근 이렇게 구술한 바 있다.

> 구술자 : 막 이제 그 투쟁을 하다 보니깐 부인들도 다 나오는 거야. 전부 다. 자기 남편 나왔으니깐 나왔겠지. 그러니까 부인들도 사실 어렵게 살고 우리가 고생한다는 걸 스스로 알아요. 그러니까 스스로 동참을 하는 거라. 그러니까 스스로 동참을 하는 거라. 이제, 누가 나오라 나오라 하기 이전에 스스로 나오는 거예요.[14]

이원갑이 기억하기에도 여성들의 참여가 기대 이상으로 높았던 것이다. 뿐만 아니라 집회 참가자들의 확대에도 '부녀자들'의 역할이 컸다. 4월 21일 저녁에 주동자들끼리의 회합에서 집회 참가를 독려하기 위해 사택단지 내의 방송실을 활용하자는 제안이 나왔다. 공소장에 따르면 4월 21일 밤에서 4월 22일 사이에 새마을사택 목욕탕 내의 방송실로 가 집회 참여를 독려하는 방송을 실시했다고 나와 있다. 따라서 최초로 방송이 된 사택단지는 새마을사택이었던 것으로 보인다. 이어 4월 22일 오전 9시 경 지장산 사택 단지 안에도 집회 참여를 독려하는 방송이 시작되었

---

12 진실·화해를 위한 과거사정리위원회, 앞의 글, 162쪽.
13 사북항쟁의 재판기록은 보존기간이 1989년 만료됨에 따라 2000년 11월 경 사북항쟁의 재판기록이 폐기되었다고 한다 (진실·화해를 위한 과거사정리위원회, 앞의 글, 146쪽). 원본은 아니지만 "사북사태 판결문"과 "사북사태 공소장"이 정선지역발전연구소, 『1980년 4월 사북(사북항쟁 자료집)』, 2000에 수록되어 있다.
14 이원갑, 『1980년 사북: 항쟁의 발발과 명예회복 과정』, 도서출판 선인, 2020, 106쪽.

다.[15] 이후 4월 24일 사북광업소 측과 '최종 합의문과 후속조치'에 합의가 이루어질 때까지 부녀회(부인회)장들이 주축이 되어 집회 참여 독려 방송이 이어졌다.

하지만 사북항쟁에 참여한 여성들의 역할은 주로 4월 22일 오전, 다수의 '부녀자'와 광부가 지부장 이재기를 찾기 위해 비둘기 사택으로 행진하던 장면과 지부장 부인을 발견해 노조 지부 사무실 앞으로 끌고 올 때와 관련해서만 언급된다. 지부장 부인은 4월 22일 오전부터 4월 24일 풀려날 때까지 억류되어 있었다. 지부장 부인 '린치사건'은 여성 참여자들이 주도한 대표적 행위로 인식되었다. 이 사건과 관련하여 여러 가지 해명되지 않은 점들이 남아 있지만, 분명한 것은 지부장 부인 '억류사건' 또한 사북항쟁 발생 기간 중 일어난 수많은 행위들과 마찬가지로 특정 가해자 지명이 불분명하며 다중의 위력에 의해 일어난 사건의 일부라는 점이다.[16] 지금까지는 여성들이 가한 '사적 폭행'이라는 점만 부각됐지만 '억류사건'에서 함께 주목할 점은 이 사건이 협상 과정에서 중요한 요소로 작용했다는 점이다.[17] 당시 강원도지사였던 김성배는 노조 지부장 부인의 억류가 풀렸으니 대화로 이 사태를 해결할 수 있다고 판단했고 청와대까지 전달했다고 증언하였다. 의도한 바는 아니지만 '억류사건'은 정부 측이 사건의 조기 타결에 나서도록 작용했다. 협상의 당사자인 집회 참가자 중 일부도 지부장 부인의 억류를 협상에 활용할 수 있다고 보았다. 4월 22일부터 광부들의 대표와 동원탄좌 측, 정부 측 인사들이 협상

---

15 "판결문", 정선지역발전연구소, 앞의 책, 2000, 172쪽.
16 이 사건의 피해자인 지부장 부인은 진실화해위원회 조사에서 "다수의 부녀들이 그런 폭행에 가담한 것은 사실이지만 머리를 많이 맞아 정확하게 가해자를 기억하지 못한다." 고 진술하였다. (진술청취일: 2006. 9. 20), 진실·화해를 위한 과거사정리위원회, 앞의 글, 168쪽.
17 지부장 부인 '린치사건'은 억류 초기에 발생한 폭력에 주목한 호명이다. '억류사건'이라는 호명은 진실·화해를 위한 과거사정리위원회, 앞의 글에서 사용하고 있는 다소 순화된 용어이다.

을 진행하였는데 '부녀자들'과 광부들은 4월 23일, 이재기 지부장과 지부장 부인을 교환할 것을 주장하며 사북읍내에 지부장 부인을 끌고 다닌 바 있다.[18] 결국 4월 24일 협상이 타결된 후 지부장 부인은 최종 억류 상태에서 풀려나 인근 동원보건소로 후송되었다.

사북항쟁의 전개과정을 살펴볼 때 확인할 수 있는 특징은 크게 두 가지이다. 첫째, 사건 발생 초기부터 여성들이 주요 주체로 가담했다는 점이다. 초기 광부들의 쟁의에 여성들이 적극 참여할 수 있었던 조건은 무엇이었을까? 이원갑이 언급한대로 남편인 광부들의 열악한 노동조건 개선에 공감하여 여성들-주로 광부의 아내들-이 참여했다는 점도 일리가 있다. 하지만 생산과 재생산의 공간, 광업소와 사택단지가 인접해 있었다는 공간성에 대해 생각해 볼 필요가 있다. 사북의 여성들에게 사택단지 및 사북광업소의 일들은 곧 여성들 자신의 일이었고 개입할 여지가 높았다. 사택단지의 부녀회장들과 여성들의 네트워크는 도시 노동계급의 아내들보다 강한 편이었다. 사건 당시, 높은 집회 참여율에는 방송의 영향력이 컸는데 그 이유는 이전부터 사택 방송을 통해 노동력 동원이 이루어졌기 때문이다.[19] 동원탄좌의 중요한 공지는 사택 방송을 통해 전달되었고 이 일은 주로 사택단지의 부녀회장들이 마을의 이장과 협조하면서 진행했다. 사택과 사북광업소는 인접해 있었고 사북의 여성들 또한 사북광업소의 사업에 깊게 연관되어 있었던 만큼 광부들의 집회에 동참하기 쉬웠던 것이다. 이러한 조건 아래 참여를 독려하는 사택단지의 방

---

18 안재성은 『타오르는 광산』을 서술할 때 지부장 부인을 앞세운 시위가 4월 22일 오후에 진행되었다고 서술한 바 있다(안재성, 「사북 노동자 총파업 ('타오르는 광산' 중에서)」, 정선지역발전연구소, 위의 책, 84쪽). 하지만 진실화해위원회의 보고서에는 4월 23일로 나와 있다(진실·화해를 위한 과거사정리위원회, 앞의 글, 166쪽).
19 소설가 이옥수는 본인이 기억하는 1980년 4월 사북항쟁을 모티브로 삼아 소설 『내 사랑, 사북』을 썼다. 이 중에 사택단지의 이장이 사택단지 앞 도로 보수 공사에 가구의 노동력을 동원하기 위해 방송한다는 내용이 나온다. 이옥수, 『내 사랑 사북』, 사계절 출판사, 2004, 100쪽.

송을 들은 여성들은 여러 동기를 갖고 '쉽게' 참여할 수 있었다.

사택단지의 부녀회장들은 사택단지의 방송 업무뿐만 아니라 탄광촌의 마을개선도 맡아 진행했다. 1976년 경 사북으로 이주한 이명득은 지장산 사택 B지구[20] 부녀회장이었다. 사택의 부녀회장은 마을의 이장과 동원탄좌 새마을과 반장, 계장, 과장과도 긴밀한 협조관계를 이루고 있었다. 매달 15일 새마을과 사택계장과 북부사택, 지장산 사택, 새마을 사택, 중앙 사택 등 각 사택 부인회장들과 회합을 가졌던 것으로 보인다.

면접 6 : 인제 각 새마을 사택, 북부사택, 또 중앙사택, 지장산이 워낙 넓으니 부녀회장 너이[넷] 하고 마고[모두] 일곱이 월요회의 있으면, [사북광업소] 새마을과 가서 하지요. 그때 자제라든지 그 지역에 "애로점을 다 얘기해 달라" 이거지. 근데 뭐 부족한 거는 많으니 월요회의 가 가지고 부족한 거 말하고(…)[21]

면접 8 : 주로 광업소 일 보통하면, 큰 행사 같은 거 있으면 다 [부인회에서] 도와주고, (…) 회사에서 지역에 나오드라도 자기네 뭐 모르니깐 [우리가] 심부름 하는 거지. 이장맨키로. 별 권한은 없지만, 안 되는 일은 지서, 경찰서 이런 데 가고 회사도 사무실 같은 데 가고 다른 사람이 회사 가면 안 되고 그런데 부녀회장이 가면 자기네 일. 씨가 먹히게 하려고 모든 거 척척척척 들어줘요. [그 대신 대가가] 쪼끔 있고, 별로 뭐 없어. 월급 받아먹는 것도 없고.[22]

B지구 부녀회장이었던 이명득은 사북광업소의 협조 아래 광업소에서

---

20 지장산 사택은 1974년 건립을 시작해 총 149개동 725세대 규모로 가장 규모가 큰 사택단지였다. ㈜ 동원은 1978년 광원합숙소, 수송기사 사택을 건립했고 1980년대 들어선 13평형 종업원 아파트를 1988년까지 계속 지어 제공하였다. 지장산 사택지구에는 강원랜드 메인카노 호텔이 들어섰고 북부사택단지에는 정선군 보건소와 메이힐스 콘도가 지어졌다(강원도 정선군 사북읍, 『사북읍지』, 2012, 146쪽). 이명득이 이주한 1976년 즈음은 사택이 부족해 사택 입주가 쉽지 않았다.
21 박철한, 면접 6, 앞의 논문, 53쪽.
22 박철한, 면접 8, 앞의 논문, 53쪽.

시멘트와 목재를 얻어다가 광부들의 노동력을 빌려 공동우물을 설치했다. 1978년 지장산 사택단지 안에 동원국민학교가 개교했는데 이 학교 건설에도 부녀회장과 부녀회원들의 노동력이 투입됐다.[23] 이처럼 부녀회장들은 사택단지라는 공간과 기업이라는 공간 모두에서 권위를 부여받은 존재였다.

사택단지 부녀회장의 권위와 노동력 동원은 동원탄좌라는 기업이 부여한 대표성 때문에 가능한 것이었다. 하지만 사북항쟁의 전개 과정에서 다중은 위력을 통해 집회 참여를 동원하는 방식으로 이들의 대표성을 활용하였다. 합동수사단에서 여성 주동자로 가장 먼저 검거한 여성들이 바로 이 부녀회장들이었다. 현재까지 확인된 바로 지장산사택 B지구 부녀회장, 새마을사택 부녀회장이 집회 참여 독려 방송을 이유로 연행되었다. 합동수사단은 부녀회장들을 주동자로 보고 검거했지만 방송에 나선 부녀회장들은 모두 위압에 의해 방송을 안 할 수 없었다고 구술한다. 박철한이 인터뷰 했던 한 여성은 자신이 "솔직히 떠밀려 가지고 방송실까지, 목욕탕 방송실까지 가 가지고 방송도 세 마디 했지" 라고 구술한 바 있다.[24] 이명득은 "방송하라, 소리를 다섯 번 듣다가 도저히 우리 집을 싹 다 몰려와가지고 방송 안 한다고 지랄 지랄을 해서" 라며 당시 방송을 하라고 독촉을 강하게 받았다고 구술했다.[25]

말하자면 부녀회장들이 다중의 위압에 의해 방송을 할 수밖에 없었을 만큼 적극적으로 집회 참여를 독려하고 다닌 여성들이 부녀회장들이 가진 권위를 전유한 것이다. 사북항쟁 주동자의 아내였던 조순란은 불특정 여성들이 집집마다 돌아다니며 "막 안 나온다고 막 [뭐라] 그랬어. 그래

---

23 이명득, 『1980년 사북: 여성의 탄광살이와 항쟁 참여』, 도서출판 선인, 2020, 56~57쪽.
24 박철한, 면접 6, 앞의 논문, 54쪽.
25 이명득, 앞의 책, 76~77쪽.

나갔어. 모두 나와서 내려가는데" 라고 구술한 바 있다.[26]

> 구술자 : (…) 도저히 우리 집에 싹 다 몰려와가지고 방송 안 하고 지랄지랄
> 을 해서, 그 아줌마들 방송을 안 한다고 지랄해 놓고 다 도망을 담
> 위로 뛰 갔어.
> 면담자 : 같이 싸우자는 차원에서 모이자라고 방송을 한 거예요? 남자들이
> 같이 나가서 지금 싸우고 있으니깐 힘을 좀 보태자고?
> 구술자 : 어, 그렇지. "이제 여자들도 합세를 하라." 이거지.
> 면담자 : [어머니는] 방송을 안 하고 싶으신 거였어요?
> 구술자 : 어, 난 그런 나중에 뒤가 좋지 않다는 일을 별로 하고 싶지 않았어.
> 면담자 : 다른 지구는 방송을 다 했대요?
> 구술자 : 아이, 첫 번에 그래 안 했지. 안 했는데. 그년들이 고마 저 밑에 내
> 려가서 다 합세를 해 삐리 놔놓으니 집에 내 혼자[안 하고] 있는 [것
> 도 미안하니깐] 결과적으로 딴 부인회장들은 저, 저 밑에 농성장에
> 다 내려가 있으니 내가 집에 있다가는 이제 그리 가서 방송 했다.[27]

이명득은 집회에 적극적으로 참가하는 것을 고려하지 않았지만 다
른 부녀회장들의 압력에 의해 방송을 했다고 기억하고 있다. 새마을 사
택 부녀회장이었던 김분연은 공소장에 의하면 4월 22일 새벽, 최초로 방
송이 이루어진 새마을 사택단지에서 방송을 한 이로 나와 있다.[28] 하지
만 그 자신이 자발적으로 방송에 참여한 것으로 보이지는 않는다. 그녀
는 사북지서 형사들이나 순경과도 평소 친분이 있었고 협조적 관계였다.
사북항쟁 당시 항쟁 참여를 독려하는 방송을 했던 것은 사실이었지만 사
북광업소의 ○○가 중요한 문서를 김분연의 집에 숨기러 올 정도로 사측

---

26 조순란, 『1980년 사북: 여성의 탄광살이와 항쟁 참여』, 도서출판 선인, 2020, 190쪽.
27 이명득, 앞의 책, 77~78쪽.
28 정선지역발전연구소, 「제3장 재판관련 기록」, 앞의 책, 203쪽.

인사와도 협조적 관계였다.[29]

김분연과 이명득 모두 항쟁을 주도한 여성 관련자로 연행되어 고초를 당했지만, 항쟁에 적극적으로 가담할 의도를 가졌다고 보기는 어렵다. 그보다는 사실상 여성 주동자로 연행되었던 이들보다 더 적극적으로 집회에 가담했다 '사라진' 여성 참여자들이 있었고 이들의 '강요'에 의해 방송까지 하게 된 것이다.

둘째, 사북항쟁의 전개과정에서뿐만 아니라 협상과 이후 정리 과정에서도 여성들의 역할이 있었다는 점이다. 황인오는 흥분한 광부들이 제대로 의견을 통합시키지 못하고 있을 때 광산노동의 열악성과 회사의 횡포를 인식한 '부녀자들'이 요구조건을 정리해 제시했다고 기술한 바 있다.[30] 사건의 주동자였던 신경도 2000년, 사건 당시를 회고한 글에서 "어떤 사건이든 여성들의 역할이 한몫을 차지하는 경우가 많았다. 대책회의도 남편들의 신변을 생각하는 아내들의 협조로 자연스럽게 구성될 수 있었다"고 기술했다.[31] 진실화해위원회의 조사에 의하면 4월 22일부터 4월 23일 밤샘회의까지 여러 번에 걸쳐 협상이 진행되었는데 2차 협상 시 주민대표가 참여했다고 나온다. 마지막 최종 협상 타결 이후인 4월 26일, "사북리 평화식당에서 강원도지사의 주최로 광부대표와 노조 부지부장, 그리고 전○○ 등 사북읍 주민 35명이 사태수습에 노력하자며" 화합의 자리가 개최되었다고도 서술되어 있다. 사북항쟁의 전개과정을 볼 때 주민대표는 여성 가담자 대표일 가능성이 있다. 이처럼 사북항쟁의 협상과정과 사건 종료 후 수습에도 사북 여성들의 역할이 있었던 것으로 보이

---

29 김분연은 2001년 『탄광촌의 삶과 애환』 출판되기 전에도 연구진과 인터뷰를 진행 한 바 있었는데, "글도 모르는데 내가 동네일 잘 본다고 새마을 교육도 보내주고, 멸공계 몽전담요원도 시키고 그랬어" 라고 구술한 바 있다. 사북청년회의소 편, 『탄광촌의 삶과 애환』, 선인, 2001, 76쪽.
30 황인오, 「사북사태 진상보고서」, 정선지역발전연구소, 앞의 책, 51쪽.
31 신경, 「80년 사북의 기억을 찾아서…」, 위의 책, 149쪽.

지만 현재로서는 누가 구체적으로 무엇을 하였는지가 불분명하다. 사북
항쟁 속 억센 여자들이 집회의 초기부터 집회의 수습까지 일정한 역할을
수행하였지만 이들의 모습은 사북항쟁이 '폭동'으로 진압된 후, 가장 먼
저 사라졌다.

〈사진2〉 사북광업소 집기를 정리하고 있는 여성들 (경향신문사 제공)

그렇다면 사북항쟁 당시 적극적으로 참여했던 여성들의 동기는 무엇
이었을까? 박철한이 언급했듯이 사북항쟁의 발단인 어용노조가 회사와
임금인상 20%에 합의한 것에 대한 분노가 광부들과 '부녀자들'의 동참에
영향을 미쳤다. 사북항쟁 당시 여성들이 주도한 집회와 시위에서 외쳐진
구호는 "지부장을 쫓아내고 임금인상 40% 쟁취하자"[32], "임금과 상여금
을 인상하라"[33] 라고 알려져 있다. 진실화해위원회에서 한 참고인은 4월
22일 "광부들의 돈을 떼먹고 달아난 이재기를 찾아내라."고 외치며 지부

---

32 홍춘봉, 「광부아리랑」, 정선지역발전연구소, 앞의 책, 99쪽.
33 안재성, 앞의 책, 84쪽.

장 사택으로 몰려갔다고 증언했다.[34]

전술한 공간적 인접성은 탄광노동자가 아닌 아내라도 노동의 억압적 현실을 실감하게 만들었다. 임금인상은 아내들에게도 중요한 문제였다. 광부들의 임금은 늘 부족했고 이 부족한 부분은 광부 아내들의 경제활동과 노동으로 메꿔야 했다. 탄광촌의 여성들은 남편의 경제력에 의존하는 수준을 넘어 소비와 생계의 운영을 주도했다. 따라서 임금인상은 여성들에게 매우 중요한 문제였다. 사북광업소의 월급은 광부가 직접 받을 수도 있었지만 아내의 사진이 붙어있는 인감증을 가져가면 아내가 대신 받을 수도 있었다.[35] 구술자 조순란은 매월 월급 타러 가도 빈 봉투만 받자 "이, 남편 사는 거 보니깐 사는 게 순 엉터리"라고 느꼈고 아이들 공부를 계속 시키기 위해 남편 모르게 비상금을 넣어 놓고 아이들이 필요할 때 사용했다. 구술자 중 친정의 형편이 가장 넉넉한 편이었던 조순란은 친정에서 어머니와 함께 돼지를 키웠는데, 시집이 어려운 걸 안 어머니가 조순란에게 일종의 지참금을 주었고 그걸로 부족한 생활비를 충당하곤 했다.[36] 구술자 이명득과 장분옥은 친척들이 사는 영주와 동해에서 과일과 노가리를 사와 사북과 철암의 탄광 일대에서 팔아 생계를 꾸렸다.[37]

경제활동의 공유뿐만 아니라 사북의 여성들은 집회 전 광부들의 사전 모임에도 노동력을 제공하는 형태로 개입하고 있었다. 사북항쟁의 주동자인 이원갑은 사북광업소 노조 활동을 할 때부터 자주 회합을 가졌는데 이 모임의 준비는 고스란히 아내인 조순란이 맡아야 했다.

---

34 진실·화해를 위한 과거사정리위원회, 앞의 글, 163쪽.
35 이명득, 앞의 책, 60쪽.
36 조순란, 앞의 책, 186~187쪽.
37 이명득, 앞의 책, 62~63쪽; 장분옥, 『1980년 사북: 여성의 탄광살이와 항쟁 참여』, 도서출판 선인, 2020, 149~150쪽.

면담자 : 사북에서도 손님 많이 치르셨죠?

구술자 : 사북에서도 그 좁은데 글쎄 저녁에 퇴근하면요, 여남석쯤[여남은 명 씩] 주루루룩. 그때만 해도 전화가 있었어요. 아 뭐 어째 "손님 가니까 뭐 뭐 어째고, 어쩌고." 아이 몸서리 냈어요. 나 실제 몸서리 냈어.[38]

박철한이 언급했듯이 사북항쟁의 사전회합에 선술집이 공간적 매개 역할을 한 것도 분명하지만 그에 더해 사택에서 이루어지는 사전회합의 경우 여성들의 가사 노동력에 힘입어 이루어졌다. 구술자 장분옥은 자신이 계를 통해 모은 목돈을 남편이 노조 대의원 대회에 출마하는 동료에게 빌려준다고 해서 그대로 빼앗긴 적이 있다.[39] 일종의 '기업마을'의 성격을 띤 사택단지 안에서는 기업의 영향력 행사뿐만 아니라 대항모임의 결성과 운영에도 여성들의 노동력이 투입되었던 것이다. 이 과정에서 광부의 아내들은 노조에 대한 정보를 접할 수 있었고 이러한 내용은 '우물가 방송'과 계모임과 같은 여성들의 사적 모임을 통해 퍼져나갔을 것이다.

사북광업소의 쌀값과 구판장의 비싼 물가에 대해서는 여성들이 더 잘 알고 있었다. 사북광업소는 쌀과 연탄을 배급하고 이 금액을 제한 후 월급을 제공했는데, 쌀을 현물로 활용한 여성들의 경제활동이 사택단지 내외에서 이루어지고 있었다. 사택단지 안에서 외상은 일상이었고 경제활동의 일부를 구성하고 있었다.

구술자 : 인감증으로 [외상] 끊고 만날 선불을 미리 땡겨 놓으니 [월급] 봉투는 만날 적자야. 돈 탈 건 없어. 돈 쪼금 타 봐야 아들 그저 공납금 내고. 그러니 만날 지장산 와가지고 참 그런 꼬라지 많이 봤다. 진짜. 만날 부식을 시장한 근데 아주 대 놓고 먹고 그 다음 달에 월급이 나오면은 또 주고 못 주면 미안해서 또 딴 집에 가서 또 갖다 먹고[40]

---

38 조순란, 앞의 책, 188쪽.
39 장분옥, 앞의 책, 134쪽.
40 이명득, 앞의 책, 60쪽.

외상 중 광부들이 마신 술값은 아내들이 탄광에서 고생한 남편들에게 주는 일종의 보상이었다. 이명득이 외상을 갚지 못하자 점방 주인이 술값 외상을 받기 위해 쌀자루를 들고 나타났다. 하지만 쌀을 딱 먹을 만큼만 받아온 이명득은 쌀을 내놓지 않고 다음에 갚겠다고 버텼다. 쌀은 부식을 사기 위해서도 필요했다.[41] 쌀을 현물로 활용하고 있었던 만큼 사북광업소가 유상으로 제공하는 쌀값의 가치비중을 여성들이 더 잘 알고 있었다. 탄광마을의 여성들은 생활의 거의 모든 부분을 적극적으로 꾸려나가야 했고 생계의 일부를 담당했던 만큼 경제적 요구는 집회 참여의 중요한 동기였다.

물론 여성들이 경제적 동기만을 갖고 시위에 가담했던 것은 아니다. 사북항쟁은 사전에 모의했던 집회가 불허되고 "경찰이 광부를 죽였다"는 차량사고에 의해 폭발적으로 참여자가 늘어났다. 이원갑은 1,500명 정도의 참가를 예상했지만 순식간에 참가인원이 늘었다고 기억한다.[42] 그러나 비조직 된 다중이 무의미하게 몰려다닌 건 아니었다. 모이는 순간, 가담자들은 평소 원성의 대상이었던 인물과 공간을 정확하게 공격한다.[43] 진실화해위원회의 조사에 따르면 사북항쟁 합동수사단의 여러 인사들은 사북지서·정선경찰서가 이재기 지부장과 유착관계였다는 제보를 받은 적이 있다고 증언했다. 한 경찰관은 "노조지부장이 되면 집 한 채를 마련한다는 정도였고 비리가 없을 수 없고 지부장 자리를 지키려니 회사 측의 도움을 받지 않을 수 없고"라고 진술했다.[44] 이런 사정을 광부들뿐만 아니라 여성들도 잘 알고 있었다고 여겨진다. 광부들뿐만 아니라 여성들이 경찰서와 이재기 지부장의 집으로 함께 몰려 간 것은 여성

---

41 "뭐 달썩 안 주고 하니 막 자루를 가져와서 쌀이라도 내 놓으라고 막 자루 벌리고 하는 그런 경황은 많앴지." 이명득, 앞의 책, 64쪽.
42 이원갑, 앞의 책, 106쪽.
43 3·1운동 당시 조선인들은 식민지 10년 간 자신들을 착취한 주요 공간들을 주로 공격했다.
44 진실·화해를 위한 과거사정리위원회, 앞의 글, 155쪽.

들도 이 같은 유착을 잘 알고 있다는 점을 방증한다. 집회와 시위에 장애인들이 여성들과 함께 참여했다는 진술이 있었는데 진실화해위원회에서는 이들을 탄광 갱 내 안전사고로 부상을 당하고 회사를 그만둔 이들과 그들의 가족들로 보고 있다.[45] 사북광업소의 산재보상 처리에 불만을 품은 이들이 집회에 가담했고 이들의 고통과 경제적 곤란을 함께 경험한 여성들도 집회에 동참했을 것이다. 이 외에도 선탄의 양을 줄여 임금을 착복했다는 혐의를 받고 있었던 검수과장 집과 형편없는 쌀을 배급해 원성을 샀던 양곡담당직원도 사건 당시 폭행을 당했다.

　소문에 의해 광업소와 경찰이라는 두 권력과 이미 알만한 유착관계였던 이재기 지부장의 집으로 광부들과 여성들이 함께 몰려간 것은 이러한 맥락에서 벌어진 일이었다. 더구나 지부장 아내를 숨겨준 정○찬은 사택반장이었는데 이명득의 구술에 의하면 "사택은 지장산에 무지하게 많이 지어놨어도, 사택반장이 얼마나 억세 빠지고 지랄하는지, 그것도 다 뇌물 처 먹는 거, 이거 좋아하는" 인물이었다.[46] 살림과 육아를 도맡은 여성들에게 사택 배정은 매우 중요한 문제였다. 그런데 이 문제에서 원성을 사고 있던 인물이 지부장 아내를 숨겨줬다는 점이 여성들의 분노를 증가시킨 것이다. 사택단지 중 지장산 사택의 여성들 참여도가 가장 높았다고 알려져 있다.[47] 지장산 사택의 여성들이 항쟁에 많이 참여한 것은

45　위의 글, 162쪽.
46　이명득, 앞의 책, 51~52쪽; 사택을 배정 받기 전 무단으로 사택입주를 감행할 정도로 용감했던 이명득도 정○찬이 계속 사택을 배정해주지 않고 퇴거 하라고 괴롭히자 그 위의 사택계장에게 소고기를 뇌물로 주고 입주증을 받았다. 이명득은 여러 번에 걸쳐 본인은 이재기 지부장의 집에 쳐들어 갈 때 동참하지 않았다고 주장하고 있지만 공소장에는 이명득이 50여 명의 성명불상의 부녀들과 이재기 지부장의 집에 몰려갔다고 나와 있다. 「제3장 재판관련 기록」, 정선지역발전연구소, 앞의 책, 204쪽.
47　지장산 사택은 1974년 건립을 시작해 총 149개동 725세대 규모로 가장 규모가 큰 사택단지였다. ㈜ 동원은 1978년 광원합숙소, 수송기사 사택을 건립했고 1980년대 들어선 13평형 종업원 아파트를 1988년까지 계속 지어 제공하였다. 지장산 사택지구에는 강원랜드 메인카지노 호텔이 들어섰고 북부사택단지에는 정선군 보건소와 메이힐스 콘도가 지어졌다. 강원도 정선군 사북읍, 앞의 책, 146쪽.

지장산 사택이 규모가 가장 큰 단지여서이기도 했지만 그만큼 많은 문제를 가지고 있어서였다.[48] 새마을 사택과 중앙사택은 사북읍내에 가장 가까웠고 비교적 평탄한 지형에 지은 반면 지장산 사택은 산맥에 건설해 단지 내의 경사가 심한 편이었다. 이 때문에 사택 내부의 구조도 제각각으로 지어졌다.[49]

〈표 1〉 동원탄좌 사택 현황

사택명	규모(동/세대)	설립 시작연도	공동우물	공동화장실
북부사택	44/194	1967년	13개	총 61개 *개별 개수 확인 불가
새마을사택	117/461	1972년	27개	
지장산사택	149/725	1974년	47개	
중앙사택	54/211	1974년	13개	6개

* 출전 : "광산의 주거시설", 『사북읍지』, 144~145쪽 및 정암, 「사북지역의 광산취락에 관한 연구」, 동국대학교 석사학위 논문, 1989, 16쪽을 참조해 작성

〈표 1〉에서 확인할 수 있듯이 지장산 사택은 여타의 사택들에 비해 많게는 3배 이상 가구 수가 많았지만 공동우물은 그 비율만큼 많이 제공되지 않았다. 중앙사택을 제외한 3개 단지 각각의 화장실 개수는 확인하지 못했으나 공동우물과 마찬가지로 지장산 사택의 경우가 가장 열악했을 것으로 보인다. 같은 사택이라도 이 같은 공간적 조건의 차이가 지장산 사택의 여성들이 가장 많이 참여하는 데 영향을 미쳤을 것으로 본다.

도시의 남성 노동자들이 직접 월급을 받아 아내에게 제공하면서 가장의 권위를 내세웠던 것과는 달리, 사북의 여성들은 가부장적 문화 아래서도 경제활동을 주도하는 편이었다. 소득벌이와 소비를 주도하고 있던

---

48 사북지역 광산취락을 연구한 논문에 따르면 동원탄좌 사택단지의 부속시설인 화장실과 수도의 배치가 불규칙하여 사용범위가 불분명하고 화장실은 특정 사택동과 인접해 있어 위생상 문제가 있다고 언급했다. 정암, 「사북지역의 광산취락에 관한 연구」, 동국대학교 석사학위 논문, 1989, 16쪽.
49 정암, 앞의 논문, 15쪽.

사북의 여성들에게 광업소의 임금 인상은 곧 자신의 문제였다. 사택단지의 환경개선이 부녀회 주도로 이루어졌던 것처럼 지역 내 여성네트워크의 입지도 적지 않았다. 탄광촌의 특성상 노동조건 개선 못지않게 사택환경의 개선 또한 중요했고 이 문제는 사택단지 여성들의 문제였다. 여성들에게 사북광업소는 월급봉투와 쌀·연탄 배급을 받기 위해서도 자주 드나드는 장소였다. 따라서 광업소 소식뿐만 아니라 노조의 소식도 여성들에게 쉽게 전달됐다. 사북 광업소 바로 옆 사택단지에 사는 사북 여성들에게 사북항쟁은 곧 사북지역 여성들의 사건이기도 했다.

2) 적극적 '거리두기'

사북항쟁 속 여성들의 참여는 집회와 시위에 가담하는 형태로만 이루어지지 않았다. 사북항쟁 내내 여성들이 집회에 참여하는 가장 전형적인 방법이 행위자들에게 식사를 비롯한 가사노동을 제공하는 것이었다. 식민지기 독립운동, 해방 직후부터 한국전쟁 기간까지 빨치산들의 저항, 광주민주화운동에서도 이와 같은 사례를 자주 발견할 수 있다.[50]

> **구술자** : 남자들이 거 가서 밤을 새우고 하니까, 인제 솥 걸어 놓고, 밥 하고, 국 끓이고 막 하는 거는, 하는 거는 여자들이 전부 다 그 뭐 했지.[51]

이명득의 구술을 통해 알 수 있듯이 집회 장소에 나가 있는 남편들의 끼니를 챙겨주러 나가자는 방식으로도 여성들은 집회 참여를 독려 받았다.[52] 이처럼 여성들의 사북항쟁의 참여는 적극적 참여자들과 함께 사태

---

50 광주항쟁 당시 시장에 큰 밥솥을 걸고 식사를 배급하고 있는 여성들의 사진을 참고할 수 있다.
51 이명득, 앞의 책, 79쪽.
52 1984년 영국 탄광노동자들이 폐광에 반대하며 1년간 파업을 이어나갈 때도 영국 광부의 아내들은 매점 운영, 음식 지원, 파업선전과 기록 등의 역할을 담당하며 파업의 지

의 관찰, 남편의 상태를 보러 내려간 여성들의 동기가 뒤섞인 가운데 이루어졌다.

　양육과 함께 출산과 임신으로 집회 참여를 못한 경우도 있었다. 구술자들 중 한 명인 장분옥은 1980년 4월 22일 당시 넷째를 출산하고 집에서 산후조리 중이었다. 산후조리 중이라 장을 볼 수 없었던 자신을 대신해 외출한 남편이 돌아오지 않았는데, 그의 남편은 1980년 4월 22일 노조 사무실에 가 있었다. 당시 도망가려는 경찰차를 가로막고 있다가 급출발한 경찰 차량에 치이면서 큰 부상을 당한 후 동원보건소로 이송된 이가 그의 남편이었다. 사북항쟁 당시 그녀는 출산으로 참여가 어려웠고 그 후엔 병원에서 남편을 간병하느라 집회에 참여하기가 어려웠다. 사건 당시의 관점으로 보자면 구경꾼이었지만 그녀가 사북항쟁 당시 기대한 바가 없었던 것은 아니다. 당시 병문안 온 사북항쟁 관련자들은 그녀에게 사태가 해결되고 광부들의 요구조건이 관철되면 부상자인 남편에게도 보상이 있을 거란 약속을 했고 그녀는 그 말을 믿었다.

　구술자 : 그 이튿날 보니 뭐 경찰들 아주 난리가 난거래요, 나는 남편이 아파 갖고 못 디다[들여다] 보는데. 거 갔다 오는 사람들이 "형님 걱정하지 말고 가만히 있으라고. 우리가 다 알아서 냉중[나중에] 아주 마다 살게 해 준다."이래 하더라구요. 살게 해 준다니께니 냉중 한 열흘 되니 마 코끝도 안 내다보이고 끌려갔니 뭐 했니 하더라구요.[53]

　그가 노조의 약속을 믿은 이유는 사북항쟁 참여자들의 위세를 병원에서 경험해서였다. 그는 당시 남편을 찾아왔던 노조 관계자들이 "경찰들은 절대 거기 치료해주지 말라고" 하면서 부상당한 경찰들이 이송되어도 치료를 방해할 정도였다고 기억한다. 병원에는 "이화여대학생들이 많이

　속을 가능하게 한 적이 있었다. 박철한, 앞의 논문, 55쪽.
53 장분옥, 앞의 책, 142쪽.

왔다 갔어요. 그래 한번 가보면 뭐 경찰들도 뭐 간스메[통조림] 가져오고 돈도 그때 뭐 만원도 뭐 들어오고 오천 원짜리 두 개씩" 사람들이 두고 갈 정도로 사북항쟁과 남편에 대한 외부인들의 관심이 높았기 때문에 보상은 물론 사건을 통해 광부들의 처우가 개선되리라 기대했다.[54] 그는 사북항쟁의 관찰자였지만 남편의 부상을 통해 사북항쟁이 광부들의 처우 개선을 요구하는 것이라 알게 되었고 노조에 기대를 가졌다. 하지만 사북항쟁 종료 후 주도자들은 대부분 검거되었고 약속을 대신 관철시켜 줄 사람들은 사라졌다. 사북항쟁 종료 후 남편은 한 달 정도 더 입원해 있었지만, 병원비를 대지 못하자 병원에서 강제퇴원 당했다. 장분옥 외에도 사북항쟁의 관찰자였던 여성들 중 광부의 처우 개선을 기대한 여성들이 당시 존재했을 것이다.

사북항쟁 속 여성들이 거리두기를 선택할 수밖에 없었던 다른 이유는 배우자의 부재와 가부장적 구조에 의해 가사와 양육의 책임을 여성들이 지고 있어서였다. 사북 여성들의 대다수가 가사와 양육을 책임지고 있던 기혼 여성들이었던 만큼 가족, 특히 미성년 자녀들에 대한 책임 때문에 참여 압력을 '회피'한 여성들도 존재했다. 사북항쟁의 대표적 주동자 중 한 명인 이원갑의 아내, 조순란은 평소에도 남편의 노조활동 때문에 생계와 자녀양육을 홀로 책임졌다.

> 구술자 : 그리고 나는 시집을 적에, 우리 집이 잘살아갖고 내가 돈 많이 가져왔어요. 그때만 해도 우리 신랑은 몰랐어요. 농짝에[장농에] 여어[넣어] 놓고. (중략) 우리 아이 꼭 필요로 할 적에 쓰고, "오늘 돈 없으니 갔다 오면 내일 줄게." 그래 주고. 그래서 아이들을 키운 거여. 그래 내가 공부 시키는 것도 내가 다 시켰거든. 그래 내가 "당신은 뭐 해가 시켰는데?" [그러지요].[55]

---

54 장분옥, 앞의 책, 144쪽.
55 조순란, 앞의 책, 187쪽.

조순란이 적극적으로 집회 참여에 거리를 둔 이유는 노조활동에 빠져 있던 남편에 대한 인식과 관련이 있었다. 남편은 노조 지부장이 되고자 했고 사회적 사명감이 투철했지만 그의 노조활동은 아내인 조순란의 조력으로 가능했다.[56] 사태가 나기 전 남편은 집에 여러 날 들어오지 못하고 있었다. 거주지였던 '양반사택'의 계장, 반장 가족들도 전부 사북광업소 앞마당에 내려갔을 때도 "나는 도저히 안 되겠다고. 내 남편이 집 들어오지도 못 하건 말건, 아이들이 여럿인데 내가 혹시라도 사진이 찍히거나 저러면 안 된다 싶응게 인제 붙들려 맞는 한이 있더라도" 참여를 피했다.[57] 조순란은 이 사태의 중심에 남편이 개입해 있을 거라 짐작했고 자녀에 대한 책임감 때문에 집회에 나가다가 몰래 돌아왔다. 또 다른 남성 주동자의 아내인 이옥남은 사북항쟁 당시에는 만삭인데다 시가 행사 참석을 위해 철암에 가 있어 사건을 관찰하거나 참여할 수 없었다.[58] 사북항쟁을 통해 확인할 수 있듯이 여성들의 집회 참여는 적극적 참여에서 일정한 '거리두기'까지 단일하지 않았다. 여성들의 집회 참여와 거리두기는 사북의 여성들을 둘러싼 가족관계와 사회적 처지에 따라 달랐다. 그 가운데 여성들의 활동은 집회 참여와 선전, 수습에서 시위대에 밥과 국을 제공하는 역할 수행에서부터 '적극적 거리두기'까지 다양했다. 이처럼 사북항쟁의 초기부터 종료까지 사북의 여성들은 다양한 동기와 방식을 통해 집회에 참여한 당사자들이었다.

---

56 "내가 그 조직 하는 거는 알아. 왜 그러냐카면[그러냐면] 우리 집에 두 번 와서 한 일곱 명쯤 되더라고. (중략) 고거는 우리 집에 와서 [모이는 걸] 두 번 봤어요." 조순란, 앞의 책, 189쪽.
57 조순란의 남편은 동원탄좌 감독이었고 자신이 살던 사택에는 감독, 계장, 반장들이 거주하던터라 '양반사택'이라 불렸다고 기억하고 있다. 조순란, 앞의 책, 190쪽.
58 이옥남, 『1980년 사북: 여성의 탄광살이와 항쟁 참여』, 도서출판 선인, 2020, 236쪽.

2. 사북항쟁 이후의 여성들

1) 여성 연행자들의 부인(否認)과 침묵

1980년 4월 24일 협상 타결 직후 강원도경과 합동수사단은 이미 '난동주동자 명단'을 작성했다. 5월 6일 1차 검거를 시작한 합동수사단은 수사과정 중 가혹 행위를 일삼았다. 미리 명단을 작성한 후 피의자들에게 범죄혐의를 자백받기 위한 '짜맞추기식 수사'를 진행했다. 수사 과정 중 5·18 광주민주화운동이 발발해 수사기간이 급박했다는 점과 조직적·체계적 봉기가 아닌 우연적·비조직적 봉기의 성격이 강한 사북항쟁에서 주동자와 물증을 찾기 쉽지 않아서였다. 특히 수사과정에서 합동수사단 소속 군·경 수사관들은 남성 광부에 대한 가혹행위뿐만 아니라[59] 임산부가 포함된 40~50명의 '부녀자들'을 조사하는 과정에서도 온갖 가혹행위를 가했다. 각목과 군화발로 폭행을 가했을 뿐만 아니라 성희롱을 포함한 성적 가혹행위를 저질렀다.

2006년 진실화해위원회에서는 사북항쟁 여성 관련자 4인에 대한 진술청취를 진행하였다. 이 자리에서 참가한 여성 관련자 4인은 모두 정선경찰서에 수감되어 고문과 가혹행위에 시달렸고 그 중 2인은 기소되어 원주 구치소에 수감되었다가 집행유예로 풀려난 경우였다. 정선경찰서에서 풀려난 2인은 집회 참여를 권유하는 방송을 했다는 이유로 주동자로 분류되어 연행되었고 나머지 2인은 지부장 부인 '억류사건' 혐의로 지목되어 기소된 분들이었다. 진술청취는 주로 정선경찰서에 연행된 이후 이들이 당한 고문과 가혹수사의 과정에 대한 진술이 주를 이루었다. 남성 보안요원들과 정선경찰서의 경찰, 순경들은 육체적·정신적으로 성적 가혹행위를 일삼았다. 진술청취에 참여한 관련자 4인 모두 의복을 벗긴

---

59 진실화해위원회의 『2008년 상반기 조사보고서』에는 유치장에 수감된 기간 중 남성 광부들이 당한 성적 가혹행위도 언급되어 있다.

상태로 폭행을 당하거나 성적 모멸감을 느끼게 만드는 가혹행위를 견뎌야 했다.[60] 당시 가혹행위 가해자들은 여성들에게 "엄마가 빨갱이니 애들도 빨갱이"라는 언어폭력이나 "애들도 이제 저희들 엄마를 미워할 것"이라며 성희롱뿐만 아니라 무책임한 어머니 노릇에 따른 죄책감을 여성들이 느끼도록 만들기도 했다.

사북항쟁은 남성 광부와 광부의 아내들이었던 '부녀자들' 양측의 사건이었고 이 사건의 법적·사회적 책임 또한 여성들이 함께 감당했다. 그 과정에서 집회와 시위에 함께 참가했고 가혹행위를 감당해야 했던 것은 남성과 여성 참가자 모두 같았으나 가혹행위를 당한 이후 여성 당사자들의 삶은 달랐다. 고문과 가혹한 행위를 당한 남성 광부들이 귀가 후 아내들의 간병과 지지를 받았던 것과는 달리 여성 관련자들은 이러한 가혹행위를 당한 과정조차 가족, 특히 남편과 나누지 못하고 침묵해야 했다.

진술자1 : 남편이 모르니깐 집에 와서는 얘기하지 못했어요.

진술자2 : 부부지간이라도 [성적으로] 심하게 당한 얘기는 못 하겠더라고 옛날 사람이 되어 가지고 어떻게 얘기하나….

진술자3 : 이래 당했던 얘기를 서로 확 하고 살았으면 이렇게 응어리가 안 졌어요.[61]

---

60 진실화해위원회의 보고서에는 여성들의 진술청취와 관련된 직접 인용은 포함되어 있지 않다. 진술청취에 나선 여성들의 개인적 명예와 관련되어 이 같은 결정을 한 것으로 보인다. 하지만 남성 가혹 행위 피해자들의 진술은 직접 인용하고 있는데 이 가운데에도 "조사실에서 '부녀자들'이 생리를 하는데 생리대가 없어 그대로 하혈을 하고 있는 것을 보았습니다." 라거나 "그러나 한 번은 화장실에서 연행되어온 여자들을 서넛 보았습니다. 몸에서 악취가 나서 나중에 도경 수사 과장한테 너무 하지 않느냐 씻을 수는 있게 배려해 달라 부탁했던 기억이 납니다." 특히 여성 가혹행위 당사자 모두가 가해자로 지목한 정 ○○순경은 끌려온 아줌마들에게 '그 짓을 안 하니 근질근질 하지. 내가 대신 해줄까' 하는 등 욕설을 하고 남자들 성기를 내놓게 하고 직접 수치심을 주었습니다." 라는 자세한 진술이 포함되어 있다. 진실·화해를 위한 과거사정리위원회, 앞의 글, 197~199쪽.

61 진실화해위원회 진술청취 중 일부를 발췌한 것으로 진술자의 번호는 서로 다른 진술자를 칭한 것이다. 실명 비공개 자료이므로 익명을 보장하기 위해 번호만 부여했다.

진술에 응했던 여성 4인은 모두 가혹행위를 당한 후 귀가한 후에도 "감방 다녀온 여편네"라는 스스로의 죄책감과 주변 사람들이 수군수군 대는 소리때문에 침묵해야 했다. 또한 자신이 당한 성적 가혹행위를 남편이 들을까봐 전전긍긍하며 평생을 살아야했다. 가장 비극적인 진술을 했던 이는 검거 당시 임신 중이었던 여성이었는데 임신한 상태로 심한 구타를 당해 일시적 기억손상을 입기도 했다. 임신한 상태로 원주구치소에 구속된 후 1심에서 집행유예로 풀려났지만 귀가 후 두 달 만에 아이는 유산했다.[62] 그녀에게는 사북항쟁 자체가 아니라 사북항쟁 이후의 삶이 더 가혹했다. 사북항쟁으로 연행되어 귀가했을 당시에는 남편이 "자기가 광부를 해놓으니 여자를 고생을 시켰다고 처음에는 뭐라 안 했지만" 아이를 잃은 후에는 아내와의 관계를 멀리했다. 남편이 받은 충격을 그녀 자신도 이해 못하는 건 아니었지만 "남편한테 대우를 못 받고 인정을 못 받고 있다."는 것에 좌절했고 그로 인해 담배를 배우게 됐다고 처음으로 고백하기도 했다. 유산과 남편의 외면 때문에 충격이 컸던 그녀는 혀가 파랗게 변해버려 한동안 병원을 다녀야했다.[63] 병원에서는 정신적 충격 때문이라 진단하고 그녀에게 근래에 큰 충격을 받은 적이 있냐고 물었지만 가혹행위를 당한 것도, 유산 한 것도 여성인 그녀에게는 모두 "챙피시러운" 일들이라 의사에게조차 말할 수 없었고 이로 인해 평생 응어리를 지고 살아야 했다.

진술에 나선 이들이 가혹행위를 당한 억울함을 호소한 것과 함께 주

---

62 "나와 가지고 8개월 만에 애기를 낳았는데 애기가 크지를 못한 거야. 충격을 받아가지고 애가 크지를 못했어. 밤에 자다가 빠뜨린 거야. 애기가 하루 삐약 거리더니 없어지더라고. 그런데 아침에 애기가 없으니깐 아이들이 "엄마 애기는 어디 어떻게 했어?" 묻길래, 애기는 병원에 입원시켜놨어. 거짓말을 해가지고 상황을 접고 나왔는데, 애가 안 오니깐 아이들이 "엄마 병원에 오래 놔둬?" 하고 찾길래 "병원에 있다 못 고친다 해서 없어져버렸어." 라고 말아버렸어요." (진술자1, 진실화해위원회 진술청취, 2006).

63 주변사람들이 "혀가 왜 이렇게 까만가?"라고 물을 때마다 "챙피시러워 뭐 까만 거 먹고 왔다"고 대응했다고 담담히 이야기했다.(진술자1, 진실화해위원회 진술청취, 2006).

장한 것은, 자신이 지부장 부인 '억류사건'에 개입하지 않았다는 점이었다.[64] 사북항쟁으로 연행된 남성들은 모두 광부들이었고 이들 중 남성 광부 2인과 기소된 여성 전원이 지부장 아내 '억류사건'의 혐의로 기소되었다. 실제로 보안수사대와 군, 경찰들은 계속해서 여성 연행자들에게 지부장 아내 '억류사건'에 가담했는지 추궁했다. 진술자 4인 중 1인은 불기소로 정선경찰서에서 풀려난 후에도 고한지서와 사북광업소, 원주 1군사령부까지 불려가 2~3회 이상 지부장 아내와 대면했고 피해당사자인 지부장 아내가 자신을 폭행의 가해자로 지목할까봐 전전긍긍했다. 먼저 구속 기소된 다른 여성들이 조사 받으면서 '억류사건'에 가담한 다른 여성이 있다고 증언하면 다시 불려가 조사를 당하는 과정이 반복되었다. 이들 중 한 명은 정선경찰서에서 집에 돌아왔다가 다시 원주구치소에 수감되어 기소되었고, 고한 지서에서 풀려난 후 다시 원주 군 검찰에 소환된 이도 있었다. 계속된 지부장 아내 '억류사건'의 혐의 씌우기는 이들로 하여금 사북항쟁 발발의 본래의 의미 추구와 사북항쟁 참여를 기억하기보다 자신과 '억류사건'과의 관련성 부인에 몰입하게 만들었다.

사실 누가 가해자였는가를 밝히려 한 진상규명과는 별개로 오랫동안 지부장 부인 '억류사건'의 가해자는 사북 여성들로 인식되었다. 연행되었던 여성들은 사건의 개입과는 상관없이 다같이 "억센 여자들이 아무 죄 없는 지부장 부인을 끌고 가 폭행을 가한" 가해자로 낙인찍힌 채 살아야 했다. 그 결과 여성 연행자들에게 사북항쟁은 이것을 민주화운동으로 자리매김 하려는 남성 관련자들의 진술과는 달리[65] 진술 시간 내내 자신은

---

64 지부장 아내 '억류사건'의 경우 법적으로는 남성 광부 2인과 광부의 아내, 즉 여성들 4인이 기소되었고 이들 중 광부 1인과 기소된 여성 2인, 기소되지 않았으나 이 사건과 자신의 무고를 주장하며 진실규명을 요청한 2인이 2006년 진실·화해위원회에 무고를 밝혀달라는 진실규명을 신청했다. 진실·화해를 위한 과거사정리위원회, 앞의 글, 140쪽.

65 사북항쟁의 주요 인물이자 민주화운동으로 자리매김 하는데 큰 역할을 했던 이원갑은 "사북 항쟁은 독재 권력에 항거하고, 부도덕한 기업, 철저하게 어용인 노조와 맞서 싸운 것"으로 의미를 부여하며 인터뷰한 바 있다(「민주화운동 인정받은 사북항쟁 주역

지부장 아내 '억류사건'에 가담하기는 커녕 지부장 아내와 그가 살던 사택 등 모든 것을 몰랐고 사건 당시에도 구경만 하는 등 사북항쟁과의 관련을 부정하는 서사로 구성되었다.[66]

> 진술자4 : 이○○ 마누라 린치사건에 걸린 게 이게 제일 큰 문제라고. 이걸 어떻게든 벗어야 된다고. 그거를, 왜 알지도 못 하는 일을 한데다 싸 넣어 가지고 (중략) 우린 정말 모르는 일이예요.

더구나 귀가한 후에도 자신이 당한 가혹행위와 고문 트라우마로 인해 사북항쟁과 관련한 어떤 이야기도 하지 못한 채 침묵을 강요당했다. 오랫동안 여성들은 자신이 '억류사건'의 가해자가 아니며 자신이 당한 가혹행위를 얘기하고 싶었지만 하지 못한 채 살아올 수밖에 없었다.

> 진술자3 : 일절 맞았다 어디 가서 뭐 했다 이런 얘기 하지 말라 더라고
> 진술자4 : 정선경찰서에서 나오는데 정선경찰서장이 앞으로 나가서 사람들 앞에서 절대 이런 얘기를 하지 말고…. 하면, 또 고초를 겪는다.

연행 중 여성들이 당한 가혹행위는 지부장 아내 '억류' 당시 당사자가 당한 비극적 폭력 못지않았으나, 폭력의 가해자가 국가였던 만큼 어떤 여성 연행자들도 폭력의 부당함을 발설하지 못한 채 살아야 했다. 진술자 4인 모두는 폭력 그 자체의 부당함과 함께 자신이 하지 않은 혐의·피의사실의 기록을 삭제해 달라고 요구했다. 나아가 "하지도 않은 일로 고문해

이원갑씨」, 『한겨레』, 2005. 8. 16). 이원갑을 비롯한 남성 참가자들은 민주화운동의 언어를 사용해 사북항쟁의 의미를 재정립하고 있는 것과는 달리 사북항쟁의 여성 당사자들은 사북항쟁 중 오점으로 취급 받고 있는 지부장 아내 '억류사건'과 자신의 무관을 증명하는 언어로 사북항쟁을 의미화하고 있다.

66 같은 고문 피해를 받았지만 사북항쟁 여성 관련자들은 지부장 아내 '억류사건'과 관련된 진술조서와 공소장, 판결문이 남아 있어 모두 민주화운동관련자로 인정받지 못했다. 사북항쟁의 공식기록과 기억은 남성과 여성에게 다르게 작동하고 있다.

서 골병 든 것, 병나서 못 벌어먹고 산 것 국가가 모두 보상해줘야 된다."
고 요구했다.[67] 이러한 요구야말로 성적 가혹행위를 통해 지부장 아내 '억
류사건'의 책임을 여성들에게 전가해 온 사회와 역사에 대한 여성들의 대
항적 말하기였다.[68] 그리고 사북항쟁의 직접적·적극적 당사자였던 여성
들의 요구이자 여성들이 바라는 사북항쟁의 명예회복일 것이다.

2) '그림자' 아내들

오랫동안 사북항쟁과 무관한 것으로 인식되어 왔던 남성 주동자들의
아내 또한 사북항쟁의 여성 관련자들이었다. 사북항쟁 참여를 적극적으
로 회피했던 조순란 조차 사건 발생 직후 남편이 연행되고 이어 구속되
자 사건의 해결과 가족의 생계에 나서지 않을 수 없었다. 남편은 가장 먼
저 잡혀갔고 이후 관련자들이 연행되어 가자 일부 광부 아내들이 찾아와
조순란을 원망했다.

> 구술자 : 한 며칠 지나고 나니까 지장산[지장산 사택] 여자들, 중앙사택 여자
> 들 막 올라와가지고 문짝을 막 집어[걷어]차고 그래. 여자들 담보[담
> 비] 떼 거같이 막 몇 십 명이 왔어. 그래서 문을 열고 "누구세요?"
> 했더니 "니 남편 때문에 우리 남자들이 이래 갔다가, 작업복 입은 것
> 도 막 붙들어 갔다."고 막 난리 나는 거를 진짜 "나도 우리 남편 한
> 20일 동안 몬[못] 보고 있더. 그러니까, 나보고 그러지 마소." 또
> "기다려 봅시다. 나도 내 남편 한 20일 동안 구경도 못하고 있는데.
> 죄송은 하는데 내려가시소. 차차 알려지겠지요." 이랬어.[69]

---

67 진술자2, 진실화해위원회 진술청취, 2006.
68 물론 이 밖에 지부장 부인 '억류사건'을 같은 혐의로 기소된 남성 피의자 2인과 진술
청취의 자리에 나오지 않은, 또 다른 말하지 못한 여성 기소자 2인에게 전가하는 말
하기 방식도 이루어졌다.
69 조순란, 앞의 책, 191쪽.

지부장 아내와 사북항쟁 여성 연행자들 못지않게 사북항쟁 주동자들의 아내도 남편 때문에 직접 고초를 겪었지만 이러한 사실은 지금까지 알려지지 않았다. 사택 단지 내부의 고초를 견디는 것뿐만 아니라 매일 면회를 가는 것도 쉬운 일이 아니었다. 남편이 정선 경찰서에 구금되어 있을 때는 면회를 가면 경찰들에게 험한 욕을 듣기 일쑤였다. 원주구치소로 이송된 후 조순란은 새벽 5시에 오는 첫차를 타고 정선을 거쳐 원주로 면회를 갔다. 살림만 하고 살았던 조순란은 사건의 해결을 위해 사북지역 성당의 손인숙 수녀를 만났다. 손인숙 수녀와 조순란이 주축이 되어 원주 교구의 변호인 지원과 구속자 가족 생계지원에 도움을 받을 수 있었다. 조순란은 다른 구속자 가족들을 만나 소식을 전하기도 했다.[70] 사북에서만 20년 가까이 살았던 조순란은 사북항쟁의 소식을 알리고 싶어 혼자 서울의 큰 신문사에 찾아가 기사를 내 달라고 청하기도 했다.[71] 남편이 구속되어 있던 1년 6개월의 기간 동안 생계는 조순란 혼자 책임져야 했다. 1980년 사북항쟁 직전 첫째 딸을 대학에 진학시키기 위해 원서를 내놓은 상태였지만 사건이 터지고 남편이 구속되자 첫째 딸은 진학을 포기하고 보험회사 경리로 취직했다. 사북항쟁 전 조순란은 자신의 소득으로 첫째 딸을 학원에 보내고 있었는데 결국 사북항쟁으로 인해 대학엔 진학하지 못했다. 그 딸의 생활력까지 더해 남편의 구속기간 생계를 책임질 수 있었다. 사북항쟁 이전 노조의 활동이나 사회적 활동은 조순란의 생활 속에서 중요하지 않았지만 '사건' 이후 그녀는 사북항쟁의 중요한 당사자로 대처하며 살아야 했다.

노조가 문제를 해결해주길 기대했던 장분옥은 남편이 거동까지 불편

---

70 이옥남은 "이원갑씨 아줌마한테도 찾아가고 신경씨 아줌마한테도 찾아가고 막 말을 들었죠. 면회 가 들으니깐 우리 아저씨들이 막 뚜드려 맞고 어떻고 저떻고 그 소리를 들으니깐 (…)" 이라고 조순란과 신경의 아내에게 구속자들의 소식을 들었다고 구술하였다. 이옥남, 앞의 책, 240쪽.
71 "그래 내, 서울 올라가서 신문사도 찾아갔어요. 그래 거기를 물어물어 갔어요. 오, 그래 우리 아이들 많고 내 하소연 하러 갔다." 조순란, 앞의 책, 192~193쪽.

한 환자로 집에 머물게 되자 기대를 갖고 기다리던 위치에서 직접 요구자로 변모해갔다. 장분옥은 "죄 없이 경찰만 봐도 벌벌 떨리고 겁을 내는" 편이었지만 사북항쟁의 발발과 노조의 역할을 거쳐 보상을 받을 걸로 기대했던 장분옥은 자신에게 임금 인상을 약속한 노조의 '관련자'를 찾으러 노조로 찾아갔다.

> 구술자 : 예. 막 지랄했어요. 이래 죽으나 저래 죽으나, 우리 일도 안 시켜주고 강제퇴직 시키고. 그때 사람들이 10년이 넘으면 다 개폐[규폐] 걸려갖고 석 달 백일 분을 다 타먹었다는데 그것도 안주고. 일 시켜 주기로 해 놓고 일도 안 시키고 이렇게 짤르고요. 쩔룩거린다 해도 갖다 앉혀 놓고 뭐 이렇게 먹고살게 해줘야 되잖아. 나도 모르긴 몰라요. 그땐 그렇게 찍혀 가꼬 가서 막 조르고.[72]

남편은 완전한 치료도 받지 못한 채 강제퇴원을 당해 그 후 노동이 불가능했다. 결국 장분옥이 남편의 병수발과 함께 야간 선탄부, 공장 노동자, 건설 막부, 식당 서빙 등 끊임없이 일을 해서 생계를 이어나갔다.

실질적인 가장 역할과 함께 아내들을 괴롭힌 것은 이웃들의 외면과 냉대였다. 다중이 참여했던 사북항쟁은 사법처리 되면서 '범죄사건'으로 전환되었다. 석방된 후 아내들 또한 수군거림에 시달려야 했다. 방송하라고 독촉했던 광부들과 그 아내들의 인식은 변했고 이후 이명득은 "어매가 감옥 갔다 왔다"는 수군거림을 아이들이 듣지는 않을까 전전긍긍하는 처지로 전락했다.[73] 이옥남의 남편은 사북항쟁의 주동자로 신문에 거론된 인물이었지만 다행히 1980년 8월 즈음 집행유예로 석방되었다. 남편은 고문후유증으로 당장 복직이 어려웠지만 곧 복직한 후 10년을 동원탄좌에 더 다니고 퇴직하였다. 사건 후 10년을 더 사북에 사는 동안 이

---

72 장분옥, 앞의 책, 152쪽.
73 이명득, 앞의 책, 98쪽.

옥남은 주변에서 "저 집 아저씨가 사북 주동자래, 주동자래"라는 수군 거림을 들어야 했다. 결혼 직후 사건을 당한 이옥남은 남편을 많이 원망 했지만 감추며 살아야 했다.

> **면담자** : 사북항쟁 직후에 직접적으로 어머님한테 주동자라고 막 뭐라고 하는 사람들은 없었어요?
>
> **구술자** : 했지요. "저 집 아저씨가 주동자래!" 이러면서.
>
> **면담자** : 속상한 게 누가 제일 원망스러웠어요?
>
> **구술자** : 하는 사람도 원망스럽지만 남편이 더 원망스럽지요. 왜 그래 나가 가지고 날 고생시켰고 애들까지 고생시키고 원망했죠. 또 나중에 마지막 나올 때 면회 가서 남편을 보니깐 형편없어서 그것도 좀 불쌍하다는 생각이 많이 들었지요.[74]

사북항쟁 주동자의 아내들은 당시에도 다양한 형태로 사북항쟁을 경험하였지만 오랫동안 아내들의 삶은 사북항쟁 재조명에 포함되지 않았다. 사북항쟁 남성 주동자의 아내들은 최근에야 항쟁의 관련자로서 자신의 삶을 이야기할 기회를 얻었다.

> **구술자** : 처음이에요. 인터뷰[하러] 와도, 난 뭐 거기에 가담을 안 했기 때문에 이 사생활에서 묻는 게 없더라구요. 안 묻고, 우리 양반한테만 하고. 안 하고. 인제 홍춘봉씨 있어요. 그분이 인제 내한테 좀 묻고. 그리고 인제 이미현인지? (면담자: 이미영 감독?) 예, 예. 그분이 감독이 와가지고 묻고 그뿐이랬어. 그냥, 이런 사사로운 얘기는 한 개도 안하고.[75]

이들 아내들은 오히려 '사건' 후 사회로부터 '사북항쟁'의 관련자로 호

---

74 이옥남, 앞의 책, 246쪽.

75 조순란, 앞의 책, 209쪽.

명되었다. 동시에 아내로서 '사건' 수습자의 역할과 가족 생계를 책임지면서 사북항쟁의 '관련자'가 되었다.[76] 사건의 남성 주동자들뿐만 아니라 아내들도 사북민주항쟁동지회의 활동과 매년 개최되는 기념식에 적극 참여하고 있다. 아내들 또한 사북항쟁 이후 '관련자'의 삶을 살아온 셈이다.

---

[76] 사북항쟁을 민주화운동으로 재조명하기 위해 매년 기념식이 열리고 인터뷰 기사가 나오지만 여성 참여자에 대한 조명과 대표성은 부여된 적이 없다. 현재 경찰 유가족, 여성 참가자, 참가자들의 가족, 전국광산노동조합 관련자 등 다양한 관련자들의 입장을 담은 다큐멘터리 영화가 박봉남 감독에 의해 제작 중이다.

맺음말 - 우예라도 살아야지

사북항쟁은 여성들의 적극적 참여와 역할이 두드러졌던 역사적 사건이었다. 탄광촌이라는 사회·문화적 조건 아래 남성 참가자들 못지않게 시위와 집회에 참가할 동기와 조건을 갖춘 '억센 여성들'은 사건이 발생한 초기부터 적극적으로 참여하였다. 여성들의 적극적 참여로 인해 사북항쟁의 종료 이후 수많은 여성들이 연행되었다. 이 과정에서 여성들은 성적 가혹행위를 당하기도 했다.

집회 참여와 고문 피해는 똑같이 받았지만 사북항쟁 이후 여성들의 생애는 남성들의 생애와 같지 않았다. 남성 참가자들이 자신의 고문 피해를 서로 말하며 나누는 시간을 일찍부터 가질 수 있었던 반면 첫째, '린치사건'을 주도한 사북의 '억센 여자들-범죄자들'이라는 낙인으로 인해, 둘째, 성적 가혹행위의 피해 자체를 수치스럽게 여기는 사회문화, '감옥 다녀온 마누라' 라는 남편에 대한 죄책감으로 인해 사북항쟁의 여성들은 오랫동안 침묵할 수밖에 없었다. 마찬가지로 사북항쟁 남성 주동자의 아내들 또한 사북항쟁의 또 다른 당사자이자 사건을 수습하는 역할을 했지만 오랫동안 이들은 사북항쟁의 '비(非) 관련자'로 인식됐다.

말하기 시작한 사북의 '여성들'은 자신의 말 속에 다양한 사북항쟁의 의미를 담았다. 성적 가혹행위의 피해를 증언한 여성에게 사북항쟁은 국가권력의 부당함을 각인시킨 사건이었다.[77] 사북항쟁 당시에는 양육과 가족에 대한 책임으로 소극적으로 참여했던 남성 주동자의 아내들도 사

---

[77] "내가 이 한을 어디가 푸나. 오매불망 [내 며느리가] 어떡하든 아이들 공부시켜 가지고 법관을 시켜가지고 어머니 억울한 거 풀어[드린다고 말해서 내가] 법관이고 그런 얘기를 하지 마라. 꼿꼿이 놀이를 해도 내가 법관이고 경찰이고 입에 담지를 마라 그거 말을 하지 마라, 그런 것들은 입에도 담지 마라 그랬다니깐." (진술자2, 진실화해위원회 진술청취, 2006).

북항쟁을 민주화운동과 지역의 역사로 만드는 과정에 적극 참여하기 시작했다. 이들은 사북항쟁의 역사화를 사건 후 수습자로 살아온 자신과 사북항쟁으로 간접 피해를 당한 자녀들에 대한 보상이자 명예회복으로 인식한다.[78] 사북항쟁의 여성들을 가린 건 한국 사회였지만 그녀들은 말하는 '여성들'로 사북항쟁의 의미를 이야기하며 자신들의 존재를 드러내고 있다. 여성들이 사북항쟁에 대해 갖는 주관적 의미를 드러내는 것과 함께, 그렇지 못했던 여성들이 자신의 피해와 경험을 드러낼 때, 그리고 그들이 말하는 '여성들'로 곳곳에서 되살아날 때, 사북항쟁은 사북민주항쟁으로 도약할 수 있지 않을까.

처음 내가 살고 나온 뒤에도 내가 살고 나온 얘기를 확 했으면 이렇게 응어리가 안 진다고. 내가 이렇게 몸이 아프면 맞던 게 눈에 자꾸 떠오르고[79].

털어 놓을 걸 다 털어 넣고 나니 마음이 편안하네[80].

---

78 장분옥의 남편 원일오는 사망 전까지 국가를 상대로 소송을 준비하고 있었다. 그녀가 생각하는 사북항쟁의 명예회복과 피해 보상은 "아버지가 고생시킨 것에 대한 보답이고 [보상을 받으면] 아버지 덕택이라고" 생각하게 만들어주는 매개이다.
79 진술자3, 진실화해위원회 진술청취, 2006.
80 진술자4, 진실화해위원회 진술청취, 2006.

【참고문헌】

〈자료〉

강원도 정선군 사북읍, 『사북읍지』, 2012.
역사문제연구소 민중사반 학술발표회, 『1980년 사북, 탄광의 사회사』, 2019. 4.
　　20 개최.
이미영 감독, 다큐멘터리《먼지 사북을 묻다》, 2002 개봉.
정선지역발전연구소, 『1980년 4월 사북(사북항쟁 자료집)』, 2000.
진실·화해를위한과거사정리위원회, 진술청취, 2006.
진실·화해를위한과거사정리위원회, 「'80년 사북항쟁」, 『2008년 상반기 조사보
　　고서』, 2008, 과거사관련업무지원단 제공.
이원갑·신경·황인오·김세림·김아람·문민기·장미현·후지타 타다요시, 『1980
　　년 사북: 항쟁의 발발과 명예회복 과정』, 도서출판 선인, 2020.
이명득·장분옥·조순란·이옥남·김세림·김아람·문민기·장미현·후지타 타다요
　　시, 『1980년 사북: 여성의 탄광살이와 항쟁 참여』, 도서출판 선인, 2020.
윤병천·최돈혁·이정근·김세림·김아람·문민기·장미현·후지타 타다요시,
　　『1980년 사북: 항쟁과 그 이후의 삶』, 도서출판 선인, 2020.

〈단행본〉

사북청년회의소 편, 『탄광촌의 삶과 애환』, 선인, 2001.
이옥수, 『내사랑 사북』, 사계절 출판사, 2004.
이재경 외 지음, 『여성주의 역사쓰기 :구술사 연구방법』, 아르케, 2012.
탁경명, 『「사북사건」 33년 만의 화해』, 도서출판 예맥, 2012.
탁경명, 『80년 4월의 사북 : 사북사태와 그 후』, 강원일보사, 2007.
홍금수, 『탄광의 기억과 풍경』, 푸른길, 2014.
홍춘봉, 『탄광촌 공화국』, 노동일보, 2002.

〈논문 및 기타〉

김세림, 「사북의 기억: 구술이 역사학에 주는 가능성」, 『구술사연구』 8(2), 2017.
박철한, 「사북항쟁 연구: 일상·공간·저항」, 서강대학교 정치외교학과 석사학위
　　논문, 2002.

서은주, 「노동(자)의 재현과 고통의 재소유」, 『한국문학연구』 46, 2014.

신지영, 「"쌈짓돈"의 공유, "듣고-쓰기"라는 표현 - 탄광촌 이족(異族)코뮨 『무명통신(無名通信)』의 〈우물가 수다모임〉을 중심으로 -」, 『석당논집』 56, 2013.

이한빛, 「노동운동 시대의 탄광 재현 - '사북항쟁' 이후 탄광소설을 중심으로」, 『역사문제연구』 41, 2019.

정암, 「사북지역의 광산취락에 관한 연구」, 동국대학교 석사학위 논문, 1989.

정연수, 「탄광시에 나타난 탄광촌 사람에 관한 연구」, 『한중인문학연구』 13, 2004.

최윤서, 「전후(戰後) 일본 탄광도시 여성조직과 여성 활동가들의 경험」, 『한국사회학회 사회학대회 논문집』 12, 2017.

후지무라 마이(Fujimura Mai), 「1950년대 일본의 탄광노동자 화가 센다 우메지(千田梅二)」, 『인물미술사학』, 8, 2012.

사북항쟁 이후의 사북: '복지'라는 외피를 쓴 일상적 감시

김세림

```
머리말
 1. 사북항쟁 수습, 약속된 후생 복지 대책
 2. 사양화되는 석탄 산업 속 '광산지역종합개발계획'
   1) 석탄 산업의 예정된 사양화와 탄광 구조 조정
   2) 저탄가 정책 위 사북에 주어진 '가시적 복지'
 3. '제2의 사북사태'라는 낙인과 일상적 감시
맺음말
```

머리말

　1980년 4월에 발발한 동원탄좌 사북광업소 노동자들의 투쟁은 우발적 폭발이기도 하고, 1979년부터 사북에 만들어져 온 쟁의의 힘이 분출된 사건이기도 했다. 주지하듯이 1979년 들어 박정희 정권의 유신 독재는 YH무역 사건과 부마항쟁으로 크게 흔들리고 있었고, 그 흐름 속에 동원탄좌 사북광업소에서도 어용 노조 지부장의 전횡에 반발하는 사람들이 있었다. 1979년 4월 노동조합 지부장 선거 후 이원갑과 조합원들이 선거 무효를 주장한 이래 1980년 4월까지 갈등이 이어진 것이다. 그 사이 박정희의 사망으로 권력 공백이 발생했고, 사회 각계에서는 민주화 요구가 분출하고 있었다. '서울의 봄', 노동자들의 투쟁도 가열되고 있을 때 사북에서는 경찰차 역상 사고를 계기로 1년여간 이어져 온 긴장이 폭발했다.

3,000명 이상의 노동자 및 부녀자들이 경찰과 투석전을 벌이고 '해방구'를 쟁취해 낸 사건의 규모와 폭발력에 비해 사북항쟁은 그 이후 20여 년간 단편적인 모습만 알려졌다. 사북항쟁의 당사자들이 자기의 목소리를 외부로 내기 시작한 것은 2000년부터로, 민주화운동 관련자 명예 회복 신청이 가능해졌기 때문이었다. 이에 사북항쟁이 2000년대부터 본격적으로 알려지기 시작했고, 진실·화해를 위한 과거사정리위원회(이하 '진실화해위원회')의 조사에 이어 현재도 관련자들이 명예 회복 투쟁을 이어 가고 있다.[1]

항쟁 자체에 대한 사회적 관심은 높은 편인데, 주로 관련자들의 증언을 모은 다큐멘터리 형태로 사북항쟁이 일어나게 된 배경과 계기, 명예 회복 과정에 집중한다.[2] 항쟁 발발의 구조적, 일상적 조건에 집중한 연구로는 박철한의 석사학위 논문이 있으며, 최근에는 사북항쟁 참여자들의 구술 및 당시 발간된 성명서와 탄광소설을 통해 사건을 다각적으로 보려는 시도가 이어지고 있다.[3]

전체 석탄산업사에서 사북은 대규모 민영 탄광인 동원탄좌로서 지속적으로 언급된다. 석탄산업사에서 1980년대는 호황기로 구분되고, 그 이유를 전두환 정권의 조광법 제정과 영세탄광의 난립으로 본다.[4] 탄광 개발로 인해 발생한 환경 파괴와 사북광업소 노동자들의 진폐 문제를 다

---

1 사북민주항쟁동지회는 2019년 8월 21일부터 9월 2일까지 사북항쟁 참여자들의 명예 회복과 관련자에 대한 직권 재심 촉구를 위한 성명서 발표, 도보 행진을 진행했다.
2 이미영, 〈먼지, 사북을 묻다〉, 2002; 〈KBS인물현대사 60회: 사북 광부 이원갑〉, 2004. 11. 26; 〈민주화 20주년 특별기획 '진실' 제6편, 1980년 사북의 봄, 사진 속의 비밀〉, 2006년 YTN 스페셜; 〈KBS 열린채널 돌아오지 않는 메아리, 사북의 소리〉 2018. 09. 21.
3 김세림, 「사북의 기억: 구술이 역사학에 주는 가능성」, 『구술사연구』 8(2), 2017; 박철한, 「사북항쟁연구: 일상·공간·저항」, 서강대학교 정치외교학과 석사학위 논문, 2002; 이한빛, 「노동운동 시대의 탄광 재현: '사북사건'이후 탄광소설을 중심으로」, 『역사문제연구』 41, 2019.
4 대한석탄공사, 『대한석탄공사 50년사』, 2001; 정선군, 『정선군 석탄산업사』, 정선군, 2004; 석탄산업합리화사업단, 『한국 석탄산업사』, 1990; 정헌주, 「석탄산업과 탄광노동자계급의 성장과 쇠퇴」, 『지역사회학』 5, 2004.

166 • 사북항쟁연구총서1

룬 진세건의 연구 역시 이러한 일반적 시기 구분을 따르며 강원랜드 설립을 사북 지역 탄광사의 종결로 보고 있다.[5] 사북읍지 역시 전체 석탄사의 흐름에서 크게 벗어나지 않은 채 1980년대를 초고속 성장기로 평가한다. 사북항쟁은 정부의 관심을 환기시켜 광부들의 삶을 획기적으로 개선시킨 것으로, 이후 지역 주민 운동의 기원이 되었다 평가된다.[6]

실제로 사북항쟁은 사북광업소 탄광 노동자들의 삶을 획기적으로 개선시켰을까? 이 질문이 본 연구의 출발점이다. 따라서 이 글에서는 사북항쟁 후 지역 변화의 실상이 어떠했는지 살펴보고자 한다. 특히 사북항쟁 수습 후 전두환은 사북 지역에 방문해 탄광 노동자들의 처우 개선과 후생 복지를 위한 종합 개발을 약속한 바 있다. 그가 약속한 각종 지원들이 실제로 시행되었는지, 되었다면 그것이 사북 지역, 사북광업소 노동자들의 생활에 어떤 변화를 주었는지 밝히는 것이 이 글의 목적이다.

본고에서 주 대상으로 다루는 시기는 1980년부터 1986년까지다. 1987년에는 6월 항쟁과 전국 노동자 대투쟁의 열기에 사북에서도 노동투쟁이 다시금 일어난다. 1986년 석탄산업합리화사업이 시작되어 석탄 산업의 사양화가 본격화되는 때이기도 한다. 따라서 정치적, 경제적, 지역사적으로도 1987년 이후의 사북은 다른 분석틀로 살펴봐야 할 것이다.

주요 자료는 정부 생산 자료, 동원탄좌 생산 자료, 당대의 신문, 사북항쟁 참여자들의 구술 자료를 활용했다. 정권에서 약속한 후생 복지의 내용은 국무회의 회의록이나 광산종합개발계획안 등을 통해 살펴보았다. 그 외 당대 통계표와 관련 법안 등을 통해 석탄 산업 관련 정책들을 살펴보았으며, 연탄 수급과 관련한 사회상은 신문 자료들을 활용했다. 동원탄좌 생산 자료로는 단체 협약 내용, 동원탄좌의 노무 관리 방식, 광부들의 실질 임금 수준 등을 살펴보았다.

---

5 김세건, 「"찌들은 몸": 사북 지역의 탄광개발과 환경문제」, 『비교문화연구』 10(1), 2004.
6 강원도 정선군 사북읍, 『사북읍지』, 2012, 46쪽.

구술 자료는 사북항쟁 이후 개인들의 경험과 정부의 개발 계획에 대한 인식 등을 잘 보여준다. 이러한 자료들을 살핌으로써 정부에서 기업으로, 기업에서 노동자에게로 하달된 계획과 정책들을 교차 검토하고자한다. 그 외 사북 지역에서 생산한 지역민 구술 자료집, 국사편찬위원회에 기수집된 광산 노조 임원 구술 자료를 통해 다양한 사람들의 이야기를 살펴보았다.

1. 사북항쟁 수습, 약속된 후생 복지 대책

1980년 4월, 전두환 중심의 신군부로 정권이 재장악되는 과정에서 사북항쟁이 일어났다. 사북항쟁은 1979년부터 동원탄좌 노조 안에서 이어져 오던 긴장이 폭발한 것이었지만 3일 만에 '수습'국면에 들어선다. 그러나 노조 쟁의가 수습되는 것과는 반대로 언론은 24일부터 "유혈 난동"과 "폭동", 그리고 지부장 부인에 대한 "린치"를 강조하며 대서특필하기 시작했다.[7]

1980년 4월 24일 『경향신문』은 편집부 주최로 사북항쟁에 대한 각계의 의견을 실었다. 교수와 변호사부터 가정주부에 이르는 다양한 이들의 의견은 대체로 '광부의 상황은 안타까우나 그럼에도 폭력은 자제했어야 했다'는 것이었다. 더불어 같은 날 게재된 『경향신문』의 사설은 "이성적인 판단과 대화로 응했더라면 피를 흘리고 사회를 무질서로 몰아넣는 일이 없어도 충분한 해결을 얻을 수 있었을 것이다"라며 항쟁의 폭력상을 신랄하게 비판한다.[8]

---

7 「광부 700여 명 유혈 난동」, 『동아일보』, 1980. 4. 24; 「광부 3천 5백여 명 집단 난동」, 『경향신문』, 1980. 4. 24; 「폭력·공포의 현장」, 『경향신문』, 1980. 4. 24; 「동원탄좌 소속 광부 4천 명 유혈 난동」, 『매일경제』, 1980. 4. 24.
8 「폭력은 비민주화다」, 『경향신문』, 1980. 4. 24; 연세대 철학과 교수 김형석, 「이 시국에 이 충격이」, 『경향신문』, 1980. 4. 24.

공화당과 신민당, 한국노총은 긴급 회의를 주재하고 진상조사단을 파견했으며, 도시산업선교회의 천영초와 정문화가 황인오의 주선으로 사북의 상황을 살피기도 한다.[9] 사북항쟁이 신문 헤드라인을 장식하고 진상조사단이 꾸려진 것은 모두 4월 24일 하루 만에 일어난 일이다.

이러한 상황을 봤을 때, 당시 언론의 태도는 차치하더라도 사북항쟁에 대한 충격과 관심이 얼마나 높았는지는 충분히 알 수 있다. 그 충격의 중심에 있는 것이 기둥에 묶인 지부장 부인의 사진이었다. 그 사진은 사북항쟁의 기억을 '폭력과 린치'로 압도해 버렸고, 지금까지도 항쟁과 동일시되는 측면이 있다.[10]

충격을 넘어 실상을 보기 위해서는 동력자원부(이하 '동자부') 장관의 발표도 주시해야 한다. 동자부에서는 동원탄좌 사북광업소 광부의 '난동'으로 채탄 작업이 중단됨에 따라 3만여 톤의 손실이 발생했지만 그럼에도 전체 석탄 수급에는 차질이 없다고 발표한다.[11] 이 발표를 통해 알 수 있는 것은 사북항쟁이 노동 투쟁이면서 동시에 에너지원 수급에 직결되는 사건이었다는 점이다.

주지하다시피 1970년대의 연료 상황은 두 차례의 석유 파동을 거치면서 1979~1981년 사이 일곱 차례에 걸쳐 석유가가 337%까지 상승하기도 했다. 이에 박정희 정권은 석유 의존도를 낮추고 석탄 산업 활성화를 유도하는 주탄종유로 전환하였으며, 주유소 영업 시간을 단축하는 등

9 1980년 4월 29일에는 '민주주의와 민족통일을 위한 국민연합'에서 사건의 원만한 해결을 요구하는 성명서를 발표하기도 했다. 「사북사태에 정가도 비상한 관심」, 『매일경제』, 1980. 4. 24; 「사북사태의 책임 광부에 전가 말길 국민연합 성명」, 『동아일보』, 1980. 4. 29; 황인오, 『1980년 사북: 항쟁의 발발과 명예회복 과정』, 도서출판 선인, 2020, 376쪽.
10 일례로, YTN 방송사에서는 민주화 20주년 특별기획으로 사북의 '진실'을 그 사진 한 장으로부터 불러온다. 그만큼 사북항쟁은 린치 사건과 동일시되었던 것이다. 덧붙여, 본고에서는 그 사진이 그간 언론에서 무분별하게 활용됨으로써 린치 사건의 피해자에 대한 2차 가해가 되어 왔다는 문제의식하에 원고에 싣지 않았다. 〈민주화20주년 특별기획 '진실' 제6편, 1980년 사북의 봄, 사진 속의 비밀〉, 2006년 YTN 스페셜.
11 「동자부 석탄 수급엔 큰 차질 없어」, 『매일경제』, 1980. 4. 24.

의 에너지 소비 절약 정책을 펼치고 있었다. 신군부는 이전 정권의 주탄 종유 정책을 이어받아 향후 10년간 석유의 소비 비중을 14%로 절감하는 탈석유 계획을 세웠다.[12] 탈석유계획은 당시 전체 석탄 생산량의 74.3%를 담당하는 민영 탄광에 의지할 수밖에 없었는데, 민영 탄광은 대부분 강원도에 있었고 동원탄좌는 그중에서도 최대 규모였다.[13]

박정희 사망 후 사회 각계의 민주화 요구가 이어지는 가운데, 3월에는 대도시를 중심으로 연탄 품귀 현상까지 일어났다.[14] 이 시점에 동원탄좌의 노동자들이 지역을 점거한 사건은 신군부에게는 어느 쪽으로 튈지 모르는 불씨인 셈이었다. 실제로 1980년 4월 27일 사북읍 고한리의 3개 덕대 탄광 노동자 250여 명이 사북항쟁에 영향을 받아 농성을 벌이기도 한다.[15] 탄광 노동자들의 잇따른 농성으로 석탄 수급에 문제가 생기면 도시의 불만도 가중될 수 있었다. 따라서 신군부는 증산과 석탄 수급이라는 경제적 필요성에 의해서도 사북항쟁을 회유할 필요가 있었다.

박창규 노동청 차장과 경제기획원·내무부·동자부 등 5개 부처의 관계 기관은 합동 대책반을 구성해 4월 25일부터 28일까지 사북항쟁의 원인을 조사했다. 이들은 '낮은 탄가로 인한 저렴한 임금, 노조 내부의 갈

---

12 정헌주, 앞의 글, 99~100쪽; 전두환, 「1983년도 예산안 국회 제출에 즈음한 시정 연설」, 1982. 10. 4; 전두환, 「1984년도 예산안 제출에 즈음한 시정 연설」, 1983. 10. 24; 「소비 절약 방안 마련 주유소 영업 시간 단축」, 『동아일보』, 1979. 3. 10; 「석유 의존 "최소"로 우리나라의 에너지 전략」, 『경향신문』, 1980. 1. 1.

13 한국의 탄광은 정부의 재정난을 이유로 1950년대부터 민영화되었고, 국영과 민영이 공존하며 정부가 민영 탄광에 보조금을 지원하는 방식으로 운영되어 왔다. 1978~1980년 생산 실적 집계에 따르면 대한석탄공사는 전체 생산량의 25.7%, 민영 탄광이 74.%를 담당하고 있었다. 그중 동원탄좌는 연간 158만여 톤을 생산했고, 삼척탄좌는 동원탄좌의 뒤를 이어 126만여 톤으로 대단위 탄좌 중 두 번째로 많은 생산 실적을 보유했다. 대한석탄공사, 앞의 책, 2001, 206, 259쪽; 「작업통계대장철」, 『중요 공개기록물 해설집 Ⅶ: 30년 경과 국가기록물 공개재분류. 7. 에너지 정책 편』, 국가기록원, 2015, 209쪽.

14 연탄가는 매년 5월경 결정, 발표되는데 조기 인상설이 퍼지면서 대도시를 중심으로 연탄 사재기로 인한 품귀 현상이 일어나고 있었다. 「연탄 사재기 곳곳서 품귀 석탄 긴급 수송령」, 『동아일보』, 1980. 3. 28; 「값 인상설 속 때 아닌 연탄 파동」, 『경향신문』, 1980. 3. 28; 「당국 연탄도 하루 백만 장 생산」, 『경향신문』, 1980. 5. 30.

15 사북청년회의소, 『탄광촌의 삶과 애환』, 선인, 2001, 201쪽.

등과 불신, 후생 복지 시설의 미비, 업주에 대한 근로자의 불신' 때문에 사북항쟁이 일어난 것이라 보고했고, 정부는 사북과 고한 지구의 상수도 시설 확장에 15억 원을 지원하기로 결정한다.[16] 또한 광부 처우 개선과 탄가 현실화, 복지회관 건립 등 종합적인 대책 마련을 위해 5~6월에는 전국 광산촌 실태 조사를 실시했다.[17]

광산촌 실태 조사가 실시되는 동시에 사북에서는 사건 가담자 약 200여 명이 정선경찰서에 연행되어 고문을 당하고, 주요 관련자들은 군사재판에 넘겨졌다. 그리고 5월이 지나고, 8월부터는 사회정화사업이 전국적으로 개시된다. 전두환이 사북에 방문한 것은 그해 10월이었다. '정화'된 사북을 방문한 전두환은 입갱 체험도 직접 해 보고, "사북은 이제 버려진 곳 아니"라고 말하며 사북의 3개 초등학교에 1인당 노트 5권, 연필 1다스, 크레파스 1통을 선물한다.[18] 전두환이 사북항쟁 후 사북 지역 및 광산촌에 보인 이런 관심은 고문과 정화를 발밑에 둔 것이었다.

신군부가 사북에 약속한 종합적인 대책은 정책 입안까지 이어졌다. 1981년에 수립된 '광산지역종합개발계획'이 그것이다. '광산지역종합개발계획'은 1982년부터 1986년까지 5년간 35개 탄광 지역을 중심으로 총 1,240억 원을 투자해 도로, 주택, 복지 시설 등 27개 사업을 수행할 계획을 세웠다. 이 계획의 목표는 "광산노동자의 근본적인 복지 대책을 포함한 전국 광산 지역의 종합적인 개발 대책을 강구"하기 위한 것이었다. 박봉환 동자부 장관은 '광산지역종합개발계획' 수립의 이유를 "광산 근로

---

16 경제기획원, 「1980년도 예비비 지출(사북·고한 지구 상수도 사업지원비)(제38회)」, 1980 (국가기록원 BA0085281); 경제기획원, 「1980년도 일반회계 예비비 지출 (사북지구 광부 복지회관 건립비) (제48회)」, 1980 (국가기록원 BA0085282).

17 「15억 지원키로 사북 등 상수도 확장」, 『매일경제』, 1980. 4. 29; 「탄가 현실화로 광부 처우 개선」, 『매일경제』, 1980. 5. 3; 「사북 소요 사태 합동대책반 보고서」, 『경향신문』, 1980. 5. 3; 「광산촌 후생 대책 전국에 조사반」, 『경향신문』, 1980. 5. 7.

18 「전 대통령 방문에 "이젠 사북은 버려진 곳 아니다" 함성」, 『경향신문』, 1980. 10. 6; 「전 대통령 어제 민정 시찰 근로자 복지에 성의 갖도록」, 『경향신문』, 1980. 10. 6; 「전 대통령 사북 탄광 국교생에게 노트 등 학용품 선물」, 『동아일보』, 1980. 10. 20.

자들이 안정된 생활 여건에서 증산에 전념할 수 있도록 생활환경을 개선하기 위한 전 대통령의 지시"라 밝혔으며, 계획서 수립을 위한 실태 조사에서는 '광산 노동자들의 위험한 작업 환경 및 생활 불안정'이 그들의 정착의식을 결여시킨다고 지적했다.[19] 이와 같이 이 계획의 목적은 결국 광산 근로자의 생활을 안정시켜 탄광촌에서의 이탈을 막고 증산에 전념하도록 만드는 데 있었다.

계획의 방향은 크게 세 가지였다. 첫째 생활 기반 시설의 확충, 둘째 소득 기반 시설의 유치, 마지막 후생 복지 시설의 확충이다. 생활 기반 시설 확충은 환경 개선 사업으로, 도로와 하천 및 교량 포장 및 상하수도와 공동 변소를 확충하는 것이었다. 소득 기반 시설은 새마을공장을 유치함으로써 부업의 기회를 늘리는 계획을 세웠다.

무엇보다 계획의 가장 중점이 되는 사업은 후생 복지 시설의 확충이었다. 구체적으로는 1) 자녀 학비 전액 면제, 2) 의료 시설 확충, 3) 사택과 목욕탕·복지회관 추가 건립, 4) 어린이 놀이터 및 유아 교육 시설 증설 등이다. 그중에서도 자녀 학비 전액 면제 계획은 채탄에 종사하는 탄광 노동자만을 대상으로 하며, 한 가정당 두 자녀까지 공납금을 전액 면제해 주도록 되어 있다. 그에 더해 계획의 실질 완수를 위해 교사 충원 및 충원 교사에 대한 구체적 지원 방안까지 마련되어 있었다.[20]

이 계획의 개발 대상에서 사북은 상위권에 속해 있다. 예를 들어 전체 36개 사업 대상에 삼척군 황지읍이 11개 탄광, 다음으로 가장 많은 탄광이 속해 있는 곳이 삼척군 도계읍과 사북읍 각 5개이다. 이 세 읍이 사업 대상의 과반수를 차지하고 있었고, 탄광 수만 보면 황지읍이 개발의 1순위였다. 그러나 사북에 실시될 도로 포장 사업은 황지읍의 3배가량

---

19 동력자원부, 『광산지역 종합개발계획 조정(안)』, 1983. 5 (국가기록원 BA0246487); 「광산촌 살기좋은 마을로」, 『동아일보』, 1981. 6. 22.
20 광산지역에 근무하는 교사에게는 군복무면제를 해주는 대신, 신입교원이 배치될 경우엔 지역간 교육 편차가 커질 것을 우려하여 근무수당을 지급하도록 되어 있다.

되는 41,120m, 공동 변소 역시 황지읍의 7개보다 4개가 더 많은 11개가 설치될 계획이었다. 사업 대상의 수에 비해 계획 내용은 가장 높은 순위에 있었던 것이다.[21]

종합 개발 계획이 실시됨에 따라 사북에는 눈에 띄는 변화들이 생겼다. 상수도 확장 공사로 일일 급수량이 96리터에서 180리터로 늘어났고, 1980년 11월에는 동원탄좌근로자복지회관(현재의 뿌리관)이 세워졌다. 1981년 5월과 7월에는 사북읍사무소가 증축되고 복지회관 2층에 도서관도 마련되었다. 1982년 9월에는 종합욕장과 분뇨종말처리장, 직원 아파트가 준공되었고 1983년에는 도시 계획 사업을 실시함으로써 지역 기반 시설이 확충되고 있었다.[22] 이러한 가시적 변화로 정선군에서는 1980년대를 "국가적 배려가 깊어진 시기"였으며, "탄광 번성기"로 규정하기도 한다.[23]

2. 사양화되는 석탄 산업 속 '광산지역종합개발계획'

1) 석탄 산업의 예정된 사양화와 탄광 구조 조정

1980년 사북에 방문한 전두환은 "돼지를 많이 길러 기름진 음식을 많이 먹도록 하는 것이 좋겠다"며 양돈 사업을 지시하고 금일봉 900만 원을 하사했다. 이 하사금과 동원탄좌 이연 회장 출연금을 합쳐 1981년부터 동원탄좌에서 양돈 사업이 시작되었다.[24] 전두환은 1982년에는 겨울

---

21 동력자원부, 『광산지역종합개발(조정)』, 1981, 70·81·123쪽 (국가기록원 DA1180150).
22 「정선, 사북, 신동, 여량 도시계획사업실시계획에 관한 고시(강원도고시 제 82·23호)」, 『관보』 제9370호 (국가기록원 관리번호 BA0195366); 사북청년회의소, 앞의 책, 168쪽.
23 정선군, 『정선군 석탄산업사』, 정선군, 2005, 321~322쪽.
24 양돈사업은 대통령하사금 9백만원, 이연회장 출연금 3천8백만원을 합쳐, 1981년부터 돼지 130두로 시작하였다. 「전대통령 어제 민정시찰 근로자 복지에 성의 갖도록」, 『경향신문』, 1980. 10. 06; 전주익, 「탄광의 대표음식, 돼지고기 이야기」, 『지역사랑』, 3·3기념사업회, 2014.

내의를, 1985년에는 강원사택 도서관 건립에 하사금을 선물하며 사북에 특별한 관심을 표현했다.[25] '광산지역종합개발계획'이 실시되면서부터는 사북의 변화를 시찰하기 위해 경제기획원 사무관, 동자부 석탄국장, 교통부 장관 등 각 부의 장관들이 연이어 사북을 찾아온다. 『사북읍지』에 언급된 1980년부터의 주요 시찰 목록을 정리하면 〈표 1〉과 같다.

〈표 1〉 사북광업소 주요 시찰자 및 방문자

연도	방문 내용
1980	대통령 및 청와대
	정부 고위 인사
	미 대사관 경제수석비서관
	경제기획원 사무관
	국회의원단
	강원일보 사장 등 언론사 취재
1981	동자부 석탄국장
	교통부 장관 외 7명
1982	경찰국장
	정한모 노동부 장관 외 관계관 10여 명 노사정 간담회
	1군사령관 소준열 대장 외 8명의 치안 상태 및 동향 파악
	동자부 차관 외 에너지 관계관 50여 명, 대단위 운탄 시설 완공 및 수갱 시설 착공 축하 방문
	내무부 장차관 및 부인 28명, 동원탄좌 견학 및 광원 격려
	영주지방철도청장 외 관계관, 무연탄 수송 현황 청취
	민정당 심명보 국회의원 외 25명, 대통령 각하 하사품(겨울 내의) 전달식
	KBS 〈전국노래자랑〉 녹화 촬영
1983	KBS 생방송 〈전국 파노라마〉 촬영
	한국방송 드라마 〈증언〉 녹화 촬영
	동원연탄 직원 350명, 입갱 견학
	자유중국 노총 간부 5명 및 광노 집행부. 생산 활동 시찰
	도교육청 학무과장 간부, 도내 각급 학교 교장단 90명, 시찰 견학

---

25 강원도 정선군 사북읍, 앞의 글, 148~153쪽.

연도	방문 내용
1984	국무총리실 사무관 외 조사단, 식수난 조사
	이봉서 동자부 차관 외 실국장 20명, 동원탄좌 전반 시찰
	주영복 내무부 장관 외 7명, 광산 지역 치안 및 민심 파악
	이상배 내무부 민방위 본부장 외 6명
	김형배 강원도지사
	일본 자원노련 집행부
	광진 이사장
1985	최동규 동자부 장관 및 영평정 광업소장 70여 명, 산탄지 석탄 생산 독려 간담회 개최
	정한모 문화부 장관 외 70명, 시찰 및 광원 특강
	김형배 도지사 초도순시
	안필준 1군사령관
	장덕현 36사단장
	영월지청장
	민정당 이한동 사무총장 광산 지역 순회 간담회
	동자부 관계관 등 90명 탄광 기계화 기술 세미나
	전국 광산보안 관리자 우수 광산 견학단 30명 견학
	심명보 외 24명, 강원사택 도서관 건립 대통령 하사금 전달식
1986	36사단장, 도경국장, 경제기획원 산탄지 시찰 및 민심파악
	동자부, 석탄공사 사장단, 전국화학노련 대표단 우수 광산 시찰
	도경국장 고한사북노경 간담회
	조철권 노동부 장관 외 100여 명 노사정 간담회
	영국 교수진 석탄광 기계화 개발 협의
	소비자연맹 및 언론사 대표단 50여 명 석탄 및 연탄 생산 현장 시찰

* 출전: 강원도 정선군 사북읍, 『사북읍지』, 2012, 149~152쪽 참조해 작성.

〈표 1〉에 정리한 것과 같이 사북광업소 시찰은 평균 연 6회가량 시
행되었다. 시찰 목적은 크게 1) 민심 파악, 2) 치안 점검, 3) 생산 격려의
세 가지로 나눌 수 있다. 그 외에도 1982년 석탄협회 주최로 서울 각 동
새마을부녀회와 탄광촌 부인 간 좌담회가 개최되었고, 1985년에는 김수
환 추기경이 아시아 사회주교 연수회 프로그램으로 사북에 방문하기도

한다. '막장 인생'인 탄광 노동자들처럼 "가난하고 소외된 사람들"을 만나기 위해서였다.[26] 사북항쟁 발발 직후부터 정부 주요 인사부터 종교인, 사회운동가, 도시의 주부들까지 수많은 사람들이 사북에 찾아온 것이다.

1980년 2월에 동원탄좌에 입사해 인사노무관리를 맡았던 전주익(현 석탄유물보존회 이사)은 "정부에서도 그런 큰일을 겪고 나서는 전국 탄광 중에서도 사북 동원탄좌를 아주 세심히 관찰"했으며, "정부 측에서 어떤 탄광 관련 주요 회의나 업무 보고, 현황 파악이 있으면 꼭 사북으로"와서 번거롭기도 했다고 기억한다.[27] 민정당 대변인 심명보가 "과거 어느 정권이 민정당만큼 광산 지역을 일한 적 있는가"라고 자부할 만큼 석탄 산업에 보인 전두환의 관심은 이전 정권에 비하면 확연히 높았다.[28]

그렇다면 정책적 관심 역시 높았을까. 〈표 2〉는 1974~1978년의 시정 연설문과 신문 자료 등을 통해 확인 가능한 전국 석탄 생산 계획을 종합해 정리한 것으로, 1980년에서 1986년까지의 생산 계획은 1,900~2,000만 톤 수준을 유지했으며 계획은 전년도 생산량에 비례해 산정되었다.[29]

26 김수환, 『추기경 김수환 이야기: 김수환 추기경 회고록』, 평화신문사, 2009, 352~354쪽; 「서울 부녀회 사북 동원탄좌 견학」, 『경향신문』, 1982. 10. 18.
27 전주익 구술, 2019년 1월 28일, 3·3기념사업회 재단 사무실.
28 「작업 중인 광부들 독려」, 『매일경제』, 1985. 7. 4; 정헌주, 앞의 글, 102쪽.
29 동원탄좌는 전체 석탄 생산량의 10~12%을 책임지고 있었다. 대한석탄공사, 앞의 책, 2001, 102·103·259쪽; 동원탄좌, 『현황』, 1987, 정선군 사북읍 뿌리관 소장.

〈표 2〉 연도별 전국 석탄 생산계획과 실제 생산량

연도	생산 계획 (단위: 1천 톤)	생산량 (단위: 톤)
1975	17,000	17,593,171
1976	18,000	16,426,725
1978	19,500	18,053,942
1979	18,600	18,207,767
1980	18,300	18,624,012
1981	19,000	19,864,954
1982	19,700	20,115,614
1984	20,300	21,370,329
1985	21,300	22,542,698
1986	20,700	24,252,700

출전: 1974~1978년 각 연도 예산안 제출에 즈음한 시정 연설문; 삼척탄좌개발주식회사,
『주요사업오개년계획 1985~1989』, 1984; 『매일경제』; 대한석탄공사, 『대한석탄공사 50
년사』, 2011, 663~664쪽.

〈표 2〉에 따르면 석탄 생산 계획은 1980년 이래 1985년까지 꾸준히
증가하다가 1986년부터 다시 감소되며, 전년도 생산량에 비례해서도 감
소 추세를 보이는 것을 볼 수 있다. 석탄의 필요성이 감소되고 있다는 반
증이다. 생산량이 2,000만 톤을 넘어선 것 역시 당시 전망되었던 채굴 최
대치를 넘어선 것이었다. 한국개발산업연구소(KDI)는 1978년에 이미 향
후 채탄량 최대치가 1,950만 톤 수준일 것이라 분석하였으며, 1986년 이
후로는 정부 지원이 계속되더라도 생산량이 떨어질 것이라는 전망을 내
놓았다. 석탄 생산량 하락 전망에 석탄업계는 1981년부터 석탄 산업 사양
화에 대비한 가칭 '석탄광 정리 사업단'을 설립해 1톤당 100원씩을 적립
하며 폐광 대책 준비를 하고 있었다. 한편 전두환 정권은 에너지 다원화
를 위한 도시가스 개발과 보급을 추진해 갔다. 1980년 10월 동력자원부는
LNG 사업을 추진했고, 1981년에 전반적인 사업 계획을 확정했다. 동력

자원부는 발전용으로 공급하고 남은 LNG가스를 도시가스용으로 보급해 1986년 28.9%, 1991년 46.6%까지 높일 계획을 세우고 있었다.[30]

석탄 증산의 주원인이 되었던 유가 폭등은 1982년부터 안정기에 접어들었다. 사우디에서도 원유 추가 생산이 시작되고 석유 소비가 줄어들면서 공급 과잉 상태가 벌어진 것이다. 이에 1983년 OPEC 총회에서는 원유 가격을 배럴당 34달러에서 29달러로 인하했고, 1985년 총회에서는 공식 판매 가격 제도가 폐지되며 세계적으로 가격 전쟁이 일어났다. 이로 인해 유가가 배럴당 10달러 이하로 폭락하는 상황까지 벌어진다.[31] 유가 하락의 여파는 국내 석유가에도 영향을 미쳤다. 정부는 1982년 3월 석유류 가격을 평균 2.8% 인하하면서 1983년 2월에는 1.68%, 4월에 평균 4.76%를 인하했다. 1986년 2월에는 11.2%를, 그리고 바로 3월에 다시 10%를 인하한다.[32]

이처럼 석탄 산업의 사양화는 예정되어 있었고, 유가는 안정되어 갔으며 도시가스 개발이 추진되던 것이 1980년대 초의 전반적 상황이었다. 게다가 석·연탄은 도시에서 사라져야 할 '비위생적'인 것이었다. 1982년, 88서울올림픽 개최가 결정되고 나서 정부는 환경 규제를 강화하며 서울의 숙박업소에서 연탄 사용을 제한했다. 당시 석탄 공급량의 80% 이상이 민수용으로 사용되고 있었지만, 정부는 서울을 '고급'스럽게 재정비하고 연탄과 같은 '비위생적'인 것은 숨기려 했다. 전두환 정권이 임기 내내 강력히 추진했던 사회 정화에는 인간뿐만 아니라 서울의 도시 환경, 그리고 연탄이 포함되어 있었다.[33] 이런 배경을 뒤에 두고 보면, 1980년대 초의

---

30 대한석탄공사, 앞의 책, 104~107쪽.
31 김건흡, 「80년대 석유 산업의 회고」, 『석유와 에너지』 12, 1989.
32 대한석유협회, 「80년대 석유 산업 주요 일지」, 『석유와 에너지』 12, 1989.
33 박해남, 「1988 서울올림픽과 시선의 사회정치」, 『사회와 역사』 110, 2016; 「시, 내년 말까지 연탄온돌 숙박업소 보일러식으로 바꿔」, 『경향신문』, 1982. 6. 8; 「정부 10월부터 업소 연탄 사용 금지」, 『매일경제』, 1985. 5. 4; 「가정연료 가스 중심 88년 35% 보급키로」, 『경향신문』, 1982. 4. 5.

석탄 증산은 장기적 전망에서 시행되었다고 보기 힘들다.

1980년대 전반기의 석탄 산업 관련 정책이 단시안적이었다는 것은 두 차례의 「광업법」 개정을 통해서도 알 수 있다. 정부는 1981년 「광업법」을 전면 개정하면서 그동안 암암리에 시행되어 온 조광법을 합법화시켰다. 1981년 7월 30일부터 시행된 법률 제3357호 「광업법」 제53조에 따르면 조광권자의 자격은 '대한민국 법률에 의하여 법인을 설립한 법인'이기만 하면 됐다. 또한 법 시행 후에는 '덕대 양성화'라는 명목하에 1982년 4월까지 총 23개 탄광의 조광권을 인가해 주고 조광료 역시 종래 생산량의 30%까지 지불하던 것을 5%로 줄여 주었다.[34] 기존 덕대의 양성화뿐만 아니라 새로운 영세 탄광의 난립 역시 법으로 용인해 준 셈이다. 덕대는 주로 직영 개발이 어려운 지역 또는 탄층이 얕거나 재채굴이 가능한 곳에서 운영되고 있었기 때문에 채탄 실적과 탄질은 석공이나 대단위 탄좌에 미치지 못했다. 그럼에도 영세 탄광 난립을 용인한 것은 가능한 모든 탄맥을 증산에 동원하려는 의도였다고 봐야 할 것이다.

그러나 한편으로 정부는 1981년부터 중소 탄광을 통합해 광구를 단계적으로 대형화하려는 계획을 추진해 가고 있었다.[35] 탄맥이 심부화됨에 따라 채산성이 점차 떨어져 경제성이 높은 생산 업체 위주로 대단위할 필요성을 느낀 것이다.[36] 모순적이게도 전두환 정권은 덕대를 양성화

---

34 「광업법시행령」(대통령령 제10447호, 1981. 8. 20 전부개정); 「구박받던 덕대 제 권리 찾아」, 『매일경제』, 1982. 11. 5.

35 「동자부 영세광 통합 개발」, 『매일경제』, 1981. 6. 29; 「동자부 49개 영세 탄광 15개로 통합」, 『매일경제』, 1981. 10. 9; 「동자부 전국 22개 탄광 단계적 통합」, 『매일경제』, 1982. 2. 12.

36 1985년에도 석탄 증산에 대한 논의는 계속되고 있었다. 예결산특별위원회에서 김동욱 위원은 국내 석탄 부존량이 약 8억 톤으로, 현재 생산 계획 연간 2천 톤으로는 40년이나 쓸 수 있기 때문에 정부가 과감하게 투자하여 연간 계획을 최대 4천만 톤까지 늘려야 한다고 강하게 주장한다. 국내 석탄이 수입 탄에 비해 저렴하고 외채를 절약할 수 있기 때문이라는 것이다. 이에 동자부 장관은 탄폭이 협소하고 탄맥이 비스듬히 누워 있어 생산 여건이 어렵기 때문에 개발 규모 대단위화 및 기계화가 필요해 당장은 어렵다고 답한다. 대한민국 국회 제128회 5차, 「예산결산특별위원회 회의록」, 1985. 11. 22.

시키면서 동시에 광구 통폐합을 준비하고 있었다.

이 모순적인 상황을 이해하기 위해서는 '제62조 조광권 취소에 대한 규정'을 살펴봐야 할 것이다. 법령에 따르면 조광자가 동자부 장관으로부터 채광 실적을 인정받지 못할 시 조광권을 박탈당할 수 있었다.[37] 법령 개정의 이유를 보면 조광권 규정에 대한 의도가 조금 더 명확해진다. 광업권 및 조광권에 대한 취소 요건 및 벌칙을 강화하고 조광권에 대한 취소를 강제 규정하려는 것이 개정의 이유였다. 결국 각 광구와 조광에게 실적을 강요하며, 미달되는 경우 광업권과 조광권을 강제 취소시킬 법적 근거를 마련한 것이다. 이러한 법적 제재로 인해 양성화된 영세 탄광 중 도산하는 곳은 자연스럽게 대단위 광구로 통폐합될 것이었다.

실제로, 덕대는 양성화되면서 오히려 경영난에 시달렸다. 법인화한 덕대는 종전에 광업권자가 책임져 왔던 광부 노임 및 퇴직금, 화약고 설치나 보험료 지금 등을 전액 담당해야만 했다. 이에 경영 부담이 높아질 수밖에 없었고, 대부분의 덕대는 탄맥이 얇은 곳에서 노동력에 의지해 채굴하고 있었으므로 시설 기준이나 실적을 맞추기도 어려웠다.[38] 덕대들은 양성화되면서 오히려 조광권을 취소당하거나 도산할 위험이 높아진 것이다. 이러한 현실을 반영한 듯, 1982년 「광업법」 개정안에는 조광권자가 도산 등으로 광업권자와의 계약을 이행하기 어려운 경우 조광권 소멸 신청에 필요한 최고(催告) 기간을 기존 3개월에서 1개월로 단축했다.[39]

1981년 8월 이전 97개였던 조광구는 1983년 3월까지 404개 광구 200여 개 업체로 증가했지만, 1983년 임금 체불 사례의 큰 특징을 영세

---

37 「광업법」(법률 제3357호, 1981. 1. 29 전부 개정); 「덕대 양성화 일단락」, 『매일경제』, 1982. 4. 9.
38 「덕대 양성화 하나마나 탄광 주름살은 여전」, 『매일경제』, 1982. 6. 15; 「시설 미비 덕대 조광권 취소」, 『매일경제』, 1982. 9. 8.
39 대한민국 국회 제114회, 「국회회의록 '광업법 중 개정법률안 논의'」, 1982. 12. 14.

조광권자의 도산이라 할 만큼 2년 안에 도산하는 경우 역시 급증했다.[40] 최고 기간이 1개월로 단축되면서 경영난에 부딪친 탄광의 회생이 거의 불가능해진 것이다. 물론 그만큼 광구 통폐합은 용이해졌다. 탄광 통폐합과 영세 탄광 양성화를 동시에 추진해 간 것은 결국 대단위 광구 위주로 전체 탄광을 구조 조정하기 위한 것으로 볼 수 있다. 전두환이 사북에 보인 유별난 관심 역시 대단위 탄좌였기 때문이다.

광구 통폐합은 1986년까지는 권고 수준에 머무르고 있었다. 자율적 통폐합이 제대로 되지 않을 경우 강제 통합까지 할 수 있다고는 했지만 석탄업체들과 협의가 되지 않아 크게 진척되지는 않았다. 그러나 1985년에 그간의 석탄 산업 관련 임시조치법을 통합하는 「석탄산업법」에서 광구 강제 통합은 공식화되었다. 「석탄산업법」은 1986년 12월에 통과되면서 석탄산업합리화사업단의 설치 및 석탄산업합리화가 시작된다. 석탄산업법안은 국회에 제출되었을 때부터 이미 "광구 간 자율적 통합이 이루어지지 않을 경우 광업권의 매수 등 방법에 의한 강제 통합을 명"하는 것을 구상하고 있었으며, 석탄산업합리화사업단을 구성해 폐광 대책을 마련하려 했다.[41]

1980년대 초 석유가는 폭등했고 도시가스는 이제 막 개발을 추진하고 있었다. 유가가 안정화되고 도시가스 개발이 안정될 때까지 석유를 대체할 석탄의 증산이 필요한 시기였다. 이에 전두환 정권은 영세 탄광의 난립을 용인하는 동시에 광구 통폐합을 추진했다. 증산의 한계를 예

---

40 당시 신문 자료에 따르면 1983년도 임금 체불 사례의 특징 중 하나가 탄광 지대에서 영세 조광권자가 도산하면서 일어난 경우가 잦았다고 한다. 특히 광산 지대의 음성 덕대가 조광권자로 양성화된 후 경비를 감당하지 못하고 파산한 경우가 급증했다는 것이다. 1983년 10월에는 태백 우덕탄광에서 조광권자가 임금을 체불해 노동자들이 노동부 지방사무소에 가서 8시간 동안 농성을 벌이기도 했다. 「노동부 자료 노사 분규 올해 76건」, 『동아일보』, 1983. 11. 9; 「탄광 대형화 뒷걸음질」, 『매일경제』, 1983. 4. 22.

41 「동자부 광구 대형화 착수」, 『매일경제』, 1983. 5. 26; 제128회 국회 본회의 회의록, 「석탄산업법안」, 1985. 12. 18.

정해 둔 상태에서 석탄 증산을 위한 과감한 투자보다는 생산 실적이 담보되는 대단위 탄좌 중심으로 구조 조정을 꾀한 것이다. 사북항쟁 이후 전두환 정권이 시행한 '광산지역종합개발계획'과 동원탄좌 사북광업소에 쏟은 관심은 전체 탄광의 구조 조정 과정 속에 위치해 있었다. 특히 '광산지역종합개발계획'으로 탄광 노동자들의 생활 안정을 이루어 증산에 매진하게 만든다는 것은 결국 채탄의 막장이 내릴 때까지 이들을 갱도에 묶어 두려는 의도로 이해된다. 그러나 전두환은 이것을 "버려진 곳"을 보살펴 주는 시혜적인 정부로 포장했다.

2) 저탄가 정책 위 사북에 주어진 '가시적 복지'

'광산지역종합개발계획'은 실제 사북광업소 광부들의 생활상에 얼마나 영향을 미쳤을까. 1987년 동원탄좌에서 발간한 『현황』에는 복지 시설로서 사택은 총 413동이 설립되어 있으며, 목욕탕은 사택 목욕장이 4동, 종합 목욕장이 1동으로 총 1,900명을 수용할 수 있는 것으로 나와 있다. 그 외 동원새마을유아원, 동원탄좌 노동자 급식용 양돈장이 설립되어 164마리의 돼지를 사육 중이었다. 석탄 장학금의 경우 1980년에는 1,083명에게 지급하던 것이 1981년에는 5,742명으로 늘어난 후 1985년까지 비슷한 수를 유지하다가 1986년에는 3만 4,361명으로 늘었다.[42] 『현황』만 보면 개발 계획의 성과가 있었다고 할 수 있다.

그러나 가장 먼저 지적하고 넘어가야 할 것은 5차년 계획으로 수립된 '광산지역종합개발계획'이 서서히 축소되고 있었다는 점이다. 1983년 5

---

[42] 동원탄좌 사북광업소의 총 노동자는 1982년 3,468명에서 점차 늘어 1985년에 처음으로 4,000명을 넘어선다. 그리고 1986년에는 4,227명이 일하고 있는데 석탄 장학금 지급 인원이 3만 4,361명이라는 것은 산술적으로 계산해 봐도 가구당 8명의 자녀를 낳아야 한다는 것이다. 자료에 숫자상 오류가 있는 것인지, 실제 3만 4,000명에게 지급이 된 것인지 추후 확인해 볼 필요가 있다. ㈜동원탄좌개발 사북광업소, 「현황」, 1987, 동원탄좌 석탄유물보존관 소장.

월에 제출된 「광산지역종합개발조정(안)」의 추진 현황을 살펴보면 당초 계획은 27개 사업에 263억 원을 투입할 예정이었으나, 1982년까지 총 20개 사업에 257억 원이 투입되었다. 사업 성과를 좀 더 구체적으로 살펴보면 진개 처리 시설,[43] 공동 변소, 조림 사업은 계획을 초과 달성하였으나 지방도 확장 및 교량 가설, 주택 건립, 간이 상수도, 목욕탕, 분뇨 처리 시설은 계획에 미달되었다. 또한 1983년부터는 22개 사업에 295억 원이 투자될 예정이었으나, 실제 실행 단계에서는 일부 사업 확보 예산 부족으로 총 23개 사업에 184억 원을 투자하는 것으로 결정되었다. 사업은 늘어나지만 정작 예산은 111억 원 축소되었던 것이다.[44]

1988년 탄광 노동자들의 현황을 조사한 『타오르는 광산』에는 사북항쟁 이후 지역의 모습에 대해 아래와 같이 묘사하고 있다.

　　노동자 복지시설을 확대하겠다고 선전하여 2억 원을 들여 복지회관을 건립하고 구판장과 유아원 등을 만들었는데, 실제로 거의 사용되지 않고 노조 사무실만이 들어서 매일 경찰, 관용차들이 드나드는 실정이다. 또 동원탄좌 측은 당시 1,200평짜리 대형목욕탕을 만든다고 신문에까지 요란하게 선전했는데 이 건물은 오늘날 목욕탕이 아니라 사무실로 사용되고 있다. 기업주 측은 목욕탕으로 내주기가 아까웠는지 다 짓고 나서야 물줄기를 찾지 못해 쓸 수 없다는 거짓 핑계로 용도를 바꾼 것이다. 그 그런데도 1984년 동원탄좌의 선전용 팜플렛에는 이 목욕탕이 304평방미터의 넓이에 368개의 샤워를 설치, 일시에 1,200명을 수용한다고 자랑하고 있으니 기가 막힌 노릇이다.[45]

위의 인용문에 따르면 복지회관뿐만 아니라 목욕탕까지 만들어지긴 했으나 실제로는 제대로 사용하지 못했다고 한다. 목욕탕의 실제 가동 여

43　진개 처리 시설은 쓰레기, 오물 종합 처리 시설을 뜻한다.
44　동력자원부, 「광산지역종합개발조정(안)」, 1983. 5 (국가기록원 BA0246487).
45　안재성, 『타오르는 광산·1980년대 광산 노동운동사』, 돌베개, 1988, 103쪽.

부는 동원탄좌 사북광업소에서 작성한 『고충사항 접수 및 처리대장』을 통해서도 대략 유추할 수 있다. 『고충사항 접수 및 처리대장』은 사북광업소 노동자들의 민원 사항과 그 처리 결과를 작성한 것으로, 1984년 4월 2일 자에 중앙갱 소속 한 광부가 회사 종합 목욕탕 사용 시기를 문의했다. 그에 대한 광업소의 답변은 "5월 중 가동토록 조치 계획"이라고만 되어 있다. 같은 문서에서 동절기 식수난 해결을 요청한 건에는 "수원지 고갈 상태로 시간 급수 불가피함"이라고 답변한다.[46] 이를 통해 볼 때 사북은 1984년까지도 수원 부족을 겪고 있었으며, 종합 목욕탕은 제대로 가동되지 않았다. 수원 자체가 부족한 상황에서 목욕탕이 가동될 리 만무했다.[47]

사북의 교통 상황은 1988년 태백 지역 인권선교위원회에서 발간한 『광산민중현실』에서 볼 수 있다. "도계, 사북, 고한, 함백 등지는 기차가 유일한 교통수단이며, 버스가 있긴 하지만 비포장도로라 매우 불편하다. 고한 사북과 태백을 잇는 교통망은 기차뿐인데 200원 남짓의 비둘기호 열차는 갈수록 줄어 하루에 3번만 다니고, 급한 일이 있을 경우 20분의 거리를 1,400원이나 1,900원을 주고 통일호나 무궁화호 열차를 타야만 한다"라는 것이다.[48] 앞서 광산 개발 계획에서 도로와 교량 사업 계획 중 사북이 가장 많은 혜택을 받는 것으로 되어 있었는데, 이러한 지적에 따르면 실질적으로 어떤 변화가 있었는지 의심하지 않을 수 없다. 1985년 민정당 이한동 사무총장과의 간담회에서 사북광업소 노동자들이 사북·정선 도로 포장과 광산 지역 주택 확충을 건의했다고도 하니 도로 포장

---

46 사북광업소 총무과, 『고충사항 접수 및 처리대장』, 1984, 동원탄좌 석탄유물보존관 소장.
47 정선군 통계연보에 정선군내 급수사용량이 정리되어 있다. 1984년에는 사북의 목욕탕 급수량이 48,180㎥이었으나 사북이 고한읍과 분리된 후인 1986년 통계에는 고한읍이 15,972㎥, 사북은 6,266㎥으로 집계된다. 목욕탕 급수량 자체도 줄고 있으며 사용량 다수가 고한읍에서 소화되고 있었던 것이다. 이러한 통계를 따져 보아도 사북광업소 내 종합목욕장 가동은 원활하지 않았던 것으로 보인다. 정선군, 『통계연보』, 1985~1987년.
48 태백지역 인권선교위원회, 앞의 책, 73~74쪽.

계획의 실제 성과는 미미했던 것으로 보인다.[49]

의료 시설 확충 역시 이와 비슷했다. 1986년까지 종합병원은 정선군 내 사북읍 1개소가 유일했는데, 이는 1976년에 이미 준공된 동원보건원 이었다. 그 외 치과나 한의원 등의 의원이 10개였는데, 1985년에는 8개로 줄었고 그중 절반이 고한읍에 위치해 있었다. 사북에는 치과와 한의원을 합쳐 3개 의원이 전부였다.[50] 의료 시설을 확충하겠다는 계획 역시 큰 성과가 없었던 것이다.

사실 1981년에 세워진 복지회관에 만들어진 도서관 같은 경우만 보아도 정부 지원의 실체를 알 수 있다. 복지회관은 정부 예비비와 동원탄좌 측 출연금을 합쳐 준공한 것으로, 앞서 복지회관에 도서관을 비치했다는 것을 언급한 바 있다. 그런데 당시 보도에 따르면 미니 도서관에 비치된 장서는 전체 900여 권으로, 그중 600여 권은 자체 비용으로 산 것이며 나머지 300여 권은 각계의 기증으로 마련했다고 한다. 책을 1만여 권까지 비치할 수 있는 서고 5개를 마련했지만, 실제 장서는 1천여 권에도 미치지 못했고 그마저도 자체 조달한 것이었다.[51] 이 사례들을 종합해 볼 때, 개발 계획으로 사북에 만들어진 시설들은 가시적이었지만, 실질적 변화는 아니었다.

'광산지역종합개발계획'의 주요 목표는 탄광 노동자의 생활 안정이었다. 탄광 노동자의 생활 안정을 논하기 위해서는 무엇보다 실질 임금이 개선되었는지 살펴봐야 할 것이다. 동자부에서 조사한 1980년 민영 탄광 노동자 월평균 소득은 평균 23만 8,000원이었다. 동원탄좌 사북광업소의 임금 규정을 통해 당시 탄광 노동자들 임금의 단면을 유추해 볼 수 있다.

---

49 「민정 이총장 정선에 규폐병원 신설」, 『동아일보』, 1985. 7. 4.
50 정선군, 『통계연보』, 1985~1987년, 각년도 113~114쪽.
51 「지난해 공포의 도시 상처 말끔히 씻고 사북에 미니도서관 준공 오늘 문열어」, 『동아일보』, 1981. 7. 21.

〈표 3〉 동원탄좌 사북광업소 기본급　　　　　　　　　　　　　　(단위: 원)

급 / 호봉	1급		...	4급			5급		
	1979년	1980년		1979년	1980년	1985년	1979년	1980년	1985년
1	320,400	384,200		151,500	183,600	272,700	127,500	154,400	224,800
2	312,300	374,500		148,500	180,000	267,100	125,000	151,400	220,300
3	304,200	364,800		155,500	176,400	261,500	122,500	148,400	215,800
4	296,100	355,100		142,500	172,800	255,900	120,000	145,400	211,300
5	288,000	345,400		139,500	169,200	250,300	117,500	142,400	206,800
...									
17	190,800	229,900		103,500	126,000	183,100	87,500	106,400	152,800
18				100,500	122,400	177,500	85,000	106,400	148,300
19				97,500	118,800	171,900	82,500	100,400	143,800
20				94,500	115,200	166,300	80,000	97,400	139,300
21				91,500	111,600	160,700	77,500	94,400	134,800
22				88,500	108,000	155,100	75,000	91,400	130,300
23				85,500	104,400	149,500	72,500	88,400	125,800
24				92,500	100,800	143,900	70,000	85,400	121,300
25				79,500	97,200	138,300	67,500	82,400	116,800
26							65,000	79,400	112,300
27							62,500	76,400	107,800
28							60,000	73,400	103,300
29							57,500	70,400	98,800
30							55,000	67,400	94,300

* 출전: 사북광업소 총무과, 『임금규정철』, 1979~1990에서 발췌 인용

〈표 3〉은 동원탄좌 사북광업소의 기본급 규정을 정리한 것이다. 동원탄좌 사북광업소의 기본급 규정은 1~5급 총 30호봉으로 이루어져 있으며, 각급 최저 호봉에 단계적 차이가 있다. 이 기본급 규정에 선산부나 후산부는 해당하지 않았고, 계원 이상의 감독급을 대상으로 한 것이었다. 당시 감독급의 임금수준이 어느 정도였는지를 보면 선산부나 후산부의 임금도 어느 정도 유추 가능할 것이다. 개별 감독관들이 어느 정도의 호봉을 받고 있었는지는 『인사기록카드』를 통해 볼 수 있다. 사북항쟁 주요 인물인이원갑의 인사기록카드를 보면 1979년 2월 그의 호봉은 4급

19호이고 급여는 14만 6,000원이다. 당시 노동조합 지부장을 맡고 있던 이재기는 4급 13호의 호봉을 받았다.[52] 조합 지부장임에도 호봉이 4급 13호인 것을 보면 당시 노조간부의 기본급 최대 상한이 4급이었음을 알 수 있다.[53] 사북광업소는 1980년에 20%의 임금 인상이 이루어졌고, 이후 지속적인 임금 인상이 이루어지지만 1985년까지 여전히 4~5급 기본급은 20만 원도 미치지 못하고 있다.

1971년에 입사해 1986년 퇴사한 정○화 씨의 경우 태백공업고등학교를 졸업하고 1979년에 광산보안기능사 2급 자격증을 취득했다. 그는 사음갱 운탄계원으로 시작해 1982년에 백운갱 갱계원, 1985년에 사음갱 갱계원을 지냈는데 1985년에 4급 20호에 해당하는 급여를 받았다.[54] 1985년 4급 20호면 기본급이 16만 6,300원이다.

태백 지역 인권선교위원회에서 조사한 1985년 탄광 노동자 평균 임금은 32만 5,000원이며, 광산노조에서 계산한 당시 4인 가족 최저 생계비는 42만 7,000원이다.[55] 정○화 씨가 최저 생계비를 충족시킬 만큼 급여를 받으려면 각종 수당을 합쳐 최소 26만 원을 더 받아야 한다. 사북항쟁 이후 얼마간의 임금 인상은 있었지만, 이들의 실급여는 여전히 최

---

52 사북광업소, 『퇴직자인사기록카드(1980~1985)』, 1980~1985, 동원탄좌 석탄유물 보존관 소장.

53 기본급이 이들의 실질 임금수준을 총체적으로 보여주는 것은 아니다. 임금에는 기본급에 더하여 각종 상여금이 있었으며, 노조지부장은 하청덕대권과 매점운영권 등 임금을 상위하는 권한을 가지고 있었다. 노조지부장이 채탄 노동자에 비해 '호화로운 생활'을 영위했다고 알려져 있기도 하지만, 이재기가 조합비 횡령으로 구속되었을 때 부인이 생선장사를 하면서 어렵게 가계를 꾸리기도 했다. 또한 노조지부장이라 하더라도 회사의 관리직 중 하나이므로 동원탄좌에서 이들의 실질 임금수준이 어느정도였는지는 추후 연구를 통해 보완할 필요가 있다. 이원갑, 『1980년 사북 : 항쟁의 발발과 명예회복 과정』, 도서출판 선인, 2020, 83쪽; 황인오, 『1980년 사북 : 항쟁의 발발과 명예회복 과정』, 도서출판 선인, 2020, 360~361쪽.

54 정○화 씨의 인사기록카드 참고. 개인정보 보호를 위해 이름 일부를 가렸다. 사북광업소, 『퇴직사원인사카드(1986년도~1989년도)』, 1986~1989, 동원탄좌 석탄유물 보존관 소장.

55 동력자원부, 『광산지역종합개발(조정)』, 1981 (국가기록원 DA1180150); 태백지역 인권 선교위원회, 앞의 책, 41~42쪽.

저 생계비에도 미치지 못했을 것이다.[56] 감독과 노조간부, 계원의 임금 수준도 이러할진데 선산부와 후산부의 임금 수준이 최저생계를 충분히 만족시킬 수 있었으리라 보긴 어렵다.[57]

탄광 노동자의 임금 인상 문제는 탄가와 관련되어 있다. 탄가 인상분에 노동자들의 임금 인상률도 포함되어 있기 때문이다. 사북항쟁 수습 협상안에도 임금 상승률은 탄가 인상 시 재조정하기로 되어 있었다. 전두환 정권 역시 광부의 처우 개선을 위해 탄가를 현실화하겠다고 약속한 바 있으며, 탄광촌 실태 조사에서도 탄가 현실화를 주요 문제로 지적했다.[58] 그러나 앞서 정리한 '광산지역종합개발계획'은 탄광 노동자의 생활 안정과 후생 복지를 꾀한다고 되어 있었으나 제일 중요한 실질 임금 인상 계획, 탄가 인상 계획이 포함되어 있지 않았다.

사북항쟁이 일어나기 몇 달 전부터 탄광협회는 석탄 가격의 인상을 요구하고 있었다. 탄가 인상폭이 너무 낮아 대부분의 탄광이 결손 운영된다는 이유였다. 사북항쟁 이후 정부는 석탄 가격을 41.92% 인상하면서 1974년 이래 최고의 인상률을 기록한다.[59] 그러나 1981년에 19.9%, 15.5%로 두 차례 인상된 후로는 인상률이 대폭 축소되어 1982년 2.2%, 1983년 4.1%, 1984년 2.8% 수준을 유지하였다. 1985년에는 대한탄광협동조합에서 22% 인상률을 요구했으나, 실제 인상률은 6.1%에 머물렀다.

---

56 검탄원에게 작업량을 인정받아야 기본급을 채울 수 있는 임금 구조를 유지한 채로는 임금 상승률 자체가 탄광 노동자들의 생활 안정에 큰 도움이 되지는 않았을 것이다. 동원탄좌 직접부 임금 총액은 기본급에 입갱 수당과 야근 수당 등 각종 수당을 더해 결정되며, 기본급은 작업량과 질을 달성해야 주어진다. 동원탄좌 직접부 중에는 83년 4월에 5% 임금인상이 되었지만 인상 후의 임금이 인상 전보다 오히려 떨어지는 경우도 있었다. 정선지역발전연구소, 앞의 책, 36쪽.

57 동원탄좌 직접부의 임금 수준이 실제적으로 어떠했는지 보여주는 자료는 현재로서는 입수하지 못한 상태이다. 탄광 노동자의 월급은 기본급과 각종 수당에서 쌀과 연탄 등을 공제한 뒤 나오는 것으로, 월급명세서에 내역이 상세히 작성되어 있다. 직접부의 급여와 일상에 대하여는 해당 자료 입수 후, 추후의 연구로 보완하고자 한다.

58 「탄가 현실화로 광부 처우 개선」, 『매일경제』, 1980. 5. 3.

59 「탄협 석탄 가격 50% 인상 요구」, 『매일경제』, 1980. 1. 19; 「5.4 탄가 인상 배경 사북사태로 고율 인상 촉진」, 『경향신문』, 1980. 5. 5.

연탄가 역시 1980년에는 서울시 공장가 기준으로 38%가량 인상되었으나 1981년 21%, 1982년 16% 인상 후에는 개당 135원으로 동결된다.[60] 이마저도 다른 지역에 비하면 서울시는 30원가량 저렴한 편으로, 당시 전문가들도 석탄 산업 지원 제도의 문제점이 수급 안정과 저탄가 정책만 고수하기 때문이라고 지적하였다. 그럼에도 정부는 석·연탄의 인상률을 계속해서 억제하며 저탄가 정책을 고수했다.[61] 저탄가를 고수하며 실질 임금 인상을 실현하지 않는 이상 후생 복지만으로는 탄광 노동자 생활 안정을 근본적으로 이루기 힘들다. 게다가 살펴본 것과 같이 그 후생 복지 역시 제대로 실현되지 못하고 있었다.

전두환 정권이 탄광 노동자들, 사북을 바라보는 시선은 살펴본 것과 같이 매우 복잡하다. 석유를 대체하기 위해 석탄 증산은 필요했지만, '비위생적'인 연탄은 숨기려 했다. 석탄 산업 역시 심부화됨에 따라 무한정 증산은 어려웠고, 이에 정권은 대단위 탄좌 중심의 구조 조정을 실시했다. 탄광 통폐합 과정에서 '광산지역종합개발계획'이 시행된 것이며, 전두환 정권은 이를 정부의 특별한 관심으로 포장했다. 계획은 사북에 눈에 보이는 변화는 가져왔지만 저탄가를 유지하는 구조에서 실질적으로 탄광 노동자의 안정적 생활은 불가능했다. 저탄가와 증산이 양립하기 위해서는 결국 탄광업계와 광부의 희생을 필요로 하게 되는데, 실질 임금 인상과 탄가 현실화 없는 후생 복지는 '제2의 사북사태'를 막기 위한 임시적 완충 역할을 할 뿐이었다. 실제로 전두환 정권은 사북에서 다시 소요가 일어나지 않도록 여러 방법으로 막고자 했다.

---

60 〈표 4〉 동력자원부 고시 서울시 공장 최고가(1980~1986년 관보 참조)

년도	1979	1980	1981	1982	1983	1984	1985	1986
연탄가(원, 서울 기준)	70	96.5	116.5	135	135	135	140	151

61 석탄가 인상률이 가장 높았던 때는 1974년 51.3%이며 1977~1979년에 세 차례 각 30%가량 인상되었다. 김두영, 「석탄광업 육성을 위한 지원 제도의 개선 방안에 관한 연구」, 『인하대학교산업과학기술연구소 논문집』 11, 1983; 대한석탄공사, 앞의 책, 443쪽.

3. '제2의 사북사태'라는 낙인과 일상적 감시

신군부 세력은 반부패, 국민정신 개혁을 명목으로 정권 내내 사회 정화 운동을 대대적으로 벌였다. 그중 노동운동 정화는 1980년 8월 21일 「노동조합 정화 지침 전달」이라는 공문으로 구체화 되었는데, 한국노총 산하 12명 산업별 위원장의 자진 사퇴 및 지역 지부의 폐지가 주요 내용이었다.[62] 이로 인해 광산노조의 지역 지부 역시 해산되었고, 백운 지역 지부장 한완수, 영동 지역 지부장 최인규, 광산노조 사무국장 오재경 등 11명이 정화 대상자가 되어 "어느 날 갑자기 지역 지부 지부장 사표를 내"는 등 이른바 '정화 조치'를 당한다.[63]

한편 1980년 5월, 광부 처우 개선을 위한 실태 조사가 시행되는 사이 사북에서는 200여 명의 광부 및 주민이 정선경찰서로 기습 연행돼 고문을 당했다. 고문의 주목적은 주도자 및 린치 사건 가담자를 찾아내는 것이었다. 사북 주민들이 정선경찰서에서 고문을 당하는 동안 5·18 민주화운동이 일어났고, 6월 3일에는 동원탄좌 사장 이혁배와 광산노조 위원장 최정섭, 광산노조 조직국 차장 황한섭과 조직부장 이영근이 사북항쟁 배후 조종 혐의로 구속되었다.[64] 사북은 사회정화사업이 전국적으로 시행되기 이전부터 이미 '정화'되어 있었던 것이다.

그뿐만 아니라 정권은 광산 지역에서 일어나는 폭력 행위를 '제2의 사북사태'로 명명하며 사북에서 있었던 노동 쟁의를 꾸준히 대규모 폭동으로 규정했다. 대표적인 예가 1985년의 장성광업소 노동 쟁의와 5개 간첩단 검거 사건에 대한 신문 보도이다. 1985년도 장성광업소의 노동 쟁

---

62 전국노동조합협의회, 『1980~1989 백서 01: 기나긴 어둠을 찢어 버리고』, 전국노동 조합협의회백서발간위원회, 1997.

63 김종호 구술, 2012년 8월 9일, 임송자 면담; 최인규 구술, 2012년 8월 17일, 임송자 면담; 오재경 구술, 2012년 8월 7일, 임송자 면담(국사편찬위원회, 『1960~70년 대 전국광산노동조합의 활동』, 2012).

64 정선지역발전연구소, 앞의 책, 53쪽.

의는 어용 노조를 비판하고 직선제 선거를 요구했다는 점에서 사북항쟁과 유사한 점이 있다. 이에 대해 당시 『경향신문』에서는 "노동부에서 '제2 사북'이 될까 걱정하다가 안도의 한숨"을 내쉬었다고 보도한다.[65] 사북에서와 같이 폭동이 일어날 수 있었으나, 폭동까지 가지 않고 무사히 마무리되었다는 것이다.

또한, 같은 해 발생한 '5개 간첩단 검거 사건'에 대해서는 "광산 지구를 비롯한 취약 계층의 저변 속에 지하망을 심어 폭력 투쟁을 선동함으로써 제2의 사북사태를 일으켜 사회 혼란을 불러올 것을 기도"하고 있었다고 발표하였다. 그중 김철준이라는 인물이 철암에서 **제2의 사북사태**(강조는 인용자)를 획책하고 있었다며 "1985년 2월 장성광업소 노조 지부장 선거를 앞두고 대의원 출마자 김근택 등에게 직선제 관철을 종용하면서 극렬 투쟁을 조장하던 중 3월 1일 소요가 유발되자 철암갱 광부 200여 명을 배후 선동, **사북사태와 같은 대규모 폭동**(강조는 인용자)으로 확산시키려고 획책하는 등 암약하다 검거"되었다는 것이다.[66] 즉, 전두환 정권은 단순 노동 쟁의와 노동 쟁의 과정에서 일어나는 폭력을 분리해 내고, 폭력을 '제2의 사북'으로 호명 및 규정했다.

앞 장에서 살펴본 것과 같이 전두환 정권은 사북에 특별한 관심을 표현하고 있었다. 〈표 1〉에 정리한 것과 같이 사북에 수많은 시찰단이 온 것은 정부가 탄광촌에 보이는 관심을 홍보하는 수단이었다. 그와 동시에 '제2의 사북'을 막기 위해 쟁의 위험 지구인 사북을 감시하는 의미이기도 했다. 전두환 정권은 사북에 특별한 관심을 드러냄과 동시에 사북을 무법 지대로 규정함으로써 '폭도이면서도 정부 시혜의 대상이 된 막장 인생'인 사북의 탄광 노동자들을 침묵하게 만들고 강력하게 억눌렀다.

---

65 「장성탄광 농성 빠른 수습에 노동부 안도의 한숨 제2 사북 될까 걱정도」, 『경향신문』, 1985. 3. 7.
66 「5개 고정 간첩망 타진 안팎」, 『경향신문』, 1985. 11. 1; 「5개 간첩망 개인별 범죄 사실 북괴 대남 도발 다각화 입증」, 『매일경제』, 1985. 11. 1.

반대로 '제2의 사북'이 추동되길 기대하는 사람들도 있었다. 이한빛의 연구에서 충분히 지적된 것과 같이 사북항쟁 이후 많은 사회운동가들이 사건에 대한 의미 부여와 평가를 시도했다. 광산노조와 한국교회사회선교협의회 등은 사북항쟁의 필연성을 강조하고, 사건에서의 폭력을 공권력에 대한 승리로 의미 부여했다. 소설가 박태순과 조세희는 르포와 산문집을 통해 사북항쟁의 당사자성을 요청했고, 노동운동계에서는 사북항쟁을 광산 노동운동의 시발점이지만 조직화의 한계가 있었던 것으로 평가하기도 한다.[67]

조직화의 한계를 극복하기 위해 1984년경부터는 황인오를 비롯한 강원대 위장 취업 학생들이 사북에서 활동을 시작했다. 황인오는 1984년부터 사북성당에서 청년회 모임을 꾸려 '운동권 노래'를 전파했다.

> 구술자 : 84년 말에 내려가 성당에 나가면서 청년회, 그때는 뭐 어느 데고 청년들이 우글우글 하잖아요. 청년들이 한 이삼십 명 있었는데 그 중에 절반가량은 광산에 다니는 사람들이고, 아닌 사람들도 있고 (…) 그래서 뭐 노래부터 가르치는 거예요. 〈사노라면〉이라는 노래. 요즘은 유행하지만 그때는 거기 걔네들은 듣도 보도 못한 노래거든. 뭐 그런 노래하며, 운동권 노래 많잖아요. 빼앗긴 들에도 어쩌고 이런 거. 아, 신선하고 좋잖아요. 누구한테 요청해서 서울에서 사물놀이 이런 거 하는 애 하나 가끔 불러다 청년들 같이하고. 이러면서 분위기를 조금 잡아 나가고.[68]

황인오는 노래를 같이 부르는 것에서부터 조직화의 분위기를 잡아간

---

67 이한빛, 「노동운동 시대의 탄광 재현: '사북사건'이후 탄광소설을 중심으로」, 『역사문제연구』 41, 2019.
68 강원대 위장 취업 학생들의 활동은 아직 명확히 밝혀진 것이 없다. 황인오의 구술을 통해 그들이 사북에 가진 태도를 간접적으로나마 확인할 수 있었는데, 황인오의 입장에서 강원대 학생들은 빠른 노조 개혁을 꿈꾸었으나 황인오가 제동을 걸면서 서로 부딪쳤다고 한다. 황인오, 앞의 책, 434쪽.

다고 생각하고 있었다. 그러던 중 김수환 추기경이 사북에 광산 체험을 위해 방문하고, 황인오는 자신이 작성한 「사북사태 보고서」를 토대로 사북의 상황을 브리핑한다. 그 일을 계기로 황인오는 황산근 신부를 통해 가톨릭광산노동상담소를 중심으로 사북에서 노동사목을 시작했다. 고한 영일탄광의 매몰 사고 보고서를 전국 광산에 돌리는 것을 시작으로 그는 김영진 신부와 함께 다양한 산재 사건을 중재하고, 사역을 통해 지역 노동운동의 역량을 키우고자 했다.

사북항쟁 후 정부와 사회운동가들의 시선은 사북을 폭발적 투쟁의 가능성이 존재하는 곳으로 본다는 점에서 서로 교차하고 있었다. 정부는 이 가능성을 감시와 폭력으로 억압하려 했고, 사회운동가들은 조직화로 추동하고자 했다. 그러나 당시 사북에서 '제2의 사북사태'란 사실상 불가능했다. 사북항쟁 참여자들은 이미 징역살이를 하고 있어 부재했고, 기존 연구에서 이미 밝혀진 것과 같이 사북에서도 사회정화사업이 일상적 지역 감시 체계로 작동하고 있었다.[69] 특히 탄광촌은 광산을 중심으로 생활권을 공유하기 때문에 국가의 감시 체제는 기업, 지역민 단위까지 중첩되어 사북항쟁 참여자들을 짓눌렀다.

동원탄좌는 사북 지역의 경제적, 문화적 중심으로 "동원탄좌의 흥망성쇠가 곧 사북의 발전사"라고 평가되기도 한다.[70] 그만큼 동원탄좌는 탄광 노동자들과 지역민들의 생활에 깊이 관여했다. 심지어 학교 체육대회도 광업소 승인이 있어야 개최될 정도였다.

그때 당시만 해도 체육대회는 광업소 승인이 없으면 못 합니다. 작업 일수가 30일인데요, 하루 노는 날이라고 정하지 않으면 학부모 아무도

---

69 일상적 지역 감시 체계로서의 사회정화사업에 대해서는 유정환, 「1980년대 초반 전두환 정부의 사회정화사업 시행과 지역감시체계 재편: 지역정화위원회의 활동을 중심으로」, 『역사문제연구』 40, 2018 참고.
70 김세건, 앞의 논문, 155쪽.

안 갑니다. 파출소나 학교 이런 기관 단체 연료를 회사에서 무상으로 다 대줍니다. 60년대에서 70년대에 사북파출소 연탄을 광업소에서 대줍니다. 광업소에서 연탄을 대줘야 관공서, 파출소에 연탄을 땔 거 아닙니까? 그러니까 눈치를 안 보면 안 되는 거죠. 말하자면 여기는 개인 사업자가 하나 없으니까 포크레인을 한 번 빌려 쓴다거나, 초상집에 관을 만들려고 자르는 것도 광업소에서 안 해 주면 아무것도 못합니다. 그러니까 광업소장이면, 읍면장이나 파출소장이 발령을 받으면 인사를 오죠.[71]

대부분의 학부모가 탄광 노동자였기 때문에 학부모가 참석하는 학교 행사를 개최하기 위해서는 광업소 승인이 필요했고, 모든 중장비를 갖추고 있는 유일한 기업으로서 지역 내의 대소사 모두에 동원탄좌의 개입이 필수적이었던 것이다.

동원탄좌와 탄광 노동자들의 관계는 앞서 소개한『고충사항 접수 및 처리대장』문서철에도 잘 나타나 있다. 주요 요청 사항은 급여 가불이나 긴급 대부 요청, 사택과 관련된 것이었다. 급여 가불이나 긴급 대부 요청을 하는 이유는 대체로 자녀 학자금·처의 출산·동생 결혼 등 집안 대소사 때문이었고, 사택은 주로 현관문 파손 보수나 우물 옆 외등 보수 등 주거 환경 정비와 관련되어 있었다. 가족이 늘어나 방이 부족하다며 사택 이주를 요청하거나, 광부가 광업소 소장에게 본인 결혼식 주례를 요청하는 것도 볼 수 있다.[72]

체육대회, 결혼식뿐만 아니라 지역 경로잔치도 회사에서 맡는다. 1981년 10월에 '여원회'라는 조직이 구성되는데, 이 조직은 사내 여사원들을 의무 가입시키고 그들의 월급 일부를 회비로 충당해 운영했다. 이들의 역할은 불우 이웃 돕기, 입원 환자 위문, 경로 위안 잔치, 사회 정화 계몽 운

71 조동희 (전)동원탄좌 사북광업소 기획부장, 『정선군 고한·사북 남면 구술사 채록집』, 3·3기념사업회, 2013, 92~93쪽.
72 사북광업소 총무과, 『고충사항 접수 및 처리대장』, 1984, 동원탄좌 석탄유물보존관 소장.

동 등 사내 조직이라기보다는 마치 마을 부녀회 조직과도 같았다.[73]

이 사례들은 지역 내 다양한 규모의 행사부터 탄광 노동자들의 대소사, 그리고 그들 일상의 세밀한 부분까지 동원탄좌가 관여하고 있었음을 보여 준다. 이처럼 기업이 지역에 긴밀히 관계를 미치는 구조에서 지역 내 사회 정화 계몽 운동은 광업소의 여원회가, 회사 내 부서별(지역별) 문제 요인을 색출해 내는 역할은 동원탄좌의 정화추진위원회가 맡았다.[74] 사북광업소 내에서 공공연히 자행되던 암행독찰제가 사북항쟁 후에는 정화추진위원회로 공식화된 셈이다.

사북광업소의 1979년 단체협약서와 1980년의 것을 비교해 보면 사북항쟁 후 체결된 단체협약 역시 노동 쟁의를 억압하는 방향으로 변경된 것을 알 수 있다. 먼저 조합 활동 승인과 관련해서 보면 "1979년에는 조합 활동의 편의를 최대한 봐주고 그 시간을 근무 시간으로 인정해야 한다"라고 명시되어 있으나, 1980년이 되면 활동을 승인받아도 반드시 서면 통보를 거쳐야 하는 것으로 절차가 추가되었다.

더 중요한 것은 조합원에 대한 징계, 면직 사유가 1980년에 신설된다는 것이다. 또한 면직 사유도 몇 가지 추가되는데, '노사 합의 없이 회사 시설 내에서 종업원을 선동하여 서명 날인을 받은 자', '허위 사실을 관계 기관에 진정 내지는 고발한 자', '회사나 조합의 승인 없이 공문이나 공고문을 사내에 부착하여 종업원을 선동하는 자'에 대한 규정이다. 1979년 단체협약서 제7조 홍보 활동에는 "공안 질서를 해치치 않는 범위 내에서 인쇄물의 첨부 및 배포, 방송 또는 연설을 할 수 있다"라고 명시되어 있으나 사북항쟁을 겪은 후 이 조항을 삭제하고 징계와 면직 처분을 하는 것으로 변경한다. 이로써 사북항쟁 후 징계와 면직 사항이 엄격

---

73 동원탄좌개발(주) 사북광업소 여원회, 「여원회 회칙」, 『소내규정』, 1981. 10, 동원탄좌 석탄유물보존관 소장.
74 동원탄좌개발(주) 사북광업소, 「정화추진위원회 회칙」, 『소내규정』, 1982. 7. 1, 동원탄좌 석탄유물보존관 소장.

해졌으며, 특히 선동과 고발에 대한 규정이 강해진 것을 알 수 있다.

이와같이 사북항쟁 후 단체협약은 노동 쟁의를 일으키기 더욱 어려운 조건으로 변경되었고 사내 정화추진위원회는 위험 분자들을 감시하고 있었다. 사북항쟁 참여자들은 출소 직전 경찰서장에게 노동 쟁의에 절대로 가담하지 말라는 엄포를 받았으며, 이후 경찰의 지속적인 감시를 당한다.[75] 이원갑처럼 소요를 재기할 수 있는 중심인물은 광업소 소장이 직접 나섰다. 그가 출소한 후 광업소 소장이 "아직도 당신을 추종하는 세력들이 많이 있으니까, 이 고장을 좀 떠나 달라"고 하였는데, 그가 거절하자 "1,500만 원을 주고, 이사까지 시켜"주겠다며 회유하려 들었던 것이다. 그는 결국 "앞으로 난 동원탄좌 욕 안 하고, 그 사람들 내 추종하는 세력이 있다 그러더라도 난 그 사람들 충동질 안 하겠다. 그러니까 내 살아가는 데만 방해하지 마라"는 합의하에 사북에 남을 수 있었다.[76]

사북항쟁에 적극 참여했던 윤병천과 최돈혁의 경우 집행유예로 풀려난 후 회사에 복직하지만 결국 관두고 말았다.[77] 군 사령부에서는 출소하는 사람들을 모두 불러 "다 복직 되니까 일이나 열심히 하시고 이제 그런 짓 하지 말라"며 복직을 약속해 주었지만 그들은 이미 위험 분자로 낙인 찍혀 있었기 때문에 은근한 따돌림에 시달려 일을 지속할 수 없었다.[78]

면담자 : 경찰서까지 갔다가, 또 군법 재판까지 받고, 집행유예이긴 하지만 징역을 받게 되셨는데 주변 사람들은 뭐라고 그래요?

구술자 : 주변 사람들이 안 대할라 그래요. (면담자: 피했어요?) 네. 피하고 접촉을 안 할라 그러더라고요. 그게 인제 얘기가 '이 사람하고 내

---

75 김세림, 앞의 논문, 36쪽.
76 이원갑, 『1980년 사북: 항쟁의 발발과 명예회복 과정』, 도서출판 선인, 2020, 132쪽.
77 최돈혁은 1980년 4월 10일 광노 사무소 농성부터 이원갑과 함께한 인물이고, 윤병천은 1980년 4월 21일 지서 사무실과 광업소 사무실에서 주도적으로 항의 농성을 했다.
78 윤병천, 『1980년 사북: 항쟁과 그 이후의 삶』, 도서출판 선인, 2020, 76쪽.

하고 잘못 얘기하다 보면 나도 같이 회사에서 찍힌다.' 이런 관념이 있었는 거 같아요. 그래가지고 주변 사람들이 안 만날라 그래요.

면담자 : 그 전에 잘 지내던 분들도?

구술자 : 그럼요.

면담자 : 그때부터는 술 마실 친구가 없었겠네요?

구술자 : (구술자 부인) 혼자 마셔요. 맨날 혼자 마셔요. (웃음) 그런데 그 전에 술 먹고 뭐 이렇게 얘기하던 몇몇 사람들은 서로의 심정을 아니까, 뭐 자리 같이 앉게 되더라고요. (…) 그랬는데 이제 주로 밖에 나오면은, 밖에서 생활할 적에 보면은 사람을 완전히 계속 꺼린다고. 그게 참 죽겠더라고요.[79]

최돈혁은 1979년 광산노조 항의 방문부터 이원갑과 함께한 인물로 사건 후 집행유예를 선고받았다. 그는 복직 후 약 6년가량 사북광업소에서 일했는데, "이런 관계가 돼 있으니까 회사 눈치도 좀 봐야 되겠고", 성격에 맞지 않는 일을 많이 시키면서 "뺑뺑이 돌리는 것 같"아 결국 퇴직했다. 제일 힘든 것은 같이 일하는 사람들이 회사에서 '찍힐까 봐' 그를 꺼리는 것이었다.[80] 퇴직 후에는 철암에서 장사를 시작했지만, 사건 주모자라는 이유로 소외는 여전했다.

사북항쟁 당시 경찰차에 치였던 원일오의 사례를 보면 집행유예를 선고받은 사람들뿐만 아니라 쟁의 과정에서 부상을 당한 사람들, 고문 피해자들도 복직에 어려움을 겪었다는 것을 알 수 있다.

구술자 : 강제 퇴직을 시켰어요. 그래가지고는 우리 네 살 먹은 아들 저 갖다 놓고, 내가 남의 집 애 봐주고, 식당 설거지하고, 저 목욕탕 청소 일도 하고. 또, [남편이] 이제 직원이 아니니까 사택에서 나가라고 이러는데 나갈래니 나갈 돈이 있나, 뭐. 그래가지고 문짝을 떼 가지

79 최돈혁, 『1980년 사북: 항쟁과 그 이후의 삶』, 도서출판 선인, 2020, 210~211쪽.
80 최돈혁, 앞의 책, 214~215쪽.

고 간 거야. 회사에서 문짝을 떼어 가져가서 또 달아가지고 한 1년 더 [사택에서] 버티다가 자꾸 나가라고 발공하고[발광하고] 이래.[81]

원일오는 1980년 4월 21일 경찰차에 치어 사북항쟁이 격화되는 계기가 된 인물이다. 그의 부인인 장분옥에 따르면 원일오는 사고 후 후유증으로 복직하지 못했고, 회사에서 강제 퇴직 당하면서 사택에서도 쫓겨났다. 장분옥이 회사에 찾아가 "지랄"을 한 덕에 1년간은 사택에 머무를 수 있었지만 제대로 된 보상은 받지 못했다. 원일오의 건강은 쉽게 나아지지 않았고, 장분옥이 갑작스럽게 생계를 책임지게 되면서 결국 이들은 생계 수단을 찾기 위해 다른 지역으로 떠날 수밖에 없었다. 그의 사례에서도 볼 수 있듯이, 사북항쟁으로 의법 처리를 당하지 않았더라도 고문과 부상으로 인한 신체적 고통은 많은 사람들의 복직을 힘들게 만들었을 것이다.

특히 '광산지역종합개발계획'으로 사북에 나타난 가시적 변화는 사북항쟁 참여자들을 더욱 고립시켰다. 이원갑, 최돈혁, 윤병천 모두 사북항쟁의 가장 큰 성과를 복지회관과 목욕탕 설립에 있다고 강조한다.

구술자 : 사실 대통령이 탄광촌 여기 올 일이 없잖아요. 우리 그 사건 없었으면 뭐 하러 여기 옵니까. 다른 데도 바빠서 못 갈 판인데. 하여튼 전두환이가, 대통령이 왔다 감으로써 그런 복지시설이라든가 이런 게 조금…. 이제 그 장학금 제도도 사실상 정부에서 안 하면요, 그게 하기 힘든 거거든요. 그러니까 정부에서 장학금 제도, 광부들 장학금 제도도 만들어 주고. 뭐 이런 데 대해서는 우옛든 뭐 공적이 있다고 생각하는 거고. 그렇다고 말이지 뭐 전두환 씨가 우리나라 정치사에 길이 남을 좋은 사람이다, 이런 생각은 가진 사람이 없어요.[82]

---

81 장분옥, 『1980년 사북: 여성의 탄광살이와 항쟁 참여』, 도서출판 선인, 2020, 146쪽.
82 이원갑, 앞의 책, 139쪽.

이원갑은 특히 사북항쟁 후 대통령이 탄광촌까지 왔던 것을 주요하게 여기며 이후 사북에 생긴 여러 가시적 변화들을 사북항쟁의 긍정적 효과라 평가한다. 그러나 앞서 서술한 것과 같이 탄광 노동자의 생활 안정을 목표로 한 개발 계획은 사북에 복지회관과 목욕탕을 세워 주었지만, 증산의 부담은 여전했고 실질 임금에도 큰 변화는 없었다. 정부는 "제2의 사북사태"를 호명하며 사북을 지속적으로 폭력적인 곳이라 규정했고, 노동계 정화부터 직장 단위까지 정화추진위원회를 구성해 노동 쟁의를 일으킬 수 있는 위험 분자들을 제거했다. 사북항쟁 후 새로 결성된 노동조합은 여전히 노동 쟁의 가능성을 억압하고 있었다.

동원탄좌를 중심으로 생활권을 긴밀히 공유하는 사북 지역은 사북항쟁 이후 모든 탄광 노동자들이 감시와 억압의 강화를 공유해야만 했다. 사북항쟁 참여자들은 징역살이나 퇴직 등으로 석탄장학금의 혜택도 받지 못한 채 생계를 해결하기 위해 동분서주했고, 사북항쟁 참여자가 아닌 이들은 회사에 '찍힐까 봐' 두려워하며 그들을 피했다. 한편으로 원일오는 "국가 차가 그랬으니 국가에서 보상 무진장 받아가지고 아주 떼부자"됐을 거라 짐작한 사람들이 있었지만, 정작 당사자는 경제적 어려움을 겪으며 평생 후유증에 시달렸다.[83]

회사 생활을 유지하지 못한 참여자들은 결국 지역에서도 떠났다. 특히 성적 고문을 당한 부녀자들은 공포감과 성적 수치심으로 "자다가도 벌떡 벌떡 일어나"다가 "어떤 아줌마는 정신병원에 갔다고도 하고, 지나고 나서 반 이상이 사북을 떠났"다고 한다.[84] 황인오도 1985년 사북에 갔을 때 사북항쟁 참여자 중 남아 있는 사람들보다 떠난 사람들이 많았다고 기억했다.[85]

---

83 장분옥, 앞의 책, 150쪽.
84 사북청년회의소, 앞의 책, 2001, 77~78쪽(손인숙 수녀, 박○○ 구술 재인용).
85 1985~1987년의 정선군 『통계연보』에 따르면 사북의 인구수는 1만 2,000가구 수준으로 유지되는데, 매년 전입과 전출 수가 각 약 9,000여 명에 이른다. 매년 많은

'가시적 복지'와 폭력의 공존은 사북항쟁 참여자와 비참여자 모두를 억압하고 서로 간 오해를 자아냈고, 그 오해는 현재까지 영향을 미치고 있다. 최돈혁과 윤병천은 "우리가 복지재단이고 다 만든 건데" "고맙단 인사 한마디" 없는 사람들 때문에 여전히 지역에서의 소외감을 느낀다. "우리가 있었기 때문에 당신 자식들 대학 가고 다 그랬"지만 오히려 주변인들에게 소외당했고, 폐광까지 근무하지 못해 강원랜드 복지재단 정회원이 되지 못했기 때문이다.[86] 그러나 살펴본 것과 같은 구조적 폭력이 존재하는 한 비참여자들이 그들에게 감사할 수만은 없었을 것이다.

사람들이 떠나고 또 새로운 사람들이 이주해 오고 있었던 것이다. 황인오, 앞의 책, 439쪽; 정선군, 『통계연보』, 1985~1987년.
86 최돈혁, 앞의 책, 217쪽; 윤병천, 앞의 책, 113쪽.

맺음말

최대 규모의 민영 탄광인 동원탄좌 사북광업소의 노동 쟁의는 석탄 수급 자체에 위협이 되는 사건이었다. 석탄 수급이 원활히 이루어지지 못할 경우 그 파급력은 대도시까지 미칠 수 있었기 때문이다. 전두환 정권이 사북항쟁을 탄압 일변도가 아닌 하사금과 위로품 등으로 수습하려 했던 내막에는 증산과 석탄 수급이라는 경제적 필요성이 있었다. 이에 사북항쟁을 계기로 광부 처우 개선을 위한 종합적 대책 수립의 필요성이 환기되었으며, '광산지역종합개발계획'으로 이어진다. '광산지역종합개발계획'은 특히 탄광 노동자의 생활 안정을 통한 정착을 유도함으로써 증산에 전념하도록 만드는 데 있었다.

'광산지역종합개발계획'의 대상에서 사북은 상위권에 속해 있었다. 종합개발계획이 실시됨에 따라 사북에는 종합욕장과 직원 아파트 등 눈에 띄는 변화들이 생긴다. 그러나 석탄 산업은 심부화의 부담에 증산을 지속하기가 어려웠으며, 유가는 다시 안정화되고 있었다. 1978년부터 1986년 이후 석탄 산업이 사양화될 것이라는 전망이 있었고, 전두환 정권은 에너지 다원화를 위해 도시가스 개발을 추진하고 있었다. 그에 더해 1988년 서울올림픽을 대비하며 연탄과 같은 '비위생적'인 것을 숨기고 연료 정책을 도시가스로 전환하려 했다. 증산을 강조하고 있었으나, 사실상 석탄 산업은 사양화의 길로 접어들고 있었던 것이다. 이에 전두환 정권은 「광업법」 개정부터 1985년 「석탄산업법」과 같이 몇 차례의 법안 발의를 통해 탄광 구조 조정을 법적으로 강제했다. 이는 석탄 증산을 위한 과감한 투자보다는 생산 실적이 담보되는 대단위 탄좌만 남기고 정부 지원을 집중하려는 것이었다.

이 과정에서 '광산지역종합개발계획' 역시 축소되고 있었으며, 동원탄좌 사북광업소에 설립된 목욕탕과 도서관은 제대로 운영되지 않았다.

사북의 교통 상황 역시 1988년까지도 기차가 유일한 교통수단이었으며, 의료 시설 충원도 제대로 이루어지지 않았다. 이를 통해 보면 '광산지역종합개발계획'으로 수행된 사업들은 가시적이긴 했으나 현실성이 부족한 것이었다. 무엇보다 탄광 노동자들의 생활을 안정시키기 위해서는 임금 현실화와 탄가 현실화가 가장 주요했지만 전두환 정권은 저탄가 정책을 강제하고 있었다. 저탄가와 증산이 양립하기 위해서는 탄광업계와 광부의 희생을 필요로 하게 되는데, 실질 임금 인상과 탄가 현실화 없는 '광산지역종합개발계획'의 후생 복지는 '제2의 사북사태'를 막기 위한 임시적 완충 역할을 할 뿐이었다.

후생 복지라는 명목의 광산 개발은 정권이 광산 지역에 주는 '시혜'로 포장되어, 수시로 이루어지는 사찰을 정당화시켰다. 정권은 "제2의 사북사태"를 막기 위해 시찰 겸 사찰을 수없이 시행했다. 또한 전두환 정권은 사북에 특별한 관심을 드러냄과 동시에 사북을 '무법 지대'로 규정함으로써 "폭도이면서도 정부 시혜의 대상이 된 막장 인생"인 사북의 탄광 노동자들을 침묵하게 만들었다.

사북에서 '제2의 사북사태'란 사실 불가능했다. 사북항쟁 주도자들은 이미 징역살이를 하고 있었고, 동원탄좌를 중심으로 사회정화사업이 일상적 지역 감시 체계로 작동하고 있었기 때문이다. 사북항쟁 후 새로 작성된 단체협약 역시 노동 쟁의를 억압하는 방향으로 변경되어 노동 쟁의를 일으키기는 더욱 어려운 조건이 되었다. 사북항쟁에 참여한 사람들은 회사에 복직해도 이미 위험 분자로 낙인찍혀 있기 때문에 은근한 따돌림에 시달렸고, 고문 후유증 또는 부상으로 신체적 고통을 겪는 사람들은 사북항쟁으로 인한 의법 처리를 당하지 않았더라도 복직은 어려웠을 것이다.

사북항쟁 이후 사북 지역의 변화상은 기존 연구에서 밝힌 지역 감시 체계의 실상을 보여 준다. 1980년대 전두환 정권의 사회 통제 방식은 '폭력과 자율'을 동시에 제공하는 것이었고, 이는 사북에도 유사하게 적용되었다. 사북은 정권이 특별히 관심을 갖는 탄광촌으로 부상하면서도 동시에 강력한 억압과 폭력을 당했다. 사북항쟁 참여자들은 쟁의는 일으켰지만 일말의 혜택에서도, 지역에서도 배제될 수밖에 없었다. 이들은 결국 사북을 떠날 수밖에 없었고 남은 사람들은 온전히 감시당할 수밖에 없었다. 그것이 지역 내에서의 불신과 미움을 자아내는 시작점이었다. 폭력과 공포, 주민 사이의 오해와 미움, 노동자 배제와 복지, 도시 개발과 전시, 시찰과 감시, 이 모든 것이 얽혀 있는 것이 당시의 사북이었던 것이다. 그 오해는 현재까지도 이어지고 있다.

본고는 사북항쟁 이후의 사북 지역의 변화상을 전두환 정권이 사북에 약속한 후생 복지 사업을 중심으로 살펴보았다. 이를 통해 '광산지역종합개발계획'으로 연결되었던 사북에 대한 관심은 '가시적 복지' 이상이 되지 못했다는 것을 지적했다. 그러나 이를 더욱 종합적으로 논증하기 위해서는 '광산지역종합개발계획'의 대상이 되었던 다른 지역들이 어떻게 변화했는지를 살펴 비교해 봐야 할 것이다. 이는 개별 연구가 필요한 것으로, 추후의 연구로 보완해 가고자 한다.

【참고문헌】

〈자료〉

동력자원부, 『광산지역종합개발(조정)』, 1981.

동력자원부, 『광산지역종합개발계획 조정(안)』, 1983. 5.

동원탄좌, 『현황』, 1987, 정선군 사북읍 뿌리관 소장.

동원탄좌개발(주) 사북광업소, 『소내규정』, 1981, 동원탄좌 석탄유물보존관 소장.

동원탄좌개발주식회사 사북광업소, 『단체협약서철』, 1978~1986.

사북광업소 총무과, 『고충사항 접수 및 처리대장』, 1984, 동원탄좌 석탄유물보존관 소장.

사북광업소, 『퇴직자인사기록카드(1980~1985)』, 1980~1985, 동원탄좌 석탄유물보존관 소장.

사북광업소, 『퇴직사원인사카드(1986년도~1989년도)』, 1986~1989, 동원탄좌 석탄유물보존관 소장.

이원갑·신경·황인오·김세림·김아람·문민기·장미현·후지타 타다요시, 『1980년 사북: 항쟁의 발발과 명예회복 과정』, 도서출판 선인, 2020.

이명득·장분옥·조순란·이옥남·김세림·김아람·문민기·장미현·후지타 타다요시, 『1980년 사북: 여성의 탄광살이와 항쟁 참여』, 도서출판 선인, 2020.

윤병천·최돈혁·이정근·김세림·김아람·문민기·장미현·후지타 타다요시, 『1980년 사북: 항쟁과 그 이후의 삶』, 도서출판 선인, 2020.

〈단행본〉

강원도 정선군 사북읍, 『사북읍지』, 2012.

국가기록원, 『중요 공개기록물 해설집 Ⅶ : 30년 경과 국가기록물 공개재분류. 7. 에너지 정책 편』, 국가기록원, 2015.

김수환 구술, 『추기경 김수환 이야기: 김수환 추기경 회고록』, 평화신문, 2009.

대한석탄공사, 『대한석탄공사 50년사』, 2001.

사북청년회의소, 『탄광촌의 삶과 애환』, 선인 2001.

석탄산업합리화사업단, 『한국석탄산업사』, 1990.

안재성, 『타오르는 광산·1980년대 광산 노동운동사』, 돌베개, 1988.

전국노동조합협의회, 『1980·1989 백서01 기나긴 어둠을 찢어버리고』, 전국노동
조합협의회백서발간위원회, 1997.

정선군, 『정선군 석탄산업사』, 정선군, 2004.

3·3기념사업회, 『정선군 고한·사북 남면 구술사 채록집』, 3·3기념사업회,
2013.

〈논문 및 기타〉

김건흡, 「80년대 석유산업의 회고」, 『석유와 에너지』 12, 1989.

김두영 「석탄광업 육성을 위한 지원제도의 개선 방안에 관한 연구」, 『인하대학교
산업과학기술연구소 논문집』 11, 1983.

김세건, 「"찌들은 몸": 사북 지역의 탄광개발과 환경문제」, 『비교문화연구』
10(1), 2004.

김세림, 「사북의 기억: 구술이 역사학에 주는 가능성」, 『구술사연구』 8(2), 2017.

대한석유협회, 「80년대 석유산업 주요일지」, 『석유와 에너지』 12, 1989.

박철한, 「사북항쟁연구: 일상·공간·저항」, 서강대학교 정치외교학과 석사학위
논문, 2002.

박해남, 「1988 서울올림픽과 시선의 사회정치」, 『사회와 역사』 110, 2016.

유정환, 「1980년대 초반 전두환 정부의 사회정화사업 시행과 지역감시체계 재
편: 지역정화위원회의 활동을 중심으로」, 『역사문제연구』 4, 2018.

이한빛, 「노동운동 시대의 탄광 재현: '사북사건'이후 탄광소설을 중심으로」, 『역
사문제연구』 41, 2019.

정헌주, 「석탄산업과 탄광노동자계급의 성장과 쇠퇴」, 『지역사회학』 5, 2004.

사북의 기억: 구술이 역사학에 주는 가능성

김세림

머리말

1980년은 한국 현대사의 큰 '경계선'이 되는 때였다. 박정희 사망 후 신군부의 정권이 시작된 해이며, 서울의 봄을 거쳐 광주의 '그날'이 있었다. 한편으로 같은 해 강원도 정선의 사북에서는 5·18 약 한 달 전, 동원탄좌 탄광 노동자들의 격렬한 노동운동이 벌어졌다. 이 노동운동은 1979년부터 제기되고 있던 당시의 사북광업소 노조 지부장에 대한 불만, 노조 지부장 선출 방식에 대한 항의, 탄광 노동자들의 처우 개선 등 탄광 노동 전반을 둘러싼 복합적인 문제가 1980년에 들어 폭발한 것이었다. 광부를 포함한 지역 주민은 1980년 4월 21일부터 24일까지 4일 동안 사북을 점거해 노조 지부장 사퇴와 임금 인상 등을 요구하며 경찰과 대치했다. 대치 과정에서 광부 두 명이 경찰의 지프에 치여 중상을 입는 사건이 일어나자 투쟁의 강도는 폭발적으로 거세져 경찰 병력 약 600여 명이 사북에 배치되었으며, 사북 전체가 노동운동의 격전지가 되었다. 항쟁은 4일 만에 종결되었는데, 노동자 대표와 관계 당국은 24일 노조 집행부의 사퇴, 회사 부담으로 부상자 치료 및 보상, 피해 주택 복구, 상여금 400% 인상 등을 합의했다.[1]

4월 24일 이후 사북은 빠르게 수습되는 것으로 보인다. 4월 28일부터 사북광업소는 정상 조업을 시작하고 주민들은 읍내 복구 작업을 실시했다. 전두환이 대통령에 취임한 직후인 1980년 9월 6일 계엄사 시정 지시 조치 사항에는 '상여금 250%를 400%로 인상하고, 1, 2월 인상 소급분 20%를 5월 말 지급, 임금 인상 시 도급 인상율 보장, 1979년 징계자 상여금 삭감분(59명) 5월 말 지급, 소요 사태 부상자 치료비 및 가옥 파손 수리비 전액 회사 부담, 소요 사태 기간인 4일간 휴업 수당 지급, 복역자 생계비 보조, 석방자에 대한 사후 조치, 종업원 사기 앙양을 위한 수련대회 개최' 등의 명령이 있었다.[2]

전두환 정권은 사북항쟁 후 사북 지역에 복지를 약속하며 사북을 정권 홍보에 적극 활용했다. 그는 취임 한 달 후 사북을 방문해 인근 국민학교에 문구류 및 하사금과 하사품을 전달하고, 사북과 고한 지구 상수도 시설 확장에 15억 원을 지원하기로 약속하는 등 지역에 시혜적인 모습을 보였다. 그리고 사북 지역의 선산부인 이호구를 '광부 영웅'으로 만들어 사북항쟁의 확산을 막은 모범 광부로 추대했고, 1983년 그에게 광

---

1 정선지역발전연구소, 『1980년 4월 사북 (사북사건 자료집)』, 정선지역발전연구소, 2000, 52쪽.
2 강원도 정선군 사북읍, 『사북읍지』, 2012, 155쪽.

부 최초 동탑산업훈장을 수여했다.

한편, 진실·화해를 위한 과거사정리위원회(이하 '진실화해위원회')에 따르면 사건 종결 이후인 5월 6일부터 6월 17일까지 1군계엄사 '사북사건합동수사단'이 200여 명의 주민들을 정선경찰서로 연행해 물고문, 구타 등을 했고 임산부를 포함해 40~50여 명의 부녀자를 상대로 성적 가혹 행위를 저질렀음이 밝혀졌다.[3] 사북항쟁으로 인해 경찰에 연행된 사람들 중 28명은 '계엄포고령 위반, 소요, 특수 공무 방해, 폭력 행위' 등으로 형을 선고받았다. 그중 3년 이하의 징역을 선고받은 24명은 집행유예와 형집행면제 조치를 받아 석방되었고, 이원갑과 신현이는 징역 5년, 신경과 조행웅은 징역 3년을 선고받았다.

사북항쟁 이후 관련자들은 정권의 감시 속에 침묵할 수밖에 없었고, MBC에서는 1986년 이호구의 생애를 방송으로 극화해 〈어둠 속의 빛 이호구〉라는 특별기획방송을 내보내기도 한다. 이 방송에서 이ㅇ구는 자치방범대를 조직해 지역의 비밀댄스홀 등을 기습하며 폭력과 유흥이 난무하는 사북 지역을 계도하는 지도자로 그려진다. 전두환 정권은 사북 지역을 개발하면서도 탄가나 노동자들의 임금 문제 조정과 같은 근본적인 문제 해결은 피하고 사북 지역에서 '노동운동'을 지우려고 했다.[4] 그때문에 사건에 대한 자료는 재판 기록과 당시 언론의 보도 자료 외에는 거의 남아 있지 않으며, 남겨진 자료 역시 계엄이라는 시기적 특성상 교차 검토가 반드시 필요하다. 오히려 사북항쟁을 재구성하는 데에는 문헌자료보다는 관련자들의 구술이 결정적 자료가 될 것이다.

사북항쟁은 다큐나 문학, 기타 저작물 및 운동사적 측면에서 자주 언급되었으나, 학술적 연구 주제로 다룬 것은 박철한의 석사학위 논문이

---

3 진실·화해를 위한 과거사정리위원회, 「80년 사북사건」, 『2008년 상반기 조사 보고서』, 2008, 과거사관련업무지원단 제공.
4 이 책에 실린 김세림의 앞 논문 참조.

처음이다. 박철한은 사북항쟁 관련자들을 인터뷰해서 「사북항쟁 연구」를 썼다. 그는 주로 사북항쟁이 발발하게 된 원인을 분석하는 것에 초점을 맞추어 "1. 탄광 이주, 2. 탄광의 일상 정치는 어떻게 구성되는가, 3. 사북노동항쟁의 폭발과 추이 과정, 4. 대안 세계"로 주제를 나누어 질문을 구성했다. 그가 인터뷰한 대상은 총 16명으로, 사북항쟁 당시 연령대는 40대가 9명, 30대가 4명, 20대가 2명, 50대가 1명이었다. 구술자 중 6명은 주부이고 7명은 광부, 3명은 감독관 이상의 관리자였다.

그는 1980년 권위주의 국가 체제 아래 어떻게 사북에서 폭발적 저항이 일어날 수 있었는지 탄광의 일상 문화를 통해 분석하고자 했다. 그리고 궁극적으로는 사북 탄광촌의 민중 공동체를 발견해 냄으로써 사북항쟁에 조직력이 부재했다는 운동사적 비판을 반박하고자 했다. 이에 '경찰·암행독찰대·노동조합·새마을운동 지도자'로 이어지는 항시적 억압과 감시 속에서도 사택, 선술집, 빨래터에서 탄광 자본에 대한 불만을 공유하며 연대를 형성해 갔던 사북 탄광촌의 일상적 정치를 구술로 드러냈다. 특히 사북에서 저항이 일어날 수 있었던 가장 큰 원인으로 1979년부터 신경과 이원갑을 중심으로 형성된 비공식적 조직과 탄광 지역 내 지배·피지배계급의 철저한 공간 분리를 들었다.

이 연구는 사북항쟁을 연구 주제로 다룬 최초의 논문이자, 사북항쟁의 발로 탄광촌의 일상적 연대가 비공식적 대항 조직으로 전환되었다는 점을 밝힌 데 큰 의의가 있다. 또한 운동사적 시각에서 벗어나 일상과 공간을 통해 하나의 사건을 '두껍게' 봄으로써 사북항쟁에 대한 보다 풍부한 이해를 가능하게 했다.

그러나 정치 이론의 틀에 맞추어 사건을 분석했기 때문에 사북의 기업과 노동조합, 노동자 간 구도가 과도하게 대립적으로 형성된 면이 있다. 본고에서 특히 쟁점으로 삼고자 하는 부분은 사북의 공간이 지배·피지배의 공간으로 철저히 분리되었다는 주장이다. 또한 그의 연구에서는 사북항쟁에서 드러난 '폭력성'은 깊이 분석되지 않았는데, 이 부분 역시 본고의 쟁점으로 다루고자 한다. 이에 본고에서는 2017년 4월부터 9월까지 실시한 구술 결과를 통해 쟁점이 되는 부분들을 확인하고, 새로운 해석의 가능성을 검토하였다. 구술 자료를 인용할 시에는 독자의 가독성을 높이기 위해 약간의 윤문을 더하였다.

1. '사북항쟁 참여자의 삶과 기억'

1) 사건을 둘러싼 공식 기억의 점유 분쟁

전두환 정권의 억압 속에서 사북항쟁 관련자들은 침묵할 수밖에 없었는데, 2000년대부터 자신들의 명예 회복 및 항쟁의 역사적 복권을 위해 노력하고 있다. '사북사태'를 '항쟁'으로 만들려는 노력은 2000년 「민주화운동 관련자 명예회복 및 보상에 관한 법률」이 생기면서 시작되었다. 2000년 정선지역발전연구소에서는 자료집인 『1980년 4월 사북』을 발간했다. 이 책은 자료집의 성격상 그동안 발간된 글과 관련자들의 기고문 및 인터뷰, 당시 신문 기사와 공소장 등으로 이루어져 있다. 전체적인 글의 논조는 사북항쟁을 어용 노조의 독재와 횡포에 항거하는 '막장 인생'들의 생존 투쟁으로 정리하고 있다.

같은 해 이원갑, 신경, 조행웅은 '민주화운동 관련자 명예회복 및 보상심의위원회'에 명예 회복 신청을 했으며 2001년에는 이원갑을 중심으로 사북항쟁 관련자 30여 명이 '사북노동항쟁 관련자 명예회복 추진위원회'(이하 추진위)를 꾸려 이원갑이 위원장을 맡았다. 추진위는 2001년 기자 회견을 가지고 기자들 앞에서 수사 과정에서 있었던 고문을 재현하는 것을 시작으로 명예 회복을 위한 활발한 활동을 벌였다.[5]

---

5 「사북사태 피해자 "명예회복하겠다"」, 『연합뉴스』, 2001. 9. 11.

2002년 8월에는 「의문사진상규명에 관한 특별법」과 「민주화운동 관련자 명예회복 및 보상에 관한 법률」 개정 촉구를 위해 여의도 국회의사당 앞에서 농성을 했고, 12월에는 한국민주화운동사료 전국 순회 전시회 앞에서 '사북항쟁 명예 회복 및 폐광 지역 소외 계층 보호'를 요구하는 기자 회견을 열어 강릉 시내에서 갱목 시위를 벌였다.[6] 같은 해 사북항쟁을 취재하는 과정을 담은 다큐멘터리 〈먼지, 사북을 묻다〉가 인권영화제에서 '올해의 인권영화상'을 수상했다. 사북항쟁 참여자들은 전국 각지에서 20여 차례의 상영회를 가지며 관객에게 사북항쟁의 실상과 피해상을 알렸다.[7]

2003년에는 '사북노동항쟁' 23주년을 맞아 기념식 개최 및 명예 회복을 촉구하는 갱목 행진을 벌였다. 2005년부터는 고한·사북·남면지역살리기 공동추진위원회가 힘을 보태 명예 회복을 위한 청원서를 민주화명예회복위원회에 제출했고, 4월 기념식에서는 문학축전과 광산 산업전사를 추모하는 진혼제를 열었다.[8]

이러한 노력으로 2005년에 심의 과정에서 사망한 조행웅을 제외하고 이원갑과 신경이 민주화운동 관련자로 공식 인정되었다. 2008년 진실화해위원회는 사북항쟁을 조사한 보고서를 만들고 관련자들의 명예 회복 및 린치 피해자에 대한 적절한 위로를 국가에 권고했다.[9]

사건은 공식 기억으로 '항쟁'으로 자리 잡는 듯하였다. 하지만 2005년 린치의 피해자였던 김ㅇ이가 민주화운동 관련자 선정에 반발하는 인터뷰를 했고, 10월에 이원갑·신경에 대한 민주화운동 관련자 인정 취소

---

6 「폐광지역 주민들 갱목시위」, 『연합뉴스』, 2002. 12. 22.
7 「'늙은 광부'들 통곡하다」, 『한겨레』, 2002. 11. 24.
8 「사북항쟁 명예회복 촉구」, 『연합뉴스』, 2003. 04. 22; 「[민주화운동]"사북항쟁 민주화운동 잊정"」, 『한겨레』, 2003. 4. 23; 「80년 사북항쟁 재평가하라」, 『강원일보』, 2005. 4. 25.
9 진실·화해를 위한 과거사정리위원회, 앞의 글.

를 요구하는 행정 소송을 제기했다.[10] 소송은 그 두 명이 린치 사건에 가담했다는 증거가 없어 법적 관련성이 인정되지 않아 각하되었다. 행정 소송 각하에도 김ㅇ이는 YTN 민주화 20주년 특별기획 〈1980년 사북의 봄, 사진 속의 비밀〉에 출연해 당시 상황을 증언하고, 사북항쟁 참여자들에게 손해배상 청구 소송을 해 일부 승소를 거두기도 했다.[11]

2007년에는 사건 당시 『중앙일보』 기자였던 탁경명이 『80년 4월의 사북: 사북사태와 그 후』를 출간했다. 책에는 사북항쟁 이후 노조 위원장이 된 홍금웅, 태백경찰서 보완과장을 지낸 김성한 등의 증언이 실려 있고, 삼성언론재단의 지원을 받아 출간되었다. 탁경명은 이 사건을 '사태'라 규정하였으며 그 원인을 '노노 갈등', '자리싸움'으로 보았다. 사북항쟁 당시 있었던 광부들의 투쟁은 술에 취해 일으킨 유혈 난동이라 말한다.

그가 이 책을 쓴 이유는 이원갑을 비롯한 사북동지회가 사건의 기억을 '노동항쟁'으로 만드는 것에 반대하기 위해서였다. 그는 강원도에서 2006년에 펴낸 『강원 탄광 지역의 어제와 오늘』에 '사북사태'가 '사북노동항쟁'이라 쓰인 것에 의문을 제기하며, 특히 김ㅇ이에 대한 린치가 있었음에도 그것이 무시되고 있다는 점을 강조한다. 그가 이 책을 쓴 목적은 결론에서 확실하게 드러난다.

사북사태라는 말보다 사북노동항쟁이라는 말이 듣기에도 좋다. 이러니 문제다. (…) 올 4월 20일 사북에서 사북노동항쟁 27주년 기념 문화행사가 있었다. (…) 이 행사 중에 열린 글짓기 대회에 어린 학생들이 참가했다. 이 행사에 참가한 어린 학생들은 사북노동항쟁이라는 말을 기억하게 된다. (…) 나는 그래서 앞으로 27년 후에는 사북사태를 어

---

10 「사북항쟁 '묶여있던 그녀' 25년만에 입열다」, 『동아일보』, 2005. 9. 5; 「"사북항쟁때 집단폭행" 민주화인정 취소소송」, 『동아일보』, 2005. 10. 7.

11 〈1980년 사북의 봄…아물지않는 상처〉, YTN뉴스, 2006. 12. 8; 「사북사태 노조지부장 아내 김순이씨 손해배상 청구 일부승소」, 『강원일보』, 2008. 4. 24; 「'사북사태' 노조지부장 유족, 손배소 일부승소」, 『연합뉴스』, 2010. 7. 4.

뜿게 생각할 것인지에 의문을 가지게 됐다. (…) 앞으로 이 같은 상황이
계속된다면 사북사태라는 말은 온데간데없이 사라지고 사북노동항쟁이
라는 말로 바뀌어 질 수밖에 없지 않을까[12]

　그러나 이 책의 발간을 마지막으로 사북을 '사태'로 규정하려는 시도
는 소강을 보였다. 이원갑과 신경은 민주화운동 관련자로 인정되는 반면
에 김ㅇ이의 행정 소송은 각하되었고, 사북에서 매년 4월 21일 기념식이
개최되고 있다.[13] 2012년 정선군에서 발간된 『사북읍지』에는 많은 페이지
를 할애해 사북항쟁이 일어난 경과부터 그 영향으로 1995년 3·3 투쟁[14]
이 발발했다고 서술한다.

　하지만 사건이 개인에게 남긴 상처는 여전히 치유되지 않았는데, 김
ㅇ이의 경우뿐만 아니라 본 구술팀이 만난 구술자들은 탁경명의 책 서술
에 대해 강한 거부감을 드러낸다. 사건의 공식기억 점유를 위한 분쟁은
새로운 상처의 충돌을 만들어 냈다.

2) 사북을 기억하는 사람들: 네 명의 구술자와의 만남

　필자를 포함한 6명의 연구자들은 사북항쟁에 대한 역사적 평가와 더
불어 사건 전후를 포괄한 연구를 위해 2016년에 소모임을 조직했다. 연
구팀은 충돌하는 기억들을 통해 사건의 다층적 모습을 재현하는 데 1차
목적을 두고, 각자의 관심사와 연관된 증언을 수집하는 것과 더불어 '사
북을 어떻게 기억해야 할'지 구술자들의 이야기를 들어보고자 했다. 이
에 2017년 국사편찬위원회 구술사업의 지원을 받아 사북항쟁 관련자들

12　탁경명, 『80년 4월의 사북: 사북사태와 그 후』, 강원일보사, 2007, 200쪽.
13　2020년에도 사건의 명명에 대한 김ㅇ이 측의 항의는 지속되고 있다. 2020년 사북항
　　쟁 40주년을 맞아 개최된 행사의 관련자들에게 사건 명명에 대한 내용 증명을 보내
　　는 등 사건을 '항쟁'이라고 하는 것에 거부감을 나타내고 있다.
14　정부의 감산 정책에 따라 1994년부터 회사에서 대규모 구조 조정을 한 것을 계기로
　　발발한 탄광 지역의 생존권 투쟁을 의미한다.

과 구술생애사 면담을 진행했다.

구술에 앞서 면담자들은 관련 문헌을 검토하는 소모임을 진행했고, 그 과정에서 각자의 연구 분야에 맞추어 의료·교육·여성·광업·지역사에 관련한 질문지를 작성해 연구 책임자가 수합했다. 본격적인 구술에 들어가기 전 전체 결과물은 면담자 전부가 공유하되, 각자의 연구 주제에 맞추어 독립적으로 분석하고 그 결과를 토의하기로 합의했다. 공통된 결과물이나 면담자 각각의 관점이 다를 수 있기 때문에 그것을 존중한 위에서 논의를 통해 더 나은 분석을 꾀하기 위함이었다.

연구 책임자인 김아람이 구술자 섭외 및 전체 면담 일정 조정, 보고서 작성을 맡고 그 외 필요한 작업은 면담자들이 각각 역할을 나누어 맡았다. 구술 면담 진행 시 면담자는 2인 이상 참석하였으며, 각 회차 면담은 주면담자가 이끌어 가되 동석한 면담자들이 추가 질문을 하는 식으로 진행했다. 매 회차 면담이 끝난 후 면담자들은 각자의 면담 후기 및 토의 점들을 토론했고, 본고는 토론 당시 연구팀이 공유한 문제의식을 바탕에 두고 개인적 분석을 더해 작성되었다.

연구팀이 구술을 위해 사북에 본격적으로 방문한 것은 2017년 4월 21일 사북민주항쟁 37주년 기념식에 참가하면서였다.[15] 당시 사북민주항쟁동지회(이하 동지회) 회장이었던 이원갑과 사전에 연락해 구술 사업을 소개하고, 기념식에 참석해 구술자들을 소개받기로 약속한 뒤 사북에 방문했다. 재판 기록이 남아 있기 때문에 주요 구술자들의 신상에 대해서는 미리 파악하고 있었으며 참석한 주요 구술자들에게 구술 면담의 취지와 대략의 질문 사항들을 공유했다. 구술자들은 대체로 사북항쟁에 대해 기록을 남겨 놓고자 하는 면담자의 의지에 호응을 보였으며, 외부인들이

---

15 필자는 동석하지 않았으나, 역사문제연구소 민중사반은 2015년 여름 워크숍으로 사북에 방문해 이원갑에게서 사북항쟁에 대해 들었다. 이때의 만남 이후 연구의 필요성을 느낀 반원들이 모여 소모임을 구성했으며, 2016년부터 준비해 2017년 본격적인 구술에 나섰다.

사북항쟁에 관심을 가진다는 것 자체로 동기 부여가 된 것으로 보였다.

기념식 후 동지회 멤버들과 함께 점심식사 후 간단한 사전 면담을 통해 구술에 참여할 의향이 있는 구술자들을 추가로 물색했다. 그리고 22일 이정근·이명득 부부의 면담을 시작으로 9월 초까지 약 6개월간 평균 2회차씩 구술 면담을 진행해 네 명의 구술자와 총 11회, 27시간을 면담했다. 면담은 생애사적으로 크게 세 주제로 구분해 '1) 출생 후 사북에 오기까지의 생활, 2) 사북항쟁 경험, 3) 사북항쟁 이후 현재까지의 삶의 변화'를 질문하되 개별 구술자의 특성에 맞추어 질문지를 재작성, 변용했다.

구술자들은 사북항쟁 당시 처해 있던 상황과 여건들이 각기 달라 그들의 생애를 비교해 보는 것은 항쟁을 역사적으로 평가하는 데에도 도움이 된다. 구술에 참여했던 이정근은 선산부 노동자로 은퇴까지 동원탄좌에서 계속 일했고, 탄광 노동자 생활을 하면서 두 번의 사고를 경험했다. 그는 사북항쟁이 일어난 당시 40대 초반으로, 막장에서 일을 한 후 퇴근길에 항쟁이 일어난 것을 알았다고 했다. 그의 구술을 통해서는 시위에 참가하지 않은 노동자의 관점에서 바라본 사북항쟁의 모습을 알 수 있다. 또한 사북항쟁과 동원탄좌의 폐광으로 많은 사람들이 사북을 떠났으나, 현재까지 사북에 거주하고 있어 항쟁 이후부터 현재까지 탄광촌 광부의 생활상 변화를 볼 수 있다.

이명득은 탄광촌의 부인회장으로서 이정근의 아내이며 항쟁 당시 40대였다. 그는 항쟁 당시 사택 방송으로 시위 참여를 독려했으며, 린치 사건 가담자로 오인되어 정선경찰서에서 고문을 당한 경험이 있다. 사택을 중심으로 한 사북 내 부인회장들의 활발한 활동은 기존 연구에서도 언급된 바 있어 구술자와의 대화를 통해 항쟁의 발발과 수습 과정에서 여성들의 역할과 부인회장으로서 연행된 당시의 상황을 알 수 있다.

신경과 황인오는 사북항쟁으로 인해 경찰에 연행, 투옥된 경험을 가지고 있다. 신경은 노조 대의원으로 이원갑과 함께 시위를 주도자로 알려진 인물이고, 황인오는 사북항쟁 당시 20대의 광부로 항쟁을 외부에 알리는 데 주력한 인물이다. 그는 이를 계기로 정치 활동을 시작해 '사북의 복권'을 추진하고 있다. 이들에게 사북항쟁은 삶의 큰 전환점이자 태도에 영향을 미친 주요한 사건 중 하나였다. 따라서 이들의 생애사 구술을 통해 사북항쟁의 실체와 그것이 개인의 일생에 미친 영향을 파악할수 있다.

이에 구술팀에서는 기본 질문을 바탕으로 각 구술자들의 특성에 맞춰 이정근에게는 탄광 노동자의 일과와 노동 조건, 사북항쟁 전후 노조의 변화상을 중점적으로 물었다. 이명득에게는 탄광촌 부녀자의 생활상, 사북항쟁에서 여성의 역할, 체포된 당시 고문에 대해 주로 질문했다. 신경과 황인오에게는 항쟁이 발발하게 되는 계기와 그 안에서 각자 행했던 역할, 복역 과정 및 생활과 그 이후 삶의 변화상에 대해 중점적으로 질문했다.

앞에서 살펴본 것과 같이 사건에 대한 평가가 대립하고 있어 면담 과정에서 가장 중요시한 것은 사건의 과정과 피해상을 드러내는 데 국한된 '증언'에서 벗어나는 것이었다. 구술자 간 약간의 차이는 있으나 항쟁의 전개와 과정에 대한 구술에서 '탄광촌의 열악한 상황과 대비되는 어용노조의 호화로운 생활, 생존을 위한 투쟁, 경찰의 탄압'이라는 주요 흐름이 동일하게 나타난다. 또한 앞서 언급한 것과 같이 기존 연구 역시 이론적 틀에 맞추어 이분법적으로 서술된 부분이 있다.

따라서 본 구술팀에서는 사북항쟁의 공식 기억이 이미 형성되어 있고 매년 기념식을 하면서 구술자 사이에 공통된 인식이 공유되었을 것이라보았다. 이에 구술자가 내면화한 공식 기억의 반복 구술을 막기 위해 구술자의 출생부터 현재까지 개인의 경험에 초점을 맞춘 생애사 구술을 시도했다. 개인의 경험에 초점을 맞춘다면 사건 중심이 아닌, 개인 생애의 한 단면으로서의 '사건'을 볼 수 있을 것이라 기대했기 때문이다.

구술자들은 개인의 경험에 초점을 맞춘 면담 방식에 당황하는 모습을 보이기도 했으나, 1회차 면담이 끝난 후에는 대부분 면담 방식에 적응해 자신의 경험을 솔직히 얘기해 주었다. 이에 이번 면담을 통해 공식 기억에서 벗어난 다층적 기억들을 발견할 수 있었다.

다음 장에서 얘기하고자 하는 사북의 기억은 크게 1) 노동자와 간부의 복합적 관계, 2) 해방구로서의 사건으로 나뉜다. 물론 그 외에도 탄광촌의 일상과 공동체 문화 등 다양한 모습을 볼 수 있었으나 그것은 사북지역만의 특수한 문화라 단정하기 어렵고, 기존 연구에서 이미 충분히 다룬 바 있다. 따라서 본고에서는 서론에서 밝힌 것과 같이 기존 연구와의 차별점을 볼 수 있었던 쟁점을 중심에 두고자 한다.

2. 사북항쟁의 다층적 기억

1) 노동자와 간부의 복합적 관계

기존 문헌과 연구에서 정리된 항쟁의 발발 원인은 지역을 지배하는 동원탄좌의 횡포와 비리, 그에 결탁하는 어용 노조 때문이었다. 특히 어용 노조는 '노동 귀족'인 반면, 광부들은 열악한 작업 환경과 노동 조건에도 불구하고 회사에서 실시하는 암행독찰제로 일상적 감시에 시달렸던 것으로 그려진다. 특히 박철한의 연구에서는 술을 마시는 공간, 더 나아가 사북의 지역 공간이 철저히 분리되어 있으며, 지배계급의 공간은 부패의 장소로 그려진다.

> 유흥과 오입의 관계는 다양했다. 회사 간부와 노동귀족 사이에, 탄광 자본과 전국광산노동조합 사이에, 노동조합 지부장들 사이에 맺어진 유흥 관계는 지역 지배 카르텔을 결속하는 공간, 부패의 정실 체계를 강화하는 공간으로 자리 잡았다. (…) 요컨대 사북에서 회사의 부속 건물과 직원 사택, 경찰서, 읍사무소, 요정 등은 지배계급의 공간으로 광

부 사택과 선술집 등은 피지배계급의 공간으로 분할되었다.[16]

위의 인용문을 보면 지배계급의 공간인 요정이 '유흥과 오입'을 통해 '부패의 정실 체계'를 강화해 갔던 것으로 그려지는데, 그 공간은 단순히 지배계급만의 것은 아니었다. 사북항쟁을 이끈 신경, 이원갑 역시 이 '부패의 정실 체계'인 요정에서 회사 측과 만난 경험이 있는 것이다.

또한 대의원들은 피지배계급의 공간으로 일컬어지는 선술집에서 노동자들에게 술대접을 하며 투표를 청탁했다. 1976년 입적해 선산부에서 탄을 캔 이정근은 감독과 대의원들을 기억할 때 술을 떠올렸다. 광부에게 술은 하루의 피로를 쉽게 씻어 낼 수 있는 약이자 부족한 식사를 채울 수 있는 밥이었고, 모임의 장소였다. 그곳에서 광부와 간부들은 술을 주고받음으로써 관계를 형성해 갔다.

> 구술자 : 아부 안 하면 [감독이] 괴롭히기 때문에 그래요. 아부를 또 그리 하지. 이러니 생활이라는 게, 요새까지[지금이라면] 어떻게 하다 보면 대번 뭐시기 했지만, 그때는 그렇게 안 하면 안 돼. 하루 논다 하면 감독 불러다 닭이라도 삶아가지고 술 함[한 번] 먹고 이래야 되지. 안 그러면 일하는 게 괴로바[괴로워]. [안 하면] 내가 고단해서 그런 거 많이 했지.[17]

조합원들은 일을 편하게 하기 위해 감독, 계장들에게 술을 대접함으로써 '아부'를 했다. 그러나 술대접은 일방적으로 이루어지는 것이 아니었다. 감독과 계장들도 조합원들에게 술을 사 주었고, 특히 대의원에 선출되고자 하는 사람들은 조합원들에게 술과 고기를 돌리며 투표를 청탁했다.

---

16 박철한, 「사북항쟁연구: 일상·공간·저항」, 서강대학교 정치외교학과 석사학위 논문, 2002, 25~30쪽.
17 이정근, 『1980년 사북: 항쟁과 그 이후의 삶』, 도서출판 선인, 2020, 262쪽.

구술자 : 조합원이 대의원을 뽑았어. 한 막자구리[구역의] 아무것이가 대의
원 [선거에] 나갔다고 하면은 조합원이 뽑아가지고 대의원에 내보
낸다고. 그 사람은 또 대의원 되려고 술, 고기, 담배 사가지고 멕
여[먹여] 가면서 나를 뽑아 달라고 그랬다고. (…) 그래 그때 뽑아
줘가지고 "거 가가지고 일 좀 잘해라." 이래 해 놓으면 이놈의 새
끼들이 지부장한테 매일 가가지고 술, 고기 실컷 처먹고 와가지고
그리 지만[그렇게 자기만] 좋게 만날 잘 먹고 왔다고. 일을 잘하라
고 내보내 줬디만은[줬더니만은] 그 모양이야.[18]

이정근의 기억 속 노동자와 간부는 술로써 상호 청탁이 이루어졌다.
간혹 청탁의 의미 없이 술을 사 주는 '양심적인' 간부도 있었으나 대체로
는 '그놈이 그놈'인 상황에서 노동자들은 괴롭힘을 피하고 일을 편하게
하기 위해 간부들에게 술대접을 했다. 그리고 대의원에 선출되고자 하는
사람들이 사 주는 술을 얻어먹으며 그를 뽑아 주었다. 그렇게 선출된 대
의원들은 다시 지부장에게 술대접을 받고 어용 노조가 되거나, 어용 노
조가 되지 않으면 그 사이에서 따돌림을 당하기도 했다. 그럼에도 대의
원들은 조합원이 뽑아 주지 않는 한 선출될 수 없기 때문에, 이정근은
"너는 회사 가가지고 어떻게 일을 잘해서 돈 한 푼 더 얻어"오라는 마음
으로 대의원들이 주는 술을 마시며 그를 뽑아 주었다.

이처럼 술을 통해 맺어진 청탁 및 유대의 관계는 회사와 간부 사이에
만 만들어지는 것이 아니었다. 간부와 노동자 사이에서도 청탁과 유대가
이루어졌고, 대의원은 다시 지부장에게 술대접을 받으며 어용 노조화되
었다. 이렇게 술대접을 중심으로 한 청탁 관계는 회사부터 탄광노동자까
지 이어지는 고리를 가지고 형성되어 있었다. 물론 청탁을 통해 얻고자
한 것들은 각기 달랐다.

요정이 지배계급의 유흥 공간이고 선술집이 피지배계급의 유흥 공간

---

18 이정근, 앞의 책, 265쪽.

으로 분리된다 하더라도 그곳을 오가는 사람은 분리되지 않고 중첩적이었다. 대의원이 바로 그런 존재였다. 신경은 대의원이라는 신분을 적극적으로 활용해 회사를 변화시키려 했다. 그는 대의원 활동을 하면서 회사의 모순이 만들어지는 구조를 파악했고, 대의원으로서 조합원 편에 서서 문제를 해결해야 하는 의무감을 느끼고 있었다.[19]

> 구술자 : 처음 노사회의에 들어가기 전에, 회사에서 고정적으로 가는, 여자들 나오는 그런 술집이 있어요. 거기 가가지고 술대접을 하는 거라. 술대접을 하고 웬만하면 있으면 마 그대로 가가지고, 임금 몇 프로 카는 그거는 이 사람들이 하마 딱 자기들 회사에 있어가지고 임의적으로 정해 놓은 그 선에서 오르내리지를 않애요. 그래 한 사람이 반대한다고 되는 것도 아니고. 그걸 한 4, 5년 되고, 이렇게 내 이 구조를 알잖아. 안 되네. 이 사람들 딱 "너거 하기 싫으면 가라." 카면 해고라. 그래도 열심히 대의원회 가서, 네 번을 하면서 대의원 하면서 회사에 기가지고 구조는 조금은 파악을 하고 있었지요. 근데 그 저항 카는 거는 굉장히 힘이 들어요. 혼자 힘으로는.[20]

신경은 대의원으로서 참석한 사측의 '술대접'에서 회의 전에 이미 임금 인상률이 정해지고, 자신은 반대할 수 없는 구조를 경험했다. 그는 4~5년 동안 그런 경험을 반복으로 겪으면서 회사와 노조의 의사 결정 구조를 파악했다고 말한다. 그리고 '이 사람들한테 이킬라 카면 뭐든지 알아야 된다'는 것을 깨닫고 노동법 관련 책을 탐독했다.[21] 요정이라는 공간 안에서의 '술대접'은 이른바 지배계급 내의 결탁을 공고하게 하려는 목적이었지만, 신경에게는 오히려 그 공간이 회사의 모순을 체감하게 만들고 저항을 추동하는 곳이었다. 혼자 힘으로는 회사의 구조에 저항하기

---

19 신경, 『1980년 사북: 항쟁의 발발과 명예회복의 과정』, 도서출판 선인, 2020, 180~183쪽.
20 신경, 앞의 책, 180쪽.
21 신경, 앞의 책, 182~186쪽.

힘들었지만 그럼에도 그는 "계속 두들겨 보"고 있었는데, 회사라는 거대한 바위를 치는 계란은 선술집에서 들은 조합원들의 이야기였다.

> 구술자 : 딱 회의를 하면 "뭣 때문에, 뭣 때문에, 당신들의 의사가 전달됐는데 이게 안 되더라." 이런 거는 조합원들한테 입항하기 전에 꼭 얘기를 해야지요. 한 30분 시간을 내가[내서] 얘기를 하고 설득을 하고, 우리가 해야 될 일은 뭐고 우리가 찾아야 될 그것은 무슨 사항이다 이래가지고 얘기를 늘 하는 거라. (…) 광산에는 제일 딱 필수 요건이 술이라요. "아, 오늘은 살았다. 탄가루라도 씻어 내야 되겠다." 카고. 이래가지고 술집에서 늘 적어도 거의 한 시간, 그러면 한 30분 이상은 거 머물러요. 그래서 그 대화가 거서 거의 이루어져요. 보면 보통 시험 칠 때, 시험 치고 나면 화장실에 가 얘기 다 하듯이 거 와가지고 얘기 다 나온다고. 그럼 뭐 이 얘기도 듣고, 저 얘기도 취합하고. 해결하기 힘든 이야기들 그걸 열심히 들어야 돼요. 하기 쉬운 것은 누가 못해요? 그러이 열심히 듣고, 한 번 계속 또 두들겨 보는 거지 뭐.[22]

그는 선술집에서 들은 조합원들의 일상생활, 불만 사항을 취합해 회사에 요구하고, 그 결과를 다시 조합원들에게 전달했다. 그리고 조합원들의 요구 사항을 관철시키기 위해서 앞으로 무엇을 해야 하는지 계획하고 설득했다. 그가 조합원들과 계속해서 소통하려 했던 이유는 대의원이라는 책임감도 있었지만 무엇보다 회사와 노조 간부 간 공고한 결탁 관계를 요정에서 지켜봤기 때문으로 여겨진다. '부패의 정실 체계'를 깨기 위해서는 그만큼 단단한 결속 관계가 필요했기 때문이다.

살펴본 것처럼 술대접 문화는 노동자들 간의 유대, 노동자와 간부의 유대를 형성하는 동시에 상호 청탁의 역할을 하고 있었으며, 술대접을 통한 상호 청탁 및 결탁은 회사와 간부 사이에서도 만들어지고 있었다.

---

22 신경, 앞의 책, 182~211쪽.

이 술대접이 이루어지는 공간은 요정과 선술집으로 나뉘어 있었지만 그 공간을 오가는 사람이 철저히 분리된 것은 아니었다. 신경은 그 공간을 오가며 사북항쟁 훨씬 이전부터 조합원의 요구를 회사에 관철시키기 위해 노력하고 있었고, 그 경험과 관계가 축적되어 있었기 때문에 1979년 노조 지부장 선거 문제에 항의하는 2,700여 명의 진정서를 모을 수 있었던 것이다. 그리고 사북항쟁이 발발하기 직전, 신경은 선술집에서 술 한 잔 먹으며 "우리 21일 집회 있단다. 그때 가가지고 우리 아마 좋은 일이 있을 거다. 한번 가 보자."라며 노동자들에게 집회 참가를 독려했다.[23]

2) 해방구로서의 사북항쟁

사북항쟁 당시 언론에서 가장 많이 강조되었던 것은 바로 광부들의 폭력이었다. 각 기사에서는 '유혈 난동', '폭력', '공포'를 기사의 제목으로 걸었고 광업소 무기고의 위험성과 지부장 부인에 대한 린치를 강조했다. 지부장 부인에 대한 린치 및 순경 사망 사건은 사건을 '항쟁'으로 부르기 어렵게 만드는 가장 큰 원인이었다.

지부장 부인에 대한 린치 사건은 공소장 내용에 따르면 다수의 노동자와 부녀자들이 지부장 부인을 끌고 다니며 욕설과 폭행을 하고 성적 가혹 행위를 한 것으로 알려져 있다.[24] 알려진 가혹 행위의 사실 여부는 정확히 밝혀지지 않았으나 그로 인해 법적 소송까지 있었다. 따라서 사북항쟁 당시의 언론과 당사자의 증언 외, 구술자들과 기존 연구에서는 린치 사건에 대해 언급하는 것을 꺼려 왔다.

민중의 운동은 억눌린 불만이 폭발하면서 전개되기 때문에 그 과정에서 발생하는 일련의 폭력적 행위를 해석하는 것은 상당히 어려운 일이

---

23 신경, 앞의 책, 255쪽.
24 정선지역발전연구소, 앞의 책, 100쪽.

다. 게다가 국가 권력이나 억압을 가한 당사자가 아닌 한 개인에게 폭력이 집중되었던 사실을 해석하는 일은 그의 명예를 훼손하는 일이 될 수 있기에 더욱 조심스러울 수밖에 없다. 다만, 린치 사건과 '난동'이 분출하게 된 경위는 구술자들과의 대화를 통해 재고해 볼 만한 가능성을 발견할 수 있었다.

구술자들은 사북항쟁의 한 장면으로서 '통제할 수 없는 군중 심리'에 깊은 인상을 묘사했다. 구술자들은 그 군중 심리를 '해방'이라 말한다. '무법'의 상황이 사북항쟁 37년 후 구술자들의 인상 속에서는 노동 쟁의나 투쟁이 아닌 해방구로서 자리 잡고 있는 것이다.

반면, 사북항쟁 이전 탄광촌과 광부의 일상에 대한 묘사에서는 '와일드'함이, 작업 현장에서는 높은 사망률로 인한 긴장감이 두드러졌다. 일상적 긴장감과 대비되는 폭발적 군중 심리는 쟁의를 계기로 무법의 상태라는 '해방구'로서 기능했을 가능성을 시사한다.

신경과 이정근은 자신들이 광부였던 때 탄광촌의 특징 중 하나를 '와일드함'으로 꼽았다. 신경은 당시의 시대상과 탄광촌이라는 사회가 얼마나 '와일드'했는지 들려주었다. 다이너마이트를 일상적으로 구할 수 있는 탄광촌 특성상 위협을 할 때에도 다이너마이트가 사용되었다. 지역 지부장과 조합장들은 거의 주먹 세계에서 자리 잡은 사람들이었다고 한다. 그는 이런 일상적인 '와일드'함 때문에 데모가 쉽게 폭동이 되었다고 보았다.

> 구술자 : 그때는 와일드한 사람이 없으면 못 살아. 그러이 지역 지부장, 조합장들이 거의 주먹 세계에서 자리 잡고 있었다고. 거기 소소한 사람 애기해 봤자 쫓겨나가는 수[밖에] 없어요. (…) 처음 우리가 간드레 들고 이래 갈 때는, 거기는 뭐 백운산 호랑이 카고 이름을 이래 저거 했거든요. 어디 인권이니 뭐니 이런 문제 꺼내[지]도 못했어요. 거 우리가 오래 있으면서 이래, 점차적으로 뭐라도 하나 좀 살아보겠다고 이래가지골라 세월이 변해가지고 자꾸 변하는 거지, 그 사

회는 그런 사회였다고요. 그러이 그 폭동 같은 거 한 번 났대면 그
게 폭동이 되는 거. 그게 데모가 아이라 폭동이 돼 뿐다카이.[25]

이정근은 당시 탄광촌에서는 "주먹 좀 꽤나 쓰고 하면 술 처먹고 돌
아다니는 좀 싫어하는 놈 중에서 탁 때려가지고 도랑으로 내던지면 몰
랐"기 때문에 "정신 바짝 차리고 살아야 되고 했다"라고 말한다. 그러
나 이러한 '무법' 사회에 경찰은 건달과 폭력배들을 "애써가지고 잡아들
일 생각은 안 하더라"는 것이 사북의 경찰에 대한 이정근의 인상이었다.
그는 특히 '정신을 바짝 차리'는 긴장감을 거듭해 언급했다. 그가 말하는
긴장은 출근한 후 퇴근할 때까지 계속 유지해야 하는 것이었다.

> 구술자 : 이 광산 일이라는 거는 이 내 속에서 우러난 대로는 항에 들어가서
> 일을 못 해. 하면 사고 나. 그런 마음을 가지고 일을 하면. 마음을
> 차분하게 해 놓고 일을 해야 되지. [안 그러면] 사고 나는 거야. …
> 거다[거기다] 내 부애 났다고[부아가 치민다고] 어떻고 저떻고[어
> 쩌고저쩌고] 발파를 막 해재끼고 이래 하다 보면 그거는 대번에 다
> 쳐 버려. 그러니께 차분하게 [일해야지]. 그리[그러니] 집에서 내
> 외간 싸웠다든지 뭐 이래 하면 감독이나 계장이나 와서 이야기하
> 라고 그러잖아. 그런 사람은 "오늘 들어가 일을 못 하니 차분하게
> 다른 일을 해라." 이렇게 한다고. 그런 게 하늘도 덮어씌우고 들어
> 가는 일이 이제 막장이라.[26]

특히 광부 생활 중 두 번의 사고를 경험한 이정근은 퇴근을 해야 자
신도, 가족들도 안심할 수 있었던 작업 환경의 긴장감을 강조했다. 자신
이 오늘 죽을 수도 있다는 가능성을 항상 염두에 두어야 했기 때문에 광
부들은 일을 할 때 항상 마음을 차분하게 가져야 했다는 것이다. 이정근

---

25 신경, 앞의 책, 310~311쪽.
26 이정근, 앞의 책, 298~299쪽.

이 반복해서 언급하는 "하늘도 덮어씌우고 들어가는" 일은 사고의 가능성을 막기 위한 집중과 동시에 작업장과 일상생활의 완전한 분리를 의미하는 것이었다.

탄광은 언제든 사고가 날 수 있는 곳이었고, 광부들은 아침에 만난 동료를 저녁에 다시 만날 수 있을지 장담할 수 없는 삶을 살고 있었다. 이들의 노동에는 항상 죽음의 가능성이 함께하고 있었다. 신경과 이정근은 모두 동료를 순식간에 잃었던 경험을 갖고 있었다. 신경의 경우 탄광에 갇혔던 경험도 있고 "보안요원 있으면서 구출 작업도" 했지만 "아침을 먹고 같이 얘기하고 막걸리 한 잔 먹던 사람이 밤에 싸늘한 시체로 넘어올 때는 천지가 아득"해지는 것을 느꼈다고 술회한다. 이정근 역시 마찬가지였다. 탄광 일이라는 것은 탄광이 언제 무너져 버릴지, "언제 어떻게 된다는지 모르"는 일이었기 때문에 "또 누구는 오늘 죽었다 이 소리를 들으면 일하다가도" 그 현장으로 가야 했다.

이와 같이 죽음이 언제나 가까이 있는 상태에서 사고를 피하기 위해 바깥과의 의식적 단절이 필요했던 광부들에게 노동은 '긴장' 그 자체였다고 볼 수 있다. 이정근은 유독 바깥의 상황에 대해 무관심했던 상황들을 언급한다. 그는 작업에 대해서도 불만이라는 것을 아예 생각해 본 적이 없다고 했으며, 사북항쟁이 일어나던 당시에도 막장에서 채탄을 하고 있다가 퇴근하고 나서 쟁의 사실을 알았다.

그는 부인이 연행되었던 날에도 퇴근을 하고 나서 그 사실을 알았다. 그는 자신이 무관심했던 이유를 해가 지고 뜨는 것을 알 수 없는 탄광의 환경, 작업 과정에서의 긴장감, 그리고 채탄 이후 자신이 채굴한 양을 정확히 알 수 없는 광업의 구조에서 찾았다. 하지만 그의 무관심은 긴장감이 일상화된 탄광촌에서 그의 기본 성향이 바탕이 된 하나의 생존 방법이기도 했다.

높은 긴장을 유지해야 하는 작업 환경과 언제든 사람이 죽을 수 있다는 공포감, 아침에 만났던 주변 동료가 저녁에는 시신이 되어 있는 허망함은 탄광촌의 '와일드'한 분위기와 함께 사북항쟁을 맞아 '무법' 행위로 해방감을 분출시켰을 가능성이 있다.

사북항쟁의 발발은 노동자가 경찰차에 치이는 사건을 계기로 '폭동'으로 빠르게 전환되었다. 구술자들은 사북항쟁의 일면을 떠올릴 때 당시 통제 불가능했던 사람들의 '해방 행위'를 기억했다. 신경이 기억하는 모습은 노동운동으로서의 분출보다도 고기와 술을 먹고 취한 사람들의 모습이었다.

> 구술자 : 참 그때는 한 삼사백 명 됐는데 나중에 뭐 1,000명씩 작업 거부하고, 모조리 다 나와가지고 바리케이트 치고. 그때는 그 표 가지고 양조장에 말뜨기 술 가지고 팔고, 식육점에 와가지고, 지정 식육점이었거든요. 그 사람들도 일부는 동조하고 일부는 겁을 먹어가지고, 고기고 술이고 뭐 무료로 막 주는 기라, 다. 그러이 술 먹고 일부 술 챈[취한] 사람도 있고. 뭐 완전히 해방된, (웃음) 해방 구역이야 해방구. 그때부터는 통제가 불가능해.[27]

특히 그는 경찰이 사람을 치었다는 얘기 이후 통제 불가능의 상황을 자주 언급했다. 당시 있었던 다양한 '무법'의 양태는 군중 심리에서 비롯된 것이며, 그것이 평소 경찰에 대해 가지고 있던 혐오감의 폭발과 함께 책임감은 분산되기 때문에 더욱 격발했던 것이라 평가한다.

이정근에게 있어 사북항쟁은 '퇴근하고 나니 부인이 연행되어 있던' 사건이었다. 그의 부인인 이명득이 실제로 지서에 연행된 날짜는 5월 6일이었는데, 그는 부인이 4월 21일에 연행된 것으로 기억한다. 그 외 사건에 대해서는 "어떻게 해 달라는 요구 조건 걸어가지고 그거만 했지 다른 건 없었"을 정도로 쟁의에는 소극적이었다. 그 와중에도 그는 주변 사

---

27 신경, 앞의 책, 233~234쪽.

람들의 '해방 행위'를 기억해 냈다.

> 구술자 : 분노가 있었지. 그런 사람들도 많이 "아이고 야 이렇게 해야 되
> 나." "이거 아깝다." 천막 쳐 대고 내리 부수고 할 때는 아깝다 했
> 지만, 그 하는 행동들을 봐가지고는 하나도 아까운 것도 없고 다
> 뭐시기 한 거야. 쌀이고 쌀 창고고 대고 갖다 주는 놔[두고] 가는
> 그런 거, 들어다 내놓고 밥해 먹고. 가는 그 집집들, 계장들, 과
> 장들, 그 뭐 사택에 다 사는 거. 뭐 장이고 간장이고 들어다 [내놓
> 았지].[28]

황인오 역시 당시의 상황을 '해방'으로 이해한다. 공권력에 대항하는
것에 사람들이 '속 시원하다'고 느꼈다는 것이다.

> 구술자 : 아, 제일 좋은 건 어쨌든 전투에서 경찰 때려 부쉈다는 거. 이게
> 다들 제일 신나는 거죠. 나중에 어떻게 되었을지라도 이게 제일 신
> 나는 거였죠. 그래서 일종의 해방구 성격을 4일 동안, 만 3일 동안
> 했다는 거. 이게 신나는 거였지, 무엇보다.[29]

그가 말하는 해방감은 공권력에 대항해 성공한 경험과 동시에, 먹고
마시며 비어 있는 지부장의 집에서 물건을 가져오는 행위였다. 이러한
일탈은 앞서 살펴본 것과 같이 탄광촌의 긴장감, 그리고 당시 경찰에 대
해 가지고 있던 사람들의 혐오감이 발현된 것이라 볼 수 있다. 당시의 이
러한 해방 행위는 박철한의 연구에서 광주의 절대 공동체와 같은 맥락으
로 해석되는 사북의 '민중 공동체'만으로는 해석하기 어렵다.[30]

사북에서는 분명히 폭력과 일탈 행위가 존재했다. 그렇기 때문에

---

28 이정근, 앞의 책, 278~279쪽.
29 황인오, 『1980년 사북: 항쟁의 발발과 명예회복 과정』, 도서출판 선인, 2020, 398쪽.
30 박철한, 앞의 논문, 72쪽.

사북항쟁을 분석할 때 폭력 행위를 배제할 수는 없으나, 사건의 발발 원인을 탄광의 특수한 노동 조건과 탄광촌의 일상 문화에서 찾는다면 당시의 폭력 행위 역시 그것을 통해 해석해야 한다. 따라서 당시 언론에서는 지부장 부인 린치 사건에 초점을 맞추어 사북을 '무법 지대'라고 했지만 폭력과 죽음이 일상화되어 있었던 당시 탄광촌의 분위기 안에서 '무법'이 정확히 무엇이었는지 다시 생각해 봐야 할 것이다.

3. 사북항쟁이 바꾼 삶의 궤도

사북항쟁 이후 37년이 지난 지금 시점에서 사건을 회고, 평가하는 구술자의 인식을 분석하기 위해서는 사건 이후 구술자의 삶이 어떠했는가를 알아야 한다. 사건 이후 현재까지 구술자의 삶이 사건을 재구성하는 회고 방식에 영향을 미치기 때문이다. 기존 연구에서 지적한 것과 같이 구술 자료의 가장 합리적 추론 방식은 바로 '왜 그렇게 기억하는가'를 찾아내는 것이며,[31] 그 근거가 되는 것이 바로 사건 이후 구술자의 삶의 궤도가 어떻게 변화했는지 추적하는 일이다. 또한 구술은 사건으로 인해 개인의 삶의 궤도가 바뀌는 순간들을 보여 주는데, 이를 통해 어떠한 사건이 이데올로기적으로 평가될 경우 오히려 실제 사건을 구성하는 다양한 국면들을 배제시킬 수 있다는 것을 알 수 있다. 따라서 이 장에서는 네 명 구술자가 사건을 회고, 평가하는 방식과 사건이 그들에게 미친 개인사적 영향을 살펴보고자 한다.

---

31 이용기, 「역사학, 구술사를 만나다: 역사학자의 관점에서 본 구술사의 현황과 과제」, 『역사와현실』 71, 2009, 311쪽.

1) 이정근 · 이명득 부부의 사례

이정근·이명득 부부는 사북항쟁 이후 광부와 주부의 삶으로 돌아갔다. 부부로서 두 구술자는 사북항쟁에 관해 많은 부분을 공유하고 있었지만, 항쟁에 대한 태도는 매우 상반된다. 사북항쟁에 소극적 태도를 보였던 이정근은 항쟁을 계기로 노조에 대한 긍정적 인식을 갖게 되었다고 회상한다. 그는 사북항쟁 이후 노조의 변화상을 여러 차례 언급했으며, 항쟁이 있었기 때문에 그 이후 광부에 대한 복지가 생기고, 계속해서 쟁의를 함으로써 결국 강원랜드가 세워질 수 있었다고 본다.

그가 무엇보다 크게 느낀 변화는 지부장을 조합원들이 선출하고 제명시킬 수 있는 권리를 가진 것이었다. 또한 그는 사북항쟁으로 노동자들이 변화의 가능성을 깨달은 것에 의미를 부여했다. 그는 항쟁 이후 "툭하면 데모"가 일어났다고 회상한다.

그가 말하는 "툭하면 데모"의 의미는 1987년부터 1989년까지 매년 있었던 파업, 1995년 지역 주민 생존권 쟁취 대투쟁(3·3 투쟁), 1998년과 1999년의 광산 근로자 처우 개선 총투쟁을 뜻하는 것이다.[32] 그는 이러한 투쟁이 있을 때마다 조금씩 성과를 이루어 냈기 때문에 데모가 계속해서 이어질 수 있었다고 말한다.

구술자 : 내주[나중]에 데모나고부터, 이거 지내고서부터 그 조합원들이 대의원을 뽑잖아. 조합원이 대의원도 뽑지만 지부장을 뽑으니까. 뽑아 놓고 딱 들어앉혀 놔 놓고 몇 번 갈았어. 들어앉혀 놓고 몇 개월이나 한 1년 이리 해 보고 조합원들한테 돌아오는 게 별로 없으면 "이 [지부장을] 또 갈자. 이 지부장 안 되겠다." [해서] 또 갈아 버리고 이랬다고. 그때는 조합원이 지부장을 뽑아 놓으니까네 물러서라고 하면 물러서야 돼. 뭐 보채고 뭐 하[지]도 못해. 물러나

---

32 강원도 정선군 사북읍, 앞의 책, 155쪽.

가라면 물러나가야 돼.[33]

지부장과 회사는 크게 변하지 않았으나 조합원들이 지부장을 견제하는 관계를 만들어 낸 것이 그에게 있어 사북항쟁을 긍정적으로 평가하게 만드는 하나의 큰 이유였다. 목욕탕 준공, 자녀들에 대한 장학금 제공과 같은 실제 삶의 변화상은 '차차'로 좋아진 것이었고 사북항쟁만으로 이루어진 것은 아니었다. 심지어 그는 부인이 사북항쟁으로 고초를 당했음에도 항쟁을 긍정적으로 평가한다. 이것은 사북항쟁과 자신이 연관성이 없다는 태도에서 비롯된 것인데, 당시 데모 때문에 불만이 있지 않았느냐는 질문에 그는 "고생한 사람들은"이라고 말하며 자신과 분리해 말했다.

면담자 : 데모가 일어나가지고 고생했다고 생각하셨어요?
구술자 : 고생한 사람들은 다 그렇겠지.
면담자 : 후회하는 사람들도 있었겠네요?
구술자 : 예. 있었지. 있었고 그래 다 하지만 그게 뭐, 내중에 와서는 이게 데모 잘 일어났다 했어. 일어나야 이 변동이 되지, 안 일어나면 변동이 될 수가 없잖아. 안 일어나면 안 돼요.[34]

그는 광부 생활과 사북항쟁 이후의 생활상에 대해서는 자신의 이야기를 했지만, 사북항쟁에 대해서는 직접적인 관련이 없는 사람으로서 관찰자적 시점에서 바라보고 있다. 그는 사북 지역과 탄광 노동 조건의 변화상을 '차차로 좋아졌다'고 말한다.

그가 생각하는 '차차로 좋아졌다'는 것은 사북항쟁으로부터 시작된 것이 아니며 부인 역시 그로 인해 고통을 받았음에도 왜 항쟁에 대해 긍

---

33 이정근, 앞의 책, 261쪽.
34 이정근, 앞의 책, 285쪽.

정적으로 평가하는 것일까. 이는 현재까지 그의 생활을 통해 어느 정도 유추해 볼 수 있는데, 그는 은퇴할 때까지 광부 생활을 했으며 광부 생활로 얻는 사택과 쌀, 그리고 연탄으로 생계를 유지할 수 있어 "제일 없는 사람은 살기가 광산이 좋다"고 말한다. 그리고 은퇴할 때까지 광부 생활을 하며 퇴직금을 받았고, 동원탄좌가 폐광을 하고 카지노를 지으면서 현재의 집에 정착해 "지금 여기가 내 고향이고 다른 데 보다 제일 살기 좋다"고 하며 생활하고 있다.

사북항쟁 이전에도 광부 생활에 크게 불만을 가지지 않았다고 했던 것부터 현재 삶의 태도까지 종합해 볼 때 그에게 사북항쟁은 그 이후 자녀들에게 장학금을 줘 교육을 지속할 수 있게 해 준 계기였다. 그리고 항쟁에 대한 평가는 2000년 이후 학습했을 가능성이 있다. 그는 항쟁 당시에는 수동적으로 참여했고, 사북항쟁의 발발과 경과에 대해 직접 경험하지 않은 내용까지 상세히 구술한다. 이것은 외부의 상황에 무관심한 태도를 보였던 그의 다른 구술과도 모순되는 것으로, 2000년대 이후 부인과 함께 사북동지회 모임에 참여하며 사북항쟁을 학습했을 가능성을 보여 준다.

목격자로서 이정근이 평가한 사북항쟁은 "일어나야" 하는 하나의 변동이었던 반면, 사북항쟁으로 인해 고초를 겪은 이명득에게 그 당시는 평가할 수 없는 현재 진행적인 억울함이다. 그 억울함은 '돼지 새끼' 취급을 받던 광부들이 무기도 아닌 돌로 투쟁한 것에 국가의 탄압이 과도했다는 데에서 오는 것이며, 죄가 없는 자신이 오해로 인해 고초를 당했다는 억울함이었다. 사북항쟁으로 인해 움츠러들 수밖에 없었던 자신에 대한 연민 역시 그 억울함 속에 녹아 있었다.

이명득의 구술은 각 상황에서 자신이 어떠한 역할과 대응을 했는지에 집중되어 있는데, 사북항쟁 이전에는 자신을 지역 내 해결사로서 그리며 적극적 활동상을 술회하지만 사북항쟁 당시에는 수동적으로, 그리고 사북항쟁 이후에는 고문으로 인해 후유증을 겪은 모습들을 주로 떠올린다. 그리고 그가 기억하는 사북항쟁 이후 마을의 모습은 국가 폭력으로 인해 와해된 공동체였다.

그는 사북항쟁 이전 지장산사택 B지구 부회장으로서 "해결사"적 면모를 발휘한 일화를 주로 떠올린다. "아무리 뭐 억센 사람이라도 내가 들면 다 해결을 했"다는 것이다.[35] 그리고 부인회장으로서 지역 내 학교에 시찰 오는 교육감, 광업소의 계장과 과장, 경찰서장에게 식사를 대접하는 일을 했던 일들을 상세히 구술했다. 반면에 사북항쟁이 일어난 당시에 참여를 독려하는 방송을 했던 일은 이장과 동네 아주머니들이 "부인회장이 이렇게 가만있으면 어떡하냐"는 성화 때문에 방송을 하면 뒤탈이 생길 걸 알면서도 어쩔 수 없이 했던 것이라 회상한다.[36]

그가 경찰서에 연행된 것은 D지구 부인회장으로 오해받았기 때문이었다. 그는 자신이 린치 사건에 가담하지 않았고, 김ㅇ이가 끌려 나오던 순간을 보지도 못했으나 김ㅇ이의 착오로 지명되어 고초를 겪었다고 말한다. 그는 보름간 경찰에게 다리를 밟히는 고문을 당하다가 어느 날 이유를 알지 못한 채 집으로 돌아오게 되는데, 그는 경찰서장이 "어떠한 일이 있어도 이런 데(노조) 가입을 하면 더 이상 봐줄 수가 없다. 가입을 하지 말아라"라고 했던 마지막 말을 기억했다.[37]

집으로 돌아온 후부터 그는 더 이상 지역 내 '해결사' 역할을 할 수 없었다. 보름 동안의 고문으로 한동안은 물 주전자 하나를 못 들 정도로 일상생활을 영위할 수 없기도 했으나, 일종의 트라우마에 시달렸던 것으로 보인다. 집에 돌아온 후 마을 사람들이 "고생했다" 말해도 스스로 그 시선이 곱게 느껴지지 않았고, 자신이 D지구 부인회장으로 오인받아 연

---

35 이명득, 『1980년 사북: 여성의 탄광살이와 항쟁 참여』, 도서출판 선인, 2020, 65쪽.
36 이명득, 앞의 책, 76~77쪽.
37 이명득, 앞의 책, 93쪽.

행되었다는 생각에 그를 만날 때마다 억울하고 "밉깔시러운" 마음이 올라왔다. 동네 마실을 다니는 것도 '챙피'해 남편에게 "나, 요 정선 다리에 떨어져 죽을 거야"라고 하소연하기도 했다. 사북항쟁을 경험한 동네 사람들과 서로 위로하며 지냈지만, 그럼에도 '잡혀갔다 온 건 갔다 왔으니 더 말할 게 없다' 하며 위축됐던 것이다.[38]

'해결사'로서 활동했던 자신의 터전 역시 완전히 바뀌어 있었다. 그는 사북항쟁이 난 후로 "이사 간 사람이 얼마나 많은지" 경찰의 조서에 쓰여 있던 80명이 넘는 사람들을 한 명도 보지 못했다고 한다. 고문을 당한 남성들 중에서는 죽은 사람도 많았고, "다들 그렇게 들이 밟고, 등이고 뭐고 집어 차"는 통에 병든 사람들도 많았다.

그는 "만주벌판에서 웬간한 고생 다"했던 "보통이 아닌" 사람이었지만 항쟁 이후 "목숨 연명만 하고 억지로 산 게 오늘날까지 살았"다고 말했다. 항쟁 이후 그가 더욱 고통스러웠던 것은, 성적 고문을 당한 후 여성이라는 이유로 창피를 느껴 침묵하고 혼자 삼킬 수밖에 없었던 이유도 있었다.[39] 때문에 사북항쟁은 더더욱 과거의 일이 아니며, 억울함과 원망, 연민은 여전히 그를 괴롭혔다.

그는 1회차 구술 말미에 "사북에 진짜 몸살 나서 벌써 떠도 어디로 떠야 되는데 이제 뭐 여기에 해골 눕혀야 될 것 같다"라며 자신의 삶의 회한을 얘기하다가 갑자기 자신의 어릴 적 꿈이 가수였으며, 많은 재능이 있었다고 얘기한다. 월남민으로서 자신이 송해보다 더 어릴 때 남에 왔기 때문에 서울에서 제대로 자리만 잡았다면 꿈을 크게 펼칠 수 있었을 것이라며 아쉬워했다. 그러면서 자신이 재능을 펼친 사례로 유치장에 갇혀 있을 때 경찰의 강압에 저항적으로 노래를 불러 그 자리에 있던 모두를 울렸던 일을 이야기했다.

---

38 이명득, 앞의 책, 93~97쪽.
39 사북항쟁 여성 참여자들에 대한 연구로는 이 책에 실린 장미현의 논문 참조.

구술자 : "아줌마가 한마디 해봐요." "아이 나도 기분 나빠서 안 해요. 이런 좋은 노래를 왜, 세상에 이런 감방에 들어앉아서 노래해야 돼요? 노래 안 해요." (…) 〈목숨보다 더 귀한 사랑〉인가, 뭐 그걸 크게 2절까지 불러놨더니, (웃음) 이놈이 그만 칼을 놔 버리고, 뒤에서는 끽끽거리고 우느라 난리를, 여자들은 울고,

면담자 : 울어요?

구술자 : 저 쪽 방 남자들도, 신경, 이원갑 다 울었다더라.[40]

유치장에서의 고통스러운 고문 경험을 통해 볼 때는 이해하기 어려웠던 그의 돌발적인 구술은 항쟁 이후 위축될 수밖에 없었던 그의 삶 전반을 반추해 볼 때 비로소 이해할 수 있게 된다. 이루지 못한 평생의 꿈을 펼쳤던 한 장면이자, 사북항쟁 이후 공포와 위축으로 사라진 '해결사'로서의 마지막 순간이었던 것이다.[41]

---

40 국사편찬위원회 구술자료 번호 OH_17_006_이명득_11.pdf.
41 그러나 연구팀에게 있어 그는 여전한 '해결사'였다. 그는 사북항쟁 여성 참여자로서 사람들 앞에서 자신의 고문 경험을 적극적으로 말할 수 있는 용기를 가진 이였다. 2019년 사북항쟁 특별위원회 발족 기자 회견을 위해 정선경찰서에 방문했을 때, 그는 과거의 기억에 고통스러워하면서도 연신 욕을 내뱉었다. 구술자 이명득은 2019년 정선경찰서 항의 기자회견 후, 같은 해 영면했다. 그는 자신이 목숨 연명만 하고 살았다고 했지만, 침묵하지 않고 욕을 내뱉어 주었기에 사북항쟁 여성 참여자의 기록이 남을 수 있었다. 그의 부재에 깊은 상실감과 애도를 표한다.

2) 신경과 황인오의 사례

사북항쟁의 대표적인 인물은 이원갑이겠으나, 그의 경우 언론과의 인터뷰 경험도 다수 있고 항쟁을 외부에 알리고 설명하는 데 가장 앞장선 인물이다. 따라서 개인의 경험과 항쟁에 대한 설명이 그의 구술에서 구분되지 않고 섞여 있을 가능성이 높다. 또한 생애사 구술이 아닌 사건에만 집중된 구술이 될 수 있다. 이에 2017년 구술 사업에서는 구술 경험이 많지 않은 이들을 중심으로 면담을 하였다.[42]

신경과 황인오에게 사북항쟁은 상당히 복잡한 의미를 지니고 있다. 특히 신경은 사북항쟁에 깊은 회한과 동시에 자부심을 갖고 있다. 신경은 사북항쟁으로 인한 고문과 복역의 경험으로 전두환 정권이 끝나기까지 약 10년 동안 "공포 가운데 살았"다. 고문으로 받은 마음의 상처는 지금까지 남아 있는데, 그는 면담자와 구술을 하면서 "내 얘기만 하는 것 같고 이래가지고 좀 서글프네요"라든지, 취조 당시 마셨던 물 한 잔이 얼마나 달았는지 떠올리며 구술하는 것이 취조보다 더 힘들다고 말하며 웃기도 했다.

출소 후에 그는 경찰의 요시찰 대상이 되어 새로운 일자리를 구하는데에도 어려움이 있었으며, 일자리를 구하더라도 요시찰 때문에 길게 일하기는 어려웠다. "어디 현장에 가가지골라 반장 좀 한다고 이래가지고 뭐 이리 해도 보면, 혹시 거기서 뭔 얘기 없었나 카고 얘기가 들어"왔던 것이다. 때문에 사북을 떠난 후 사북 지역 사람들과는 "되도록이면 통화도 피하"고 "풀려나가지고 그저 목숨만 붙어 있는 거 다행인 줄 알고" 살았다.

그는 결국 고향으로 돌아가는데, 고향 역시 그에게 위안이 되는 곳은 아니었고 전과자라는 낙인으로 사회적 차별을 받아야만 했다. 고향 집안

---

42 이원갑의 구술은 2018년에 진행되었으며, 그의 생애와 사북항쟁의 실상에 대해 새로운 이야기를 들을 수 있었다. 이원갑의 구술은 『1980년 사북: 항쟁의 발발과 명예회복 과정』, 도서출판 선인, 2020에 수록되어 있다.

어른은 그가 전과자가 된 것에 "이 사람이 우예가 이래 됐노?" 의아해 했으며, 동리 사람들은 "죄 없이는 안 붙들려 간다"는 인식을 가지고 그를 대했다.

전두환 정권에 대한 공포와 경찰의 요시찰, 그리고 전과자에 대한 사회적 시선과 차별로 인해 침묵할 수밖에 없었던 기간 동안 사북은 "돌아보기도 싫"은 곳이었다. 사북을 다시 보게 되었던 건 2000년 민주화운동 관련자 신청을 하면서부터였다. 그가 포항에서 일하고 있을 때 다큐멘터리 영화 제작을 위해 이미영 감독이 방문했는데, 그는 그때부터 주변 사람들이 "내가 아주 위대한 사람처럼 막 이래가지고. 뭐 묻고, 어디 부탁하고 이런다고." 말하며 웃었다. 주변 사람들의 시선이 그때부터 변하기 시작했음을 느꼈던 것이다. 그리고 다큐멘터리가 완성된 후 그는 그동안의 세월을 보상받는 "묘한" 경험들을 연달아 했다.

> 구술자 : 그래 그 다큐멘터리 저거 해가지고, 그거 또 동네서 친구들이 "이래가 안 된다. 우리 회관에 가가지골라 한번 보자." 그래가 동네 사람 다 모아 놓고 다큐멘터리 틀어 가지골라가 "야, 니 굉장했구나." 카고. 이래 놓고 그래 보이 뭐 우쭐한 것도 있고, 내 것도 항금[많이] 아인 것도 있고. 사람이 살아가는 게 참 이상하더만은. 묘해요. 뭐 죽으라 카는 것도 없고, 열심히 살다 보면 이기 좀 복 아닌 복을 줄 때가 있어요. 그 (…) 누구 사람 만나이 반갑게 "참, 당신 그때 그래가지고, 고생해가지고 요즘 우리 복지 후생을 해가지고, 그래도 내 자녀도 어디 대학교 나왔다." 막 이런 얘기를 좍 들을 때 막, 야.[43]

위와 같이 민주화운동 관련자로 선정된 후 그가 겪은 일련의 경험들은 전두환 정권하에서 느꼈던 공포와 사회적 멸시가 "우쭐"함으로 전환

---

43 신경, 앞의 책, 271~301쪽.

되는 순간이자 '돌아보기도 싫었'던 사북이 자신의 자부심이 되는 순간들이었다. 그러나 사북항쟁이 그에게 자부심만 주었던 것은 아니다. 그는 당시 계엄 상황 속에서의 정치적 구조를 몰랐다는 것을 아쉬워했다.

> 구술자 : 정부가 개입돼 놨으니 이 사람들 임의대로 못하는 거라. 그러이 그걸 가지고 "아이, 정부에서 못[하게] 한다." 소리 이 사람들도 입을 못 띠는 거라. 안 그러면 보따리 싸가 가야 되고. 그러이 계엄이라는 자체가 모든 언론이 통제돼 있고, 모든 게 제약이 돼 있다 보이끼네 우리는 그 안에서 저거[실패]하지, 그 큰 걸 우리가 몰랐다고. 마 그 사람 탓만 하고, 광노 탓만 하고, 누구 탓만 이래 했지, 자기 주위에서 일어나는 그 압력, 전체적인 흐름, 이거 뭐 군부가 어디 가서 뭐 한다는 그걸 몰라요.[44]

그가 당시의 정치적 구조를 몰랐던 것에 아쉬워하는 이유에는 통제 불가능한 상황을 미리 막지 못했다는 회한이 담겨 있다. 그는 회사 측과 대화와 양보를 조금 더 했다면 폭발적 상황 없이 노동 조건을 점차적으로 변화시켰을 수 있었을 것이라 아쉬워했다. 그랬다면 사북항쟁이 일어나지 않았을 것이고, 군중 심리로 인한 린치 사건 역시 없었을 것이라고 생각한다. 나아가 린치 사건으로 사북이 '난동주의자'라고 낙인찍혔기 때문에 그는 사건이 발발하기 이전으로 소급하여 당시의 정치 구조를 알고 있었다면 상황이 이렇게까지 되지 않았을 것이라 생각한다.

그가 직접적으로 언급하지는 않지만, 사북항쟁으로 인해 자신이 겪어야만 했던 고초와 공포가 당시 정치적 구조를 미리 알지 못했던 자신에 대한 회한으로 이어지는 듯하다. 결국 그가 당시를 회고하면서 가장 아쉬워하는 것은 집회를 열면 "수순을 밟고 될 줄 알"고 있었던 자신에 대한 아쉬움이었다.

---

44 신경, 앞의 책, 252쪽.

신경에게 사북항쟁이 자부심인 동시에 회한이라면 황인오에게는 정치의 길로 가게 해 준 첫 발판이자, 사북의 복권을 추진하게 만드는 부채감이었다. 그가 서울의 운동권과 인연을 맺게 된 계기가 바로 사북항쟁이었다. 항쟁 발발 직후 "지도를 해 달라"는 목적으로 도시산업선교회에 전화를 걸면서 '서울 운동권'과 처음 만나게 되었으며, 경찰의 급습을 피해 사북을 떠나면서 그는 "서울 운동권 같은 데 합류해서 나도 이제 뭐한 번 해야겠다"라는 사실에 "약간 들뜬" 기분을 느꼈다.

그는 그 길로 통일사회당으로 향했다. 서울에서 운동권 활동을 하면서부터 그는 사북과 자신이 동일시되는 경험을 했다. 사북에서 왔다고 하면 노동자들이 자신을 "영웅 대접" 해 주었고, 사북항쟁으로 관련자들이 구속되던 때에는 조사단으로서 구속된 사람들의 가족들을 방문해 변호사 선임을 위한 서류를 천영초에게 전달하는 역할을 했다.

그러나 그 이후에는 사북과의 관련성보다는 다른 방향으로의 정치 활동을 꾀하고 있었는데, 미스유니버스대회 폭파 미수 건으로[45] 구속되어 징역을 선고받고 감옥 안에서 대중 지향적 운동을 결심했다. 그는 그 대중 지향적 운동의 발판을 사북으로 삼고 1984년부터 사북에서 노동사목을 시작했다.

황인오가 회상하는 자신의 정치 인생 속에서 사북은 중요한 축으로 자리 잡고 있었다. 자신의 "밑천"이 된 가톨릭광산노동상담소를 시작하게 된 계기 역시 우연히 김수환 추기경에게 자신이 쓴 「사북사태 보고서」를 소개하면서였다. 그는 이때 사북과 자신의 동일성, 사북에 대한 애착을 강하게 느끼고 있었으며 1989년에 사북을 떠날 때에도 "잠시 떠나온" 것이라고 생각했다.

---

45 광주 시민에 대한 군부의 학살을 비판하고 '계엄 철퇴 군부 퇴진', '사북을 비롯한 양심수 석방'을 요구하기 위해 1980년 미스유니버스대회에서 폭약을 터뜨리려는 계획이 미수에 그친 사건.

면담자 : 89년 이후로는 물리적으로 떨어진 거나 마찬가진데도 계속 사북
　　　　　에 대해서 생각하시는 이유가 어떤 거예요?

구술자 : 생각해 본 적은 없는데, 그냥 그런 거니까. [서울에] 와서도 내가
　　　　　계속 자주 [사북에] 왔다 갔다 하고, 뭐 동네 애들이 서울 올라오면
　　　　　다 우리 집 와서 자고 먹고 늘 그랬었죠. 성인직 그 친구 처음 도의
　　　　　원 될 때도 내가, 많은 돈은 아니지만 서울에서 몇 사람 돈을 모아
　　　　　서 보내 주기도 하고 그랬었는데. 89년 나올 때도 잠시 떠나온 거
　　　　　였지 사북을 내가 아주 떠난다고는 생각을 전혀 안 했기 때문에.[46]

　그렇기 때문에 사북을 떠난 후에도 사북과의 인연을 이어 가고 있었
는데, 그가 사북항쟁과 다시 관련을 맺게 된 것은 2000년 이원갑과 신경
의 명예 회복을 위해서였다. 그는 그때 솔직한 심정으로 "사북은 이제 끊
었다라고 생각했는데, 발목 잡히는구나 이런 생각이 들기도" 했다고 술
회한다. 그러면서도 동시에 사북을 복권시키고자 하는 책임감을 갖고 필
생의 과제로 그 책임감을 해소하기 위해 2010년경부터 다시 사북에서의
활동을 시작했다.

　그의 일생이 보여 주는 것처럼 사북항쟁은 정치를 꿈꿨던 그가 서울
의 운동권과 만날 수 있었던 계기였다. 서울로 상경한 후의 초기 정치 활
동은 사북항쟁을 알리는 것이었고, 사북항쟁 피해자들을 조력하기 위한
조사단 활동이었다. 그의 조력 활동은 이원갑과 신경의 명예회복으로 이
어졌다. 그러나 명예 회복을 했음에도 '사북항쟁의 주역'인 그들이 사북
내에서 어떠한 정치적·경제적 권한을 갖지 못하는 것을 보며 "80년 사
북을 복원시키는 게 필생의 과제"가 되었다. 2019년부터는 사북민주항
쟁동지회 회장을 맡아 사북항쟁의 복권과 특별법 제정을 위해 계속 애쓰
고 있다.

　이 장에서 살펴본 것과 같이 사북항쟁은 네 명의 구술자에게 있어 각

---

46 황인오, 앞의 책, 472쪽.

기 다른 의미로 기억된다. 시위에 참여하지 않은 이정근에게는 노동 조건이 차차로 좋아지게 만든 계기가 되었으며, 이명득에게는 신체적 고통에 각인된 공포이자 자신을 좌절시킨 순간이었다. 신경에게는 "돌아보기도 싫은" 일이었다가 명예 회복을 통해 자부심으로 전환되었으며, 이제는 쟁의 당시 자신의 역할에 대한 아쉬움으로 남아 있다. 그리고 황인오의 삶에 사북항쟁은 두 번의 계기가 된다. 첫 번째는 사북항쟁 당시 이른바 '운동권'으로 진출하게 만든 계기가 되었던 것이며, 두 번째는 2000년대 사북항쟁의 명예 회복 이후 사북 지역 내에서 '80년 사북'을 복권시키고자 하는 현재적 과제가 된 것이다. 이렇게 각 구술자 개인의 생에 사북쟁이 미친 영향력은 현재까지 이어지고 있으며, 이를 통해 볼 때 사북항쟁은 단순히 '막장의 삶이 일으킨 노동 쟁의'만은 아니다. 더욱이 네 명의 개인들이 들려주는 구술과 생애는 하나의 사건에 대한 이데올로기적 해석이 지양되어야 하는 이유를 보여 준다. 지금까지 살펴본 구술자들의 경험과 생애는 '80년대 노동자 투쟁의 발화점', 또는 '사태'나 '항쟁'이라는 규정 안에 가두기에는 너무나 다양한 맥락과 의미를 가지고 있는 것이다.

맺음말

사북항쟁의 경우 사건의 실증에 앞서 신군부의 탄압으로 오랫동안 '폭동'으로 여겨져 사건의 다양한 측면이 가려져 있었다. 또한 사북항쟁과 관련해 쉽게 접할 수 있는 자료는 대부분 계엄하에 작성된 공소장이나 언론의 왜곡된 보도였으며, 사북항쟁을 조사한 경찰의 자료 등은 비공개상태이다. 사북항쟁 자체가 조직화되지 않았기에 참여자들의 기록 역시 찾기가 힘들다. 거기에 더하여 처음 사북항쟁을 연구 대상으로 잡은 후에 가장 난점이 되었던 것이 시각의 중심을 잡는 문제였다. 사북의 기억이 극단적으로 양분되어 있고 각 개인들의 상처 역시 첨예했기 때문에 '항쟁'으로도 '사태'로도 정의 내릴 수 없다는 점이 문제의식 면에서도, 각 연구자의 윤리의식 면에서도 가장 문제가 되는 부분이었다.

이에 본고에서는 '사북사태' 혹은 '사북항쟁'을 시간의 흐름 속에서 일어난 하나의 사건으로 국면화시켜 구술자들을 통해 사건을 어떻게 재평가할 수 있을지 답을 구하고자 했다. 이에 문헌 자료에서 시작하는 것이 아닌, 구술 자료에서 시작해 사건을 재구성했다. 면담의 초점 역시 사건의 과정과 피해상을 드러내는 데 국한된 '증언'에서 벗어나는 방식을 택하고자 했다. 구술자의 출생부터 현재까지 개인의 경험에 초점을 맞춘 생애사 구술을 함으로써 사건 중심이 아닌 개인의 생애 한 단면으로서의 '사건'을 볼 수 있을 것이라 기대했기 때문이다.

문헌 자료가 아닌 구술 자료를 기본 자료로 삼는 것은 과거의 역사 연구 방법론과는 사뭇 다르다. 문헌 자료의 실증을 기본으로 여긴 역사학적 연구 방법론은 구술사의 다양한 가능성을 인지하고 있음에도 기억의 주관성, 불확실성을 이유로 구술 자료를 보완적 자료로만 인정해 왔다. 이에 역사학과 구술사가 '어색한 관계'를 맺고 있다는 지적 역시 계

속되었다.[47]

그러나 최근 역사학의 흐름은 구술사를 하나의 연구 방법론으로 적극 채택하고 있다. 본 구술팀의 사북항쟁 구술은 이러한 연구 방법론적 확장 속에서 이루어진 것이며, 사북항쟁 면담을 통해 구술이 역사학에 주는 많은 가능성을 확인할 수 있었다.

살펴본 것과 같이 사북항쟁 구술은 사건에 대해 왜곡하거나 고정적인 평가를 하는 것에서 벗어나 '두껍게 읽기'를 가능하도록 만들어 준다. 특히 사북항쟁과 같이 문헌자료의 한계가 뚜렷한 상태에서 평가가 먼저 이루어진 사건의 경우 구술은 역사학자들에게 여러 해석의 가능성과 연구 과제들을 던져 준다. 이에 본고에서는 구술을 통해 찾은 새로운 해석 가능성들을 제시했다. 첫째, 기존 연구에서 이분법적으로 분리되어 있던 노동자와 간부의 관계가 상당히 복합적인 관계를 형성하고 있음을 볼 수 있었다. 둘째, 사북항쟁 당시의 폭력과 일탈 행위를 탄광촌의 일상 문화를 통해 이해할 수 있는 실마리를 발견했다. 당시 언론에서는 지부장 부인 린치 사건에 초점을 맞추어 사북을 '무법 지대'라고 했지만 폭력과 죽음이 일상화되어 있었던 당시 탄광촌의 분위기 안에서 '무법'이 가진 의미를 다시 생각해 볼 것을 제안했다.

또한 사건이 개인의 생애에 어떤 의미가 되었는지 그들의 생애를 통해 살피는 것은 하나의 사건을 '인간'에 초점을 맞추도록 해 준다. '인간'에 초점을 맞춘다는 것은 민중사의 관점에서 '아래로부터의 역사'를 서술할 수 있는 하나의 방법으로서 구술의 가능성을 확인시켜 주는 것이다.[48]

---

47 김귀옥, 「한국 현대사 연구에서 구술사 연구의 탄생과 역할, 과제」, 『구술사연구』 7(2), 2016; 윤택림, 「기관 구술채록의 진단과 과제: 국사편찬위원회 구술채록사업을 중심으로」, 『구술사연구』 6(1), 2015; 윤택림, 「구술사와 역사학의 어색한 관계: 그 성과와 전망」, 『구술사연구』 7(2), 2016; 이용기, 「역사학, 구술사를 만나다: 역사학자의 관점에서 본 구술사의 현황과 과제」, 『역사와현실』 71, 2009; 허영란, 「한국 구술사의 현황과 대안적 역사 쓰기」, 『역사비평』 102, 2013.
48 이용기, 「'새로운 민중사'의 모색과 구술사 방법론의 활용」, 『역사문화연구』 37, 2010.

특히 사북항쟁을 경험한 개인의 생애를 통해 해석과 실제 사건의 영향 사이에 괴리가 있음을 알 수 있는데, 본고에서 살펴본 구술자들의 경험과 생애는 그간 사건을 정의해 온 '80년대 노동자 투쟁의 발화점', 또는 '사태'나 '항쟁'만으로는 설명할 수 없었다.

본고에서 활용한 구술 자료들은 약 반년의 짧은 기간 동안 실시된 것이며 그 대상자의 수가 적고 범주가 한정되어 있는 한계가 있으나, 향후 지속될 구술의 첫 단계로서 기존 연구와 차별점이 될 수 있는 쟁점들을 정리하고 새로운 해석의 가능성을 제시했다. 덧붙여 사북항쟁 구술은 다음과 같은 연구 과제들을 던진다. 사북항쟁은 1970년대 이래로 쇠락해가던 석탄 산업의 영향 아래 발발한 탄광 노동자들의 운동사라는 측면뿐만 아니라 한 지역 전체가 정권의 폭력 대상이 되었다는 점에서 4·3 사건 또는 광주민주화운동과도 유사점을 가진다. 이에 사건은 지역사적 측면으로 분석될 필요가 있다. 또한 사북항쟁 발발 당시 부녀회가 수습에 역할을 했다는 기록과 구술에 따라 여성사적으로도 사건을 재해석할 수 있으며, 석탄 산업의 흥망과 함께 광업사적으로도 살펴볼 수 있다. 따라서 사건사에서 벗어나 다양한 관점에서 재해석될 필요가 있다.

이에 향후 사북항쟁 관련자들뿐만 아니라 당시 사건을 지켜보았던 관찰자들의 구술도 추가적으로 필요하다. 이에 본 구술팀에서는 추후의 구술과 연구로서 사북항쟁 전후 지역의 행정을 맡았던 지역 행정 관료들, 당시 탄광 노동자들의 자녀이자 사북항쟁을 지켜본 어린이들, 세탁소나 미용실 등과 같이 탄광 노동자들을 대상으로 했던 노동 종사자들, 그 외 지역 거주민들을 지속적으로 구술하며 사북항쟁에 대한 재해석 및 사북을 주제로 하는 다양한 연구를 진행할 계획이다. 이상의 과제는 추후의 연구로 지속하고자 한다.

【참고문헌】

〈자료〉

국사편찬위원회 구술자료 번호 OH_17_006_이정근_11.pdf
국사편찬위원회 구술자료 번호 OH_17_006_이명득_11.pdf
국사편찬위원회 구술자료 번호 OH_17_006_신경_11.pdf
국사편찬위원회 구술자료 번호 OH_17_006_황인오_11.pdf
이원갑·신경·황인오·김세림·김아람·문민기·장미현·후지타 타다요시, 『1980
    년 사북: 항쟁의 발발과 명예회복 과정』, 도서출판 선인, 2020.
이명득·장분옥·조순란·이옥남·김세림·김아람·문민기·장미현·후지타 타다요
    시, 『1980년 사북: 여성의 탄광살이와 항쟁 참여』, 도서출판 선인, 2020.
윤병천·최돈혁·이정근·김세림·김아람·문민기·장미현·후지타 타다요시,
    『1980년 사북: 항쟁과 그 이후의 삶』, 도서출판 선인, 2020.

〈단행본〉

진실·화해를 위한 과거사정리위원회, 「80년 사북사건」, 『2008년 상반기 조사
    보고서』, 2008, 과거사관련업무지원단 제공.
정선지역발전연구소, 『1980년 4월 사북 (사북사건 자료집)』, 정선지역발전연구
    소, 2000.
탁경명, 『80년 4월의 사북: 사북사태와 그 후』, 강원일보사, 2007.

〈논문 및 기타〉

김귀옥, 「한국 현대사 연구에서 구술사 연구의 탄생과 역할, 과제」, 『구술사연구』
    7(2), 2016.
박철한, 「사북항쟁연구: 일상·공간·저항」, 서강대학교 정치외교학과 석사학위
    논문, 2002.
윤택림, 「기관 구술채록의 진단과 과제: 국사편찬위원회 구술채록사업을 중심으
    로」, 『구술사연구』 6(1), 2015.
윤택림, 「구술사와 역사학의 어색한 관계: 그 성과와 전망」, 『구술사연구』 7(2),
    2016.

이용기, 「역사학, 구술사를 만나다: 역사학자의 관점에서 본 구술사의 현황과 과제」, 『역사와현실』 71, 2009.

이용기, 「'새로운 민중사'의 모색과 구술사 방법론의 활용」, 『역사문화연구』 37, 2010.

허영란, 「한국 구술사의 현황과 대안적 역사 쓰기」, 『역사비평』 102, 2013.

2부
–
사북항쟁 40주년의 기념과 계승

2부에 실린 글들은 아래의 강연 및 좌담을 녹취하여 윤문한 것이다.

〈사북, 역사를 열다〉
　　사북항쟁 40주년 기념 심포지엄 : 사북, 역사를 열다
　　■ 일시 : 2020년 6월 10일(수) 오후 2시
　　■ 장소 : 역사문제연구소 관지헌
　　■ 주최 : 사북민주항쟁동지회, 정선 고한·사북·남면·신동지역살리기공동추진위원회
　　■ 주관 : 역사문제연구소
　　■ 후원 : 강원도, 정선군, ㈜강원랜드, 강원민주재단, (재)3·3기념사업회

〈사북 역사를 잇다〉
　　1980년 사북항쟁 폭력의 역사적 이해 및 사북항쟁 계승 방안 마련을 위한 좌담회
　　■ 일시 : 2020년 12월 8일(화) 오후 3시
　　■ 장소 : 역사문제연구소 관지헌
　　■ 주최 : 역사문제연구소, 민주화운동기념사업회
　　■ 주관 : 역사문제연구소

〈사북, 역사를 열다〉
사북항쟁 40주년 기념 심포지엄

- 개회사 : 황인오 (사북민주항쟁동지회장)
- 축　사 : 이용기 (역사문제연구소장, 한국교원대 교수)
- 사　회 : 김아람 (역사문제연구소 민중사반장, 한림대 교수)

〈제1부〉 한국의 민주화와 사북항쟁 40주년
- 강　연 : 김동춘 (한국민주주의연구소장, 성공회대 교수)

〈제2부〉 역사를 연 사람들
- 사북민주항쟁동지회 회원 초대 인사

〈제3부〉 사북항쟁과 노동, 정치, 사회
- 패　널 : 김　원 (한국학중앙연구원 사회과학부 교수)
　　　　　김정한 (서강대 트랜스내셔널인문학연구소 HK연구교수)
　　　　　임송자 (순천대 인문학술원 학술연구교수)
　　　　　임채도 (모심과살림연구소장, 전 진실화해위원회 조사관)
　　　　　황인욱 (정선지역사회연구소장)

- 폐회사 : 김태호(정선 고한·사북·남면·신동지역살리기공동추진위원장)

개회사

1980년 서울의 봄에서 광주의 5월로 향하던 길목에 커다란 징검다리 하나가 놓여 있었습니다. 18년 유신 독재 체제가 붕괴한 자리에서 오랜만에 왁자하게 들려오던 민주와 자유라는 말들이 그저 정치인, 지식인, 또는 먹고살 만한 중산층들의 요구이거나 정치 과정의 문제가 아니라 사실 일하는 사람들, 민중의 삶과 직결된 것이라는 사실을 생생하게 보여준 사건이 있었습니다.

"사북, 역사를 열다"라는 제목이 상징하듯 그해 4월의 사북은 지식인들의 사변에 머물던 민주주의의 울타리를 열어젖혔습니다. 5·18이 40주년이 된 것은 모두 알고 있지만 4·21을 기억하는 사람은 아쉽게도 별로 없습니다. 광주의 5월이 40년이 되었다면 당연히 사북의 4월도 40년을 맞이했습니다.

5월의 핏자국이 너무도 참혹해서 4월의 절규가 제대로 드러나지 않은 것일 수도 있습니다. 4월의 검은 함성이 높은 산맥에 갇혀서 멀리 퍼져 나가지 못한 것인지도 모르겠습니다.

숱한 민주화운동과 민중 항쟁이 제 이름을 얻어 가는 동안 사북 광부들의 처절한 외침과 항거가 정당한 이름과 자리를 얻지 못한 채 40년 무명의 세월을 벗으려고 비로소 이제야 목소리를 내고 있습니다.

비록 막장 인생 광부들이 벌인 싸움이어서 가방끈 긴 대학생들이나 도시산업선교회나 외부 인사들의 도움 없이 순도 100%의 노동자 광부들이 자기들의 처자식 가족들과 함께 벌였던 싸움이기에 좀 더 외로웠을지도 모릅니다.

하지만 우리는 오늘 이 처절했던 싸움을 애써 무시하고, 본질을 가리고, 진실을 덮으려는 불순한 시도와 미처 살피지 못한 무관심으로부터 벗어나 비로소 이 나라 민중운동, 민주화운동의 시민권을 획득하는 중요한 발걸음을 하고 있습니다.

　오늘 우리들은 이 역사적 사건을 특별히 조명하는 학술 심포지엄의 마당에까지 와 있습니다. 광부의 외침은 사라지지 않았고 사북의 역사는 묻히지 않았습니다.

　오늘은 때마침 6·10 항쟁 기념일입니다. 6·10 항쟁 발발 7년 전 사북에서 벌어졌던 또 다른 항쟁을 기념하는 뜻깊은 행사에 모여 있다는 것이 마치 시대를 넘은 민주적 연대를 상징하는 듯하기도 하고 4·21 사북항쟁의 현주소를 보여 주는 아픈 순간으로 느껴지기도 합니다.

　하지만 코로나19를 뚫고 여러분이 사북항쟁의 역사적 복권을 향한 발걸음에 합류해 주셨기에 저희들은 긴 침묵의 골짜기를 지나 너른 들판으로 나온 듯 너무나 벅차고 고마운 마음입니다.

　사북항쟁의 역사적 의미를 규명하기 위한 오늘의 뜻깊은 심포지엄이 이루어지기까지 많은 분들의 도움을 받았습니다.

　사북항쟁 동지들이 걸어온 40년의 이야기를 역사 문화 자산으로 만들 수 있도록 후원해 주신 최문순 강원도지사님과 최승준 정선군수님, 그리고 문태곤 강원랜드 대표이사님께 깊이 감사드립니다.

　또, 늘 지역을 지키며 지역의 역사적 뿌리를 잊지 않고 오늘날까지 1980년 4월을 기념해 온 공추위의 김태호 위원장님과 3·3기념사업회 최경식 이사장님을 비롯한 지역의 선후배님들에게 특별한 감사를 드리지 않을 수 없습니다.

　또한 소외된 민중의 몸부림과 역사적 진실을 규명하는 데 앞장서 온 역사문제연구소의 이용기 소장님과 김아람 교수님 등 민중사반 연구자분들에게도 고마움을 전합니다.

　아울러 대통령 시민사회비서관실, 국무총리 시민사회비서관실 등에서 드러나지 않게 도움을 주신 많은 분들께도 사북항쟁 동지들을 대표해서 머리 숙여 인사드립니다.

무엇보다 오늘 "역사를 연 사북"을 함께 생각하기 위해서 모여 주신 연구자분들과 멀리서 찾아 주신 최윤 강원민주재단 이사장님과 내빈 여러분께 최고의 감사를 드립니다.

아무쪼록 사북 광부들의 항쟁이 우리 역사에서 갖는 의미를 되새겨 보려는 김동춘 교수님을 비롯한 학자 여러분들의 진지한 탐구가 긴 터널 속을 걸어 나온 이원갑 동지회 명예회장님과 우리 항쟁 동지들께 작은 위로가 되기를 바랍니다.

감사합니다.

2020년 6월 10일
사북민주항쟁동지회 회장 황인오 드림

축사

사북항쟁이 올해로 40주년을 맞이했습니다. 40년 전에 이 투쟁을 몸소 겪으셨고 그 이후 진상 규명을 위해 애써 오신 여러 선생님들께 감사와 축하의 말씀을 전합니다. 저는 사북항쟁이 일어날 때 중학교 2학년이었습니다. 당시에는 아무것도 알지 못했고 대학교에 들어가서 5·18과 함께 사북에 관한 이야기를 듣게 되었습니다. 당시 선배들로부터 80년 사북과 5·18이 민중의 혁명성을 보여 주는 항쟁이었다는 말을 들었고, 사북의 진실을 알린다는 내용의 팸플릿 같은 유인물을 봤던 기억이 납니다. 그리고 저 스스로 선배가 되어서는 또 후배들에게 사북항쟁에서 민중의 혁명성이 드러난다는 이야기를 하곤 했는데, 세월이 흐르고 나니까 제가 '사실은 사북항쟁에 대해 아는 게 거의 없으면서 관성적으로 그런 얘기를 해 왔구나'라는 반성도 하게 되었습니다.

역사문제연구소가 사북과 인연을 맺게 된 것은 5년 전인 것 같습니다. 2015년에 역사문제연구소 민중사반이 여름 워크숍을 정선 쪽으로 갔다가 돌아오는 길에 이원갑 선생님을 모시고 간담회를 가졌습니다. 이 자리에 함께했던 저희 반원들 중 일부가 사북에 관한 연구를 한번 해 보자고 의기투합을 하여 '사북팀'이라는 연구팀을 꾸렸습니다. 사북팀은 이후 5년 동안 여러 어르신들께 구술을 듣는 작업도 하고, 사북 관련 자료들을 모으고 데이터베이스화하는 작업을 했습니다. 작년에는 바로 이 자리에서 사북항쟁 심포지엄을 열기도 했었지요.

역사문제연구소와 사북의 인연은 이렇게 5년 동안 이어져 왔습니다. 사북팀은 지금까지 해 왔던 작업을 올해 안으로 결실을 맺으면서 구술자료집도 발간하고 연구서도 내 볼 계획을 가지고 있습니다. 부족한 점이 많습니다만, 저희 연구소도 나름대로 최선을 다해서 앞으로 사북항쟁의 진상 규명과 명예 회복을 위한 특별법 제정 등의 활동에 여러분들과 함께 힘을 모아 나갈 것을 약속드립니다.

오늘 바쁘고 무더운 와중에도 강연을 맡아 주신 김동춘 선생님과, 좌담회를 함께하실 여러 선생님들께 감사드립니다. 오늘 이 자리를 함께하는 모든 분들께 연대와 감사의 말씀을 전해드립니다.

2020년 6월 10일

역사문제연구소장, 한국교원대 교수 이용기

한국의 민주화와 사북항쟁 40주년

김동춘 (한국민주주의연구소장, 성공회대 교수)

안녕하십니까. 김동춘입니다. 반갑습니다. 이런 뜻깊은 자리에 저를 초대해 주셔서 감사합니다. 그리고 이 사북항쟁으로 그동안 고통을 당하신 모든 분들에게 심심한 위로의 말씀드립니다. 시간이 참 많이 흘렀습니다. 40년이 됐는데 이 사건이 났을 땐 대학생으로 신문 보도를 통해서 알고 있었고 한국의 당시 민주화의 봄, 전두환 정권이 등장하는 것에 대해서 모든 학생들이 바짝 긴장하고 있는 때라 사실은 충격은 받았지만 크게 관심을 기울이지 못했던 그런 기억이 납니다.

제가 진실·화해를 위한 과거사정리위원회에 상임위원으로 있을 때 이 사건에 대해서, 제가 담당은 아니었고 김갑배 변호사님이 당시 상임위원으로 이 사건을 담당하셨지만 사건이 굉장히 민감한 쟁점이 많아서 같이 상의를 했던 기억이 나고요. 특히 당시 어용 노조로 공격받은 이재기 씨 부인 김ㅇ이 씨 쪽에서 상당히 저희들에게 어필을 많이 했습니다. 그래서 그 이후에 전원회의 결정 때 아마도 저희들로서는 최선을 다했다고 생각하지만 그 관계자분들은 좀 싫어하셨을 수도 있겠습니다. 어쨌건 당시 정부의 결정 과정에서 제가 개입을 했었는데, 남은 과제들이 참 많다고 생각하고요. 그래도 진실화해위원회 결정이 하나의 중요한 고비는 되지 않았나 생각합니다. 광부들의 당시 저항이나 이런 부분들을 단순한 과거 사실로가 아니라 오늘의 노동 문제와 견주어서 몇 가지를 말씀드리고 싶습니다.

제가 이 사북항쟁에 대해서 그렇게 깊이 있는 연구를 한 사람은 못

됩니다. 그렇지만 어느 정도의 그 당시의 광부들의 처지나 이런 부분에 대해서는 알고 있습니다. 왜냐하면 삼촌이 장성광업소 목공부에 계셔서 제가 1960년대 중반 태백, 장성을 가 본 적 있고 1970년대에도 또 한 번 가 봤습니다. 그리고 저희 고종사촌 매형이 그쪽에서 광부로 일했기 때문에 광부들 실태를 접할 기회가 있었습니다. 그 당시 광산 사고 참 많았죠. 그때 아마 제 기억으로는 갱도에서 탄을 캐다가 지하수를 건드리면 "물통 터진다!" 그렇게 말했던 기억이 나는데, 물통 터져서 사촌 매형도 거의 죽을 고비를 넘긴 적이 있어요. 그래서 제가 그 당시의 사택이나 그 현장이 어땠는지 생생한 기억을 가지고 있어요. 어쨌든 오늘 이야기는 우리가 40년을 맞아서 몇 가지 생각해 볼 점에 대해서 말씀드리도록 하겠습니다.

1980년 민주화의 봄

1980년 민주화의 봄은 박정희가 갑자기 사망하게 된 사건이에요. 그 다음에 12·12 쿠데타가 일어난 것은 다 알고 계실 겁니다. 오랜 군사 정권이 무너지게 되면서 사회 곳곳에서 억눌려왔던 요구들이 폭발하는 시기죠. 박정희가 사망하고 난 다음에 저희들, 학생운동권 사람들은 12·12 사태가 일어나고 전두환이 권력을 잡았다는 것을 알았습니다.

우리는 전두환이 들어오는 것은 시간문제라는 것을 이미 1979년 말부터 알고 있었어요. 그래서 명동 위장결혼 사건 같은 것도 있었고요. 이미 1980년 1월에는 일반 국민들은 민주화가 된다고 생각했지만 학생들은 그렇지 않을 것이라고 생각하고 있었습니다. 그래서 어떻게 전두환이 들어오는 것을 막을 수 있을까, 아니면 못 막더라도 어떻게 이것을 국민들에게 좀 더 호소를 해서 이 세력들이 이미 집권을 거의 했다는 것을 알릴 수 있을까 그것이 저희들의 최대 관심사였습니다. 그리고 이와 유사한 국면을 4·19 직후에 한번 맞이했다는 것을 의식하였습니다. 그렇기 때문에 10·26 이후에도 비슷한 사태가 벌어질 것으로 예상을 했습니다. 그래서 이 상황에서 3김(김대중·김영삼·김종필)은 민주화가 되고 자기들 중 한 사람이 대통령이 될 거라는 기대를 했을지 모르지만, 사회운동 세력은 그런 일이 일어나지 않을 것이라고 생각했습니다. 결국 타협은 불가능한 상황이다. 한쪽이 쿠데타 일으키거나, 유혈까지는 예상을 못했지만 상당한 충돌은 불가피하다는 그런 생각을 하고 있었습니다. 그것이 1987년 이후와 차이점이라고 생각합니다. 그래서 참 어려운 시기에 우리가 그때 1980년이라고 하는 상황에 처해 있었다고 생각하고요.

그리고 나중에 드러난 사실이지만 미국은 박정희 정권 이후에 전두환 신군부 세력을 뒤에서 밀고 있었습니다. 광주 5·18 당시 미국의 입장이 어떠했는지 여러 자료가 이미 공개되었습니다. 그리고 사실 저희들도 미국이 한국의 민주화에 대해서 우호적이지 않을 수도 있다는 생각을 하고 있었습니다. 결국은 미국의 이해관계가 굉장히 크게 작용을 하고 있었고, 실제로 1979년까지 민주화운동을 했던 세력이라고 하는 것은 거의 한 줌밖에 안 되는 학생들, 재야 지식인 소수밖에 없었습니다. 1975년부터 1979년까지는 학생 데모는 신문에 한 줄도 보도가 되지 않았습니다. 일반 국민들은 이런 일이 일어나는지 전혀 모르고 있었고요. 거리도 물론 못 나가고 캠퍼스에서는 데모가 일어나면 거의 10분 안에 진압됩니다. 누가 잡혀가는지도 잘 모르는 상황이었어요. 거의 암흑기라고 생각됩니다.

이런 상황에서 반독재운동 세력들은 민주화가 될 거라는 기대는 가지고 있었으나 결국은 우리 사회가 그렇게 부드럽게, 순조롭게 가지 못할 거라는 생각을 하는 상황이 1980년 민주화의 봄이 아니었나 싶어요. 우리 사회에서 여러 번 겪었던 1945년 해방 직후, 4·19, 1980년 민주화의 봄. 세 번째 온 우리 사회의 굉장히 중요한 전환기였는데, 이때 이제 여러 사회적 요구가 폭발하게 되고 저는 이 사북항쟁도 그동안 눌려 왔던 사회적 요구가 폭발한 하나의 중요한 사건이 아니었나, 그 배경에 대해서 저는 그렇게 이해하고 있습니다.

'민주화의 공간', 시민 사회의 폭발

民主化大行進…불길은 솟았다

歷史에의 同參…승리의 확신…

이것은 제가 가지고 있는 당시의 대학신문을 사진 찍어서 보여 드리는 건데요. 학생들이 5,000여 명이 모이고 가두로 진출하는데, 물론 대학 사회에서는 이런 열기가 뜨거웠지만 제 기억에 일반 시민들은 냉담했습니다. 그러니까 전두환 신군부가 집권하기 2~3일 전인 5월 14~15일 이틀 동안 서울역 앞에서 집회가 있었는데, 그 집회 현장까지 굉장히 먼 거리를 걸어서 나오는 동안 길가 시민들의 반응이 그다지 적극적으로 환영하는 것이 아니었습니다. 왜냐하면, 그 당시 일반 시민들은 '아니, 이제 곧 민주화가 될 텐데 학생들이 왜 이래' 이런 분위기가 있었습니다. '가만히 있으면 될 텐데 왜 학생들이 저렇게 데모를 하지?'라고 하는 그런 분위기가 있었던 것이 현실입니다. 그러니까 학생들이나 노동 쟁의하는 분들하고 일반 시민들 사이에 갭이 굉장히 컸던 기억이 납니다. 이런 상황에서 사북사건이 일어나지 않았나 생각이 되고요.

1979년 10월~1980년 5월, 부마에서 광주 사이

우리가 흔히 부마사태, 부마항쟁이라고 이야기하는 것하고 광주민주화운동은 굉장히 다른 사건 같지만 사실은 연결되어 있는 사건입니다. 부마사태도 당시의 계엄군이 부산에서 탱크까지 동원을 했고, 굉장히 많은 사람들이 잡혀가서 구타와 고문을 당했어요. 이것이 박정희의 시해로 인해서 더 이상의 충격은 없었지만 당시 증언에 의하면 차지철이 "캄보디아에서는 백만 명을 쓸었는데, 우리는 못하겠냐." 이런 발언을 할 정도였어요. 그대로 갔다가는 당시 박정희가 어떤 짓을 저지를지 모르는 그런 상황이 당시 부마사태였고, 이것이 그다음 해의 5·18 광주로 이렇게 연결이 되죠. 광주와 부마는 사실상 다른 사건인 것처럼 보이지만 사실상 연결되는 사건이고, 저는 그 사이에 사북이 있지 않나 생각을 하게 됩니다.

산업 재해

사북 이야기를 하기 전에, 자료를 쭉 보다가 왔습니다. 왜 당시의 광부들이 이렇게 폭발적으로 쟁의를 벌이고 저항을 하게 되었는가 하면 결국은 당시의 처참한 노동 환경이 원인 아니었겠나 생각됩니다. 1970년대에 광부 열 명 중 한 명이 죽거나 다쳤으며 높은 재해로 인해 탄광 노동자 이직률이 1979년에 32%였습니다. 노동 환경의 처참함 때문에 사람들이 일상적으로 가지고 있었던 분노가 평소에는 눌려 있다가 정치적으로 약간 이완이 되면 폭발하는데, 그 분노가 폭발하는 가장 중요한 이유는 작업장의 만성적인 위험, 즉 죽음의 위험이 아닌가 이렇게 생각해요.

저희 사촌 매형 이야기도 했습니다만 당시 광산 사고가 엄청 많았습니다. 제 기억에도 1960년대부터 1970년대까지, 1990년대 중국에서 일어나는 거와 비슷하게 광산 사고가 참 많았던 것으로 기억이 납니다, 열 명 중 한 명이 죽거나 다치는 것이 당시 광산 현실이었고 거의 사람 목숨이 쓰레기처럼 취급되는 그런 상황이었다고 생각하는데, 아쉽게도 40년이 지난 지금도 크게 다르지 않다고 봅니다.

물론 우리 산업 구조가 바뀌면서 그런 식의 사고는 없어졌지만, 건설 현장이라든지 다른 현장에서의 산업 재해는 여전히 산재 사고 사망률에 있어서 한국이 OECD 국가 중에서 가장 높습니다. 정확한 통계는 1년에 약 900명 정도가 현장에서 그대로 사망합니다. 그리고 2,400명 정도가 산업 재해로 죽습니다. 물론 이 통계도 정확하지 않습니다. 대부분의 기업들이 이걸 정확하게 보고하지 않기 때문입니다.

그래서 1년에 900명이라고 한다면, 하루에 세 사람이 아침에 집에서 나와서 출근했다가 죽는 나라가 한국이에요. 이 정도로 산업은 바뀌었지만 산업 재해로 인한 노동자들의 위험이라든지 사망은 40년 전이나 지금이나 크게 다르지 않은 이런 안타까운 현실들을 우리가 보게 되고요. 그래서 당시의 사북항쟁이 일어나게 됐던 가장 중요한 이유는 탄광에 있던 위험한 현실이고, 이 죽음의 위험과 사람을 쓰레기 취급하는 당시의 현장이 아니었나 그런 생각을 당시의 통계를 가지고선 해 보게 되었습니다.

감시와 억압, 폭력

두 번째는 일상적인 감시와 억압입니다. 여기 오신 당시 광부로 생활

하셨던 분들은 너무 잘 아시겠지만, 박정희 군사 정권은 군사 정권에 저항하는 학생들이나 재야 지식인들에게만 고문과 폭력을 행사했던 게 아니고, 일반 노동 현장에서도 이런 억압적인 폭력을 행사해 왔고 일상적인 감시를 해 왔죠.

1980년 광산에서는 광부들의 입을 막기 위해 '덕배'라는 폭력 조직까지 동원하고 있었습니다. '암행독찰'이라는 이름으로 광부들을 감시했고 사장 친인척들로 구성된 간부들이 하루 종일 탄광과 시내를 돌아다니면서 사람들의 이야기를 듣고 행동을 관찰하며 회사에 보고했습니다.

2016년 우리나라 굴지의 대기업인 현대자동차에서도 공권력이 배후에 있으면서 기업이 노동자들의 일종의 태만이라고 할까 혹은 게으름을 통제한다는 명목으로 사적 폭력을 행사하고 있었습니다. 이런 최근 사례는 당시 현실과도 대비해 볼 수 있습니다.

노동자의 처지

당시에 탄광에서 불평불만을 하면 그날로 바로 해고당했다고 합니다. 고정된 직장이 아니고 매일 작업 배치를 받는데 그날 안 해 주면 그걸로 해고되는 것입니다. 노동청에서 구제 신청을 받아 줘도 회사에서 절대안 받아 줬다고도 합니다. 1970년대에 입주한 지장산사택은 세탁은커녕 제대로 씻지도 못하고 짐승처럼 살았다는 이야기도 있습니다. 슬라브 단층 연립은 한 동에 다섯 가구가 거주했는데 방 두 개 부엌 한 개로 구조가 똑같으나 벽과 천정이 허물어져 물이 새고, 수도도 설치되어 있으나 겨울철이면 물이 나오지 않아서 개울물을 식수로 사용했습니다.

당시 장성광업소 사택에 저희 삼촌이 살고 있을 때 가 봤습니다. 거기가 아마 똑같았을 것 같아요. 방 두 개 (청중: 거기가 훨씬 낫죠.) 훨씬 나아요? 장성이요? 사북이 훨씬 더 나빴나요? (청중: 예, 예.) 그래요?

(청중: 비교할 수 없습니다.)

사북에는 안 가 봐서 제가 비교는 못하는데, 장성은 제가 가 봤기 때문에 압니다. 따닥따닥 붙은 공동 화장실을 썼고, 방 두 개에 이렇게 옆집에서 "쿵쾅" 하면 다 들리는 그런 데였던 것으로 제가 기억이 납니다. 그리고 언덕배기에 집이 있었고요.

한 가족이 정말 행복하게 살기 어려운 주거 조건과 열악한 생활환경 속에서 결국은 돈 벌기 위해서 전국에서 몰려든 분들이 굉장히 많았던 걸로 기억이 나요. 당시 인구 밀도도 높았기에 그렇게 살고 있지 않았나 생각이 듭니다.

노동조합, 어제와 오늘

사북 1979년

1979년 사북 동원탄좌의 노조 지부장 선거는 부정으로 얼룩졌습니다. 선거를 앞두고 1978년 12월 13일 이재기는 제주도의 신제주호텔에서 사북광업소 대의원 29명한테 1천만 원의 거금을 들이며 극진히 대접했습니다. 이렇게 하여 1979년 4월 3일의 선거에서 이재기는 또다시 노조 지부장으로 선출되었고, 이 같은 결과에 광부들은 분노했지요. 그래서 1979년 7월 16일에 광부 2,568명의 서명을 받아 노조 지부장 직선제와 노조의 개혁을 요구했습니다. 광산노조는 이를 받아 이재기에게 징계를 내리긴 했으나 회사는 그해 11월 15일 이재기를 노조 지부장 직무대리로 임명하면서 요구 조건은 실질적으로 받아들여지지 않았어요.

삼성 2016년

2016년으로 오면, 삼성이 총수 일가 경영권 승계의 지렛대 구실을 한

에버랜드(현 삼성물산 리조트 부문)에 노동조합이 생기는 것을 막으려고 2011년 '어용 노조 알 박기'를 한 사실이 검찰 수사로 드러났습니다. '진짜 노조'에 대해서는 미행을 일삼고, 거기서 얻은 정보를 경찰에 넘겨 해고 근거로 삼기도 했어요. 앞서 삼성조선(1988년), 삼성SDI(2000년), 삼성캐피탈(2001년), 삼성전자(2010년)에서도 노조 설립 시도가 있었지만 회사의 압박과 회유, 해고 등으로 무산된 바 있었지요.

노조의 문제인데요. 사북항쟁의 배경이 되는 노조 민주화의 핵심은 노조 대의원이죠. 직접 선거가 아니니까 간접 선거 투표권을 가진 대의원을 얼마나 확보하느냐가 결국은 노조 위원장 선출의 관건이 되는 것입니다. 대체로 1970년대 말에 보면 노동 관련 사건 대부분은 대의원 선출 문제 때문에 터집니다. 인천에서 있었던 동일방직 사건 같은 경우도 대의원 문제로 터지게 되죠. 직접 선거가 아니었기 때문에, 간접 선거여서 좀 민주파가 대의원을 많이 확보를 하게 되면 상대 쪽에서 기업 측이나 공권력을 들여오게 되죠.

되게 비슷한 패턴입니다. 그리고 공개된 자료에 의하면 대기업 큰 사업장에서 노조 선거라든지 대의원 선거에는 대개 중정(중앙정보부)이 개입을 합니다. 특히 국가 경제에 영향을 많이 주는 산업체일수록 중정이 더 적극적으로 개입을 하는 그런 현상들을 볼 수가 있는데, 아마 사북에서도 이런 일들이 일어난 것으로 보고요.

마찬가지로 삼성에서 노조를 파괴하기 위해 개입하는 그런 부분들은, 지금 국정원이 어떻게 개입하는지를 정확하게 알 수 없습니다만, 역시 지금도 한국의 기간산업이라든지 중요 산업체에서 노조가 설립되거나 또는 노조가 민주화되거나 이런 일들이 발생할 경우에 공권력이 개입하는 양상들이 있습니다. 지금은 좀 부드러워지긴 했지만 40년 전과 큰 차이 없이 우리 사회에서 무거운 현실은 그대로 유지되는 게 아닌가 하는 생각이 들었습니다.

저항 폭력, 진압 폭력

폭력 문제는 참 어려운데요. 저항 세력의 폭력하고 진압 폭력의 문제인데, 사북항쟁에서 폭력이 발생했고 경찰관이 사망하는 일도 있었어요. 이 린치 문제가 참 어려운 문제입니다. 그리고 언론은 대체로 저항 세력의 폭력은 열 배 정도로 과장해서 보도를 하고 진압 폭력은 사람들에게 잘 보여 주지 않습니다.

2009년에 쌍용자동차 시위를 진압할 때, 거의 토끼사냥 하듯이 옥상에서 노동자들을 이렇게 특수경찰이 두들겨 패는 모습들을 보여 주었죠. 당시의 사북에서 무기고 탈취는 일어나지 않은 점이 광주하고도 달랐는데요. 광주 같은 경우에는 군이 발포를 했고, 군이 직접 시위대를 살해했기 때문에 방어적 차원에서 당시 광주에 있던 사람들이 무기고를 털어서 무장했습니다.

그런데 사실 우리나라 근현대사에서 사회운동이나 대중적 충돌이 발생했던 현장을 보면 한국 사람들은 대단히 평화적입니다. 실제로 아주 극단적인 상황이 아니면 경찰서에 불을 지르거나, 지금 미국에서 일어나고 있는 것 같은 경찰서에 화염병을 던지거나, 차를 불태우거나, 경찰을 붙잡거나 무기를 뺏거나 하는 일들은 한국에서는 좀처럼 일어나지 않습니다. 웬만해서는 자기 목숨이 위태롭지 않은 경우에 한국 사람들이 먼저 무력을 행사한 경우는 없습니다. 저항 세력이 자기가 먼저 사제 무기를 사용해서 상대방을, 경찰을 가해하거나 이런 경우는 거의 없어요.

그러니까 대개는 방어적 폭력을 행사하는데 방어적 폭력 과정에서, 조직되지 않은 시위에서는 일반 사람들의 행동을 다 통제할 수가 없어요. 이런 경우에는 폭력이 발생할 수밖에 없는 현실이 있어요. 그래서 이런 부분들을 사람들에게 구구절절 설명한다는 것은 매우 어려운 일이죠. 왜냐하면 한두 사람의 좀 지나친 행동도 전체의 조직적인 움직임으로 보도가 되기 때문이에요. 그래서 폭력의 문제가 참 다루기가 어려운 문제인데, 저는 이 저항 폭력과 진압 폭력의 두 차원을 우리가 한번 같이 봐야 한다고 생각합니다. 폭력이 일어나선 안 됩니다만 이런 식의 충돌 과정에서는 폭력이 발생할 수밖에 없는 측면이 있는 거예요.

이런 부분들을 우리가 어떻게 봐야 되는가, 사북 40년을 되돌아보면서 피할 수는 없는 문제가 아닌가 하는 생각이 들어요. 특히 이 극한적인 상황에 처한 사람들이나 자기 생명의 위협에 처한 사람들은 소위 말해서 중산층 출신에 학력이 높은 사람들처럼 이성적이고 합리적으로 대처하기가 어려워요. 노동 쟁의에선 언제나 이런 일들이 발생하기 마련이거든요.

계엄군의 폭력

그 이후에 일어났던 계엄군의 폭력이라는 것은 더 무자비한 일이죠. 이것은 아무리 당사자끼리 합의를 보더라도 결국은 공권력이, 당시의 전두환 권력이 이것을 그냥 넘어갈 리가 없죠. 이 부분은 좀 더 진실이 밝혀져야 될 상황이 아닌가 싶어요.

광주 5·18 진압과 더불어서 당시 계엄군 지휘부가 민주화운동 세력을 이른바 진압하는 과정에서 발생했던 고문이라든지 폭력 행사라든지 이런 부분들에 대해서는 규명돼야 될 사실로 남아 있다고 생각합니다. 어떤 지휘 계통의 누가 명령을 했고, 어떤 일들이 벌어졌고, 얼마나 많은 사람들이 여기에 희생이 됐는지⋯⋯. 그 이후에 그걸로 인해서 어떤 고통을 당했는지, 또 어떤 싸움을 겪고 있는지에 대해서도요. 이 부분은 지금부터 조사해야 할 그런 상황, 남아 있는 과제가 아닌가 이렇게 생각합니다.

동원탄좌 광부는 어떻게 기억되고 있나?

이제 기억의 문제로 몇 가지를 이야기하고 싶습니다. 동원탄좌 광부가 어떻게 이곳 사람들에게 기억되고 있는가.

동원탄좌 유물보존관 입구 벽화에 "나는 산업전사 광부였다"라고 쓰여 있는데, 우리나라에 기록에 보면 산업전사라는 말이 처음 사용된 것은 1950년대부터입니다. 산업화 이전입니다. 남북 간의 안보 대치 상황 속에서 산업 현장도 사실은 전쟁터처럼 권력은 그렇게 바라보게 되었고, 거기서 일하는 사람을 전사로 보게 된 것입니다. 전사는 뭐예요? 목숨 바칠 각오가 되어 있는 사람입니다. 명령에 일방적으로 복종해야 됩니다. 그렇지만 자기 권리를 주장할 수는 없습니다. 권리의 주체가 아니라 명령에 복종해야만 되는 사람이고, 산업 발전을 위해서 자기를 완전히 헌신해야 될 존재입니다.

광부와 당시 노동자들이 산업전사로 기억되고 있다는 것은 당시엔 그런 용어가 사용됐다는 것을 우리가 이해하지만, 지금도 그런 기억으로 이 당시의 탄광이나 광부들을 기억하는 것이 맞는가, 후대의 젊은 세대들은 어떻게 이 탄광의 역사를 기억하고 있을까 하는 질문을 던지게 돼요. 오늘 40년이 지난 지금 우리에게 던지는 질문이기도 하죠.

노동 현장, 탄광의 기억? 실종된 기억

　이 사진은 독일의 에센이라고 하는 옛날 루르 지방의 탄광 지역입니다. 그 탄광 지역에 제가 몇 년 전에 방문한 적이 있습니다. 오른쪽에 있는 사진은 독일로 간 한국인 광부들이 당시에 산업 재해나 혹은 현장에 들어갔을 때 주의해야 될 것을 시험 본 거예요. 한국말로 쓰여 있고, 독일말로 쓰여 있습니다.

　제가 독일에 가서 광부 출신들을 만났는데, 한국에서 온 광부들의 이 조그만 기록까지도 여기에 다 전시가 돼 있어요. 당시 광부의 생활이 어떠했는가가 아주 자세하게 전시되어 있습니다. 저도 태백의 석탄박물관가 봤습니다. 그런데 석탄박물관에는 독일 에센에 전시된 당시 광부들의 생활에 비해서는 아주 단순한 몇 가지만 전시되어 있고, 이 사람들의 실제 생활, 이 사람들이 실제로 어떻게 작업을 했고 일상이 어떠했는지에 대해서는 거의 전시되어 있지 않았어요.

　이것은 제가 미국의 산업노동박물관에 가서 찍은 사진입니다. 이 산업노동박물관에는 자동차의 역사도 전시돼 있지만, 자동차 노조 파업의 역사도 다 전시되어 있어요. 그러니까 자동차 노조가 당시에 어떤 투쟁을 했고, 어떤 쟁점이 있었고, 사용자가 여기에 어떻게 개입을 했고 이런 것들이 다 전시되어 있어요.

　한국에서 이 탄광의 기억은 오늘날 후대 사람들에게 기억되고 있는가. 앞으로의 기억이나 기념사업이 이뤄졌을 때, 어떤 일들을 해야 할까. 산업전사로만 기억될 뿐 운동이나 항쟁의 역사는 거의 잊히고 있고, 마치 국가를 위해서 일방적으로 희생과 헌신을 해야 했던 그런 모습으로만 이미지화되어 있는, 특히 사북항쟁 같은 경우 아예 한 줄의 기억조차도 없는 것이 굉장히 심각한 문제라고 느꼈습니다.

지역사회의 재개발?

이것도 같은 문제인데, 결국은 강원랜드와 그 이후에 일어났던 각종 지역사회에서의 비리 문제입니다. 탄광촌은 여러 곳에서 몰려든 분들이 터를 잡고 정착하기보다는 대개 흩어지게 되고, 지역에 대한 애착도 그렇게 강하지 않습니다. 정부도 당장 산업이 되고 먹을거리만 던져 주는 방식으로 문제를 해결합니다. 저는 이렇게 해결되는 과정에 대해서 자세히는 알지 못합니다만, 이렇게 돼서 결국 탄광촌은 탄광의 기억도 지워지고 항쟁의 기억도 지워지면서 외지 사람들이 와서 카지노를 하는 곳으로 남겨졌습니다. 그리고 지역 토착 토호 세력들하고 연결이 돼서 비리의 온상이 되어 버리는 오명을 뒤집어쓰게 되었습니다.

이것이 바깥에 있는 외지의 한 사람으로 보면서 느끼는 안타까움입니다. 지금 시점에서 이걸 되돌리지는 못한다고 하더라도 좀 더 다른 방식으로 어떻게 지역 개발을 할 수 없을까 하는 생각을 하게 되었습니다. 이런 산업 도시가 몰락하게 되면 독일의 에센 같은 데는 그 현장을 보존해서 학생들이나 외부 사람들이 굉장히 많이 참관할 수 있는 곳으로 활용합니다. 그리고 도시도 완전히 무너지지 않고 그대로 유지되고 있습니다. 그런 방법은 없는지 고민들도 하게 되었습니다.

노동자 저항과 정치적 민주화

몇 가지 쟁점이 있습니다. 우리 사회적인 쟁점이기도 하고 또 앞으로 풀어 나가야 될 답이기도 하고, 이따가 오후에도 토론거리가 될 텐데요.

한국 사회에서의 1970년대 노·노 분쟁, 사북항쟁도 사실은 노·노 분쟁에서 시작된 것은 맞는데, 노·노 분쟁이라는 것이 정말 순수한 노·노 분쟁인가 이 문제죠. 여기서 경찰, 행정, 국정원의 개입 부분이 있고요.

그다음에 1970년대 어용 노조의 민주화는 어떤 민주화운동인가 하는 겁니다. 여기 당사자들도 오셨는데, 결국은 이것이 민주화운동으로 인정받으려고 하는 데 여러 가지 어려움들이 아마 있었을 것으로 생각돼요. 그런데 이게 일반 사람들을 설득하기 위해서는, 우리 사회에서 사회적 합의까지는 모르겠습니다만 이 문제를 사실 피해갈 수 없습니다.

정치적 민주화, 사회 민주화, 경제 민주화, 지역 민주화 다 좋은데 어떤 의미에서 민주화운동인가 하는 질문이 제기가 되고, 우리 사회에서 일반 보통 사람들, 시민들에게 어떻게 설득할 수 있는가의 문제가 있는 것 같아요. 민주화운동보상심의위원회에 많은 노동운동 관련된 분들이 민주화운동 유공자로 신청을 했습니다. 제가 몇 사람 추천서를 써 주기도 했습니다. 그때 주로 제가 고민했던 것이 '노동 쟁의나 노조 활동을 했던 사람을 민주화운동으로 인정할 수 있느냐 없느냐'라고 하는 겁니다. 제가 "이렇기 때문에 민주화운동으로 인정할 수 있습니다"라고 글을 써 준 기억이 나는데요, 역시 사북 문제도 이 문제에 부딪쳐 있다고 생각합니다.

노동자들이 처음부터 정치적인 문제를 제기하는 것은 현실적으로 거의 불가능합니다. 그런데 노동 현장을 누르고 있는 이런 상황은 굉장히 정치적이거든요. 객관적인 상황 그 자체는 굉장히 정치적인데, 일반 노동자들이 자기 문제를 정치적으로 이해하기는 어려워요. 학생들 같으면 그게 쉬워요. 그냥 공부하다가 이렇게 딱 이야기할 수 있지만 생활인들로서는 그게 굉장히 어려운 거거든요. 그러니까 이제 노·노 분쟁에서 출발해서 결국은 정치적인 문제로 발전하게 되고, 발전하는 과정에서 공권력이 개입하게 되죠. 이런 과정을 우리 사회에서 설득할 수 있는 방법으로 어떻게 우리가 이야기할 수 있겠는가 하는 겁니다.

이게 사북항쟁 이후에 이름 붙이기부터 굉장히 중요한 문제고요. '사북사건, 사태, 항쟁, 사북민주화운동' 어떻게 될지는 모르겠지만 이런 쟁점이 있습니다.

노동 쟁의는 언제나 평화적일 수 있나?

노동 쟁의는 언제나 평화적일 수 있나, 그리고 조직되지 않는 시위에서 나타났던 개인들의 폭력 행사를 조직적인 폭력 행사로 볼 수 있나 하는 게 또 쟁점이 됩니다. 우리 사회는 노동자나 조직 노동자는 오로지 임금 문제만 신경 쓰라고 요구하고 있습니다. 그런데 임금 문제만 신경 쓰면 이기적이라고 이야기를 하고, 다른 문제에 신경 쓰면 위험한 세력이라고 봅니다. 어떻게 하란 말입니까.

그래서 이 상황을 어떻게 돌파할 것이냐의 문제가 있고요. 조금 더거시적으로 본다면 한국의 경제 발전에서 노동자들의 몫을 어느 정도 우리가 사회적으로 인정을 해야 되고, 인정을 받아야 되는 문제가 있는 것 같아요.

탄광 노동자들 같은 경우는, 당시의 우리나라 산업 구조 속에서 산업화 초기에는 제조업보다 탄광이나 이런 쪽이 굉장히 주축 산업이었는데, 이 산업이 우리나라의 경제 성장이나 경제 발전에 기여한 점은 무엇이었나 하는 이러한 점에 대한 정리가 필요합니다. 그 정리 속에서 당시 개인적으로는 가족과 자신을 위해서 일을 했지만, 사회적으로는 어떤 기여를 했는지에 대한 정리가 좀 필요하지 않나 생각합니다.

사북항쟁 40년을 맞아서 우리에게 던지는 질문이 아닌가 생각해 질문만 몇 개 정리를 했습니다.

오늘의 시점에서의 사북항쟁

'노 · 노 분쟁인가 폭동인가 민주화운동인가?

공수여단의 진압 계획의 책임자는 누구인가?

계엄군 합동수사반의 고문, 가혹 행위는 지금 어떻게 책임을 물어야 할 것인가?

'이름 붙이기'에 대해 이야기를 했죠. 노·노 분쟁인가, 폭동인가, 민주화운동인가. 두 분이 민주화운동으로 인정을 받았는데, 그 사건 자체에 대해서 어떻게 부를 것인지 문제는 아직 남아 있죠. 그다음에 해결되어야 할 문제가 공수여단 진압 계획의 책임자는 누구인가, 어떤 지휘 계통에 의해서 이 사람들이 진압하려고 했었던가, 당시의 고문·가혹 행위를 한 사람들에 대해서 어떤 책임을 우리가 지금 물어야 할 것인가 등입니다. 왜냐하면 실제로 피해당한 사람들이 그 이후에 오랜 세월 동안 고통을 당해 왔기 때문에, 가해자가 없는데 피해자만 있는 현실이 지금 계속되고 있기 때문이죠.

모두를 피해자로 만든 진실화해위원회 결정?

제가 진실화해위원회에 있을 때 탁경명 씨 책을 읽었습니다. 2012년에 책을 또 냈더라고요. 진실화해위원회 결정 이후에 우리 결정을 상당히 비판적으로 쓰셨고, 2012년에 돌아가셨는데, 탁경명 씨의 반론이 사북항쟁을 다른 각도에서 볼 수 있게 하는 데 긍정적인 효과도 있다고 생각됩니다. 이분도 나름대로 또 당시의 피해자이기도 하죠. 기본적으로는 당시의 중앙일보 기자여서 약간 보수적인 시각에 서 있는 분은 틀림없습니다.

진실화해위원회에서 한나라당 몫으로 온 이영조 위원이 했던 말을 반복하고 있더라고요. "투표에 의한 진실이다. 난 동의 못하겠다. 당신들이 이거 하는 데 동의 못하니까 결국은 표결로 간다. 표결로 가면 다수가 당시의 노무현 대통령이 임명한 사람, 저나 위원장도 그렇고, 그다음에 당시 열린우리당이 추천한 사람들이 다수니까 당신들이 다수로 결국 밀어붙인 것이 아니냐. 그러니까 사북사건 진실 규명 결정서는 객관적인 진실이 아니고 투표에 의한 보티드 트루스(Voted truth)다." 이것이 이영조 상임위원의 주장이었고, 탁경명 씨도 이 책에 그렇게 썼더라고요.

국가와 노동자, 노동자와 노동자 간의 화해는 어떻게 가능한가?

그다음에는 화해의 문제입니다. 당시 반대편 노조 위원장과 그의 아내 김○이 씨와 그 가족들도 상처를 많이 입은 분들이고, 여기에 관련됐던 많은 광부 분들이 고통을 많이 당했죠. 그래서 국가가 이 사람들에게 해야 할 역할은 무엇이냐, 노동자와 노동자들끼리 해야 할 일은 무엇이냐, 우리 사회가 해야 할 일은 무엇이냐. 이런 질문을 던지게 되고요.

역사적 진실은 하나인가?

마지막으로 진실인데, 그렇다면 역사적 진실은 하나인가? 역사적 진실은 저는 여러 가지 측면이 있다고 생각합니다. 울퉁불퉁한 진실이 있다고 생각하고요. 그것을 그냥 아주 매끈한 진실로, "이게 진실이야 너희들은 여기에 대해서 다르게 비판하지 마"라고 하기는 참 어렵습니다. 울퉁불퉁한 진실이 있고, 그것을 그래도 조금 더 진실에 가까이 갈 수 있도록 만들어 나가는 게 후대의 사람들이 해야 할 역할이입니다. 사회적으로 그런 공론을 통해서 진실에 가까이 다가가는 쪽으로 가야 하지 않나 생각을 하게 됩니다. 오늘 시점에서 저는 그렇게 보고 있습니다. 감사합니다.

김아람 : 김동춘 선생님 강연 들었는데요. 오히려 질문을 던져 주셔서 많은 분들께서 하고 싶은 말씀이 있을 것 같습니다. 김동춘 선생님께 질문을 드려도 좋고요. 의견이 있으신 분은 말씀해 주시면 좋겠습니다.

황인오 : 물꼬를 트기 위해서 한 말씀 좀 드리겠습니다. 교수님 아까 말씀하신 것 중에서 저항 폭력과 진압 폭력을 말씀하셨는데 좋은 개념이라고 생각합니다. 옛날에 돔 헬더 까마라(Dom Hélder Câmara)라는 브라질 대주교 그분이 '제2 폭력' 이렇게도 말씀하셨는데, 저항 폭력은 맞는데 진압 폭력이라는 말의 어감이, 이게 먼저 도발했기 때문에 진압하는 것처럼 들리거든요. 진압 폭력 말고 다른 용어는 없을까 하는 생각이 들어서 우리가 조금 더 고민을 해야 할 것 같은 생각이 일단 들고요.

아까 파업에 대해서 여러 가지 관점이 있다고 했는데, 그동안 기성 언론이나 정부 당국에서 하는 걸 보면, 호황기에 파업이나 쟁의를 하면 이렇게 좋은 기회에 파업을 하냐고, 이것을 망치려고 드느냐 하는가 하면 불황기에는 불황기라고 또 뭐라고 해요. 불황기에 어려운데 파업이나 하고 앉아 있느냐 이렇게 말을 하는 거죠. 이렇게 해도 문제고 저렇게 해도 문제고 이런 건데, 1980년 사북도 바로 그런 대표적인 사례 중에 하나죠. 교수님 말씀하신 것처럼 5월 14일, 15일에 이때 시민들이 보였던 반응 같은 것과 비슷한데요. 그때에도 그런 일이 계속 되풀이되는 것 아니겠습니까. 이런 데에 대한 인식을 제대로 넓히는 게 참 난제다 생각이 들어서 말씀드렸습니다.

김동춘 : 진압 폭력이 도발 당했기 때문에 폭력을 행사했다기보다는, 제

가 자세히 이야기는 안 했습니다만 구조적인 폭력이 있는 것이지요. 감시라든지 통제 자체가 이미 폭력이고, 저항을 할 수 없도록 하는 것 자체가 구조적인 폭력인데. 그 구조적인 폭력은 평소에는 잘 드러나지 않는 것이고, 고분고분 복종할 때는 그것이 곧 물리적인 폭력으로 오지는 않죠. 그런데 복종을 안 하는 순간 곧 물리적 폭력으로 오게 됩니다. 그게 통상 이 사회를 움직이는 것이고, 그래서 대체로 보면 저항 폭력이 1이면 진압 폭력은 한 10 정도로 오죠. 대체로는 학살이나 이런 경우도 보면 한 열 배로 갚아 줍니다. 한국이나 외국이나 똑같아요. 그래서 저항의 폭력은 훨씬 더 확대돼서 부각이 되고, 그렇게 해서 실제로 우리가 촛불 시위 같은 경우는 굉장히 평화적인 시위로 이뤄진 것은 참 다행스러운 일이기는 하나, 한국 사람들은 조그마한 폭력도 행사했을 때 운동의 대의명분이 상실된다는 두려움을 가지고 있습니다. 이 두려움 때문에 어쩌면 스스로도 자제하는 측면도 있다고 봅니다. 그게 우리가 한편으로는 폭력을 행사 안 하는 것은 참 다행한 일이기는 하나, 한편으로 보면 우리 스스로가 굉장히 위축돼 있는 겁니다. 이미 이런 현대사의 경험 때문에 그런 것도 한 번 생각해 볼 필요가 있고.

1980년 당시는 박정희 정권이 1979년 이후부터 경제가 계속 곤두박질치고 있었어요. YH 사건 기억나실 텐데요. YH 같은 기업들이 도산을 하게 되고, 외채가 엄청나게 늘어나게 되고, 이대로 갔다가는 외채 때문에 나라가 망하겠다고 하는 이야기들이 1979년 당시에 공공연하게 나올 때였습니다. 그러니까 1980년 당시에도 사실은 경제적으로 본다면 상황이 굉장히 안 좋은 시기였던 것은 맞아요. 그렇기 때문에 이 파업도 공격을 받기가 쉬운 그런 측면이 있었고. 1987년 당시는 3저 호황기라고 해서 경기가 괜찮았습니다. 그런 상황이 어쩌면 당시의 민주화 분위기하고 좀 결합되어서 대투쟁이 일어날 수 있는 좋은 조건이 됐던 것도 부인할 수는 없습니다. 그러나 어쨌든 언제나 기업 측의 논리는 호황이건 불황이건 파업에 대해서 부정적인 것은 사실이고. 그래서 한국 사회에서 노동 쟁의 자체에 굉장히 부정적인 시선이 사회적으로 깔려 있기 때문에 언제나 이런 식의 공격이 오는 게 아닌가 생각을 하게 됩니다.

이원갑 : 제가 한마디 말씀드리겠습니다. 민주화운동으로 현재 인정을 받은 사람은 23명입니다. 아까 2명이라고 했는데 2명이 아니고 23명입니다. 그리고 민주화운동으로 인정을 받는 것은 바로 국가 권력에 대항을 했느냐 하는 것을 가지고 민주화운동의 기준을 삼습니다. 그런데 저희 같은 경우는 1970년대의 에너지 파동이 일어나면서 석탄이 우리나라 생산 자원, 에너지 자원의 주원료가 되자 국가에서는 '석탄증산보국'이라는 슬로건을 내걸고, 전에는 탄의 책임량을 회사에서 정했는데, 그때는 국가에서 기업들인데[한테] 책임량을 줍니다. 이만큼을 못 캐게 되면은 그 당시 추궁을 하고 그랬는데, 그 당시 동원탄광에는 150만 톤이 책임량입니다. 그래서 150만 톤을 해라 그래 가지고 150만 톤에 대한 생산량만 생산하게 되면은 결국 권력하고 정경 유착이 되어가지고, 안전시설이라든가 장비, 장구가 부족으로 인해가지고 사람들이 광부들이 일을 나가서 죽는데, 탄을 캐다가 사람이 죽는 것은 당연한 것이다 이렇게 취급을 했습니다. 그래서 모든 것을 죽은 사람인데[한테], 죽은 광부인데[한테] 모든 잘못을 뒤집어 씌워가지고 보상을 작게 주고. 그리고 그 책임자는 검찰에 넘어가도 전부 다 불기소로 다 나옵니다. 다 나오게 되고 이렇

게 되니까 우리는 또 부당한 권력 때문에 그만큼 우리는 노동에 시달리고 참 어렵게 산다 이런 이야기입니다. 이런 것을 생각했을 적에, 첫째 또 노동운동이라고 그러면 임금 문제, 뭐 처우 개선 문제 이런 거였는데, 그것이 바로 권력에 의해서 결국에 회사가 운영되다 보니까 우리는 권력에 대한 피해를 당했다 이런 이야기입니다.

그리고 아까 산업전사 말씀을 하셨는데, 제가 생각하는 것은, 산업전사라고 한다 그러면 끝에 전사라는 말에 선비 사(士) 자를 쓰지 말고 죽을 사(死) 자를 쓰는 게 맞습니다. 왜냐 그러면 평소에 일을 할 적에는 일은 기업주가 시키는 대로 하고 돈은 기업주가 주는 만큼 선처처럼 받아야 했던 것이 그 당시 상황입니다. 그러면 어느 날 자기들의 안전시설이라든가 장구, 장비 등의 미비 등으로 사망하게 되면 갑자기 산업전사가 됩니다. 태백에 가게 되면 산업전사 위령탑이 있습니다. 거기에 가면 현재 한 9,000여 구의 산업전사 위패가 모셔져 있어요. 그래서 1978년도 [즈음에] 그때 이제 1년에 한 번씩 지역 유지들, 그다음에 탄광 기업주들이 모여가지고 제사를 지냅니다. 거기에 우리가 가가지고 소리를 지르고 이제 그것을 멈추게 했는데, 왜냐 그러면 "당신들이 여기에 말이지 그냥 의례적인 1년에 한 번 행사로 취급해 가지고 와 가지고 말이야, 그냥 제사 한 번 지내고 가는 걸로 하지 말고, 정말 이 탄광에서 오신 기업주들은 말이지 참 자기들이 반성을 하고 오호 통재라 하고 소리는 못 하더라도 내 탓이로소이다, 내 탓입니다 하고 정말 참 그 사람들에게 사죄를 해야 될 것이 아니냐" 이렇게 한 적도 있습니다. 그래서 우리들이 민주화운동이라는 것을 인정받는데, 감옥에 갇힌 사람들은 27명인데, 27명 중의 23명은 민주화운동으로 인정을 받았고 나머지 사람들은 현재 행방이 묘연해가지고 찾지를 못해서 신청을 못했습니다. 네, 이상입니다.

김아람 : 이원갑 선생님께서 생산 책임제에 대한 문제를 제기해 주셔서요. 국가에 의한 생산 책임이라고 하는 것이 노동 현장에도 적용되고 있었다는 게 중요한 문제였다고 말씀해 주셨고, 산업전사에서는 '전사'라고 하는 것, 당시 재해를 단순하게 처리하려고 하는 문제들을 말씀을 해 주셨습니다.

신 경 : 앞에 좋은 말씀 들었습니다. 저는 1980년 당시에 제일 듣기 좋은 얘기가 '산업역군, 산업전사'였습니다. 우리는 그때 새마을 사업 하고 영웅을 앞에 세워가지고, 작업하기 전에 30분 봉사로 일을 해 주고. 회사를 위해가지고 경쟁을 하고, 그다음에 우리가 일을 하고 이랬습니다. 그래서 그 "산업역군이다, 산업전사다" 하는 이야기는 우리가 거기 가서 듣고 그거로 인해서 보람을 느끼고 무슨 일을 해도 긍지를 갖고 했습니다. 사실 이 '산업역군, 산업전사'라는 이야기가요, 늘 정치인들이 선거 때 되면 와서 타올 한 장 주면서 등 두드려 주고 하는 말이 "참 고생한다, 탄을 캐느라." 그래서 우리도 참 '나라 살림을 위해 가지고 탄 캐고 전쟁처럼 우리가 일하는구나. 하나의 역군이다.' 이래 마음을 먹고 참 순수한, 쟁의 이거보다도 그런 마음으로 열심히 일했는데, 갑자기 우리가 당할 때는 무조건 폭도라요. 폭도고 난동이고.

우리가 감옥소 붙들려 가가지고 제일 첫 영상을 보는 게 린치 사건 영상을 전 재소자들한테 다 모아 놓고는 보여 줬어요. 거 보여 주고, 전부 다른 건 없고. 전부 폭도들이, 난동들이, 불량배들이, 뭐 갑자기 우리가 "역군이다, 전사다" 하는 말은 어디 간데없고. 순 폭도, 난동, 뭐 광산에 탄 파는 사람, 넝마[주이], 그런 불량배로만 봐가지고 오랫동안. 대표적인 게 아까 뭐 저기 산업역군이니 전사니 이런 이야기가 어디서부터 어떻게 나오는지 저는 모르겠어요. 탄 파는 사람도 모르고, 좋은 말로 우리가 그거를 새겨가면서 일했는데. 사실 민주화 과정에서 점점 세월이 흘러가고 민주화, 민주화이랬는데, 좀 더 새겨 봐야 할 것 같습니다. 그렇게 우리가 참 어려울 때 고생을 해도 보람만 있으면 부모를 위해[서]든 자식을 위해[서]든 열심히 할 수 있습니다. 민족성이요. 근데 이 점을 좀 되찾아 주셨으면 좋겠습니다.

김아람 : 혹시 선생님 더 덧붙이실 말씀 있으신가요?

김동춘 : 예, 특별히 별것은 없지만, 아까 이원갑 선생님 이야기하신 것처럼 저도 그런 내용으로 아마 그 전에 추천을 썼던 거 같아요. 이게 순수하게 사기업에서의 노사 관계가 아니다. 사기업의 노사 관계가 아니고 기본적으로 노동 정책이 다 국가에 의해서 지금 진행되고 있는데, 여기에 대한 저항이 표면적으로 임금 투쟁에서 시작되었다고 하더라도 이것을 순수한 노사 분규나 이런 것으로 보기 어렵다, 이야기했던 것 같고요. 1970년대의 탄광의 현실은 더더욱 그렇지 않았나 생각이 듭니다. 당시의 산업 정책과 기간산업적 성격이 있었을 뿐더러 노동 통제의 부분도 국가가 굉장히 깊이 개입했고, 심지어 당시의 어용 노조를 지탱했던 것도 사실은 박정희 정부였기 때문에 그런 부분들을 조금 더 부각시켜야 되지 않을까 생각합니다.

김아람 : 예. 다른 질문 있으신 분 말씀해 주시죠.

장미현 : 예, 안녕하세요. 장미현이라고 합니다. 선생님 발표해 주신 내
용 중에서 특히 기억의 문제와 재현의 문제에 대해서 여러 가지
질문을 던져 주셔서 굉장히 흥미를 느꼈습니다. 여기 제안을 해
주신 것 중에서 사북의 석탄 산업이라든지, 지금 사북항쟁을 재
현하거나 기억하는 문제들이 지역을 살리는 것이 아니라 굉장히
협소한 틀에서 진행된 것에 대한 문제의식에 많은 공감을 하는
데요. 그런데 문제는 그것을 어떤 식으로 이끌어 나갈 것이냐고
했을 때, 지금 우리가 이야기하고 있는 국가 권력의 개입이라든
가, 아니면 경제 발전에서의 노동자의 기여라든가 이런 쪽에 집
중했을 때, 그 문제가 같이 갈 수 있을까. 조금 모순된 내용이
아닌가 하는 생각이 들어서 질문을 드리고 싶습니다.

김동춘 : 꼭 그렇지는 않습니다. 왜냐하면 경제 발전에 기여한 몫을 사회
적으로 인정받지 못한 부분이 있는 것이죠. 그 희생을 당했는
데, 개인의 희생으로만 됐다는 사실을 우리가 주목할 필요가 있
고요. 예를 들면 제가 산업 재해 부분도 이야기했는데, 지금 상
황도 그렇게 다르지 않습니다. 지금도 사용자들 책임 거의 묻지
않고요. 지난번 이천에서 38명 사망한 사건 있지 않습니까. 9개
회사에서 파견된 사람들이에요. 그러니까 모기업, 원청 기업은
거기에 대해서 아무런 책임도 지지 않아요, 이런 기억의 문제를
지금의 문제하고 연결시켜야 힘을 얻는다는 게 제가 말하고 싶
은 겁니다. 옛날에 이랬다고 하는 거 가지고 사람들의 관심을 크
게 끌지 못해요. 이게 현재 진행형이고 이 문제를 우리가 지금
해결해야 한다. 이렇게 좀 설득을 해야 사람들이 '오, 이게 바로

해결해야 한다. 이렇게 좀 설득을 해야 사람들이 '오, 이게 바로 이렇게 연결되어 있구나.' 이걸 알게 되고. 그래서 기억의 문제는 지금의 문제하고 항상 연결을 시켜야 한다고 저는 생각해요.

그런 점에서 독일 사람들이 아주 잘 해 놨어요. 제가 함부르크에도 가 봤고 에센도 가 봤고 여러 도시를 가 봤는데 지금 학생들이 이것을 통해서 무언가 배울 수 있게 아주 잘 해 놨어요. 과거의 국가 발전도 물론 보여 주지만 기업도 보여 줘요. 그렇지만 노동도 같이 보여 줘요. 그러면서 우리 사회에서의 정의가 무엇이고, 우리가 오늘날 이렇게 누리고 있는 이게 어디서 왔는가 사람들을 생각하게 만들어 줘요.

한국에는 이런 제대로 된 노동박물관이 아직 없어요. 제대로 된 노동박물관이 없고 이것을 기억할 수 있는 장소도 없습니다. 이 당시의 강원도 태백, 이 인근 지역에서 얼마나 많은 사람들이 일했고, 거기서 많이 죽었어요. 그리고 죽은 사람들만 있는 것이 아니라 진폐증 환자가 얼마나 많습니까. 진폐증으로 고통 받다가 죽은 사람들이 몇 명인지 우리 잘 모르잖아요, 사실은. 이 사람들이 어떻게 됐는지, 가족이 진폐증 때문에 어떻게 파괴됐는지 잘 모르잖아요, 우리가. 그런 것들을 사람들에게 알려야 되는 거예요. 지금 마찬가지잖아요. 이 산업 재해 피해자들이 우리 사회에 지금 계속되고 있는 현실이니까. 이런 것을 좀 더 일반화시켜서 보여 줘야만 기억이 현재적인 것으로 살아날 수가 있고. 그래서 이런 부분들 사례를 제가 예시로 든 것이기 때문에 앞으로 참고를 하시면 좋을 것 같아요. 회장님, 새로운 기념 공간을 좀 만들고 석탄박물관 같은 것을 바꾸든지, 아니면 새로운 전시관을 하나 또 별도로 만들든지 뭔가 작업을 하시면 좋을 것 같다는 생각이 듭니다. (황인오: 감사합니다.)

김아람 : 한국의 노동사에서 사북이 가진 중요성으로 받아들여도 좋겠다는 생각이 들고요. 지금 현재도 역시나 노동 쟁의에 대한 부정적인 인식, 무관심 이런 것들이 사북의 경험을 근거로 해서 계속해서 생각해야 하는 과제가 아닌가 하는 말씀을 해 주셨습니다. 김동춘 선생님 강연은 여기서 마치기로 하고요. 박수 한번 부탁드리겠습니다.

사북항쟁과 노동, 정치, 사회

1. 사북과의 관계

김아람 : 사북항쟁 40주년 기념 심포지엄 "사북, 역사를 열다" 좌담회를 시작하도록 하겠습니다. 좌담회는 '사북항쟁의 의미와 노동, 정치, 사회'라는 주제이고요. 청중 여러분들께도 간략한 개요를 배부해 드렸습니다. 2개 쟁점이 끝날 때마다 질의응답 시간을 가지려고 하니까요. 관심 있게 들어 주시면 감사하겠습니다.

그럼 먼저 좌담회에 참석해 주신 선생님들 소개드릴 텐데요. 한국학중앙연구원 사회과학부에 계시는 김원 선생님이십니다. 그리고 서강대학교 트랜스내셔널인문학연구소 HK연구교수로 계시는 김정한 선생님이십니다. 인권재단 들꽃의 상임이사로 계시고 전(前) 진실화해위원회에서 사북항쟁 조사관을 하셨던 임채도 선생님이십니다. 그리고 순천대학교 인문학술원 학술연구교수로 계시는 임송자 선생님이십니다. 마지막으로 정선지역사회연구소 소장을 맡고 계시는 황인욱 선생님이십니다.

본격적으로 시작하기에 앞서서 이 다섯 분을 어떻게 모시게 됐는가 하는 것부터 이야기를 시작하려고 합니다. 사북과 어떻게 관련을 맺고 계시는가 하는 내용이고요. 저는 2015년부터 지금까지 사북을 연구하고 있습니다. 역사문제연구소 민중사반 반장이면서 사북팀에 소속돼서 사북과 관계를 맺게 됐고, 작년에 1970년대 석탄 산업에 대한 논문을 쓴바 있습니다. 앞으로도 사북과 관련해서 계속해서 자료 수집과 연구를 진행해 갈 계획이고요. 오늘 자리를 만들게 돼서 정말 기쁘게 생각하고 있습니다. 차례대로 선생님들께서도 사북과 어떻게 관련되어 연구하고 계시는지, 어떤 관심 가지고 계시는지 말씀 듣기로 하겠습니다.

김 원 : 네, 반갑습니다. 김원입니다. 제가 한 10여 년 전에 고한 지역 탄광 노동자들에 대해서 구술 조사를 해서 글을 쓴 적이 한 번 있습니다. 「죽음의 기억, 망각의 검은 땅」[1]이라고 쓴 적 있는데, 꽤 시간이 지났습니다만. 그 뒤에 마침 올해, 사북항쟁 관련해서 최초로 학위 논문이 나왔던 박철한 선생이 아마 1990년대 말 당시에 구술 자료를 약 200페이지 정도로 수집을 한 게 있는데요. 그 자료가 원래 6㎜ 테이프로만 있었는데, 요번에 녹취록 작업을 전체적으로 하면서, 제가 다시 한 번 아까 단상에 나오셨던 (사북항쟁동지회 회원들이 제2부 행사로 인사를 했음) 선생님들 목소리를 들었습니다. 오늘 처음 뵙게 돼서 여러 가지로 감개무량합니다.

김정한 : 안녕하세요. 김정한이라고 합니다. 대학원에서 사북항쟁에 관해 처음 논문이 나온 것이 박철한 선생의 논문일 텐데요. 그때 사실은 김원 선생하고 저하고 박철한 선생하고 한국정치사 세미나를 같이하고 있었어요. 그때 같이 세미나 하던 사람들이 사북과 태백에 다녀왔던 기억도 나고요. 저희 연구소에서 '풀뿌리기억저장소'라는 이름으로 디지털 아카이브를 만들고 있는데요. 박철한 선생이 구술 테이프를 저희 아카이브에 기증을 해 주셔서, 디지털 파일로 만들고 녹취록을 풀어서 온라인으로 일부 공개하려고 작업하고 있어요. 그러면서 사북항쟁과 다시 만날 수 있는

---

1 김원, 「죽음의 기억, 망각의 검은 땅: 광부들의 과거와 현재」, 『박정희 시대 유령들: 기억, 사건 그리고 정치』, 현실문화연구, 2011.

기회가 있었습니다. 작년에 저희 연구소에서 여기 계신 이원갑 선생님과 신경 선생님, 황인오 선생님을 모시고 사북항쟁 관련해서 토크 콘서트를 했고요. 그러면서 또 이렇게 당사자분들을 만나 뵙게 되었고, 오늘 이 자리까지 오게 된 것 같습니다. 사실 저는 5·18에 관해 연구를 해 왔는데요. 사북항쟁이 비슷한 시기에 있었고, 비슷한 항쟁이라는 의미가 있어서 앞으로도 더 사북항쟁과 인연을 계속 맺어 갈 수 있을 것 같습니다.

임채도 : 예, 소개받은 임채도라고 합니다. 저는 2006년도경에 '진실·화해를 위한 과거사정리위원회' 조사관으로 근무하면서 사북사건을 처음 접하게 되었습니다. 당시 진실화해위원회에 접수된 사건 가운데에서 사북사건은 좀 독특한 사건이었는데요. 대개 많은 수의 접수된 신청 사건이 납북 어부라든지, 재일동포라든지, 고문 조작된 간첩 조작 의혹 사건들이 대부분이었습니다. 이 가운데서 사북사건은 광주항쟁처럼 제대로 전면적인 조사가 이뤄지지 않은 사건이고, 또 젊은 조사관들은 이 사건에 대한 인식도 좀 잘 모르는 그런 사건이 됐고. 다만 저 같은 경우에도 당시 1980년이기 때문에 이 사건에 대해 거의 초등학생, 중학생 정도의 아스라한 기억밖에 없죠. 9시 뉴스에 철로 위에 서 있던, 흑백텔레비전에 나왔던 탄광 광부들의 모습밖에 기억이 안 났었습니다.

사건 자체도 워낙 규모가 큰 사건이고, 그리고 이것이 그냥 지하 밀실에서 고문 가해자와 피해자 사이에 벌어진 사건들이 아니지 않습니까. 개활지에서 대규모의 탄광 노동자들과 경찰들이 직접적으로 부딪친 사건들이었기 때문에, 여러 가지 사건에 대한 생소한 점이 있었지만 우연히 제가 담당하게 되면서 한 1년 가까이 이 사건을 조사하게 되었습니다. 그런 인연으로 사북사건과 연관을 맺게 되었습니다.

임송자 : 예, 안녕하세요. 임송자입니다. 저는 사북하고 직접적인 연관은 없고요. 저는 석사 과정, 박사 과정서부터 그 이후까지 쭉 노동사를 전공했습니다. 어떻게 보면 어용 노조라고 할 수 있는데, 어용 노조를 비판적으로 보고 연구를 진행했습니다. 사실 해방 이후서부터 1970~1980년대까지 각각의 층위가 있거든요. 그런 것들에 유의해서 좀 보자는 생각을 갖고서 쭉 연구를 진행하던 차에, 한 10년 전에 부두노조하고 광산노조에 좀 꽂히게 됐어요. 왜냐면 어마어마하게 중노동이었고, 그 삶이 어떠했는지 그리고 노조는 어떤 역할을 했는지 이런 것들에 관심을 좀 기울이게 됐고 논문을 몇 편 쓰다가 자연히 광산노조에 관심 갖다 보니까 사북항쟁에도 관심을 갖게 됐죠.

　그런데 너무 고민이 많았어요. 사북항쟁에 대해서 사실이 밝혀지지 않은 것들이 너무 많았고, 고민 고민하다가 결국에는 '1987년 노동자 대투쟁 시기 광산노조' 이걸로 하고서 끝냈고요. '나중에 좀 더 하자' 하다가 지금 다른 일로 인해서 덮어진 상태거든요. 그래서 이번에 좌담회 참석 요청이 왔길래 저는 좀 두려워서 거절을 했어요. 왜냐하면 몇 년 동안 잊고 있었기 때문에, 다른 일로 덮어 놓고 있었기 때문에. 백지 상태에서 제가 뭘 말씀드릴 수 있을까 생각을 하다가 '이참에 좀 공부하자'라는 생각에서 참석했습니다. 불러 주셔서 감사드리고요. 그래서 노조 부분에 집중해서 제가 좀 말씀드릴 생각입니다.

황인욱 : 정선지역사회연구소 소장 황인욱입니다. 이 자리에 계신 연구자분들 중에서 1980년 당시 사북에 거주했던 유일한 사람인 것 같

습니다. 당시 저는 중학생이었고요. 그때 안경다리 너머 현장에 직접 가 보지 않았지만, 그 분위기를 다 느꼈고. 윗사북 7리에 살았기 때문에 파괴된 경찰서는 직접 봤습니다.

최근에 사북항쟁에 다시 관심을 가지게 된 데는 세 가지 계기가 있습니다. 하나는 사북에 대한 특별한 안타까움 때문입니다. 저는 2011년에 지역 아이들 교육 때문에 사북을 오가기 시작해서 지금 10년째인데요. 사북에 내려가서 직접 보니까 1980년에 일어난 일을 가지고 여전히 지역사회에 갈등이 남아 있더라구요. 어떤 사람들은 사북항쟁을 기념하려고 하고 있고, 또 어떤 사람들은 같은 사건에 대해 부정적인 인식을 갖고 있고, 그런 것들이 너무나 안타까워서 저도 관심을 갖게 됐구요. 실제로 재작년 사북항쟁 38주년부터는 기념식 행사 준비에 직접 관여하면서 사북항쟁의 진실 규명과 재조명 작업에 힘을 보태고 있습니다, 그때는 마침 정선지역사회연구소의 책임을 맡게 된 시점이기도 했습니다.

또 하나는 사북항쟁기에 벌어졌던 고문에 대한 특별한 관심 때문인데요. 저 자신이 박종철 열사가 남영동 대공분실에서 고문으로 사망하기 직전에 같은 층 조사실에서 야만적인 국가 폭력을 몸으로 직접 겪었던 고문 피해자이지만, 정작 사북항쟁 관련자들이 그렇게 고문을 심하게 받았는지는 사실 몰랐습니다. 저도 역시 이 사건을 바라보는 데 일정한 틀이 씌워져서 그냥 그런 폭력과 투쟁이 있었다고만 생각했었는데, 제가 경험했던 것 이상의 엄청난 고문 폭력이 너무나 많은 사람들에게 가해졌다는 것을 뒤늦게 알게 되었습니다. 돌아가신 김○연 여사님, 이명득 여사님의 고문 증언을 들으면서 이것은 진짜 다른 문제로 접근해야겠다는 생각을 했습니다. 그런 고문 속에서 어떻게 사실이 과장되고 공소장이 조작되어 가는지, 저는 잘 알거든요. 그래서 이분들이 지금 공소장을 가지고 평가받을 분들은 아니라는 생각을 가지고 사북항쟁의 진실 규명에 관심을 갖게 된 겁니다.

마지막 하나는 매우 개인적인 아픔과 관련되는데, 제가 사북항쟁 당사자들과 맺고 있는 특수한 관계 때문입니다. 대학생이 되고 나서야 알았지만 제 친형님인 황인오 회장님은 사북항쟁 때문에 고초를 겪었고 그 진상 규명과 명예 회복에 온 인생을 걸었다고 해도 과언이 아닌 사북항쟁 관련자이십니다. 한편, 당시 노조 지부장은 저와 오랫동안 깊이 사귄 친구의 아버지이기도 합니다. 친형님의 아픔과 친구의 아픔을 직접 비교할 수는 없겠지만, 그 사이에서 오랫동안 제 속에 내재된 갈등과 연민이 분명히 있거든요. 저는 모두가 결국은 국가 폭력의 피해자가 아닌가 하는 마음으로 이 오래된 갈등이 정말 풀리기를 바라는 마음으로 사북항쟁의 재조명에 관심을 갖고 있습니다.

아무튼 지역에 대한 너무나 깊은 안타까움과 사람에 대한 너무나 짙은 연민이 있어 특별히 힘든 점이 있지만, 그런 것들을 당사자가 아닌 후대 연구자의 입장에서 어렵지만 한 발 떨어져서 보려고 애를 쓰고 있고요. 지금 그런 입장에서 여기 앉아 있습니다.

2. 1960~1970년대 탄광 산업과 광산노조

김아람 : 사북항쟁이 1980년 4월에 벌어졌는데, 1970년대에 많은 지역에 광산이 있었고, 탄광 산업이 국가 주도적으로 생산량을 높이고자 하는 주력 사업이었기 때문에 여러 지역에서도 탄광 노동이 진행되고 있었습니다. 그럼에도 '왜 사북에서 이러한 사건

이 벌어지게 되었는가'라는 질문으로 시작하고자 합니다. 1960
~1970년대 탄광 산업의 조건들이 공통적으로 적용되기도 하지
만, 또 한편으로는 사북만이 가지는 특수성이 분명히 존재할 텐
데요. 먼저 탄광 산업과 광산노조 문제에 대해서 집중적으로 연
구하신 임송자 선생님 말씀 들어보도록 하겠습니다.

임송자 : 광산노조 부분에 대해서, 노동 조건이나 이런 것들에 대해서 저
한테 주어진 시간이 얼마나 있는지 모르는데, 다소 좀 길수도
있을 것 같아요. 왜냐면 사실 이 부분에서 정리가 제대로 좀 안
됐고, 기존의 글이나 논문에서는 혼란스럽게 쓰는 부분들이 있
어요. 그래서 광산노조 전반적으로 조직 체계나 조직 문제나 이
런 것들을 다뤄야 되지 않을까 하는 생각에서 제가 준비했기 때
문에 조금 길더라도 이해를 해 주시기 바랍니다.

석탄은 다 아시다시피 경제 성장의 원동력이었고요. 에너지
위기를 극복하게 하는 데 중요한 역할을 해 왔다고 하죠. 1970
년대에 두 차례, 1973년과 1978년 에너지 위기가 있었는데, 석
탄이 없었으면 이 에너지 위기를 극복하기가 어려웠다고 얘기
할 정도로 석탄의 위치는 상당히 중요했습니다. 이렇게 경제 성
장의 원동력이었고 석유 위기를 극복하는 에너지원으로서 중요
한 역할을 했는데, 여기에 대해서, 광산 노동자에 대해서는 대
우가 극히 저열했다고 볼 수 있죠. 광산 노동은 다른 부분의 노
동운동하고 다른 특징이 있습니다. 시간이 점점 갈수록 노동 조
건이 악화된다는, 심부화 얘기를 하잖아요. 그다음에 그만큼 가
장 위험도가 높다는 것이 특징이죠. 이런데도 노동자에 대한 대
우가 상당히 열악했다고 볼 수 있습니다.

그런데 이 광산의 노동 조건을 이야기하려면 사실은 '국영이

냐 민영이냐' 이 두 가지를 먼저 구분해야 합니다. 아까 김동춘 선생님께서 그 부분을 구분하지 않은 것들이 있었고, 사실은 국영 체제에서는 탄광과 임무소[2]와 그다음에 연탄 공장이 같이 운영됐거든요. 김동춘 선생님 사촌 매형이라고 하셨던 분은 장성 탄광 임무소에서 근무하신 것 같아요. 이쪽은 사실 비교적 대우가 좋았던, 조건이 좀 좋았던 곳이죠. 그래서 국영하고 민영하고 두 가지를 구분하는 것이 제일 중요한데요, 1950년도에 「석탄공사법」이 제정됐죠. 그리고 석탄공사가 1950년 11월에 발족하면서 정부 지정의 탄광들이 나오게 되는데, 대표적으로 장성, 도계, 영월, 화순, 성주, 함백, 나전 이런 탄광들이 있게 되는 것이죠. 이런 탄광들은 사실 대우가 상당히 좀 좋은데, 절대적인 것은 아닙니다. 상대적으로 그렇다는 거죠. 그래서 국영과 민영의 이원 체제로 운영이 됐고, 거기에 국영은 상대적으로 대우가 좋았다는 것이죠. 아까도 김동춘 선생님이 열악하다고 했는데, 민영에서는 두 가지로 또 나뉠 수가 있어요. 대단위 탄광하고 중소 탄광, 덕대 탄광 여기에 구분을 좀 해야 합니다. 어마어마하게 차이가 나죠. 그래서 이런 것들을 감안해서 볼 필요가 있다는 생각을 해요.

민영 같은 경우 1970년대 중후반을 가면서 대단위 탄광 정도는 따라가는 정도, 이런 것이죠. 중소 탄광은 따라가지도 못하고요. 그런 정도여서 대단위 탄광이라면 그때 당시는 황지나 함태나 강원탄광, 이런 탄광들이 있었어요. 이런 곳들이 조건이 좋아져요. 그다음에 따라가는 것이 삼척탄좌나 동원탄좌 이 정도였다고 볼 수 있습니다.

---

2 안정적으로 갱목을 확보하기 위해 조림(造林) 사업부터 갱목 공급까지 맡은 기구.

노동 조건에서 하나씩 따져 보면서, 감안해서 좀 보셔야 할 것 같은데요. 작업 일수 같은 경우에 연중 340∼350일이라고 합니다. 그러면 한 달에 한두 번 정도 쉬는 것이지요. 근데 이게 좋은 국영 탄광의 경우죠. 민영 탄광은 좀 감안해서 봐야 한다는 이야기고요. 국영 탄광에서는 1년에 휴가를 주는 게, 딱 이틀씩 주는 게 세 번 있었다고 해요. 구정하고 여름휴가하고 추석. 민영 같은 경우는 그러지 못했던 것이고. 1970년대 들어 석탄 수요량이 상당히 늘어났기 때문에 연중무휴 작업을 했다고 합니다. 이건 말이 안 되는 거죠. 그 정도로 열악했어요. 1970년대 중반 이후로 지나가면서 조금씩 완화됐다고 했지만 민영 탄광에서는 그것을 넘겨보지도 못했어요. 국영 탄광도 그 정도인데, 민영 탄광은 어땠을지 이해하실 필요가 있습니다.

그다음에 보통 광산 하면 떠오르는 게 막장이고, 막장 하면 연상되는 것이 바로 분진과 고열 얘기를 하잖아요. 그런데 이 고열이 어느 정도였나 따져 본다면, 황인오 선생님 책[3]에도 보면 "100m씩 내려가면은 3도 올라간다"라는 말이 쓰여 있는데요. 이 사북 탄광을 예로 든다면 1030갱이 있고 875갱이 있어요. 이것은 '해발 몇 미터에 있는 갱이다'라는 것을 얘기한 것이어서 해발 1,030m의 갱, 875m에 있는 갱인데, 이게 지표면에서 100m 내려갈 때마다 3도씩 올라간다고 하면 875갱 같은 경우 지상에서 10도였을 경우에 몇 도가 될 건지 감안해 보면 어마어마하게 힘든 곳에서 일하고 있다는 것을 알 수 있을 겁니다. 그래서 광산 노동자들이 회고하는 "탄광 안에 들어가가지고 얼마 안 있다가 옷을 벗어서 짜면 물이 줄줄 나왔다. 장화가 흥

---

3 황인오, 「사북사태 진상 보고서」, 『노동 일터의 소리』, 1984.

건해졌다"라는 말이 과장된 이야기가 아니라는 것을 추측해 볼 수 있을 것입니다.

그다음에 노동 시간을 많이 이야기하죠. 8시간 교대 근무 갑방, 을방, 병방. 갑방은 오전 8시부터 오후 4시까지, 을방은 오후 4시부터 밤 12시까지, 병방은 12시부터 그다음 날 아침 8시까지라고 얘기하죠. 이때 유해 위험 작업이 있는 노동은 「근로기준법」에 따라 6시간을 근무합니다. 그러면 점심시간을 빼고 5시간 근무한다고 하는데, 이것이 과연 지켜졌을까 하는 생각이 드는 거죠. 국영에서는 지켜졌다고 하는데, 민영이나 민영 중에서도 중소 탄광이나 덕대 탄광은 거의 안 지켜졌을 것이고요. 엄청난 중노동이면서도 그런 것들이 안 지켜졌다는 것이고요.

그다음에 야근 수당을 줬다고 얘기를 합니다. 야근 수당 구간이 어떻게 되냐면 밤 10시부터 새벽 6시까지. 그러니까 을방이랑 병방이 해당되죠. 갑방은 해당이 안 되고 을방은 2시간 정도 야근 수당이 갈 거고, 병방 같은 경우는 12시서부터 6시까지니까 6시간 이렇게 야근 수당이 가는데, 이것도 과연 국영은 어느 정도 지켜졌을 것 같아요. 그런 것도 좀 꼼꼼히 따져 봐야 할 것 같고요.

그다음에 광산에서 저임금 얘기를 많이 하죠. 노동 강도에 비해서도 터무니없다. 그런데 그것뿐만이 아니라 임금 체불이라는 것이 말도 못 하게 있었던 것 같아요. 광산 노동자들을 괴롭혔던 것이 임금 체불이라는 문제인데, 제가 1987년 노동자 대투쟁 시기 노동자들의 요구 조건을 보면 임금 체불 이야기 많이 나와요. 그때까지도 임금 체불이 상당히 많이 있다는 것들을 알 수가 있고요. 임금 얘기하니까 광산에서 특이하게 쌀로 대신 지급하고 이런 부분들이 있었는데, 회사 측에서 농간을 부리고 그래서 노조에서도 싸우고. 그래서 양곡검수권 이런 것들을 가져와서 검수한다고 해도 뭐 노동조합이 그렇게 건전하게 양곡 검수권을 행사하겠습니까. 그런 부분에서 광산 노동자들이 상당히 피해를 많이 보고 있었다는, 이런 것들을 알 수 있습니다.

김아람 : 임송자 선생님, 노조에 대해서 간단히 말씀해 주세요.

임송자 : 광산노조 이 부분에서는 제가 사북사건하고 연결시킬 수 있는 부분을 중심으로 좀 정리할 필요가 있겠다 싶어서 말씀드리고 싶은데요. 광산노조에서 가장 영향력이 센 사람이 전국광산노조 위원장이잖아요. 그런데 전국광산노조 위원장 같은 경우는 될 수 있는 조건, 가능성이 큰 게 바로 대한석탄공사지부연합회 위원장 출신이죠. 대한석탄공사지부연합회 소속 내에서도 장성탄광이 으뜸이었죠. 그래서 대한석탄공사지부연합회 내에 장성탄광, 이쪽이 이제 위원장이 될 가능성이 상당히 컸습니다. 1960년대 중반에 보면 서원우라는 사람이 위원장으로 나옵니다. 이 사람도 마찬가지로 그런 출신입니다.

그다음에 1975년과 1978년에 위원장 선거로 당선됐던, 사북사건 당시의 위원장이었던 최정섭 이 사람도 바로 대한석탄공사지부연합회 출신이고 장성탄광 출신 지부장이었던 사람이죠. 그런데 1972년 위원장 선거가 있었을 때, 이때는 한기수라는 사람이 위원장이 되죠. 이 사람은 대한석탄공사지부연합회 출신이긴 한데 영월탄광 출신이죠. 영월탄광은 사실 장성탄광하고 비교가 좀 안 돼요. 비교해서 약했다는 겁니다.

그랬을 때 어떻게 되느냐, 여기는 그 전부터 상당히 기반을 다져온 화순 쪽 세력도 좀 있고, 그다음에 대한석탄공사지부연합회가 분열된 상태에서 위원장이 될 수 있었어요. 그렇다고 보면 1970년대 광산노조에서 양대 파벌이 있었던 것이죠. 최정섭과 한기수. 광산노조에서 갈등·대립하는 부분이 있던 것들을 사북사건 이야기할 때 이해해야 되는데, 상당히 어려운 측면이 있다고 말씀드리고 싶고요.

사북사건과 관련해서 광산의 조직 체계를 말씀드리면, 광산의 조직 체계는 산별 체계입니다. 1961년 군부 쿠데타가 일어나고 군부 세력이 노동 조직을 재편성하도록 하는데, 하향식 산별 체제로 조직하도록 해요. 그래서 여러 개 산별 노조 중 하나가 전국광산노동조합인데, 이 전국광산노동조합은 산별 체제였어요. 그렇지만 완전한 산별 체제는 아니겠죠. 어떤 것 때문에 완전한 산별 체제가 아니었냐 하면, 첫 번째 단체교섭권을 얘기할 수 있어요. 단체교섭권은 사실 노조에서 상당히 중요한 역할을 하는데, 이게 광산노조에 있지 않고 지부에 있었습니다. 단체협약권 자체가. 그런데 광산노조 위원장은, 전국광산노조 위원장, 본조라고 이야기 할게요. 본조는 이것을 절차에 따라 승인하는 승인권이 있어요. 그러니까 1980년 4월 이재기 지부장이 자기 나름대로 단체협약을 체결하고 도장을 찍어 버렸어요. 이것은 사실 본조에 대한 항명이 되겠죠. 그래서 이런 부분들을 이해할 필요가 있어요.

두 번째, 광산노조 같은 경우는 재정권을 갖고 있지 않았죠. 왜냐하면 전국 광산노조가 조합원의 조합비를 다 거둬들여서 재정권을 행사하는 것이 아니라 각 지부에서 조합비를 거둬서 한 10분의 1 정도 본조에다가 납부하면 되거든요. 그러니까 이런 재정권을 갖지 않았던 부분이 완전한 산별 체제가 아니었던 거죠. 그렇지만 전국광산노조가 산하 노조에 영향력을 행사할 수 있었던 이유가 또 하나 있었어요. 지부장 인준권이죠. 간접 선거를 하든 직접 선거를 하든 지부장이 선출되어도 광산노조 위원장이 인준하지 않으면 될 수가 없었죠. 이 부분은 사북사건을 같이 이해할 때 필요한 부분이어서 말씀드리고요.

또 한 가지 연장해서 말씀드리면, 선거 문제예요. 뭐냐 하면 직선이냐 간선이냐 이런 얘기를 많이 하잖아요. 대체로 국영 쪽에서는 직선을 많이 했고, 민영 쪽에서는 간선을 많이 했습니다. 그런데 유신 체제 이후에 간선제로 많이 돌아서요. 왜 그러냐고 했을 때, 선거법으로 이야기할 수 있습니다. 광산노조에서 1973년 12월에 선거법을 만들어 내고요. 1975년 9월, 1977년에 개정해요. 이것을 사북사건과 연결해 볼 필요가 있죠. 1973년 12월에 만들어진 것은 직선이나 간선이나 아무튼 해도 된다는 식의 규정을 내렸는데, 이때 당시에 혼란스럽게 만들었던 것은 누가 선택권을 가질 것이냐, 직선이냐 간선이냐 이런 선택 결정권이 누구에게 있는지 규정해 놓지 않았죠. 그래서 혼란이 생겼다가 1975년 9월에 개정하는데, 직선이냐 간선이냐 이 부분은 지부장이 결정하도록 했어요.

그러니까 이것은 1976년 선거로, 사북 선거에 연결해서 봐야 한다는 것이죠. 1977년 9월에 개정됐던 것은 간선 쪽으로 흐르게 만들었어요. 선거가 간선을 원칙으로 한다고 했어요. 간선을 원칙으로 하고 광산노조 위원장이 승인해야 인정받는 이런 식으로 바뀌었어요. 직선제를 했던 것이 간선제로 돌아서고 이래서 당시 노동자들이 직선제 요구하고, 1987년 노동자 대투쟁 때도 요구하고 이랬던 거죠. 그래서 사북사건과 연결해 보면, 이 선거법에 있어서도 분명히 구분해서 이해할 필요가 있는 것이지요. 왜냐하면 1977년 9월에 규정한 것은 1979년 선거에 적용되기 때문에, 그것들을 말씀드릴 필요가 있을 것 같습니다.

3. 사북에서 항쟁이 발생한 배경

김아람 : 정부 측의 노조에 대한 통제나 탄압과 같은 구조적인 문제뿐만 아니라 특히 사북에서 이 사건이 벌어지게 됐던 성격에 대해 김원 선생님께 말씀 부탁드리겠습니다.

김 원 : 재해율이나 임금, 그리고 탄광 노동자들에 대한 병영적인 노동 통제들은 광산 사업장에서 공통적으로 갖고 있던 시대적인 특징이라고 볼 수가 있는데. 유독 1980년 4월에 사북에서 대규모 투쟁이 일어난 데에는 이런 구조적인 요인뿐만 아니라, 우연적일 수도 있고 또 우발적이라고 볼 수 있는 여러 가지 상황이 복합적으로 작용한 것이 아닌가 생각합니다. 사실 자료와 여러 구술 인터뷰들을 종합해 보면, 애초 노조 민주화를 주도하셨던 분들은 요구 조건 달성까지 무기한 투쟁을 한다든지 초기에는 단계적으로 시위를 전개하려는 생각이 매우 강했어요. 아시다시피 4월 21일 원래 집회를 하기로 했었는데, 이른바 '광부 역상 사고'라 불리는 예기치 않은 사고가 일어나면서 사북항쟁에 참여한 층들의 감정적 고조가 급격하게 확장된 것이 아닌가 생각합니다.

당시에 보고서나 구술 자료 같은 것들을 보면 "경찰이 사람을 때렸다", "경찰이 사람을 죽였다", "진짜 죽은 것으로 알았다"고 합니다. 단적으로 안경다리에서 대규모로 대립했을 때 적지 않은 사람들이 굉장히 흥분된 상태에 있었던 것을 보면 4월 21일 있었던 역상 사고의 소문이 광부뿐만 아니라 가족들, 그리고 광산 공동체에 전체적으로 확산되었기 때문에 투쟁이 넓게 강화된 것이 아닌가 생각이 듭니다.

더불어 이것이 확산되면서 기존에 광산 공동체를 지배했던 경찰, 사측, 어용 노조, 그 외에도 검수과장 내지 양곡 담당 직원, 중앙정보부 조정관 등 이른바 그간 광산 공동체의 분노의 소재였던 대상들에 대한 집합적인 행동이 급격하게 나타난 것이 이 사북사건과 관련된 우발성의 몇 가지 소재가 아니었겠는가, 저는 그런 생각이 됩니다.

김아람 : 지금 구조적인 문제뿐만이 아니라, 역상 사고를 비롯해 우연적인 요소들도 사북사건을 일으키는 배경이 되지 않았을까 말씀해 주셨는데요. 김정한 선생님께서는 노동 파업에 있어서 당사자분들의 역사성에 대해 말씀해 주시면 좋겠습니다.

김정한 : '왜 사북인가?'라는 질문은 그때 광부들이 격렬하게 투쟁했기 때문에 가능해진 것입니다. 그래서 '왜 사북인가?'라는 질문에 대해서 '어떻게 격렬하게 투쟁할 수 있었는가'를 설명해야 하는 거 같아요. 여기에 객관적인 접근도 있고, 주체적인 접근도 있고 할 텐데요. 저는 인물에 초점을 맞추는 것도 좋지 않을까 합니다. 이를테면 신경 선생님은 1972년에 파업을 하셨다가 구속되고, 해고됐다가 다시 복직되는 과정이 있었고, 또 이원갑 선생님은 그 후에 사북에 와서 노조 활동을 하시다가 1979년에 어떻게 보면 전격적으로 노조 지부장 선거에 입후보하고, 이렇게 싸움을 하셨거든요. 1980년 4월 21일에 우발적인 사고를 계기로 광부들이 전면적으로 싸우게 됐지만, 4월 16일과 17일에 서울 광산노조 사무실에서 농성했었고 장기적으로 투쟁을 계속해 나갈 계획을 이미 짜고 있었다고 말씀하시거든요. 이런 과정들이 있었기 때문에, 그러니까 1970년대 초반부터 1979년, 1980년까지 자생적으로 노조 운동을 계속해 왔던 것이 바탕에 있었기 때

문에 사북항쟁이 가능했다고 얘기할 수 있겠습니다.

예를 들어 5·18 같은 경우도 계엄군이 5월 18일에 전국의 주요 도시와 대학에 배치되는데, '왜 전남대에서만 그렇게 투쟁을 하게 됐느냐? 왜 전남대에서 투쟁을 시작하게 됐느냐?'라고 얘기하면, 특히 전남대 총학생회가 굉장히 조직적으로 준비되어 있었고 계획하고 있었기 때문에 그런 투쟁이 가능했던 점이 있는데요. 이런 면에서 1970년대에 사북에 계셨던 분들이 어떻게 그렇게 자생적으로 노조 운동을 할 수 있었는지 앞으로 더 연구돼야 한다고 생각하고 있습니다.

황인욱 : 저는 조금 다른 관점에서 보고 싶은데요. 사실 연구자들이 역사 연구를 할 때 기본적으로 어떤 틀이 있는 것이 사실입니다. 이를테면 '현상과 본질' 같은 이런 오래된 틀이 있습니다. 이런 틀로 보면, 나타난 '현상'의 이면에 있는 '본질'이 무엇인가에 관심을 갖게 됩니다. 그래서 사북사건 같은 경우에도 경찰 지프가 광부에게 치명상을 입히고 달아난 사건은 우연하고 우발적인 '현상'으로 간주하고, 그 이면에 어떤 '본질'이 있는가에 더 관심을 가지고 들여다보게 되죠. 그래서 그 과정에서 '아, 동원탄좌 노동자들의 노조 민주화 움직임이 그 전부터 있었구나', 그리고 '당시 광부들이 너무나도 열악한 환경에서 일을 했구나' 하고 알게 되고, 더 나아가서 1970년대의 경제 쇼크나 이런 전반적인 사회 구조적 문제까지 탐구하게 됩니다.

그런데 여기서 문제는 이런 틀에서 '현상'은 심지어 '본질'을 가릴 수 있는 위험한 걸림돌처럼 취급되기도 한다는 점입니다. 저는 그게 너무나 오랫동안 연구자들을 지배하고 있던 틀이었다고 보구요. 역사적 사건 사이의 비중과 의미를 실제로 벌어진 것과는 다르게 자의적으로 규정하거나 심지어 의도적으로 왜곡할 수도 있는 위험성 때문에 좀 다른 틀이 필요하지 않나 '생각이 듭니다.

그래서 저는 '계기와 문제 상황'이라는 관점을 제안하고 싶습니다. 역사적 사건에는 당대 사람들이 겪고 있는 '문제 상황'이 있고 그것이 드러나는 '계기'가 있다는 관점입니다. 이 관점은 '현상과 본질' 사이의 치우친 관계와는 달리, '계기' 자체도 '문제 상황' 만큼이나 매우 중요한 비중으로 다룬다는 점에서 큰 차이가 있습니다. '문제 상황'은 '계기'를 통해서만 그 모습을 확실히 드러내기 때문에 그렇습니다. 문제 상황이 겉으로 잘 드러나 있는지, 아니면 모두가 알고 있지만 그냥 침묵하고 있었는지는 중요하지 않습니다. 문제 상황이 모두에게 분명한 해결 과제로 현실화하려면 반드시 계기가 필요합니다.

오래된 권력형 성(性) 억압이라는 문제 상황이 표면화되는 데는 미투 운동이라는 계기가 필요했고, 오래된 공권력의 밀실 고문이라는 문제 상황은 박종철 고문치사 사건이라는 계기로 모두의 눈앞에 드러난 것처럼 말입니다.

지금 미국에서 벌어지고 있는 조지 플로이드(George Floyd)의 사망 사건으로 인한 흑인 폭동이 있지 않습니까? 조지 플로이드라는 그 사람이 백인 경찰의 무릎에 눌려 질식사하게 된 이 '계기'가 결국은 미국 사회의 '문제 상황', 즉 흑인들이 백인 지배 집단에 의해서 학대받고 차별받고 있다는 문제 상황을 표면화시킨 것입니다. 조지 플로이드 사망 사건이 결코 부차적인 현상으로 다룰 문제는 아닙니다.

그러면 사북을 거기에 빗대어 본다면 경찰 지프 사건은 '역상 사고'가 아니죠. 그게 어떻게 단순한 교통사고일 수 있겠습니까. 노조를 민주화하기 위한 단체 행동 과정에 경찰이 부당하게 개입하고 그 과정에서 항의하는 노동자 무리를 향해 경찰이 지프차를 타고 돌진한 사건입니다. 이것은 지금 미국에서 드러났듯이 백인 경찰이 다른 인종을 다루는 방식과 비슷합니다. 함부로 대해도 되는 하찮은 흑인들인 거지요.

조심성 없이 지프차로 밀어 버리고 가도 되는 하찮은 광부들인 거잖아요. 우리가 교통사고가 났다고 흥분하고 막 부수고 그러진 않죠. 교통사고를 보고 6,000명의 광부가 떨쳐 일어섭니까? 그런 이유에서 개념도 낯선 '역상 사고'나 단순한 교통사고가 아니라는 점은 분명합니다. 사북항쟁의 계기가 된 지프차 돌진 사건은 그동안 광부들이 지역 경찰에게 얼마나 많은 수모와 억압을 받아 왔는지, 그리고 그 경찰이 자기편에 서지 않는다는 사실이 너무나 극명하게 드러났던 중요한 사건입니다. 따라서 이것은 방아쇠와 같은 '계기적 사건'으로서 역사 연구에서 실증적으로 매우 중요하게 다루어져야 합니다.

다시 한 번 말씀드리지만 저는 일부 연구자들이 이것을 자꾸만 현상과 본질의 틀에서 바라보기 때문에 이 사건이 그동안 제대로 조명을 못 받았고, 오히려 이 사건의 실체적 진실을 왜곡하는 데 일조했다고 봅니다. 사북사건의 역사적 함의이자 당시 광부들이 처해 있던 문제 상황을 이보다 잘 보여 주는 계기적 사건도 없습니다. 이것을 '본질'을 가릴 수 있는 위험한 걸림돌인 것처럼 다루어야 합니까? 어떤 연구자들은 사북사건에서 경찰의 지프차 돌진 사건을 언급하는 것을 비본질적인 현상에 매몰된 관점인 듯 치부하는 분도 계신 것으로 압니다만, 이런 관점이야말로 당시에 매우 결정적인 사건이자 문제 상황을 극단적으로 보여 준 중요한 계기에서 사람들의 눈을 다른 데로 돌리게 만드는 것이고, 사건의 실질과는 동떨어져 있는 정형화된 사고라고 생각합니다.

4월 21일 발생한 이 결정적 계기 이전에 4월 18일부터 분노의 단초가 시작되었습니다. 노조에 항의하는 신경 대의원을 경찰에서 연행해 가지 않습니까. 그때부터 사북 광부들은 "경찰이 누구 편을 드느냐? 노조 지부장은 어디로 가고 신경만 연금했냐"라고 항의를 하지 않습니까? 거기서부터 경찰에 대한 분노는 시작됐고요.

그다음에 집회가 불허되었지요. 그것에서 더 나아가 어떤 사람들이 계속 교통사고라고 우기는 직접적 계기로서 사건이 발생합니다. 여기 미망인께서 와 계십니다만, 경찰 지프차가 농성 광부 사이로 돌진하여 원일오 광부 등에게 치명상을 입힌 사건이죠. 저는 그때 기억을 생생히 갖고 있습니다. 사북 시내 전체에 "경찰이 사람 죽였다"는 소문이 퍼졌습니다. 저도 그런 줄 알았어요. 노동자들이 제일 먼저 가장 큰 분노를 터뜨린 대상은 사북지서와 경찰들이었습니다. 처음에 사측이나 어용 노조를 공격한 게 아닙니다. 그래서 노사 분규나 노·노 갈등일 수 없는 겁니다.

결국 이 사건의 핵심은 노동운동이 진행되는 과정에 국가 공권력이 개입함으로써, 지금 미국 사회에서 흑인들이 차별받는 것과 같은 구조적 문제, 광부들의 차별과 그들에 대한 일상적 폭력이라는 문제 상황이 드러난 것입니다. 그래서 광부를 경찰 지프차가 치고 도망간 사건이 하나의 계기로서 엄청난 폭발력을 발휘한 것입니다. 그래서 노동운동을 하던 노조원이 아니라 6,000명에 가까운 전체 광부들과 부녀자들까지 가세해서, 다른 것도 아닌 공권력의 상징부터 제일 먼저 파괴하고 무력화한 다음에 그 분노의 출구를 찾지 못해서 도주한 노조 지부장을 찾았고, 사측의 편에서 광부들을 억압했던 일부 간부 사택을 파괴했고, 불행한 린치 사건도 벌어졌던 것이라고 저는 보고 있습니다.

김아람 : 임채도 선생님 하실 말씀 있으신 것 같은데요.

임채도 : 예. 지금 사북항쟁의 원인 혹은 사북 폭발성 관련된 얘기를 하고 있는데, 그동안 사북사건의 상징처럼 되어 온 사진이 있는데 개인적으로 저도 이 사건을 처음 접할 때 그 사진이 워낙 강렬한 인상으로 작용을 했어요. 그 사진의 이미지가 사라지면서 사북의 본질로 접근하기까지 굉장한 시간이 걸렸거든요. 그 이후에 이제 사북 지역의 구조적인 문제라든지 노사 간의 문제라든지 이런 것들이 눈에 보이기 시작하는 거죠.

처음에는 사북의 폭력성, 폭도, 폭동이라고 하는 이 관념들이 워낙 강하게 있었습니다. 실제로 사북사건이 1980년 4월 터지자마자 북한 평양방송에서는 바로 폭동으로, '남조선 사북에서 폭동이 일어났다'라고 보도를 해요. 근데 생물학에서 흔히 우리가 개체 발생은 계통 발생을 반복한다고 그러죠. 뇌가 뇌줄기에서부터 전두엽으로 서서히 발달하듯이, 네 발로 걷다가 두 발로 걷게 되듯이 인간이 진화 과정을 한 개체로 겪게 된다는 얘기인데요. 최근에 사북에 대한 관심이라든지 또 사북에 대한 연구자들의 관심이 높아진 것은 좋은데, 똑같이 반복되는 거 같아요. 그 사진에서부터 시작이 되고, 한참 뒤에 그런 과정을 거쳐서 사북의 실체에 대해서 접근해 나가는 그런 과정들이 계속 반복되지 않는가 싶어요. 그래서 사북을 얘기하면서 외양적으로 나타나 있는 일부 양상들, 광부들의 그 폭력들, 1980년 당시에 보도됐던 폭도의 이미지들, 지금 현재 젊은 연구자들도 거기서부터 출발하고 있는 모습으로 저는 생각이 됩니다.

다시 돌아와서, 사북항쟁의 원인을 저는 크게 세 가지 영역에서 우리가 접근할 수 있다고 봐요. 첫 번째가 동원탄좌를 중심으로 한 노자 간의 관계인데요, 노동자와 탄광 자본의 문제죠. 두 번째는 사북 지역이라는 독특한 그 지역의 생태계입니다. 세 번째는 이 모든 구조를 지탱하고 있었던 당시 강력한 국가 권력의 지배 구조였죠. 노자 간의 문제를 본다 그러면, 실제로 동원탄좌 같은 경우는 당시도 그랬지만 국내에서 가장 큰 민영 탄광이었죠. 종업원이 3,600명 정도였고. 실제로 1972년부터 1980년 사이에 동원탄좌는 떼돈을 벌었습니다. 출발 당시에 10억 원도 안 되는 자본금이 1980년 당시에 300억 원이 넘었어요.

당시 동원탄좌 회장인 이연이라는 사람이 있는데, 이 사람이 박근혜가 주도하고 있던 구국여성봉사단의 돈줄이었습니다. 고문이었죠. 탄광 노동자들이 막 죽어 나갈 때, 그걸 바탕으로 해서 엄청난 자본으로 성장한 사람입니다. 나중에 금광 회사도 차리고, 남미로 가서 남미의 탄광 그리고 유전 개발까지 이어지는 주식회사 동원. 지금까지도 여전히 그 부를 안고 있죠.

당시의 이런 탄광 자본의 행태, 실제로 탄광 자본이 이렇게 배를 불리고 자본을 축적하게 된 것은 국가의 협력이 없이는 불가능했습니다. 당시 탄광 산업에 대한 국가의 엄청난 보조금 정책들이 있었습니다. 그걸 배경으로 해서 실제 석탄 생산비의 80% 정도, 그러니까 밑지면서 생산하면서도 실제로 자본은 증가했으니까. 탄광 자본에 대한, 특히 민영 탄광 자본에 대한 국가의 강력한 지지가 존재했죠. 이런 탄광 자본의 문제, 당시 노동자들의 문제, 앞서 충분히 설명을 드렸습니다.

탄광 노동자들이 어떤 삶이었는가. 아까 얘기했던 이직률 32%가 다 말해 주고 있는 거죠. 흔히 탄광 노동자들 막장에서 노동하면서 많은 돈을 벌었다, 목돈 쥘 수 있다고 했지만 실제로 들어와서 목돈 쥔 사람 없습니다. 전부 진폐 앓고 다 쫄딱 굶는 길로 빠지든지, 아니면 다 빠져나가게 되죠. 당시의 저탄가 정책은 실제로 1970년대 저곡가 정책하고 맞물려가지고 실제로 도시 노동자들의 저임금 정책을 유지하는 강력한 기둥이었죠. 그 저탄가 정책의 가장 큰 희생자들이 탄광 노동자들이었다 이렇게 생각이 듭니다. 지역의 문제로 지금 사북사건과 직접 연관이 되는 것은 사실은 동원탄좌 노조, 정확히 얘기하면은 전국광산노조 동원탄좌지부죠. 산별 노조였으니까.

근데 우리가 1987년 789투쟁 때 울산 현대에서 터지지 않았습니까. 투쟁의 첫 출발은 강력한 노조, 어용 노조이긴 하지만 그래도 노조에 연결되어 있고 강력하게 준비된 대단위 노동자 부대가 존재하고 있는 곳에서부터 불만이 터져 나옵니다. 당시 가장 큰 민영 탄광 노조였던 동원탄좌에서는 그래도 어느 정도 어용 노조를 중심으로 노조원들 사이에서 활동이 벌어지고 있었습니다. 이것을 배경으로 그나마 싸움이 진행될 수 있었고요. 이렇게 사북항쟁이 폭발적으로 등장하게 된 것은 지역의 구조와 밀접한 연관이 있다고 봅니다.

지역 같은 경우에는 동원탄좌와 당시 경찰 권력. 사북 지역에 존재하는 동원탄좌, 경찰, 중앙정보부, 지역 언론 이런 것들이 강력한 카르텔을 형성합니다. 요정에서는 밤마다 노래를 부르고 술을 마시면서 이 카르텔이 형성되는 거거든요. 그래서 그것들, 당시 경찰의 진술에 의하면 당시 사북지서의 일개 순경이 내려오면 동원탄좌에서 즉시 매달 쌀 한 가마, 연탄 100장을 주었답니다. 경찰이 직접 얘기했어요. 자기 월급은 그대로 저축했다고 얘기를 합니다. 동원탄좌에서 사람이 죽거나 실려 나가면 즉시 동원탄좌에서 경찰들에게 1~2만 원씩 거마비를 다 주는 거예요. 이렇게 해서, 당시 또 노조 지부장 같은 경우는 당시 탄광 노동자들 월급이 16만 원에서 19만 원 정도인데 월급이 50만 원, 그리고 수당 15만 원, 한 달 판공비가 200만 원이었다고 합니다.

아까 김동춘 선생이 탁경명 씨가 썼던 글에 대해서 잠깐 얘기를 했는데, 난센스가 있죠. 당시 탁경명 씨가 중앙일보 주재기자였는데, 탁경명 씨도 당시 지역 언론들이 탄광 노동자들의 현실을 제대로 반영하지 못한 어용 언론의 혐의에서 벗어날 수 없다고 봅니다. 그래서 지역에 존재하는 이런 지역의 어용 언론, 어용 노조, 경찰 권력, 자본 권력, 이 속에서 숨을 쉴 수가 없는 거죠. 노동자들은 숨을 쉴 수가 없었어요. 그 넓은 지역에, 1만 명의 탄광 노동자들이 근무하는 사북 일대 지역에 영화관이 하나도 없다고 얘기하지 않았습니까? 노동자들이 쉴 수 있는 공간, 막걸리집 외에는 뭐 없는 거죠. 그래서 이런 지역의 독특한 문화 구조라든지 지역의 권력 지형들 속에서, 그리고 이것을 전체적으로 지탱해 왔고 전체를 조종했던 중앙정보부 요원, 그리고 국가 권력 이런 것들이 결국 사북 지역의 분출을 배태하게 된 배경이 아닌가 생각이 듭니다.

4. 국가 폭력의 은폐와 저항 폭력의 부각

김아람 : 지금까지 사건의 배경에 대해 말씀해 주셨는데요. 이야기를 좀 더 진전시켜서, 그런 배경 속에서 사건이 벌어지는 양상이 분노가 폭발하고 지도부 없이 누구도 통제하지 못하는 상황으로 진행됐다는 문제가 있다고 생각하고요. 또 한 가지는 역시 폭력 문제인데, 이 분노가 결국은 폭력이라는 양상으로 나타났다는 것은 분명한 사실입니다. 그럼에도 지금 와서는 그 문제를 우리가 어떻게 해석할 것인지 과제가 있다고 생각합니다.

저항 폭력이 지나치게 왜곡되거나, 국가 보도 통제 등을 통해서 너무 과대하게 대변되었고, 분노가 폭력적인 양상으로 표출될 수 있다는 것에 대한 공감대는 분명히 형성되어야 하는 시점이라는 생각이 듭니다. 젊은 세대가 그 사진을 보고서 '어, 나는 사북을 잘 몰랐는데?' 하더라도 분노가 이렇게도 표출될 수 있다는 점을 다시 강조할 필요가 있기 때문에 그 사건이 계속해서 얘기되는 것은 아닌가 생각이 드는데요. 이에 대해서 김정한 선생님이 말씀해 주시면 좋겠습니다. 폭력 문제에 대해서는 김정한 선생님이 5·18도 연구를 하셨고 그에 대한 해석을 또 적극적으로 하시니까요. 말씀 들어보겠습니다.

김정한 : 글쎄요. 사북항쟁이 일종의 노동 쟁의, 노동 파업하고 결부되어 있는데, 4월 21일부터 전개된 상황은 봉기의 성격도 같이 있습니다. 그래서 계획대로 되지 않은, 오히려 계획한 것보다 더 격렬하게 저항이 일어나는 그런 과정이 있었습니다. 여기서 저항 폭력이 불가피하게 나타나는 것일 텐데요. 저항이 일어나면 그것을 진압하는 게 공권력이거나 구사대이거나, 아니면 요즘에는

사설 경비업체 같은 데서도 파업을 폭력적으로 진압하고 하는데요. 거기에 맞서기 위해서 저항 폭력이 나타납니다. 그래서 안경다리에서의 싸움 같은 경우를 저항 폭력으로 얘기할 수 있을 거 같고요.

그런데 저는 반폭력이라는 것도 생각해 볼 수 있지 않을까 합니다. 반폭력은 폭력에 반대한다는 것인데, 저항 폭력도 그것을 일정한 조건에서만 방어적으로 사용하려고 하는 것, 참여자들의 안전을 지키는 차원에서 폭력을 사용하려고 하는 것을 반폭력이라고 얘기할 수 있습니다. 반폭력의 특징은 공권력이나 경찰을 절멸 대상으로, 그러니까 죽여야 하는 대상으로 보지 않는다는 게 중요하고, 저항 폭력을 사용할 때도 공격적이기보다는 방어적인 차원에서 사용하는 것이 될 텐데요.

그 하나의 예는 아까도 얘기가 나왔던 화약고를 뜯지 않고 지켰다, 지키기만 했다는 겁니다. 공수부대가 들어올 것을 알고 있었기 때문에 공수부대를 막을 수 있는 방법으로 화약고를 생각했던 것이고, 대신에 그것을 뜯지는 말자, 뜯었을 때는 더 큰 사고가 날 수도 있기 때문에 뜯지는 말고 지키기만 하자고 했던 것이 중요한 반폭력의 사례가 될 수 있지 않을까 합니다. 그래서 저항 폭력에 대해서도 다른 식으로 생각해 볼 수 있고, 저항 폭력만 생각할 것이 아니라 저항하는 과정에 있었던 반폭력이라는 것도 같이 생각해 볼 수 있지 않을까 하고요.

그리고 생산하는 장소와 주거 장소와 소비 장소가 같은 공간에 있었기 때문에 항쟁이 일어났을 때 지역 공동체가 전체적으로 결합할 수 있는 조건이 되었는데요. 그렇기 때문에 지부장의 집에 쳐들어가서 살림을 부순다든가 하는 모습이 나타날 수도 있었던 것 같아요. 그런 면에서 보면 일종의 민란하고 비슷한 형태로 전개된 것도 있지 않을까 합니다. 농민 민란의 경우에 보통 부당한 조세에 항의하는 과정에서 일어나는데, 관에 대해서만 싸우는 게 아니라 그 지역의 악덕 양반들 집에 쳐들어가서 그 집을 부수고 집을 불태우고 하는 게 농민 민란에서 나타나는 하나의 형태입니다. 당시 사북에 모이신 분들이 대부분 농촌에서 성장한 배경을 갖고 있고, 그런 유사성 속에서 노동 파업이면서도 사실은 일정한 민란의 형태가 같이 결합돼 있었다는 생각이 듭니다. 그래서 린치 사건도 일부분은 이렇게 설명해 볼 수도 있을 것 같고요.

또, 반폭력에 관해 말씀드린 것처럼 린치 사건은 저항 폭력이 한 여성에게 가해진, 잘못 행사된 것이 아닌가 생각하는데요. 그런 면에서는 저항하는 과정에서 저항 폭력이 잘못 행사되는 경우에, 그것이 불가피하거나 우발적이라고 할지라도 어떤 조건에서 감소시킬 수 있는가에 대해서 계속해서 고민할 수밖에 없고, 고민해야 하지 않을까 하는 생각도 해 보고 있습니다.

황인욱 : 저는 묻고 싶습니다. "왜 사북항쟁을 연구하면 폭력의 문제에 그토록 집중하는가?" 조금은 근본적인 의문입니다. 왜 사북은 유독 폭력의 문제로 조명받는 걸까요? 사북사건을 바라보는 시간을 딱 4월 21일부터 4월 24일까지로 봐서 그런 거 아닌가 그런 생각도 듭니다. 아까 김동춘 교수님께서도 사북사건에 관해 진압 폭력과 저항 폭력이라는 어떤 구도를 제시하셨는데요. 저는 생각이 조금 다릅니다. 사북사건과 관련된 폭력의 문제를 다룬다고 하더라도 우리는 정말 중요한 세 가지를 놓치고 있습니다.

첫 번째는 4월 21일부터 4월 24일 사이에 있었던 폭력이 아니고, 그 전부터 광부의 삶에 자리 잡고 있던 폭력입니다. 저는 이걸 '일상적 폭력'이라고 말하겠습니다. 4월 21일 노조 사무실에서 경찰의 개입에 광부들이 항의하는 과정에서 정선경찰서 사복경찰 이운선이 했던 행동에서도 드러난다고 생각합니다. 여기에 대한 증언이 몇 가지가 있는데, 그중 하나의 증언은 사람들이 경찰에게 뭐라 그러니까 바로 광부의 뺨따귀를 쳐올렸다는 겁니다. 당시 상황으로 보면 충분히 그럴 개연성이 있습니다. 신경 선생님께서도 증언하셨지만 그 당시 지역 사회에서 순경이 가진 파워가 상당했고 상대적으로 광부는 소위 '막장 인생'으로 멸시를 받았기 때문입니다. 그런 일상적 폭력에 주목하지 않고서 이 사건은 설명 안 됩니다.

그리고 두 번째로, 일상적 폭력에 더해서 또 하나 소홀히 다루어진 폭력은 계기적 사건으로서 '국가 폭력'입니다. 이것은 정말 소홀히 다루어져 온 부분입니다. 왜 경찰이 광부를 지프차로 돌진한 사건에도 불구하고 여기에 주목하지 않고 국가 폭력의 심각성을 지적하지 않는가? 지금 미국 사회를 뒤흔들고 있는 계기적 사건에서는 경찰이 조지 플로이드라는 흑인을 체포하는 과정에서 무릎으로 눌렀을 뿐입니다. 그런데 불행히도 죽었습니다. 여기에 전 세계의 많은 시민들이 공감하고 경찰 폭력에 분노하고 있습니다.

반면에 사북사건에서 경찰은 광부들을 향해 지프차를 돌진했고 그중 원일오 광부의 몸은 경찰 지프차에 완전히 짓눌렸습니다. 지켜본 사람들이 다 죽었다고 믿었을 만큼 치명적인 상해를 입었지만 운 좋게 살아났을 뿐입니다. 그렇다면 농성 광부를 향해 경찰이 지프를 들이몰아 원일오, 장호상 씨 등 두 명에게 중상을 입혔는데도 왜 우리는 아직까지도 이 문제에 주목하지 않죠? 흑인 사회가 지금 저렇게 폭동을 일으키고 약탈까지 하는 걸 보면서도 '아, 저럴 만하겠다'라고 공감하는 사람도 있습니다. 그런데 사북사건에서는 매번 광부들이 드러냈던 분노와 폭력에만 주목하는 것은 안타까운 일입니다.

그리고 마지막으로, 주목받지 못한 심각한 폭력이 하나 더 있는데요. 사건 이후에 벌어졌던 폭력입니다. 군·검·경 합동수사본부가 그들에게 부여된 권력을 가지고 광부들과 부녀자들 수백 명에게 자행했던 야만적인 고문입니다. 이것은 '제도적 폭력'이라고 말할 수 있겠죠. 사북사건에 관심을 가진 사람들조차 사실 이 제도적 폭력이 얼마나 광범위하고 얼마나 심각했는지 잘 모르고 있습니다. 불행히도 이 사북사건은 사건 이전의 일상적 폭력, 계기적 폭력, 사건 이후의 제도적 폭력의 증거들은 하나도 포착되지 않았습니다.

원일오 광부와 몇 명의 광부들이 지프차에 깔려 널브러져 있는 참혹한 모습이 공개되었다면 지금 우리는 사북사건에서 어떤 폭력의 문제를 다루고 있을까요? 만일 정선경찰서 합수부 조사실에서 벌어진 잔혹한 고문의 현장이 사진 한 장으로라도 남아 있었다면, 그 현장에서 부녀자들이 겪었던 성적 학대에 관한 생생한 증언이 사건 직후에 공개되었다면 연구자들은 지금 어떤 폭력의 문제를 다루고 있을까요?

그러나 사북사건에 관해 남아 있는 사진은 광부들이 항의하는 과정에서 보여 준 폭력에 관한 것입니다. 당시 보도 지침을 통해 언론을 통제하던 신군부는 한 신문 기자가 사북 현장에서 포착한 단 한 장면을 1면에 대문짝만하게 내세워 이를 두고두고 인용하게 함으로써, 1980년 사북사건의 계기나 본질과 거리가 먼 가학적 이미지로 일상적 폭력도, 계기적 폭력도, 제도적 폭력도 다 덮어 버렸습니다. 그런 점에서 저는 특히 이런 맥락을 파악해야 하는 연구자들이 사북사건에서 사진으로 포착된 폭력의 문제에만 집중하는 것은, 더 중요하고 더 심각한 국가 폭력의 문제를 놓치고 있는 것이라고 문제를 제기하고 싶습니다.

5. 군(軍)의 진압 계획과 광부의 분노

김아람 : 연구자의 문제라기보다는 대체로 그 보도의 영향력이라는 게 대중적으로도 너무 크기 때문에 계속해서 의식되지 않나 하는 생각이 들기도 하는데요. 이 국가 폭력의 문제에 대해서는 김원 선생님께서도 사건 전, 1979년부터의 과정에서 나타났던 폭력이라든지, 5월 6일부터 불법적으로 자행됐던 연행, 구금, 고문의 문제에 대한 해석을 해주실 수 있을까요?

김 원 : 금방 황 선생님께서 정확히 말씀하신 대로 사북항쟁에서, 일단은 지역 공동체에서 전개했던 집합적인 폭력을 둘러싼 문제와 더불어 저희가 규명해야 할 문제는 4월 24일 날 실질적으로, 흔히 양자 간의 협상이 마무리됐다고 생각한 직후에, 정확히는 1980년 5월 6일부터 6월 17일까지 1군 계엄사령부 지휘로 사북사건 합동수사단에 의해서 약 200여 명의 사북 주민들이 국가 폭력을 당했다는 사안입니다. 어떤 구술자 같은 경우에는 '사냥'이라고 표현을 하신 분도 있었는데요. 과연 이 당시에 계엄사를 중심으로 한 신군부가 사북항쟁 당시 참여자, 직간접적인 지역 주민에게 가했던 국가 폭력을 우리가 어떻게 봐야 할 것인가, 이 문제가 중요한 화두 중의 하나라고 볼 수가 있습니다.

　　사실 자료를 보다 보니까 협상이 마무리된 직후에 4월 26일 날 도지사 주최로 광부 대표, 노조 측이 사북리 평화식당에 모여서 사태 수습을 위한 노력 다짐 및 사과문을 발표하기도 했다고 기록이 돼 있고요. 이 건 같은 경우에 상황을 보면 협상이 마무리된 이후에 관련자에 대한 국가 폭력이 과연 어떠한 맥락에서 전개되었는가, 퍼즐이 복잡해질 수도 있는 여지가 있어요. 저는 개인적으로 조금 더 이 부분에 대해서는 연구가 진행되어야 한다고 생각이 들기는 하지만, 가설적으로 생각할 수 있는 건 이 국가 폭력이 이미 계엄사 내지 신군부에 의해서 사전에 기획된 형태의 진압, 가해자들에 대한 고문 기획이 이루어진 게 아닌가 생각이 듭니다.

그러니까 최초의 군 투입 요청이 21일과 22일 사이에 이뤄졌고, 22일 같은 경우에는 강원지사의 군 투입 만류 요청에도 불구하고 특전여단의 사북 진압을 위한 원주 배속이 이뤄졌어요. 또한 22일 날 이미 정선경찰서에서 주동자에 대한 명단 작성이 광범위하게 이뤄졌고, 그 뒤에 사북사건 합동수사단을 중심으로 매우 체계적인 수사 체계하에서 국가 폭력이 이뤄졌다고 볼 수가 있습니다. 또한 4월 30일 자료를 보면 계엄사 전국 지휘관회의 결의문에서 '광부 집단 난동 사건은 민주적 기본 질서를 부정하는 사건'으로 보고, 같은 시기에 일어났던 동국제강이나 인천제철 등의 연속선상에서 이 사건을 위치시키는 것이 아닌가 생각이 듭니다. 이런 맥락에서 1980년 3, 4월 즈음해 민주노조 내지 노동자 전반에 대한 노동계 정화 사업을 포함해, 이른바 시민 사회와 노동운동 자체를 무력화시키기 위해 신군부가 다단계 쿠데타 중 하나의 기획으로서 국가 폭력의 적극적인 개입이 이뤄진 것이 아닌가 잠정적으로 생각해 볼 수 있다고 말씀드릴 수 있을 거 같습니다.

김아람 : 중요한 문제 제기를 해 주셔서요. 이미 사전에 기획되어 있었던 것이 아니냐? 그러니까 사건 발생 직후부터 계획된 것으로 보이는 과도한 진압이 단계적인 쿠데타의 과정에서 볼 수 있지 않은가 하는 새로운 문제를 제기해 주셨습니다. 이에 대해서 임채도 선생님 말씀 듣겠습니다.

임채도 : 아까 황인욱 선생님께서 4월 18일 이전과 4월 21일 이후의 제도적인 폭력 말씀을 하셨는데, '사북항쟁 기간, 정확히 4월 21일부터 24일까지 벌어졌던 그 기간 내에 사북 지역이 폭력으로 범벅된 상황이었는가?'라는 부분을 좀 찬찬히 들여다볼 필요가 있습니다. 광주항쟁 때 도청이라든지, 관제 언론을 통해서 보도된 광주항쟁의 그런 폭력적인 양상들이 걷혀지기까지 10여 년에서 20년 가까이 시간이 흘렀듯이, 사북항쟁 같은 경우에 4월 21일부터 4월 24일까지 사북 지역에서 도대체 무슨 일이 벌어졌는지 정확히 밝혀져야 합니다. 적어도 제가 조사한 바에 의하면 그 기간 동안 탄광 노동자들의 폭력 행위가 없었다는 건 아닙니다. 린치 사건도 있었고요.

　또 일부 노동자들에 의해서, 당시 탄광촌의 노조 간부라면 회사 사택이 있었습니다. 회사의 중역이나 이런 간부들이 외부에서 오는 손님을 대접하는 아주 좋은 집이 있었죠. 당시에 일반 노동자들은 없었던 냉장고도 있었고. 노동자들이 그 냉장고 문을 여니까 안에 양주병이 수두룩했답니다. 그거를 무단으로 먹었어요, 노동자들이. 그런 사건들이 있었습니다. 폭력이나 이런 부분이 없었다는 건 아닙니다. 그렇지만 그 기간 동안 전체 광부들이 절도를 저지른 상황은 아니었다는 거예요. 극히 일부의 노동자들이 그랬을 뿐이죠. 그 기간 동안에 탄광 광부들, 탄광 노동자들의 합리적이고 이성적이고 굉장히 명철한 판단들, 그 행위들이 사실은 지금까지 우리가 사북을 기억하게 만든 힘인 거예요.

이를테면 단적으로, 사소한 하나만 예를 들죠. 그 기간 동안 탄광 노동자들이 자치규찰대를 만들어서 절도범을 잡아요. 잡아서 경찰에 인계합니다. 강원도 사북에 들어가시려고 하면은 중앙고속도로를 타고 제천을 거쳐서 들어가는 거예요. 그 제천에는 이런 소문이 있었습니다. "제천에는 세 살 아이도 건달이고 칠십 노인도 깡패다." 지금 현재 제천은 아니고 예전 제천에 말이죠. 원래는 제천 그 지역이 예전부터 탄광으로 들어가는 초입 지역이고, 탄광을 중심으로 폭력배가 굉장히 많았다 그래요. 그래서 그 기간 동안 실제로 얼굴에 검댕이를 묻히고 들어왔던 불량배들이 절도를 저지르는 이런 일들이 워낙 많아가지고 탄광 노동자들이 직접 잡아서, 신문에 실리기도 했죠. 절도범을 잡아서 경찰에 인계하는 모습도 있었고요.

더 결정적인 것은, 나중에 말씀드리겠지만 당시 사북 일대에는 예비군 무기고, 그리고 지서에 있는 무기고 다 합치면 카빈 소총, M1 소총이 약 1,300정이 있었어요. 실탄이 10만 발 있었고. 또한 톤 수를 가늠할 수 없는 다이너마이트 보관소가 산 곳곳에 있었습니다. 그거 위치를 제일 잘 아는 사람은 광부들이죠. 그 기간 동안 만약 광부들이 비이성적으로, 폭력적으로 행동했다면 그 무기고 당연히 열었겠죠. 다이너마이트로 무장을 했겠죠. 흔히 우리가 생각하듯, 막장 인생을 산다고 하는 그런, 도무지 이성이나 합리라고는 없다고 생각하는 그 광부들이라면 마땅히 그렇게 해야 하지 않겠습니까? 근데 실제로 그 무기고를 끝끝내 지켰던 것이 전효덕 선생님, 그리고 얼마 전 작년에 돌아가신 박노연 선생님 이런 분들이었어요. 그래서 저는 사북을 상징하는 두 개의 사진이 있다면 하나는 노조 지부장 부인이 말뚝에 묶여 있는 그 사진이고, 두 번째 사진은 새벽녘에 모닥불을 피우고 무기고 앞에서 전효덕 선생과 박노연 선생을 비롯한 광부들이 무기고를 지키고 있었던 그 사진이라고 생각합니다.

그 기간 동안 광부들이 행동하는 합리적이고 이성적인 양상과 또 억눌린 그 분노가 분출하고 있는 양상, 두 가지 양상들을 적어도 긍정적으로 접근할 필요는 있겠다, 이런 말씀을 드립니다.

김아람 : 네. 이쯤 해서 청중에서도 의견 있으시거나 질문 있으신 분 계시면 말씀을 좀 들어 보도록 하겠습니다.

이원갑 : 예. 감사합니다. 두 가지만 말씀드리겠습니다. 아까 어용 노조 얘기를 했는데, 노동조합이 존재하는 이유는 노동자의 권익을 신장하기 위해서 존재하는 겁니다. 근데 그 당시 탄광의 노동조합치고 어용이 아니라는 데가 별로 없을 정도입니다. 노동조합 지부장 선거는 선거대로 하고, 그다음에 당선된 지부장에 대해서 회사에서 매수를 한다거나 이런 식으로 했는데, 동원탄좌 같은 경우는 특별합니다. 지부장 선거와 대의원회 선거를 일주일 차이로 하는데. 대의원 선거를 일주일 전에 해서 대의원이 당선되면은 그날, 이건 노동조합에서 하는 게 아닙니다. 회사에서 "오늘 축하연을 하니까 올라오라" 그래가지고 그 길로 버스에 싣고 강릉이나 속초 이런 유원지로 떠납니다. 그러면 거기에서 돈도 주고, 대접도 잘 해가지고 일주일 후에, 거기서 일주일간 묵습니다. 그러면 일주일 후에 선거장 바로 앞에다 버스를 대 놓고 선거하러 들어갑니다.

그러니 이거는 지부장 선거를 하는 게 아니고, 회사에서 지부장을 임명하는 거하고 똑같습니다. 그래서 지부장이 된 사람은 회사에서 지시 사항을 철저하게 이행을 하고, 하나도 뭐 어떤 노동자를 위해서 무슨 얘기를 한다거나 하게 되면은 다음에 지부장이 절대 안 됩니다, 그 사람은. 이러한 모순된 구조를 가지고 했기 때문에 바로 어용 노조, 어용 노조 그러는데, 이런 어용 노조는 이북에도 아마 있는지 모르겠습니다.

그리고 1980년 4월 22일 날 8시쯤 됐는데, 수습대책본부에서 강원도지사하고 경찰국장이 저를 보자 그래서 올라갔어요. 올라가니까 "당신이 이원갑이냐?" 그래서 "그렇다"고 그러니까 "이 새끼 갖다가 연금시키라"고 그래가지고 저는 삼척탄좌 객실에 연금돼 있었습니다. 그런데 나를 연금시켜 놓고 전투경찰 300명을 데리고 진압 작전을 내려간 겁니다, 밑에. 내려갔다가 이제 그 안경다리에서 투석전이 벌어져 가지고 경찰 1명이 사망을 하고, 경찰들은 뿔뿔이 산으로 도망가고 이래 야단이 났는 거예요.

나중에 사람들의 얘기가 뭔가 그러면 "일이 이렇게까지 됐는데 왜 지부장이 안 나타나느냐? 그러면 우리 저 지부장 집에 찾아가 보자." 그래가지고 이제 몇 사람들이 여자분들하고 올라갔던 모양이래요. 여자분들이, 저 어떤 보도에도 나와 있습니다만 여자분들이 숫자가 더 많았다고 그래요. 그래서 올라가서 지부장을 찾으니까 지부장은 없고. 그래 이제 "그 이웃집에 혹시 갔는가 찾아보자" 그래서 이웃집에 가니까, 그 뒷집 침대 밑에 사람이 한 사람 숨어 있단 말이에요. 그러니까 "야, 저기 사람 있다. 끌어내라" 하니까 이제 침대 밑에 숨은 사람을 [끌어냈어요]. 지부장 부인이 이제 그 사람들이 쭉 오니까 위협을 느꼈겠지요. 그러니까 그 침대 밑에 숨어 있었단 말이에요. 그래서 이제 잡아내니까 사람들이 "지부장이 어디 갔느냐?" 그러니까 "지부장은 어디 갔는지 모른다. 나도 모른다." 이렇게 됐는 거예요.

그러니까 지부장 부인을 데려다 놓으면은 지부장이 올 거 아니냐, 찾아올 거 아니냐 해서 데리고 내려가서 그 게시판 기둥에다가 묶어 놨다 이런 얘기입니다. 그런 일이 일어났는데, 역시 사북사건에서 가장 이게 참 뭐 있어서는 안 될 일입니다. 그 경과는 이렇게 됐는 것이다 그런 말씀을 드리겠습니다.

6. 여성의 항쟁 참여, 폭력과 기억

김아람 : 여성들이 많이 참여했다는 말씀을 해 주셨는데요. 임송자 선생님, 이에 대해서 이후에 벌어진 사건들과 비교할 때 여성 참여의 의미를 어떻게 볼 수 있을지 간단히 말씀해 주시면 좋겠습니다.

임송자 : 예. 그 전에 잠깐 이원갑 선생님이 말씀하신 선거라는 게 사측이 개입하는 경우도 있고 중앙정보부가 개입한 경우가 있고, 상당히 지저분한 게 많이 존재해 왔습니다. 그리고 광산노조 지부장, 위원장 선거 때도 상당히 많았어요. 한국노총도 그렇고. 노조 선거에서는 상당히 지저분한 사례가 곳곳에 많이 나오는데요, 특히 동원탄좌 같은 경우는 이게 심해요. 제가 다른 데는 샅샅이 보지 않아서 잘 모르는데, 왜 이렇게 1964년 9월서부터 1970년대, 1980년대까지 분규가 심한가 하는 생각이 들거든요. 분규가 끊임없이 일어나는 거예요. 거기에는 동원탄좌 회사 측이 상당히 부당 노동 행위를 많이 했고, 노조를 매수하려고 했던 행위가 많이 있었고, 이런 것들이 많이 되풀이되면서 누적되어 1980년

4월에 사북사건, 사북항쟁으로 가지 않았나 생각을 해 보는데. 그 구조적인 것들을 밝혀내는 게 쉽지가 않더라고요.

여성 참여 부분에 물으셨죠. 이 광산촌 여성들의 경우에는 주거 환경이 좋지 못하고, 가사 노동을 하게 되죠. 위험한 노동에 종사하는 남편들 때문에 그 긴장감 속에서 하루하루 살아가는 그런 존재이기도 하거든요. 또, 광산에는 선탄부가 있습니다. 저는 선탄부에 대해 관심이 많은데, 이것도 자료가 없어서 파헤칠 수가 없는데, 이 선탄부라는 이들은 남편들이 다치거나 사망해서 생계를 책임져야 해서 광산촌에 취업했던 사람들, 이런 사람들이에요. 이런 사람들의 생활이 상당히 열악했다고 볼 수가 있어요.

왜냐면 이때 당시 임금 체계를 보면 선탄부가 임금이 제일 밑바닥이에요. 그러니까 이 여성들이 얼마나 열악한 환경이었는지 선탄부를 통해서 좀 알 수가 있는데, 임금이 그렇게 저임금인데다가 그렇게 힘든 중노동을 하고 나와서 집에 들어와서는 가사 노동을 해야 하는 이중의 부담을 안고 있는 거죠. 그러니까 광산촌 여성들은 상당히 힘들게 살아가는 존재다 이런 생각을 해 보는데요. 광산촌 여성들은 이 파업에 적극적으로 참여했을 뿐만 아니라 사북사건에서도 파업의 선두에 서거나 사측과 협상 때 파업 대표자로 참여하기도 하죠. 이렇게 여성들이 노동 쟁의에 나서는 것에 대해서는 아마 남편을 사측으로부터 보호하기 위한 차원이었다고 얘기를 하죠. 그러니까 시위를 주도하다가, 파업을 주도하다가 남편이 회사에 밉보여서 해고당하거나 불이익을 당할까 봐 이것을 막기 위해서 여성들이 적극적으로 앞에 나가서 참여하는 경우가 있었다고 하더라고요.

그런데 이 광산촌 여성이 파업에 참여한 것을 뛰어넘어서 완전히 주도한 경우도 있습니다. 그 대표적인 것이 1986년 7월에 경동탄광 파업에서 있었죠. 왜냐면 경동탄광 파업 같은 경우는 사측에서 휴가비를 주는데 관리자하고 노동자하고 차별을 둬요. 그래서 관리자들한테는 휴가비하고 월급을 주는데, 노동자들한테는 휴가비만 지급한 거죠. 그러니까 이제 광산 여성들이 열이 뻗쳐서 사택 마당에 모여서 파업을 결의해요. 광산 노동자들이 결의한 게 아니라 여성들이 사택 마당에 모여서 파업을 결의하고 50명이 모이는데, 나중에 200명이 모이고. 그래서 나중에는 또 병방 근무를 마치고 나면 아침에 퇴근하잖아요. 근무를 마치고 나온 노동자들이 합세하고 해서 25일에서 26일 이틀 동안 파업을 일으킨 거고. 이게 대표적으로 볼 수가 있는데요. 이렇게 주도적으로 파업을 일으켰던 여성들의 힘, 이런 것들은 광산촌 지역의 특수성에서 나온 것으로 보이고요. 이들은 이틀에 걸쳐서 파업을 이끌었고, 요구 사항을 관철시켜요. 그런데 회사측에서 이행하지 않으려고 하니까 여성들이 또 어떻게 했냐면, 회사 진입로 쪽에 가서 농성을 벌여요. 왜? 광산 노동자들 출근하지 말라고. 파업하라고. 이렇게 힘 있는 여성들이 좀 있었던 거 같아요.

1987년 노동자 대투쟁 시기에도 여성들이 대거 참여하는데, 대표적으로 한보탄광이나 삼척탄좌 정암광업소, 석공 장성광업소, 도계광업소, 동원탄좌 사북광업소 이런 데서 부녀자가 밥을 해다 나르는 이런 것뿐만이 아니라 거리 시위나 도로 점거, 철야 농성 이런 데도 굉장히 적극적으로 대거 참여했죠. 이게 사북 지역 여성들의 힘인 거 같다는 생각이 듭니다.

김아람 : 사실 사북 여성들의 경험에 대해서는 이제까지 거의 주목을 하

지 않았던 측면도 있습니다. 그래서 여성에 대한 구술 연구도 최근에 와서 활발하게 진행되고 있고요. 사실 광산촌의 생활이라고 할 때는 여성들이 더 일상과 밀착되어 있는 측면이 있기 때문에 이러한 부분들까지 함께 해석된다면 우리 사북의 지역사와 사북항쟁에 대한 이해를 좀 더 심화할 수 있지 않을까 생각하게 됩니다. 또 청중에서 질문 있으시면 해 주세요.

장용경 : 저는 '왜 사북은 폭력하고 연결해서 인식이 될까?' 이런 생각을 해 봤어요. 근데 아까 말씀하신 일상에서의 폭력 문제보다도 계급적 혐오라는 레테르를 붙인 것 때문에, 광부폭력 혹은 사회 계급 폭력 이런 식으로 먼저 레테르를 붙인 것 때문에 그런 건 아닌가 하고요. 계급적 혐오가 먼저가 아닌가 생각을 해 봤고, 그것이 맞다고 수긍하거나 아니면 정당화하려는 노력 때문에 폭력 문제에서 벗어나지 못하는 거예요. 그걸 떼지 않으면 참 나아가기 쉽지 않다 이런 생각이 들고요.

　또 한 가지는 그런 거를 강화하는 게 연구자들이 가진 어떤 무의식이랄까 그런 측면이 있는 것 같아요. 저항 이런 거는 다 선해야 하고 나쁜 거는 계속 나쁘고, 이런 선악 구분법이 있어서라고 봐요. 요컨대 사북에서의 저항이라는 건 국가에 대한 저항이고 독재에 대한 저항이니까 다 좋아야 한다, 좋은 측면만 있다 이런 식으로 생각하니까 당시 사건 속에 린치가 있었다는 것을 인정하지 못하는 어떤 무의식적인 틀이 있는 거 같아요.

　그래서 과거 여러 가지 선악이 혼합된 것이 있었다는 걸 인정하는 것은 곧 기념하지 못하게 하는……. 그러니까 기념과 역사 이해를 붙여서 이해하니까, 기념하려면 과거의 그런 건 없어져야 하고 최소화해야 하는 빠져나오기 힘든 수렁에 있지 않은

가, 도덕적인 어떤 함정에 빠져 있지 않은가 이런 생각을 해 봤어요. 결국은 광부에 대한 계급적 혐오, 그다음에 연구자의 도덕적 틀, 이걸 깨야지만 그 폭력을 이해할 수 있는 길이 열리지 않을까 이렇게 생각을 해 봤습니다.

김아람 : 황인욱 선생님 하실 말씀이 있다고 하시네요.

황인욱 : 예. 잘 들었고요. 기억이라는 게 당사자들의 기억이 있고, 목격자들의 기억이 있고, 또 연구자에게 포착된 기억이 있다고 봅니다. 사실 우리가 어린 시절 기억할 때 보통 사진으로 남아 있는 몇몇 장면을 매개로 기억하지 않습니까? 사북사건을 대표하는 사진은 소위 '린치 사건'으로 불리는 우리가 잘 아는 그 사진입니다. 당시 보도 통제를 해서 다른 사진을 못 찍었을 뿐입니다. 그런데 제가 정말 강조하고 싶은 것은, 그 사진은 전에도 그렇고 앞으로도 더 이상 이대로 게재되어서는 안 되는 사진이라는 겁니다. 어떻게 그 가족이 시퍼렇게 살아 있는데 고통받고 있는 피해자 여성의 얼굴을 그렇게 노출시킬 수 있습니까? 당시 신군부와 일부 개념 없는 언론이 세상에 말도 안 되는 짓으로 사북사건을 상징하는 엉뚱한 이미지를 만들어 냈다는 것 자체가 큰 문제입니다. 그렇기 때문에 우리 사건 관련자들은 여기에 대해 해명을 해야 했습니다.

관련자들이 '왜 우리는 이렇게까지 했는가'에 대해서 얘기하다 보니까 어용 노조 얘기가 나올 수밖에 없구요. 노조 지부장 부인의 문제를 해명하다 보니 국가 폭력의 문제는 자연스럽게 당사자들의 주장에서도 소홀히 취급되는 겁니다. 왜냐면 제시된 사진이, 그러니까 광주처럼 곤봉으로 시민을 두드려 패는 그런 사진이 아니고, 광부들이 어떤 여성을 하나 붙잡아 놓고 손을 묶어 놓은 그 사진이 제시됐기 때문에 당사자들이 그 문제를 해명하기 위해서 애썼고요. 그러다 보니까 사북사건에 관해서는 유독 운동 과정의 도덕성 문제 같은 것들이 지나치게 제기되는데요. 연구자들은 당시 이 사건의 직접적 계기를 제공했던 국가 권력이 제시한 사진을 중심에 놓고 사건을 해석할 게 아니라, 그 사건이 발생했던 중요한 계기와 맥락을 더 중시해야 할 것입니다.

그 당시 여성들이 린치 사건에 가담한 걸로 아는데요. 그 당시에 광부들의 삶은 여성들하고 직결되어 있습니다. 남편이 직장에 출근하는데 살아 돌아올까 아닐까를 고민하는 부인들이 다른 데는 있을까요?

특히 당시 밀집해 있던 광부 사택 구조를 감안하면 부녀자들 사이에 분명한 연대감이 있었습니다. 그래서 광부의 몸이 희생되거나 손상을 입었다는 것은 광부들의 부인으로서는 참을 수 없는 이야기입니다. 그래서 더 흥분한 것이고, 그래서 뭐 어려운 얘기도 아니고 호의호식하는 것처럼 비춰진 사람들한테 화를 냈던 겁니다. 그런데 한 여성이 겪었던 폭력은 거의 광고되었다고 할 정도로 잘 알려져 있는 반면에 다른 수많은 여성들이 정선경찰서 조사실에서 공권력에 의해 유린당했던 그 야만적인 폭력에 대해서는 우리가 40년이 지나도록 너무도 모르고 있다는 게 참으로 비극적이라고 생각합니다.

장용경 : 저도 동감은 합니다만, 신문에 게재된 사진을 진실에 대한 오용이나 확대, 과대로 이해하는 것이 아니라 그 당시의 어떤 편견을 확증해 주는 과정으로 이해한다면 대응이 달라질 수 있지 않

을까 생각합니다.

임송자 : 제가 좀 간단하게 말씀드리면, 저도 이 문제로 상당히 고민을 많이 했어요. 그러니까 황인오 회장님 처음 뵀을 때 그 문제 제기를, 술자리에서 잠깐 했었거든요. 그랬는데 상당히 고민하면서 제가 정리한 부분은 뭐냐면, 일부 폭력 행위 실제로 있습니다. 하지만 그 일부 행위를 그냥 사북사건을 폄훼하는 데 이용하면 안 된다는 얘기죠. 그러면 지금까지 유형, 무형으로 가해져 왔던, 노동자들에게 폭력을 가했던 가해자들이 선량한 피해자가 되는 것이고요. 그다음에 노동자들 같은 경우는, 그 피해를 당했던, 폭력을 당해 왔던 사람들은 엄청나게 비인간적인 뭐 이런 무지막지한 가해자가 되는 거죠. 일부 폭력 행위만을 부각시키면 이렇게 전도된다는 걸 이해할 필요가 있어요. 또 언론에서 이렇게 보도했던 거는 사실은 너무 과장해서 했던 부분이 좀 있고요. 한편으로 제가 생각했던 부분은 그때 당시에 광산촌에서는 시위 문화가 형성되지 않았잖아요. 그것을 어느 쪽에서는 무질서하고 폭력적이다, 이런 걸로 몰고 가서 이렇게 보도한 게 아닌가 하는 생각이 들어요. 그러니까 질서정연하게 시위를 전개하거나 뭐 토론을 하거나, 그다음에 그 투쟁의 열기를 높이기 위해서 운동가를 부르고 주위 사람들을 불러 모으는 이러한 시위 문화는 광산촌에서 생소하지 않았나 하는 생각이 있습니다. 그것들을 파헤치는 게 좋지 않을까 생각했습니다.

황인욱 : 제주 4·3 사건과 관련해 엄청나게 많은 사람이 죽었습니다. 그런데 국가는 4·3 사건을 추념하고 국가 기념일로 만들었습니다. 1980년 광주에서는 심지어 시민들이 총을 들었고 말 그대로

폭력이 난무했지만 역시 국가 기념일로 제정되었습니다. 결국 역사적 사건에서 폭력의 문제는 그 폭력의 양상이 문제되는 것이 아니고 그 맥락과 이유가 중시된다는 것입니다. 그런데 사북 사건에서는 아까 이야기가 나온 대로 규찰대를 만들어 무기고를 지키기도 하고, 흔히 더 잃을 것이 없는 사람들이 보이는 일반적인 양상이나 당시 광부들의 열악한 처지로 볼 때 폭력의 양상이 상당히 자제되었다고 볼 수 있는데도 불구하고, 유독 폭력의 양상만을 문제 삼고 도덕성 문제를 운운한다는 것은 매우 기이한 현상입니다. 상당히 오도된 틀에서 이 사건이 조명되고 있다고 저는 보기 때문에, 이런 틀에서 이제는 좀 벗어나야 되는 것이 아닌가 생각합니다.

7. 진실화해위원회의 조사와 사북항쟁 명명 문제

김아람 : 네. 저는 그 문제의식을 다 같이 공유하고 있다고 생각합니다. 40주년을 맞아서 지금 이 시점에서 제기되는 문제들, 그리고 폭력 문제에 대해서 지금도 현실적으로 계속해서 문제가 제기되고 있다는 것까지도 우리가 넘고 가야 되는 문제가 아닌가 하는 것에 공감하고 있다는 생각이 들고요.

조금 얘기를 진전시켜서, 국가에 의한 과거사 정리 문제와 관련해서 진화위 얘기도 잠시 나왔었는데요. 그때 진화위에서 일정한 성과도 있지만 분명한 한계점도 있다는 생각이 들고요. 또 한편으론 더 나아가서는 국가가 역사를 정리하고 규정하는 것 못지않게 시민 사회에서, 연구에서, 교육에서 이 사건을 어떻게 기억할 것이냐 하는 문제도 정말 중요한 과제라는 생각이 듭니다. 이에 대해서 임채도 선생님, 당시에도 조사를 하셨던 만큼 성과라고 할 수 있는 것, 그리고 한계, 지금 이 시점에서 모색할 수 있는 것에 대한 말씀 좀 들어 보겠습니다.

임채도 : 예. 광부들에 대한 계급적 혐오라는 개념은 좀 수정이 필요할 거로 보입니다. 광부들에 대한 계급적 혐오라는 개념보다는, 말씀하신 분의 취지를 제가 이해하자면 광부에 대한 계급적 편견이 있기는 하죠. 근데 이것을 혐오라고 표현하는 것은 조금 거리가 있을 거 같아요. 왜냐하면 실제로 다수의 광부들이 자기가 광부임을 자랑스러워하는 부분이 있거든요. 자긍심이 있었어요.

장용경 : 그런 게 아니라, 신문 기자들을 말하는 거죠. 그들을 바라보는 사람들.

임채도 : 그 진화위 문제인데요. 아시다시피 지난 20대 국회가 마지막으로 해산되기 직전에 통과시킨 법률 가운데 하나가 「진실·화해를 위한 과거사정리 기본법」 개정안입니다. 그 개정안 실제 기본 골격은 2005년도에 통과된 진화위법을 기본 골격으로 하고 있고, 일부 수정되고 보완된 측면이 있습니다. 보완된 측면은 조사 방법에서 청문회, 세월호조사위원회에서 했던 청문회를 조사 방법 중 하나로 부가했던 부분들이에요. 그리고 조사 기간을 1기 진화위, 2005년도 진화위법에서는 4년, 그리고 2년 연장하도록 했다면 이번에 통과된 개정안에서는 3년에 1년 연장할 수 있도록 해서 최대 4년까지 활동할 수 있도록 정리된 부분이 그래도 눈에 보이는 내용인 것 같습니다.

　1기 진화위에서 제가 사북사건을 조사한 내용을 간단히 요약해 말씀드리면, 통상적으로 간첩 사건이라든지 국가보안법 사건은 그 수사·공판 기록이 영구 보존됩니다. 그래서 서울지검 지하 문서고에 이것이 영구적으로 보존되어 있는데, 계엄하에서 발생한 사북사건에 관한 수사·공판 기록, 당시 연행돼 가셨던 광부들이나 여러 참고인들, 피해자들이 진술했던 진술 조서와 방대한 수사 기록들, 재판 과정에서 있었던 여러 가지 진술 내용, 이런 것들이 실제로 다 파기되고 없습니다. 우리가 사북사건의 진실에 접근하기가 어려운 많은 부분 중 하나가 수사·공판 기록이 폐기되고 없다는 것입니다.

이걸 해소하기 위해 1기 진화위에서는 다수의 진술을 들을 수밖에 없어서 단순 피해자, 목격자 합해서 약 한 65명, 그리고 가해자, 당시 수사 검사를 비롯해서 판사, 보안사 직원들, 경찰 직원들 해서 한 17명 정도 진술 조사를 받았어요. 또, 당시 연행자 명단이 발견되는데, 연행자 명단이 149명이에요. 149명의 명단이 나왔거든요. 149명 전체를 상대로 해서 우편 조사를 진행했어요. 그리고 당시 저희들이 조사한 가해자는 대부분 수사관들이었기 때문에, 이 사람들은 어느 정도 훈련된 수사관들이었기 때문에 진술에 한계가 있었죠. 저희가 들을 수 있는 진술에 한계가.

그래서 당시 101헌병대의 사병들을 대상으로도 조사를 했어요. 당시 실제로 사북사건 고문에 가담한 가해자들은 어떻게 구성됐냐 하면, 경찰을 기본 하위 단위로 해서 보안사, 중정, 헌병대 이렇게 수사본부가 꾸려졌어요. 당시 강원도 101헌병대에 있었던 직원과 사병들 200명가량에게 우편으로 설문 조사를 했던 기억이 납니다.

그런 조사를 약 1년 정도 했었고, 그리고 2006년도 11월에서 12월경 저희 진실화해위원회에서 사북 현지에 가서 약 보름 동안 현지 조사를 했던 그런 것들이 1기 조사위에서 진행됐던 조사였어요. 앞서 김동춘 선생도 말씀하셨지만, 1기 진화위 과정에서 이 사건 신청인들인 사북사건 피해자들의 의견도 많이 들었고, 또 당시 김○이 씨를 비롯해서 당시 광부 폭력에 의해 피해를 받았던 분들의 진술도 충분히 들었어요. 또 당시 사북읍장을 비롯해 이것을 객관적으로 목격했던 사북읍내 읍민들에게도, 주민들에게도 충분한 진술을 들어서 객관적인 조사가 되도록 노력했던 기억이 납니다. 사북사건에 관한 세세한 부분들은 보고서에 있는데, 이게 지금 각종 큰 도서관에 가면 다 있습니다.

다만, 미진한 부분이 있습니다. 미진한 부분은 두 가지 정도로 볼 수 있는데, 첫 번째는 피해 규모와 피해 내용에 대해서 충실히 조사되었는가, 두 번째는 가해자 조사가 정확히 진행되었는가 하는 겁니다. 요게 제일 골간이 되지 않겠습니까? 그래서 피해 규모에 관해서는 최대한 1기에서 진행한다고 했지만, 담당 조사관이 저 혼자였습니다. 2명이 조사하는 것도 아니라 인력상의 한계도 있고 해서 미진한 부분이 있어요. 당시 피해자 149명 정도는 최대한 접근하려고 했음에도 명단이 발견된 149명 외에 플러스알파, 기록되지 않은 피해자들이 광범위하게 존재할 것으로 보입니다. 당시 경찰의 진술에서도 "끌려온 피해자들이 최소한 200명 이상이다"라고 하는 진술이 있어요. 그래서 피해 규모에 대해서는 미진한 부분이 있기 때문에 추가적인 조사가 필요하다고 생각됩니다.

두 번째, 가해자 조사에 대한 부분이 필요한데요. 가해자 조사는 당시 직접적인 수사본부에 있었던 사람들은 조사가 일부 진행되었지만, 계엄하였기 때문에 사북사건 조사의 최종 수사 진행에 대한 지휘 책임은 보안사가 그 책임을 벗을 수 없다고 봅니다. 결국 계엄하에서 군이 전체적으로 모든 행정 권력을 장악한, 그리고 조사 권력을 장악한 상태에서 당시 서울보안사령부가 사북사건 조사를 하는 과정에서 광부들에 대한 고문 폭력이라든지 국가 폭력이 어떻게 체계적으로 이루어졌는가에 관한 추가적인 조사가 필요하리라 봅니다.

그리고 특별히 제가 두 가지 정도, 만약에 사북사건에 관한 재조사가 진행된다면 특별히 꼭 필요하다고 강조 드리고 싶은 것은, 사북사건의 4월 21일부터 24일 동안 그 기간도 물론 중요하겠지만 사북사건에 관한 거시적인 역사적 평가, 역사적인 평가를 위한 기초 조사도 마찬가지로 필요하리라고 봅니다. 그러니까 개별 사건에서 파악할 수 없는 전체적인 거시적 맥락에서의 사북사건에 관한 자료 조사라든지……. 진실화해위원회가 역사적인 사건을 평가할 수는 없어요. 다만 평가를 위한 광범위한 조사들은 좀 진행되었으면 좋겠다는 부분을 말씀드리고 싶습니다. 두 번째는 이 사건 조사가 그냥 객관적인 팩트를 누적하는 조사로 진행되기보다는 지금 현재 사북 주민들의 화해, 사북 지역에서 사북사건을 역사적으로 기림할 수 있는, 기념하는 데 도움이 될 수 있는 그런 조사가 진행되었으면 합니다. 다시 말하면 지역 주민들의 화해에 기여하는 그런 조사가 진행되면 의미 있을 거라 생각하고 있습니다.

김아람 : 이어서 김정한 선생님 말씀 들어 보겠습니다.

김정한 : 저희가 사북에 관해서 논의하는 것은 예전에 어떻게 그 항쟁이 전개되었는가를 자세히 알고 싶은 것도 있지만, 또 한편으로는 앞으로 저희가 저항할 때, 투쟁할 때 어떻게 하면 더 나은 방식으로 싸울 수 있을까 하는 걸 배우기 위해서라고 생각합니다.

여기 당사자 분들도 계시지만, 그것을 우리가 배우고 연구해서 앞으로 더 낫게 싸울 수 있는 방법, 더 나은 조건에서 싸울 수 있는 길을 사유하기 위한 거라고 생각하고 있고요.

아까 김원 선생님이 신군부 다단계 쿠데타라고 말씀해 주신 게 있는데요. 공수부대가 충정훈련을 1980년 2월부터 계속 하게 되는데, 공수부대는 원래 적 후방에 침투해서 게릴라 활동을 하는 부대인데 충정훈련은 시위 진압 훈련이에요. 그러니까 시위가 일어나거나 집회가 있으면 공수부대를 투입해서 진압하겠다는 것이 이미 사전에 계획되어 있는 상황이었다고 볼 수 있어요. 그런 상황에서 사북에서 항쟁이 일어나니까 공수부대를 곧바로 투입하려고 했던 거고요. 당시 작전 명령서를 보면 발포까지도 염두에 둔 참조 사항이 적시되어 있기도 합니다. 이런 과정을 보면, 단지 사북만의 항쟁이라기보다는 당시 시대적인 상황 속에서 사실은 12·12 군사반란에 대한 도전의 성격이 포함되어 있었다고 얘기할 수 있겠습니다. 그런 면에서 진실화해위원회에서 많은 조사를 해서 밝히고 있습니다만, '항쟁'이라고 하지 못하고 '사건'이라고 표현한 것은 아쉬운 점이 아닌가, 오히려 판단을 회피한 것이 아닌가 하는 생각이 있습니다.

지금도 사적인 해석 갈등이나 입장 간의 갈등이 있는데, 국가 기관에서 조사한다는 것은 공적인 성격을 갖게 만든다는 의미가 있고, 사적인 갈등들이 더 이상 벌어지지 않도록 일단락을 짓는다는 의미가 있거든요. 이런 점에서는 진실화해위원회의 활동이 미흡했던 것 같고요. 5·18의 경우는 청문회가 있었지만 청문회 보고서가 채택이 안 되면서 무산됐고, 그래서 지금까지 5·18에 대한 왜곡 논란, 폄하 논란이 계속 벌어지고 있습니다. 국가가 어떤 권위를 갖고 조사 결과 보고서를 낸다는 것이 그렇

게 중요한 의미를 갖고 있는 것인데, 진실화해위원회에서 '항쟁'
이 아니라 '사건'이라고 명시하면서 계속 논란이 될 수 있는 상
황이 된 것 같아 아쉽다는 생각을 갖고 있습니다.

김아람 : 중요한 말씀을 해 주셨는데요. 지금 이 좌담회에 참석하신 선생
님들의 말씀 속에서도 '사북항쟁' 또는 '사북사건' 두 용어가 혼
재된 상태입니다. 김정한 선생님께서는 진실화해위원회가 책임
을 회피한 게 아닌가, 오히려 갈등의 소지를 남겨 둔 게 아닌가
하는 말씀을 하셨습니다. 사실은 5·18 광주항쟁도 여러 가지 용
어로 불리고 있습니다. 정부는 '5·18 민주화운동'을 주장하지만
'광주민중항쟁'임을 강조하는 연구자들도 있고, '광주'를 넣을 것
이냐 말 것이냐 하는 의견 차이들이 존재합니다. 올해 40주년을
맞는 이 자리에서, 어떤 완결된 합의라고까지 이를 수 있을지는
모르겠으나 여러 선생님들의 의견을 모아 봐야 할 것 같습니다.
항쟁으로서의 의미라는 것에 공감하면서도 여전히 '사건'이라고
하는 명명이 유지되고 있는 이유는 무엇인지, 그걸 넘어서기 위
해서 우리가 무엇을 할 수 있는지 논의가 필요해 보입니다. 일
단 임채도 선생님 먼저 하실까요?

임채도 : 당시 1기 보고서가 왜 '사북항쟁'이라고 표현하지 않고 '사북사
건'이라고 했냐면, 제가 처음에 이 사건에 조사 개시를 요청하
는 조사관으로서 보고서를 쓸 때 여러 생각 끝에 '사북노동항쟁'
이라는 이름을 처음에 붙여서 상부에 보고를 했던 기억이 있습
니다. 하지만 마지막에 이 보고서의 결정을 둘러싸고 15명의 위
원들이 최종 토론을 해서 가부간의 결정을 하는 과정에서, '항
쟁'이라고 승인되지가 않았던 거죠. 김동춘 선생을 포함한 15명

의 과거사 위원들이 '항쟁'이라는 개념보다는 '사북사건'이라는 개념을 선택했다고 생각되는데, 그 과정을 지켜보면서 많은 고민이 들었습니다. 요즘 뭐 '투표된 진실' 이런 말도 많이 쓰는 거 같은데, 당시 여야 대표, 그리고 대법원이라든지 이런 권력 기관들이 선출을 해서 구성하는 15명의 위원들은 노무현 정부하였기 때문에 7 대 8 정도로 전체적으로는 여당 쪽이 살짝 많은 구도를 가지고 있었지만 통과는 쉽지 않았습니다. 실제로 당시의 소위 여당, 노무현 정권에 친화적인 성향을 가진 위원들이 다수 있었지만, 사북사건에 관한 한 사회적으로 진보라고 분류되는 사람들조차도 다수가 사북사건에 관해서 방금 우리가 토론하고 논쟁했던 이 '폭력'의 문제를 벗어나지 못했던 그런 분위기였다는 말씀을 드릴 수 있을 거 같습니다.

김아람 : 네. 여전히 '항쟁'으로 자리매김하지 않는 것에는 여러 가지 정치적인 판단들도 있었던 게 아닌가 하는 생각이 들고요. 오늘의 자리는 어떤 정치적인 요구를 하는 자리일 수도 있겠지만, 더 나아가서 보다 근본적으로 이 항쟁을 둘러싼 역사, 기억, 교육의 문제 이런 것들을 제기하고자 하는 것이기 때문에, 국가에서 몇몇 위원이 정해 놓은 그 명명에 대한 한계나 부당함에 대한 이야기를 좀 더 나눠 보면 좋겠습니다. 시간은 많지 않지만, 김원 선생님 말씀 좀 해 주시면 좋겠습니다.

8. 앞으로의 과제와 사북항쟁 40주년의 의미

김 원 : 앞으로의 과제와 관련해서 오늘 하나 꼭 말씀드리고 싶었던 게 있습니다. 제가 관계자분들의 구술 인터뷰 혹은 관련된 보고서

등을 보면서 좀 안타까웠던 부분은, 사건이 끝난 다음에 국가 폭력으로 인해서 피해를 받으신 여러분들이 매우 오랫동안 원하지 않던 침묵을 감수할 수밖에 없었던 상황이었습니다. 그것이 이야기되기 시작한, 이른바 발화되기 건 불과 10년 내지 20년 정도의 시간이 아니었는가 생각이 듭니다. 그래서 저는 오랫동안 얘기되지 않았던 것들과, 또 동시에 사북에 대한 우리의 이해, 역사가 1980년 4월에 국한된 것이 아니라 이야기할 수 없었던 시기까지 포함해서, 그야말로 당사자들의 이야기들은 사건이 일어난 시점이라기보다 현재까지 끌어올려져야 한다고 봅니다. 이번 진실화해위원회 내지 향후의 연구와 교육 등 여러 가지 양상에서 사북항쟁의 명예 회복과 진상 규명도 물론 이뤄져야겠지만, 당사자들의 어떤 기억 혹은 이야기하지 못했던 것들, 개별 관련자들이 겪었던 고통에 대해서도 같이 이야기하고 공감할 수 있는 방향으로 좀 진행되었으면 좋겠다는 생각입니다. 이것이 제가 이번 좌담을 준비하기 위해 이런저런 자료들을 읽으면서 들었던 생각 중 하나라고 말씀드릴 수 있을 거 같습니다.

김아람 : 사실은 동지회 선생님들께서 그동안 정말 오랫동안 침묵할 수밖에 없었던 시간이 있었다는 것, 그리고 지역 내에서조차 이것이 '항쟁'으로서 적극적으로 발화되고 기억되는 것에 소홀한 측면들도 있었던 것이 사실이라는 생각이 듭니다. 이와 관련해서는 지금 정선지역사회연구소 소장도 맡고 계시고 누구보다 활발하게 자료 수집과 연구의 필요성을 절감하고 계시는 황인욱 선생님 말씀 들어보겠습니다. 연구자들에게 또 하고 싶으신 말씀이 있으실 것 같습니다.

황인욱 : 네. 2008년 진실화해위원회에서 아주 중요한 역할을 해 주신 임 채도 선생님께서 사북사건 당사자에게나 연구자에게 중요한 관 점을 제시해 준 데 대해 감사드리고요. 2008년 진화위에서 국가 책임의 문제를 처음으로 제기하고, 사과와 구제 조치, 그리고 공 동체 회복에 대한 이야기를 언급했던 것은 정말로 중요한 성과라 고 생각합니다. 다만 20년 동안 아무런 조치가 없었다는 게 문제 겠죠. 단 하나 아쉬움이 있다면 2008년 보고서에 등장하는 '교통 사고'라는 단어입니다. 이번에 만약에 재조사를 하게 된다면 그 성격 규정부터 다시 해야 된다고 생각하고요. 이것은 '항쟁'이라 는 성격과도 관련 있는데, 사실 연구자들이나 대중 사이에서도 운동, 투쟁, 항쟁의 개념이 잘 정립이 안 되어 있긴 합니다.

개인적으로 정리를 해 본다면 이렇습니다. 운동이라는 것은 보통 영어로 'movement'라고 번역을 하는데, 이것은 상당히 자 발적이고 적극적인 활동입니다. 무엇을 바꾸기 위해서 운동을 하는 거죠. 사실 이원갑, 신경 두 분은 노동운동을 하신 게 맞습 니다. 그러나 사북사건에 가담해서 적극적으로 싸운 광부들과 부녀자들을 감안할 때, 사북사건 전체를 이 틀에서 보기는 어렵 습니다.

그리고 몇몇 문건에서 사북사건을 '광산 노동자 대투쟁'으로 부르는 경우도 있는데요. 보통 노동자 대투쟁이라는 것은 1987 년 7월, 8월에 많이 일어났던 것처럼 노동 현장에서 쟁의, 특 히 노동권을 위해서 사측과 싸우는 걸 말합니다. 그런 점에서 1980년 4월 21일 발발했던 이 사건은 그 성격을 노사 문제의 틀에서 바라보기는 어렵습니다.

오히려 사북사건은 국가 공권력의 억압에 맞서서 광부들이 집단 항거한 성격이 강합니다. 아까 말씀드렸지만, 절대로 '교통사고' 따위로 치부될 수 없는 사건, 광부를 향한 경찰차의 돌진 사건이라는 심각한 공권력의 억압에 의해 촉발된 항거입니다. 따라서 당시 국가 공권력이 벌인 행동을 생각할 때 당연히 '항쟁'이라고 부를 이유와 타당성이 충분합니다.

이것을 지금 일어난 사건하고 비교해 보겠습니다. 'Black Lives Matter'라는 이 구호가 지금 미국에서 외쳐지고 있죠. 이게 뭐냐 하면 '흑인의 생명은 중요하다'잖아요. 백인에 대한 흑인의 차별을 드러낸, 조지 플로이드에 대한 백인 경찰 데릭 쇼빈이란 사람의 무릎 제압에 의해 사람이 죽었구요. 거기에 항거해서 흑인 폭동이 일어났습니다. 우리가 폭동이라고 얘기할 때는 약탈과 방화 이런 게 동반되는 투쟁입니다. 미국의 현 사태는 폭동이라고 부를 수도 있습니다. 그런데도 세계의 많은 사람들은 미국 사회에서 흑인들이 나타내고 있는 울분에 공감하고 있구요. 더 중요한 것은 백인 경찰 데릭 쇼빈이 지금 가해자로서 2급 살인죄로 기소됐다는 사실입니다. 그리고 거기 같이 있었던 사람들은 살인 방조죄로 기소됐는데, 여기에 어떤 언급이 있냐 하면 '사람의 목숨에 대한 존중 없이 타락한 정신으로 행동했다' 이렇게 돼 있습니다.

이것을 다시 우리한테 비추어 볼게요. 광부에 대한 경찰의 억압과 차별, 학대가 드러난 사건이 1980년 4월 21일 원일오 광부와 장호상 광부를 향한 경찰 지프차의 돌진 사건입니다. 이 사건에서 경찰들은 사람의 목숨에 대한 존중 없이 타락한 정신으로 행동한 것 아닙니까? 그래서 광부 항쟁이 일어난 것 아닙니까? 따라서 이 사건의 성격은 국가 공권력의 억압에 저항한 광부들의 '항쟁'입니다. 그러나 이운선, 장인택이라는 그 당시 가해 경찰이 특정돼 있음에도 불구하고 우리는 처벌하지 않았습니다. 임채도 선생님께서 과거사 정리에서 중요한 것이 처벌에 있다고 굉장히 강조하십니다. 저도 동의하구요.

사건이냐 항쟁이냐에 대한 논의를 마지막으로 정리하면 이렇습니다. 국가는 1980년 사북의 일을 '사건'이라고 부를 수 있을 거 같아요. 왜냐하면 사북의 일은 단지 21일부터 24일 그 사이에 일어난 일만 있는 게 아니니까요. 실제로 제가 생각해도 사북은 억압기와 항쟁기와 수난기 등 세 시기가 공존하는 긴 사건입니다. 그러나 광부들은 공권력에 '항거하여 투쟁'했습니다. 아마 관련자들과 대다수 사북 사람들은 영원히 '항쟁'이라고 부를 겁니다. 누가 뭐라고 하든 말입니다.

중요한 것은 책임 문제입니다. 누가 이 사건에 대한 책임을 질 것인가 하는 문제죠. 그래서 당시 이원갑 광부를 비롯한 대표단이 당국과 합의할 때 그 책임의 문제를 제일 강조했잖아요. 광부들한테 책임을 지우지 말라고 말입니다. 그런데 도경국장이 그렇게 하겠다고 앞에서 거짓말하고 뒤로는 배신하고 보복한 것을 다 아시잖아요. 단지 광부들이 잘못한 것은 국가 공권력을 상대로 이겼다는 겁니다. 이겼기 때문에 상대적으로 광부들이 제압당하는 장면이 사진에 찍히지 않았어요. 그 이유로 지금 이렇게 항쟁이냐 아니냐 하는 논쟁이 깊어진 것이라고 볼 수도 있겠습니다.

저는 그런 점에서 지금 전 세계인들이 함께 외치고 있는 'Black Lives Matter'라는 구호가 좀 다르게 읽힙니다. Black은 흑인을 뜻할 수도 있고 검다는 뜻도 있잖아요. 저는 이게 '광부의 생명은 중요하다'로 읽힙니다. 검은 광부들은 당시에 차별받았고 천대받았습니다. 공권력은 이 하층민들을 아무런 주저 없이 유린했습니다. 왜 우리는 검은 것을 혐오하는지 모르겠습니다. 오늘 저는 이런 관점을 좀 제시하고 싶고, 연구자들께서도 앞으로 사북사건을 조명하실 때, 크게 세 시기를 봐 주시고, 항쟁이 집중된 시기만이 아니라 그 앞의 억압기와 이후의 수난기를 다 같이 조명하는 그런 입체적인 연구가 나오기를 기대합니다.

김아람 : 마무리 발언처럼 해 주셨는데요. 마지막으로 한 말씀씩 하실까요?

김정한 : 다른 말씀은 아니고요. 사북항쟁은 여러분이 말씀하셨지만 4월 21일에서 24일까지만 봐서는 안 되고, 부마항쟁부터 5·18 항쟁에 이르는 과정을 봐야 합니다. 또 처음에 말씀드렸던 것처럼 1970년대의 자생적인 노조 운동이 어떻게 성장해 왔는가를 같이 봐야 한다고 생각합니다. 김동춘 선생님도 사북과 민주화의 관계를 어떻게 봐야 되는가, 이것을 어떻게 설득해야 되는가 하는 문제를 제기하셨는데, 이게 무슨 얘기냐 하면, 과거사 청산이나 과거사 정리의 경우에 대부분 초점이 6월 항쟁에 맞춰져 있거든요. 6월 항쟁을 중심으로 그 이전의 과거를 청산한다는 것인데, 그래서 6월 항쟁과 무슨 관계가 있느냐를 설명해 내야 하는 게 있습니다.

그런데 사북항쟁과 6월 항쟁의 관계를 설명하라는 건 얄궂은 질문이 되는 것 같아요. 5·18의 경우에는 6월 항쟁과의 관계를 설명할 필요가 없습니다. 그래서 오히려 다른 방식으로 볼 수 있지 않을까 하는데요. 김동춘 선생님도 사북항쟁이 노동운동사 전체와 관련이 있다, 오늘날 노동운동의 주요 쟁점들과 다 관련이 있다고 말씀하셨는데, 노동운동·노동운동사라는 측면에서 보면 사북항쟁은 6월 항쟁이 아니라 노동자 대투쟁하고 연결하는 것이 더 적절한 문제 제기가 아닐까, 더 적절한 사고 방향이 아닐까 하는 생각이 듭니다. 포괄적이지만, 6월 항쟁의 기원에 5·18이 있었다면 노동자 대투쟁의 중요한 어떤 계기로서 사북항쟁이 있었다는 것을 하나의 연구가설로 삼아 접근해 볼 수도 있겠다는 생각을 해 봤고요.

다른 하나는 기념사업의 경우도 같이 연대할 수 있지 않을까 하는 것인데, 바람 같은 것이기는 하지만 부마항쟁도 그렇고, 사북항쟁도 그렇고, 5·18도 다 각각의 기념사업을 따로따로 진행하는데, 비슷한 시기에 일어났던 것이고, 비슷한 성격들이 있었고, 비슷하게 희생당한 것이 있기 때문에 같이 모여서 하면 좋지 않을까 합니다. 기념과 기억의 연대라는 차원에서 사북항쟁과 5·18이 같이 기념사업을 한다든가, 우선은 기념식 정도를 같이 한다든가 하는 것이 서로의 의미를 찾아가고 서로 힘을 더 북돋아 주는 과정이 될 수 있지 않을까 해서, 그런 쪽으로도 고민을 해 보면 좋겠다고 말씀을 드리고 싶습니다.

신 경 : 저도 한마디만 하겠습니다. 사북항쟁 1년이, 그 1년 기간이 거의 무정부, 당시에 계엄하에서 지도 구실을 못하고 질서가 깨진 그런 상황이었습니다. 직무대리를 갈고, 직접 선거를 가지고 승인해 놓고 집행을 못 하고 있는 그 과정이 1년 과정이었습니다. 1년 과정에서 아무것도 한 것이 없어요. 조합원들은 다 직접 선거를 하도록 승인을 받아 놨는데 왜 집행을 안 하냐 이기라. 그때 내가 지부장 직무대리로 마지막, 다 가고 이제 마지막 직무대리로 있었는데, 그 앞에 간 사람이 돈을 갖고 갔든 뭘 갖고 갔든, 그 사람이 왜 갔는지 조사한 것도 하나도 없고. 또 직접 승인을 해 놓고 집행을 왜 안 했는지. 이것도 제가 마지막 공고까지 붙었어요. 형사들이 따라와가지고 "죽을라고 하나?" 카는

데도 공고도 붙이고 선거함도 다 만들어 놓고 했는데 집행을 안했어요. 내 혼자 할 수가 없어요. 내가 할 수 있는 거는 하다하다 내가, 없어가지고 공고도 붙이고 다 했다고. 했는데 그 과정을 가지고 하나도 조사한 게 없어요.

또 직무대리 시켜 놓고 보수도 안 주고. 또 우에 사람 세 사람, 네 사람, 왜 그 사람들이 와 가지고 해지를 시키고, 또 자격도 없는 사람을 이쪽에 다시 기용을 하고 했는지, 그 과정이 하나도 없고. 오직 그때 광부들의 관심은 직접 선거를 우리가 치르기로 했다는 진정서를 받아가지고 그 확답을 받고, 그걸 이행 안 하는 과정에서 울분이 터져 있었는 거라요. 그게 1년 동안 사무쳐 있었는 거라요. 그걸 모아가지고. 그 경찰차 이런 것은, 그거 같은 것은 돌출사건이고. 그 1년 동안 실정을 책임질 사람이 없어요. 광노에서 위원장이 책임을 져야 되고, 그때 이제 광노에 가가[가서] 이해되어야 하고, 그러니 말은 안 해도 뭐 중앙정보부 조정관이 있어가지고 어떠어떠하다 카는데, 다 이게 핑계고. 우리는 그게 안 먹혀요. 광부들은.

그 과정을, 1년 과정을 가지고, 그게 하나만 끼는 게 아니라요. 우리는 매일 아침 형사들이, 형사들이 계속, 눈 감고 있든 눈 뜨고 있든 계속 같이 있었어요. 그래도 우리는 진정서를 받고 뭐 하고 다하는 그 과정에서 1년을 계속 싸운 거라요. 근데 그 과정은 하나도 아직 뭐 조사한 것도 없고. 뭐 해가지고 어디 가가지고, 왜 해촉을 시키고 뭘 했냐는, 그 우에서 한 거를 우리는 모르이끼네. 그게 아직 묻혀 있어요. 그래서 그 과정을 한 번 또 조사를 해 봤으면 싶고.

사람이 질서가 무너지면 다 무너집니다. 근데 책임질 사람이 있어야 되는데 책임지는 사람이 없어요. 그러니 다 뭐 조정관 때문에 그렇다, 뭐 때문에 하는 핑계라요. 그런데 그런 과정을 가지고 한 번 좀 생각을 해 줬으면 좋겠어요.

김아람 : 아주 중요한 말씀을 해 주셨다고 생각이 듭니다. 1979년부터 사실은 항쟁이 시작되고 있었다는 말씀을 해 주셨고요. 또 한 가지 총괄 정리를 하자면, 여전히 책임 있는 사람이 책임을 지지 않고, 가해자들이 가해 사실에 대해서 밝히지 않을 뿐더러, 이것에 대한 조사도 사실은 되지 못했다고 하는 점은 앞으로 바로 해야 하는 작업이 아닌가 생각하게 합니다.

오늘 좌담에서 많은 논의를 해 주시기도 했는데요. 공통적으로 다 공감하는 바는, 다시 말씀드리지만 사북항쟁 40주년을 맞아서 그동안 우리가 하지 못했던 것, 하지 못한 이유는 무엇이었는지, 그리고 앞으로 이 40주년을 시작으로 본다면 더 많은 진실을 발굴해 내고, 그것이 국가 권력이 아니더라도 우리 시민 사회에서 또는 연구로써 보다 장기적이고 치열한 싸움을 해야 할 때가 아닌가 그런 생각도 듭니다.

지금 잘 알고 계신 것처럼 5·18에 대해서도 여전히 왜곡이 벌어지고 있는 암담한 현실에 처해 있는데요. 사북항쟁은 사실이 외부에 나오기도 전에 왜곡된 시각이 덮고 있었던 사건이니만큼 더욱더 어려운 상황에 처해 있다는 생각이 듭니다. 그래서 40주년을 출발점으로 우리가 항쟁을 더 많이 기억하고, 진실을 밝히고, 당사자들의 명예를 회복하는 것까지 이를 수 있는 그 출발점으로 삼기를 바라면서 장시간 동안의 좌담회를 마치도록 하겠습니다. 수고해 주신 다섯 분 선생님과 함께하신 청중들, 우리 모두에게 같이 박수하면서 마치겠습니다.

폐회사

오늘 토론을 통해서 분명하게 드러났지만 사북사건의 핵심은 국가 공권력에 의한 하층민, 광부와 부녀자들에 대한 억압과 학대와 유린입니다. 2008년 진실화해위원회에서 이 사건에 대한 국가의 책임을 일부 인정하고 국가의 사과와 피해자 구제 조치를 권고한 바 있으나, 그 후 20년이 다 되도록 집권 세력이 몇 번이나 바뀌었지만 국가는 아무런 조치를 취하지 않고 있습니다.

80년 사북에서 벌어진 투쟁은 기업주와 노동자가 부딪친 노사 분규가 아닙니다. 광부들의 이익을 침해하는 편에 서서 광부들을 멸시하고 천대했던 경찰 공권력을 분명한 대척점에 두고 싸웠던 항쟁임에 틀림없습니다. 국가는 공권력의 책임을 지난 40년 동안 회피해 왔지만, 이제라도 민간인을 상대로 광범위하게 저질러진 야만적 폭력과 학대 행위에 대해 당사자와 국민 앞에 사과해야 합니다. 이것은 국가가 힘없는 국민을 학대하고 공동체를 파괴해서는 안 된다는 분명한 메시지로서, 이러한 비극적 사건이 되풀이되지 않도록 하는 하나의 약속이 될 것입니다.

아무쪼록 오늘 이 작은 발걸음을 계기로 1980년 사북항쟁에 대한 역사적 재평가와 완전한 명예 회복, 국가의 사과와 피해 보상 조치를 위한 특별법 제정이 이루어지는 계기가 만들어지기를 바랍니다. 사북민주항쟁 40주년을 기념하기 위한 오늘 심포지엄에 깊은 통찰력으로 고견을 던져 주신 김동춘 교수님과 심도 있는 토론을 해 주신 토론자분들께 지역을 대표하여 감사 인사를 드립니다. 오는 8월 8일 사북민주항쟁이 있었던 그 자리에서 40주년 기념 행사가 있습니다. 여기에 계신 여러분들 그날 꼭 뵙기를 기대하면서 오늘 인사를 갈음할까 합니다. 감사합니다.

2020년 6월 10일
정선 고한·사북·남면·신동지역살리기공동추진위원장 김태호

〈사북 역사를 잇다〉

사북항쟁 폭력의 역사적 이해 및 사북항쟁 계승

- 사　　회 : 장미현 (역사문제연구소 연구원)
- 기조발제 : 장용경 (국사편찬위원회 편사연구관)
- 패　　널 : 김정한 (서강대 트랜스내셔널인문학연구소 HK연구교수)
　　　　　　황인욱 (정선지역사회연구소장)
　　　　　　박봉남 (다큐멘터리 감독)

장미현 : 안녕하세요. '1980년 사북항쟁 폭력의 역사적인 이해와 사북항쟁 계승 방안 마련을 위한 좌담회'를 시작하겠습니다. 사북항쟁은 역사적 의미와 관련해서 여러 가지 쟁점이 형성이 되어 있고, 또 항쟁에 가담했었던 분들에 대한 국가 폭력에 대해서 국가로부터 인정받는 과정에 아직도 해결되지 못한 여러 가지 문제들이 산재해 있는 사건이라고 할 수 있습니다. 오늘은 그중에서도 1980년 사북항쟁 당시에 발생했었던 폭력에 대해서 깊이 있는 논의를 진행해 보려고 하는데요. 1980년 사북에서 발생했었던 폭력 자체에 대해서 깊이 있게 논의를 하고, 이에 대한 어떤 사회적인 공감이나 동의를 가지지 않고는 이 사건을 역사적으로 계승하고 기념하기 어렵다고 하는 취지에 모두 공감했기에 이런 자리를 마련하게 됐습니다. 오늘은 네 분 선생님을 모시고 이 사안과 관련해서 좌담회를 진행해 보려고 하는데요. 먼저 국사편찬위원회에 계신 장용경 선생님께서 "1980년 사북 '폭력'의 위상과 사북항쟁의 성찰적 기념"이라고 하는 제목으로 간단하게 사북에서 발생했었던 폭력에 대해서 어떻게 볼 것인가, 그 역사적인 의미는 무엇이고 이것을 어떻게 성찰하고 앞으로 나아갈 것인가에 대해 발제를 해 주시겠습니다.

1. 기조 발제 – 사북항쟁 기념의 민주화를 위하여

장용경 : 제가 발표하는 내용은 1980년 당시의 역사적인 상황에 대한 이해가 아닙니다. 그 이후에 기념사업을 둘러싼 논란, 그것 때문에 초래한 상황, 그것을 타개하려면 어떻게 해야 할까에 초점을 맞춰서 말씀을 드리는 거니까 그 점 감안하시고 들어 주셨으면 감사하겠습니다.

현황을 말씀드리겠습니다. 기념사업의 교착, 연구상의 경직화 두 개를 잡았습니다. 현재 사북사건을 둘러싸고 당사자 간 명예 훼손 소송이 아직 끝나지 않았고, 또 항쟁이라는 용어 사용이나 민주화운동이라는 용어 사용 등 성격 규정을 하는 데에도 이의 제기를 하고 있는 상황입니다. 그래서 기념사업에 차질을 빚고 있고 역사 연구 영역에서도 경직성을 초래하고 있습니다. 비근한 예로 작년 최문순 강원도지사가 "강원도 기념일로 지정하겠다"라고 약속한 걸 들었는데 유야무야 추진 안 되는 거로 알고 있고요. 그리고 지난 토론회나 발표회 때 연구자가 항쟁이란 용어들을 썼는데 거기에 대한 항의성 편지를 받은 것으로 알고 있습니다.

그래서 이런 상황을 타개하는 게 중요하다고 생각했습니다. 지금 기념사업이 교착 상태에 있는데 어떻게 상황을 좀 열 방법이 없을까 하는 것하고, 그다음에 기념사업은 기념사업대로 하되 연구 사업에까지 그런 식으로 개입하는 건 문제가 있지 않은가 하는 두 가지 방향에서 발제를 하겠습니다. 즉, 연구 영역과 기념 영역을 분리하고, 기념 영역에서 현 상황을 타개할 수 있는 안을 만드는 게 좋겠다는 것이 제가 생각한 주된 골자입니다.

두 번째로 문제의 소재라고 했는데, 지금 이런 교착과 경직화가 왜 일어났는가에 대한 말입니다. 제가 생각하기에 이런 교착 상황은 사건들의 혼성성에서 기인한다고 봅니다. 혼성이라는 말은 당연하게도 항쟁이라는 것에 꼭 좋은 것만 있지 않고 부정적인 것도 있을 수밖에 없다는 것인데, 이런 혼성적인 성격을 각자 자신의 입장에 맞게 단일화하는 과정에서 그렇지 않은 걸 버리거나 그것만 부각시켜서 나쁘게 하려고 하는 상황에서 비롯되었다고 생각합니다.

성격을 단일하게 만들면 그 반면에 생각 안 하거나 회피하려고 하는 트라우마 영역이라는 것이 생긴다고 할 수 있습니다. 그러니까 단일화와 트라우마 영역 두 개로 구별된다, 이렇게 말씀드릴 수 있겠습니다.

사북민주항쟁동지회는 '항쟁', '민주화운동'이라는 용어를 사용하고 있고, 반대편에서는 '폭도', '성폭행', '린치'라는 관점에서 사북사건 전체의 성격을 규정하고 있습니다. 1980년 보도 통제 해제 이후 처음부터 언론이 '폭도'라고 규정했고 폭도에 대한 반대로써 '민주화운동' 주장이라는 이항 대립적 양상으로 된 것도 원인일 수가 있겠고, 또 한편에서는 2000년대 이원갑, 신경 선생님들이 민주화운동 대상자로 인정받으면서 거기에 대한 반대로 이항 대립적으로 규정되는 위상화도 있을 수가 있다고 생각을 합니다.

그런 성격 규정의 한쪽 주체인 동지회 측에서는 린치 문제에 대해서 '사건의 처리 과정에서 개인 처벌로 끝난 거다', 이런 인식을 보여 주고 있어요. 그다음에 반대 측에서는 '폭도', '린치' 이런 걸 강조하는 동시에 사북사건의 원인을 노조 지부장 선거 문제로 보고 노동 항쟁의 의의를 '노·노 갈등이지 이게 무슨 노동 항쟁이냐'라며 과소평가하고 있습니다. 그러니까 '노동 항쟁'이나 '린치' 모두 양 측에서 회피하는, 언급하고 싶지 않은 영역으로 남아 있다고 말씀드릴 수 있겠습니다.

그래서 사북사건이 노동 항쟁이었고 또한 이 항쟁 과정에 노조 지부장 부인에 대한 폭력이 혼재되어 있을 수 있다, 두 개가 혼재되어 있다, 이걸 인정하는 게 중요하다, 이런 생각을 합니다. 또 한 가지는 노조 지부장 부인이 린치의 피해자이긴 하지만 또 한편에서는 당시 지부장의 부인으로서 노동 항쟁의 대상이기도 하다는 점에서 사북사건을 하나의 성격으로 미화시키거나 혐오하거나 하는 것은 옳지 않고, 또 특히 린치 사건을 보면 가해와 피해를 명확하게 구분하기가 어렵다고 말씀을 드릴 수 있겠습니다.

이런 혼성성, 혼재적 성격을 인정한 이후 교착 상태를 어떻게 풀 수 있을까에 대해 간단히 정리를 해 봤습니다. 첫 번째로는 역사적 이해에서 노동 항쟁·폭력의 병존 및 트라우마 영역이 병존할 수 있다는 걸 인정하는 것이 중요하다고 생각합니다. 사북사건에서 노동 항쟁과 폭력이 병존 가능하고 그것을 서로 인정하는 게 중요하다고 생각합니다. 노동 항쟁이면서도 폭력이 있을 수 있다, 둘 다 서로가 인정하는 게 중요하다, 이런 생각을 합니다.

그다음에 그렇게 성격을 단일화하는 과정에서 회피하려고 했던 트라우마 영역도 인정하고 진실을 규명하는 게 필요하지 않을까라는 생각을 합니다. 다만 이 트라우마 영역에 대한 진실 규명을 '네 탓이다, 내 탓이다'라는 어떤 법적인 책임의 문제로 사태의 책임을 지우는 거보다, 현 시점에서는 피해자, 가해자 등으로 문제를 사사화(私事化)하기보다, 공공 집단들, 공적 집단의 의향들 혹은 역사 흐름의 대변인으로서 그 존재와 행위를 위치시켜, 개인 책임이 아니라 개인이 흐름의 대변인이라는 정도로 개인으로부터 책임을 떨어뜨려 놓을 필요가 있지 않을까 생각합니다. 그래서 맥락과 제도에 대한 성찰적 고찰이 가능하도록 개인적인 문제로부터 분리시키는 게 중요하다는 생각이 듭니다.

예컨대 노조 지부장 부인의 피해는 개인으로서의 피해지만 그것이 개인 간 원한, 꼭 그분을 향해서 된 것이 아니라 노조 지부장이라는 공적 지위에서 나온 것이었기 때문에 어떤 특정 개인에 대한 문제는 아니었다, 이렇게 풀 필요가 있다고 생각하고요. 또 가해 행위 역시 그 가해 행위를 한 사람의 사악함, 나쁨, 폭력성 이런 데서 이유를 찾기보다도 당시 광부들 혹은 몇몇 분들이 가지고 있던 여성에 대한 관념, 혹은 여성 혐오적 맥락에서 이해할 필요가 있고요. 이렇게 할 때만이 어떤 개인적인 원한의 문제로 고착화되어 가는 걸 풀 수 있지 않을까 생각합니다.

다음으로 사건에 대한 이해와 다른 문제로서, 사건을 기념하는 방식에서도 어떤 안이 필요할 텐데, 그것을 '기념의 민주화'라고 이름 붙여 봤습니다. 기념의 민주화라는 것은 사북사건의 기념에 있어서 어떤 트라우마 영역이 있다는 것을 환기하고 치유하는 퍼포먼스 같은 것을 공식 절차에 넣으면 어떨까 하는 것입니다. 그래서 기념 행위 자체가 화해와 문제 해결의 과정으로 설계를 하는 것은 어떨까, 그러니까 기념을 민주화하는 거 자체까지를 포함해서 이걸 사북항쟁으로 계승하는 방안이 어떨까라는 생각입니다.

딱 한 번의 화해로 끝내고 그걸 기념하자는 건 '패권적 기념'이라고 하기도 하는데요, 이런 말이 아니라 당시의 트라우마 상황의 애매함과 곤란함에 대해 지속적 대면을 함으로써 그런 상황이 다시 한 번 되풀이되지 않도록 기념을 민주화하는 것이 필요하지 않을까 해서 이걸 '성찰적 민주화'라고 불러 봤습니다. 사북의 문제뿐만 아니라 여러 과거사에도 폭력과 항쟁적 성격이 다 혼재돼 있는데, 트라우마 영역을 인정하고 성찰적 기념사업을 구상함으로써, 과거사 문제에 대한 이항 대립이 연구의 경직성을 초래하는 것을 막고 문제를 해결할 수 있는 민주적 모델 같은 것을 개발하는 게 필요하다고 생각합니다.

지금까지 사북사건을 사북항쟁으로 계승할 수 있는 방안에 대해서 간단히 말씀드렸고요. 잠깐 제언을 말씀드린다면 2020년에 진실·화해를 위한 과거사정리위원회가 곧 출범하는데, 당시에 있었던 고문이나 불법 구금 등 조사가 미진한 문제들이 아직 있습니다. 그거에 대해서 추가 조사를 해야 할 것 같고요. 당시 린치가 있었다는 사실 때문에 이름을 적극적으로 짓지 못했던 것 같은데, 그래서 노동 항쟁 속에도 폭력이 있을 수 있는 가능성이 존재한다면 적극적인 명명도 가능하지 않을까 생각합니다. 그것이 진실화해위원회에서 해야 할 국가적인 책무라는 생각도 해 봅니다.

그리고 가능하다면 동지회나 강원도 등에서 사북사건에 대한 성찰적 기념사업을 어떻게 할 것인가에 대한 안을 내놓는 것이 실천적이고 실제적으로 해야 할 일이 아닌가 생각을 해 봤습니다. 이상으로 발제를 마치겠습니다.

장미현 : 장용경 선생님 감사합니다. 저희가 논의할 수 있는 여러 가지 쟁점들을 살펴봐 주셨습니다. 장용경 선생님께서는 사북항쟁의 기념사업과 관련해서, 당사자들 간에 사적으로 명예 훼손 소송이 이루어지고 있고, 사적인 원한 관계가 연구의 영역까지도 경직화를 초래하고 있다는 문제를 제기해 주셨습니다.

사실 사북사건이라고 하는 건 여러 가지 혼성적인 면들이 같이 존재하고 있는데, 그런 부분에 대해서 병존을 인정한다면 기념의 민주화나 성찰적 민주화로 나아가고, 지금 만들어 가려고 하는 어떤 민주주의적 모델이자 역사적으로 계승할 수 있는 사북항쟁이 되지 않겠냐는 제언까지 주셨습니다.

장용경 선생님의 발제에 대해서, 오늘 세 분 선생님을 모시고 같이 좌담회를 진행을 하려고 합니다. 세 선생님은 각각 어떤 분야를 대표해서 오셨다고 할 만큼 사북항쟁과 관련해서는 중요한 역할을 해 오시고 있고 앞으로도 하셔야 할 분들인데요. 먼저, 사북항쟁을 지역적인 맥락에서 위치 짓기 위해서 지역 사회에서 여러 가지 활동을 하고 계시고, 교육적인 차원에서도 중요한 아이디어 등을 실천하고 계신 황인욱 선생님이 같이 자리하고 계십니다. 그리고 학계를 대표해서는 광주항쟁 기념화나 트라우마, 성찰적인 민주주의와 관련해서 논의를 진행해 주실 분으로 김정한 선생님께서도 같이 자리하고 계십니다. 마지막으로 사북항쟁이 어떤 면에서는 많이 알려졌다고 할 수 있지만 여전히 가려진 부분, 그리고 재조명되거나 수정돼야 할 부분이 있는데요. 그런 부분에서 대사회적인 메시지를 전달하는 데 있어서 중요한 역할을 해 주실 박봉남 감독님께서도 함께하고 계십니다.

먼저 세 분 선생님께서 장용경 선생님의 발제에 대해서 의문이 나는 점, 다른 의견, 조금 정확하게 파악하고 싶은 내용이 있으시면 이 부분에 대해서 의견과 질문을 주시고, 장용경 선생님께서 답변해 주는 식으로 시작을 해 보도록 하겠습니다.

2. 사북항쟁의 혼성성

황인욱 : 일단 보완해서 말씀드릴 게 하나 있는데요. 아까 강원도에서 도 기념일 지정이 유야무야되고 있다고 하였는데 그건 단순히 강원도만 관련돼 있는 게 아니라, 우리나라 「각종 기념일 등에 관한 규정」 때문입니다. 국가 기념일은 그 법의 별표에 다 등록을 하게 돼 있어요. 지금 52개 정도의 국가 기념일이 지정돼 있는

데, 개별법에 의해서 지정한 것도 있고, 국가 기념일 지정에 관한 법률 그 자체로 지정할 수 있는데 문제는 지방 공휴일에 관한 지정이에요. 제주도의회에서 4·3을 지방공휴일로 지정하는 과정에서 법적 근거가 없는 상태가 발견돼서 [2018년에] 지방 공휴일에 관한 규정을 만들었거든요. 그러면서 처음으로 제주 4·3이 지방 공휴일이 될 수 있었는데, 이게 문제가 뭐냐 하면 지방 공휴일로 지정하려면 「각종 기념일 등에 관한 규정」 안에 먼저 그게 들어가 있어야 해요. 그러니까 먼저 국가 기념일에 등록이 되고, 그다음에 추가로 지방에 의미 있는 것, 주민 화합에 기여할 수 있는 것, 이런 세 개를 동시에 갖춰야 하는 조건이라 사실상 어렵습니다. 그래서 지금으로서는 도 기념일 지정은 특별법 제정을 통해서 해야 합니다. 그렇지 않고서는 방법이 없어요.

다음으로 장용경 선생님께서 말씀하신 혼성적 사건에 관한 이야기를 좀 말씀드리고 싶은데요. 역사적 사건 중에서 혼성적이지 않은 사건이 있겠습니까? 그런 점에서 굳이 사북항쟁이 특별히 혼성적이다 이렇게 이야기해야 할 이유가 있는지 이따가 논의 과정에서 말씀을 듣고 싶고요. 사건을 단일화하려고 하는 게 아니라 본질과 성격을 규명하는 과정이라고 봅니다. 그리고 당사자가 어떻게 생각하는가를 고려하면서 역사 연구를 진행할 수는 없기 때문에 지부장 가족이나 동지회 같은 가장 직접적인 이해 당사자들이 사건을 어떤 이름으로 부르는가까지 역사 연구자들이 고려하면서 잘 됐다, 안 됐다를 논의하기에는 논의 대상을 잘못 잡은 것 같습니다. 역사 연구자들이나 이해관계가 없는 사람의 주장에 대해서는 논의할 필요가 있겠죠.

끝으로 성찰적 기념사업이라고 개념을 주셨는데, 물론 이해는 합니다만 듣기에 따라서는 현재 사북항쟁을 기념하는 주체들의 성찰이 부족하다, 혹은 솔직하지 못하다 이렇게 들리는데, 그런 측면들을 인정하면서도 초점이 잘못 잡히는 게 아닌가 하는 우려를 합니다. 그러니까 결국 광부의 책임 문제로 귀결시키는 것이라고 저는 보고 있거든요.

장미현 : 감사합니다. 장용경 선생님 바로 입장을 밝히시겠어요? 아니면 다른 선생님들께서 먼저 의견을 밝혀 주신 다음에 좀 더 논의를 끌어내 보고 장용경 선생님께도 발언권을 드리면 어떨까 생각합니다.

　이 사건을 혼성적인 사건으로 볼 필요가 있는가와 관련해서는 지난 여름 심포지엄 때도 황인욱 선생님께서 문제 제기를 해 주신 적이 있는데요. 그래서 사북항쟁에 대해서 공부하고 있는 분들 내부에서도 혼성적이라고 하는 성격을 부각시키는데, 언론은 당연히 말할 것도 없고 연구자들의 무거운 책임을 지적해 주신 적이 있습니다.

　그런데 한편으로는 장용경 선생님께서 말씀해 주셨듯이 혼성성이 당연히 있고, 각각의 사건마다 가지고 있는 혼성성이 분명히 다른데 그걸 '있기 마련이다'라는 식으로 간다기보다는, 오히려 정확하게 어떤 지점들이 혼재해 있고 '이것이 우리가 직면해야 할 문제다, 넘어서야 할 문제다'라고 지적해 주는 것이 기념화나 성찰로 나아가는 데 좋지 않을까라고 하는 의견도 충분히 가능할 것 같습니다.

　김정한 선생님께서 이 사건과 비슷한 사안들에 대해서 많이 연구를 해 오셨기 때문에, 의견을 부탁드려도 될까요?

김정한 : 저희 연구소가 트랜스내셔널인문학 연구소인데요. '풀뿌리기억

저장소'라는 디지털 아카이브를 만들고 있어요. 사북항쟁 당시에 참여했던 분들을 구술 작업한 테이프를 기증받아서 지금 아카이브화하고 있는데요. 사실 저도 지부장의 자녀분들한테 내용증명을 받은 게 있어요. 저랑 저희 연구소 소장님한테 보낸 것입니다. 사북'항쟁'이라는 명칭을 붙일 수 없다는 게 주요 내용이었고, 사북 참여자들의 이야기만 올릴 게 아니라 자신의 어머니 이야기도 같이 아카이브화를 해야 한다는 요구를 하셨습니다.

두 번째 말씀하신 건 당연히 할 수 있다, 그 이야기도 같이 넣는 게 좋겠다고 저희도 생각을 했고요. 하지만 '항쟁'이 아니다라고 이야기하는 것은 연구소의 입장이 있고, 연구자들의 학문의 영역이기 때문에 지부장의 가족분들이 명칭을 요구할 수도 없고, 그걸 강제할 수도 없다, 이렇게 내부적으로는 회의를 했었어요. 그래서 만나 뵙고 그런 말씀을 드렸을 때 '항쟁'이 아니라는 것을 계속 강조를 하셨고, 그래서 논의가 진전이 되지는 못했는데요.

국가에서 국가 기념일을 지정하면서 명칭을 정하는 경우가 있지만 또 연구자들이 국가의 명칭을 꼭 따라가야 하는 건 아니거든요. 5·18 같은 경우도 공식적인 명칭은 민주화운동이라고 돼 있지만 연구자들에 따라서 광주항쟁이라고 부르기도 하고, 민중항쟁이라고 부르기도 하고, 또 저 같은 경우는 대중봉기라고 부르기도 하는데요. 연구자들이 국가가 지정하는 명칭과 다르게 자기 연구 목적에 따라서, 이야기하고 싶은 바에 따라서 다르게 명칭을 쓸 수 있다고 생각하고요. 마찬가지로 린치 사건이 있었지만 당사자들이 어떤 명칭을 요구하고 그 명칭만이 맞다고 고집하는 것은 사실 연구자로서는 절대 받아들일 수 없는 이야기입니다. 그런 부분은 조금 단호하게 이야기할 필요가 있다고 생각합니다. 우선 이 정도 말씀드릴게요.

3. 사북항쟁의 폭력과 그 맥락

박봉남 : 작년 4월부터 한 1년 6개월째 사북사건을 소재로 한 다큐 영화
를 제작하면서 느낀 게 있는데, 일단 사실 관계들이 정확하게
밝혀지지 않은 부분들이 되게 많습니다. 아카이브도 부족해서
어떤 증인이나 사진, 음성이나 팩트, 역사적 사실 관계를 명확
하게 보여 줌으로써 사북사건의 디테일과 실체를 판단할 수 있
는 근거들이 미약해요. 그러다 보니 사북사건의 성격 규정부터
당시에 벌어졌던 노조 지부장 부인에 대한 린치 사건에 관한 해
석도 굉장히 시점에 따라서 과장되고 의도대로 가는 측면이 있
거든요.

　　저희가 상반된 입장의 두 가지 팩트로 취재한 이야기를 드려
보면, 저는 제작 과정에서 사북사건이라고 명명을 하고 있는데,
사북사건은 노동 항쟁이 아니고 일개 노·노 갈등에 불과하다는
입장에 대해 비판을 해 볼게요. 제가 취재하면서 굉장히 인상적
으로 파악했던 팩트는, 우리가 보통 1980년 4월 21일부터 24
일까지 4일 동안 벌어졌던 폭력적인 어떤 형태를 사북사건으로
알고 있지만 더 중요한 게 있더라고요.

　　이전의 과정, 구체적으로 1979년 4월에 지부장 선거가 끝나고
굉장히 혼란이 가중되는 와중에 어떤 일이 있냐 하면 그해 7월에
이원갑, 신경이 중심이 되어서 1,000명 정도 광부들의 서명을 받
아서 탄원서를 상급 조직인 광노에 제출합니다. 핵심 내용은 직
선제로 노조 지부장 선거를 할 수 있도록 하라는 요구였어요.

　　그 당시에 1,000명 넘는 광부들이 직접 도장 찍고 서명을 해

서 '노조 지부장 선거를 직선제로 바꿔 주세요'라고 해서 경찰
들의 감시를 뚫고 광노에 가서 탄원서를 제출했다는 점, 굉장히
이례적이죠. 그리고 사북사건이 벌어지기 직전 4월에 역시 광
노에 올라가서, 서명을 받은 탄원서를 가지고 광노에 가서 상경
투쟁하는 과정에서 대검찰청, 노동부, 국회 이쪽에 탄원서를 전
달합니다, 이원갑 씨가.

저는 그 탄원서에 굉장히 주목을 했는데, 불행하게도 탄원서
원본이나 사본을 제가 못 구했어요. 어쨌든 여러 가지 사실을
종합해 보면 그 시기에 두 번이나 노조의 민주화, 노조 지부장
선출 방식의 개선, 노동 조건의 개선을 요구하며 광부들이 집단
적으로 탄원서를 내고 서명을 받고 유인물을 만들어서 움직였
다는 것은 노동운동으로서 중요한 의미를 갖는다고 봐요. 당시
유신 체제하에서 조직되지 않은 동원탄좌 광부들이 그런 식으
로 행동을 했다는 게 놀랍거든요.

이 사실 관계를 보면 이건 단순한 노·노 갈등은 아닌 거죠.
노·노 갈등이 촉발된 측면이 있지만 명확하게 당시 광부들의 처
우 개선, 노조 민주화에 대한 요구들을 집단적으로 행동에 옮겼다
는 거죠. 그런데 제가 탄원서를 못 구해서 되게 아쉬운데, 그렇게
보면 굉장히 노동 항쟁, 노동운동의 성격을 갖는 측면이 있고요.

그다음에 린치 사건은 한쪽에서는 계속 회피하려고 하고, 휘
발성이 너무 강하니까 자꾸 미루는 경우가 있는데 사실 관계를
명확하게 더 볼 필요가 있어요. 제가 많은 사람들 인터뷰를 했
는데, 당시 노조 지부장 부인에게 가해졌던 린치 행위는 매우
야만적이고 폭력적이며 있을 수 없는 행위에 가까웠어요. 이거
는 제게 증언을 한 사람 모두가 증언한 거예요. 그러니까 이거
는 단순히 우발적으로 벌어졌다고 하기에는 너무 충격적이고

야만적인 행위인 거죠.

또 밝혀야 할 팩트들이 있는데, 가해자는 누구였나 하는 거예요. 당시 『신아일보』 기자가 찍은 사진 속 인물들 중에 처벌받은 사람도 있고 행방이 밝혀지지 않은 사람도 있어요. 제가 당시 처벌받은 사람들 좀 더 만나보고 있는데, 당시 린치 사건이 어떤 양태로 진행이 되었는지, 가해자들은 누구였는지, 그들은 처벌을 받았는지, 그리고 기타 몇 가지 이슈들이 있는데 이 사실 관계들을 조금 더 솔직하고 정확하게 밝힐 필요가 있다고 생각합니다. 제가 그런 걸 취재를 하고 있는데, 그래야만 뭉개지 않을 수 있거든요.

아까 기조 발제 보면 이런 표현이 있어요. "당시 지부장 부인은 린치 피해자지만 당시 지부장 부인으로 노동 항쟁의 대상이었다." 이 말은 오해의 소지가 있거든요. 당시 지부장 부인은 노동 항쟁의 대상이 아니죠. 무고하고 정치적·법적·도의적 책임이 없는, 한 사람의 아내였죠. 지부장의 아내였다는 이유로 어떤 분노의 타깃이 된 건데, 사실 지부장 부인은 완벽하게 피해자라고 생각을 하고. 노동 항쟁의 대상도 아니었고. 그런 점에서 제가 취재한 바에 의하면 린치 사건은 광부와 부녀자들이 가해자였고 린치 사건의 상황은 매우 야만적이었다, 따라서 좀 더 파악하고 확실하게 사실 관계를 드러내서 이야기해야 한다고 생각합니다.

장미현 : 지금 박봉남 감독님께서 제시해 주신 문제는 장용경 선생님께서 제시하신 의견과는 쟁점이 될 수 있을 것 같은데요. 지금 주제로 이야기하고 있는 린치 사건에 대한 가해자와 피해자는 물론 명확하게 있죠. 그런데 이 사인(私人)으로서의 가해자들이나 어

떤 상황에 대해서 박봉남 감독님은 분명하게 밝힐 필요가 있다고 제시해 주신 것 같습니다. 그런데 앞서 발표를 들으면서 파악을 했지만, 장용경 선생님은 다른 의견이시죠?

장용경 : 지금이 1980년 5월, 6월, 7월 정도라면 분명하게 밝히고 책임자에 대한 처벌을 하는 것이 낫다고 생각을 해요. 감독님 말씀에 동의하는데, 진실화해위원회 보고서에도 피해자라고 말씀하신 지부장 부인께서 사실 잘 구분도 못하셨어요, 증언하시는 거 보면 인물 특정을 못하셨고, 지금도 못하실 거고. 또 반대로 노조 측에서도 이원갑 선생님, 신경 선생님은 전혀 보지도 못하셨다고 말씀하시고. 이걸 어떻게 할 것인가에 대한 방법의 문제에서 저는 그건 불가능하다는 생각을 합니다.

또 한 가지 말씀드리고 싶은 거는 황인욱 선생님의 의견에 저도 동의를 하고, 또 김정한 선생님 의견에도 동의를 합니다. 그런데 저희가 말하는 성찰적 개념의 문제와 폭력과 항쟁의 병존 이런 문제가, 단순히 어떤 이의 제기가 있고 그쪽에서 항의를 하니까 하는 어떤 타협적인 자세라기보다도, 아까 박봉남 감독님이 말씀하신 그런 행위가 있었다는 것을 노동 항쟁 측에서도 주체적으로 받아들일 수 있잖아요. '우리가 잘못했다'고 인정할 수 있고 '이걸 안고 가겠다'고 할 수 있는데 항쟁이라고만 우기면 어떻게 하겠습니까라는 차원에서 말씀드리는 거고, 그걸 타협적으로 하자는 말은 아닙니다. 그걸 타협했다 이렇게 말씀하시는 건 서운하게 들리는데, 그건 정정을 했으면 합니다.

박봉남 감독님께서 말씀하셨듯이 지부장 부인이 노동 항쟁 대상이 아니었다는 말씀은, 물론 법적으로 진짜 대상이 아닌 건 맞는데요. 당시 광부들이 보기에 어떤 인적 관계, 부인이기 때문에 타도 대상이 되는 문화적인 감수성, 이런 것도 작용하는 그 당시 상황이었기 때문에 그런 의미에서 쓴 거지 법적인 책임 이런 문제는 아닙니다. 표현을 약간 잘했으면 좋았을 걸 그랬습니다.

장미현 : 황인욱 선생님 말씀하시겠어요?

황인욱 : 린치 사건에 관한 역사적인 추적에 들어가고 있는 건 사실이에요, 어떤 게 진짜 사실에 가까운가. 저도 마찬가지로 그런 문제를 보고 있지만, 현재까지 연구자들이라든가 언급하는 수준이 대부분 공소장 수준을 넘어서지 못하거든요. 제가 지난번에도 말씀드렸지만, 1980년대 시국 사건에서 공소장이 작성되는 정황을 감안할 때 사실 그걸 그대로 믿기 어려운 측면이 있고, 또 당사자의 진술 나오는 부분이 과거와 지금이 많이 다릅니다. 2008년 진실화해위원회에서도 언급이 돼 있지만, "내가 거짓말을 좀 했다" 이런 식으로. 자기가 당한 거에 대해서 엄청나게 야만적인 것으로 후에 번복해서 진술한 측면도 있는 거고요.

제가 주목하고 싶은 건, 당시 동원보건원에서 그분을 치료했던 간호사와 그다음에 남아 있던 영상이 있어요. 그런데 실제로 증거로 될 만큼 남아 있는 게 없거든요. 그리고 처벌받은 것도 이 사건에 대해서는 가해자가 특정되지도 않은 상태에서, 한 분만 혐의를 인정하셨는데 돌아가셨잖아요. 신ㅇ이라는 분은 돌아가신 상태였기 때문에 이거 가지고 지금 뒤늦게 논쟁을 한다는 것이 사실 공허한 일이 되었고요. 진짜 그 현장에서 명확하게 봤다고 인정될 수 있는 사람들의 종합적인 진술을 통해서 판단이 돼야 한다고 봅니다. 박봉남 감독이 취재를 하고 있겠지만, 거기에 대해서 객관적인 눈을 유지해 주길 바라고요.

제가 말씀드리고 싶은 건 오늘 주제가 폭력인데 저는 근본적으로 뭔가 잘못을 했다는 생각을 늘 합니다. 그러니까 사북항쟁 폭력 문제라고 할 때 늘 떠오르는 장면이 그거거든요. 우리가 늘 떠올리는 게. 그러니까 우리가 '사북항쟁 폭력 문제, 어떻게 볼 것인가'가 아니라 '무엇을 볼 것인가?'로 주제를 바꿔야 한다고 봐요.

장미현 : 폭력을 빼고요?

황인욱 : 아니요. 사북항쟁에서 어떤 폭력을 볼 것이냐는 거죠. 어떻게 보느냐가 아니라 무엇을 보느냐인데, 2008년 진실화해위원회 보고서의 제일 뒷부분에 엄청난 야만적 폭력에 대해서 서술이 돼 있습니다. 다 아실 거예요. 수많은 부녀자들이 밀실 고문을 당했던, 진짜 극악무도한 야만적인 행위가 국가에 의해서 저질러졌잖아요. 그거는 이야기하지 않잖아요. 우리도 지금 이 순간에 그 이야기는 쏙 빼 놓고, 사북사건의 본질을 좌우하는 것에 린치 사건이 그 중심에 있는 양 자꾸 이야기를 하고 있는데, 저는 그런 점에서 사북항쟁 폭력을 이야기할 때 왜 항상 국가 폭력은 빠지는가에 대해 근본적인 의문을 가집니다. 그러니까 우리 연구자들도 계엄사가 손가락질한 곳을 쳐다보고 있는 거예요. 그런데 그걸 왜 보냐 하면 우리는 광부에 대한 연민을 가지고 보죠. 지금까지 봐 왔다고요. '왜 저런 일까지 벌어졌을까?' 이렇게 보는 거예요. 왜 노조 지부장 부인을 린치까지 하게 됐는가? '아, 노동 현실이 그랬구나.' 결국은 가리키는 곳은 벗어나지 않거든요.

그런데 잘 따져보십시오. 사건이 왜 발생했는가. 노조 지부장 부인하고 아무 관계없는 곳에서 사건이 벌어졌어요. 이미 경찰과 광부의 충돌에서 도화선에 불이 붙어서 확 터졌고, 지부장이 도망갔고 지부장을 찾는 과정에서 사실은 부녀자들이 몰려가서 가재도구 부수고 끌어내고. 이런 과정에 부녀자 중심의 일들이 벌어지는 상황이 됐는데요. 제가 볼 때는 이런 일들이 사건의 중심에 자꾸 놓이면 제일 좋아할 사람들은 누구냐 하면, 그 당시에 사건의 시작과 끝과 아무 관계가 없는 장면으로 시선을 집중시키려고 했던 사람들이라는 거죠. 연구자들까지도 다 거기에 집중하고 있으니까.

저는 앞으로 연구자들이 사북사건의 폭력을 이야기할 때 처음에 시작했던 그 엄청난 사건의 유발자, 지프차가 광부를 깔아뭉갠 피비린내 나는 현장에 눈 좀 돌려 주고, 그다음에 사북사건의 막바지에서 벌어진 밀실 고문의 진짜 아비규환의 현장에 눈을 돌려서 균형점을 찾아야 한다고 생각하고요. 마찬가지로 그런 점에서 노조 지부장 부인의 사진을 대문짝만하게 실어서 광부들의 폭력성을 입증하는 대신, 한 가족에게 되풀이되는 치욕으로 트라우마를 안겼던 그 당시 언론과 정부의 책임도 반드시 지적해야 한다고 봅니다.

그래서 책임을 자꾸 개인 차원에 돌리지 말아야 한다는 점에서 아까 사사화하지 않아야 한다는 주장에 상당히 동의합니다.

장용경 : 한 가지 오해를 하실지 몰라서 말씀을 드리면, 작년에 역사문제연구소 사북팀에서 아까 말씀하신 지프차 문제뿐만 아니라 공수부대 투입을 다루었고, 이후에 경찰서나 원주에 가서의 부분은 다루지 못했습니다만 구조적이고 일상적인 폭력에 눈을 감지는 않았어요. 글로도 발표를 했던 적도 있고요.

저도 그것이 중요하다는 걸 알고 있어요. 구조적이고 일상적이고 늘 벌어지는 폭력이 사북 폭력의 핵심이라고 알고 있습니다. 그런데 오늘 린치에 초점을 맞춘 이유는 역사를 이해한다는 차원에서보다 과거사에 대한 민주적 해결을 위한 방안의 도출, 이런 차원에서 초점을 맞춘 거니까 린치에만 초점을 맞춘 건 아니라는 걸 말씀을 드리고 싶네요.

장미현 : 제가 사회를 진행하면서도 조금 난관에 봉착했다는 생각이 없지 않아 드는데요. 폭력이라고 하는 게 간단한 문제가 아닙니다. 특히 발표자나 패널 선생님들께서 다 이야기를 하시면서 가해와 피해의 사건에 계속 집중하는 식으로 논의가 진행되고, 박봉남 선생님께서는 그 부분이 더 규명되어야 한다고 제안을 해 주셨는데……. 저는 현재 일본군'위안부'문제연구소에서 일을 하고 있습니다. 그런데 잘 아시겠지만 전시 성폭력의 문제나 특히 여성폭력의 문제라든가, 어떤 상황에서 벌어지는 폭력 자체에 대해서 그 폭력의 행위 자체나 가해성과 피해성이라고 하는 거에만 집중하는 걸 문제시하는 입장들이 나온 바가 있습니다. 그런 부분에 대해서 같이 고려하면서 논의를 진행해 가야 할 것 같아요.

저는 그런 차원에서 장용경 선생님의 사사화해서는 안 된다거나, 황인욱 선생님께서 피해를 당한 여성의 신체에 집중하는 프레임에 문제를 제기하신 면이 있다고 생각을 하는데. 또 한편으로 지금 가해자가 누구인가라는 부분에 계속 주목을 해서 그 가해자가 부녀자인가, 부녀자와 광부들이 같이 했는가, 동기는 무엇인가, 이런 부분에 집중을 하는 것은 또 다른 문제를 제기하지 않나 하는 생각이 듭니다.

지금 패널분들 사이에서도 어떤 면에서는 이미 충분히 이야기가 됐다거나 증명됐다거나 아니면 너무 과잉 해석이 되고 있다는 입장이 있는 반면에 또 한쪽에서는 국가 폭력의 문제라든가 구조적·일상적인 폭력이 있었기에 노동 항쟁의 맥락이라는 걸 고려해야 된다는 입장도 있었습니다. 아울러 이 부분에 대해서 회피하거나 언급하지 않으려고 하는 입장도 분명히 있는 것 같습니다.

장용경 : 박봉남 감독님께서 여쭙고 싶은데, 다큐멘터리 작업을 하시면 노조 지부장 부인 사건에 대한 증언도 듣고 이러실 거 아니에요. 엄청난 성적 폭력이라고 말씀을 하셨는데, 결국 이걸 어떤 맥락에 위치시킬 거고 어떻게 하실 생각인지요. 고발하는 내용만은 아닐 것 같은데, 이걸 어떻게 해결하실 건지 방안을 가지고 계시면 말씀 좀 해 주셨으면 합니다.

장미현 : 서사를 어떤 식으로 만들고 계신지?

박봉남 : 정해진 건 없습니다. 이야기가 같으면서도 조금씩 다른데 이 사안이 그런 것 같습니다. 사실 관계가 아직 명확하지 않은 게 있다고 이야기한 건 뭐냐 하면 린치한 장면을 찍은 사진 중에 화면에 나온 사람들이 있잖아요? 그 사람들이 누구누구인지 아직 다 안 밝혀져 있어요. 그중에 생존자도 있고요. 물론 이미 처벌을 받았고 사망한 고 신○이 씨가 있고요. 그다음에 사진에 나왔다는 이유로 린치 사건 가담자로 처벌을 받았던, 사진에 나온 한 명의 여성과 한 명의 남성이 있어요. 그 한 여성은 최근에 작고하셨고, 한 명의 남성은 아직 살아 계시는데 못 만났어요. 그 사람들 외에도 몇 명 있는데, 제가 그중 한 명이 누군지 알아서

지금 취재하려고 기다리고 있어요.

제가 작업을 하는 이유는, 제가 이제까지 들은 이야기는 다 증언자들의 이야기예요. 사진에 찍힌 사람 말고 밖에서 사건을 봤던 사람들의 증언을 제가 들으면서 공통적인 사실 관계를 파악하고 있는 것이고. 지금 제가 더 인터뷰하려고 하는 사진에 나온 한 사람이 있는데, 남성인데 또렷하게 나와 있어요. 그 사람이 어떤 행위를 했는지는 불분명하지만 현장에 있었기 때문에 또 증언을 할 거란 말이에요. 사진 속에 나와 있는 한 사람의 증언도 중요한 거죠. 그런 측면에서 아직 팩트들이, 관련자들의 증언이 조금 더 필요하다는 이야기고요. 현재까지 파악한 바에 의하면 매우 야만적이었고 매우 폭력적이었다는 건 어느 정도 확인한 상태고, 이걸 어떻게 해결돼야 할 것인가는 제가 제안을 하긴 어려운데…….

일단 가해자가 누구인가는 밝혀지지 않을 가능성이 있습니다. 린치 사건 관련자로 처벌을 받았던 당사자들은 이미 다 부인했고, 이분들 작고하셨고, 제가 현장을 목격했던 사람의 증언에 의해서 생각하면 어떤 가해자가 있었는데 그 사람은 사진에 없어요. 그리고 처벌받은 사람도 아니야. 그러면 또 다른 누군가가 있었던 것이죠. 그 당시 신문 기사를 보면 사북사태에서 폭력적으로 진행했던 20여 명이 도주했다는 기사도 있고요. 그러니까 린치 사건의 실질적인 가해자가 누구인가라는 것들은 자세히 밝혀지지 않을 가능성은 있습니다.

그리고 현재 사북항쟁동지회를 이끌고 있는 분들 중에는 이 사건의 연루자가 한 명도 없어요. 그렇게 보면 직접적인 책임이 있는 건 아니죠. 그런데 사북사건의 전반적인 운동을 주도한 사북항쟁동지회에서 이 문제를 정면으로 안을 필요가 있다, 정면으로 안고 해결 방법을 찾아볼 필요가 있다는 거죠. 구체적인 방법에 대해서 제가 여기서 이야기하기는 그런데, 당사자가 아니니까 이걸 외면하거나 사소한 것이었다고 하거나 그럴 수는 없다고 생각해요.. 그러기에는 너무 야만적인 폭력 행위여서, 이 사건 자체가 사북사건의 노동운동 성격 자체를 늘 반대쪽에서 강력하게 부정하는 기제가 되고 있기 때문에 이 문제를 어떤 식이든지 떠안고 해결 방법을 찾아야 한다고 생각을 합니다.

4. 사북항쟁 폭력 성찰의 주체와 국가

김정한 : 장용경 선생님이 여러 가지 성격이 섞여 있다고 말씀하셨고, 저도 그렇게 생각하는 편입니다. 지부장의 아내나 가족이 항쟁의 대상인가라는 부분은 지난 토론회 때도 말씀을 드렸습니다만, 사북항쟁이 노동운동이고 노조 민주화운동이었는데 또 한편으로는 현대적인 노사 관계나 규칙들이 확립되어 있지 않은 상황이었고, 당시에 사북이라고 하는 어떤 고립돼 있는 지역 공동체, 새로 만들어진 공동체가 있었기 때문에 저는 사실은 민란의 성격이 같이 있었다고 생각합니다. 일종의 농민들의 민란 같은 성격이 있었다고 보는데, 농민 민란이 일어나는 과정을 보면 관에서 과도하게 부당한 세금을 수탈하는 과정에서 농민들이 들고 일어나고, 그러면서 그 지역에 있는 양반집에 쳐들어가서 살림을 부순다든가 가족들한테 해를 끼친다든가 하는 과정들이 있거든요. 농민 민란이 그런 식으로 전개됐다고 했을 때 오늘날에 와서 보면 잘못된 방식이나 과정들도 있었겠죠.

그게 목표를 이루기 위한 효과적인 방식이었나, 정당한 방식이었나를 오늘날에 다시 한 번 생각해 볼 수 있겠습니다. 그런 면에서는 린치 사건이 사북항쟁에서 일어났던 잘못된 폭력이라고, 일어나지 않았어야 하는 폭력이라고 하는 점을 이해할 수 있다고 생각합니다. 박봉남 감독님이 말씀하신 것처럼 피해가 상당하게 크게 발생한 문제고 어떻게 보면 여성에게 잘못된 폭력이 행사가 된 문제니까요.

전 이렇게 생각을 해 보고 싶은데요. 4·3 같은 경우도 4·3 기념관에 가서 보시면 입구에 백비가 있는데, '정명을 하지 못했다'는 의미입니다. 보통 4·3항쟁이라고 하지만, 어떤 이름을 붙여야 하는지 모르겠다고 해서 공식적으로는 '제주 4·3'이라고 돼 있거든요. 왜 그렇게 됐냐 하면 반란을 일으킨 무장대가 나중에 민간인을 학살하는 과정이 있었기 때문입니다. 군인들만 민간인을 학살한 게 아니라 나중에 반란 과정에서 무장대도 민간인을 학살하는 일이 있었고, 이를 어떻게 봐야 하느냐 하는 논쟁 과정에서 이름을 붙이지 못한 것이지요.

여순도 마찬가지라고 들었어요. 우파만 학살을 한 게 아니라 좌파도 학살을 하면서 예전에는 반란이라고 했고, 항쟁이라고 부를 수도 있지만 지금은 사건이라고 부르는 사람들이 있는 거죠. 이렇게 저항과 항쟁의 과정에서 잘못된 폭력이 행사되는 문제를 우리는 어떻게 성찰해야 하는가, 우리는 앞으로 어떤 식으로 역사를 이해해야 하는가라는 문제가 계속 있는 것 같아요.

1980년대 중반에 서울대 프락치 사건도 있었잖아요. 학생들이 프락치라고 붙잡아서 고문을 하고 큰 상해를 입힌 사건도 있었고, 또 1990년대에도 한총련 출범식 관련해서 프락치라고 지목을 해서 한양대에서 치사 사건이 일어났던 경우도 있고요. 이렇게 잘못된 폭력들이 저항 과정에서, 항쟁 과정에서 일어나는 경우들이 있는데, 우리는 앞으로는 그런 일이 일어나지 않도록

하기 위해 어떻게 성찰해야 할 것인가라는 고민이 필요하다고
생각합니다.

황인욱 : 역사 연구자의 입장과 현실에서 문제를 해결하는 당사자로서의
입장을 분리를 해야 한다고 보는데요. 그게 혼재되기 때문에 당
사자들이 연구자한테 항의 편지를 보내고 이러는 것 같은데, 사
실 저로서도 구분해야 하는 입장입니다. 왜냐하면 저는 사북 현
장에서 있으면서, 이 사북사건이 가지고 있는 트라우마 영역에
대해서 체험하고 있는 사람이거든요.

동지회가 기념을 잘하면 사북항쟁이 사북의 역사적 자산이
될 수가 있고 또 많은 사람의 마음에 치유가 될 수 있는데, 그것
과 별개로 역사 연구자로서 명확하게 이 성격에 대한 규정이 필
요하다고 봅니다. 그걸 전제로 말씀을 드리는 거예요.

저도 노조 지부장 가족이 당한 고통과 피해에 대해서 너무나
절실하게 이해를 하고, 역지사지해서 봤을 때 야만적이라는 것
은 느끼기 나름이라고 보거든요. 엄청난 폭력을 당한 사람도 덜
하게 표현할 수가 있고 작은 폭력도 너무나 야만적으로 느낄 수
가 있으니까 그거는 주관적으로 규정을 못하지만, 그 아픔을 치
유해야 한다는 점, 그리고 사북항쟁동지회에서 이 부분을 놓쳐
서 안 된다는 점을 또 하나의 전제로 말씀드립니다.

성찰적 기념사업을 해야 한다는 장용경 선생님의 관점에 대
해서 조금 다른 대안을 드리고 싶은 게 뭐냐 하면, 저는 두 가지
로 정리하고 싶어요. 먼저 국가가 제일 크고 무거운 책임을 져
야 한다는 생각입니다. 왜냐하면 린치 사건의 피해자 가족에 대
해서도 국가는 오히려 그걸 이용만 했지, 린치당하는 사진을 대
문짝만하게 올려놓고 그 뒤에 숨어서 그 가족의 고통을 이용했

다는 것이고요. 그 가족을 어루만지지 않았고 트라우마에 대한 치료도 전혀 하지 않았습니다.

그리고 경찰 공권력이 광부들을 깔아뭉개서 피투성이가 된 현장이 있었는데 그걸 싹 지워 버리고 공권력의 폭력성을 광부들의 폭력성으로 대체하기 위해 지부장 부인을 희생양으로 삼았다는 점. 이 점에서 연구자들이 국가 책임성을 강조하지 않으면 안 된다는 점이 하나입니다.

또 하나는 폭력 문제를 포함하여 사북[항쟁]의 진실을 다루는 우리의 인지 영역이 너무 취약하다는 거예요. 아까 박봉남 감독께서도 말씀하셨지만 이 인식을 재구성하는 노력이 너무 약합니다. 고작 공소장이나 편향된 입장에 서 있는 사람들의 소설 같은 이야기를 역사 연구에 인용을 한다는 사실이 너무나 안타깝고요. 오히려 우리가 이 현실을 제대로 알고 이야기하는가, 광부들의 집단 항쟁은 왜 발생했고 왜 부녀자들이 그렇게 흥분했는가 생각해 봐야 한다고 봅니다. 린치 사건으로 처벌받은 부녀자들이 되게 많잖아요, 부녀자들이.

그런 이유에 대해서는 제대로 규명도 못한 채로 이러니저러니 말하는 거 자체가 역사 연구자들이 부끄러운 일이라고 저는 생각을 하고, 좀 더 사실을 입체적으로 구성하는 일에 매진해야만 한다고 생각합니다. 제가 말씀드리고자 하는 두 가지 대안은 이렇습니다. 국가 책임성 문제를 좀 더 명확히 해야 한다는 것과 좀 더 진실에 가깝게 사실을 재구성하는 노력을 병행하는 것이 우선입니다. 성찰을 하라는 이야기는 문제를 풀어야 할 당사자로서나 기념사업을 하기 위해서도 당연한 이야기이고. 다만 선후를 바꾸지 않았으면 좋겠다는 말씀을 드립니다.

장미현 : 김정한 선생님께서 이야기를 해 주신 면도 그렇고 황인욱 선생
님이 방금 제안해 주신 두 가지, 국가의 폭력을 좀 더 명확히 해
야 한다는 것과 연구가 좀 더 입체적으로 진행될 필요가 있다는
제안도 사실은 쟁점이 될 수 있다고 생각을 합니다.

　그러면 이제 두 번째 논점으로 들어갔으면 좋겠는데요. 여기
계신 패널분들 모두 발생한 폭력에 대해서 회피하거나 언급하고
싶지 않은 영역으로 남겨서는 안 된다고 동의하시는 건가요?

황인욱 : 네, 그렇죠.

장미현 : 그런데 이런 문제가 있을 것 같습니다. 지역에서나 아니면 가해
에 연루가 되었거나, 증언을 하실 분들을 만나서 말을 건다고
했을 때 회피하거나 언급하고 싶지 않아 하는 사람들도 있잖아
요. 그런 정서라든가 문화라든가 맥락이 있을 텐데 이걸 계속해
서 끄집어내는 우리들의 행위라든가 역사화하려고 하는 의도 자
체를 문제로 삼지 않아도 되는가라는 질문을 드리고 싶어요.

　저는 당사자라고 계속 호명하는 것도 굉장히 문제적이라고
생각을 하는데요, 누가 당사자고 누가 당사자가 아닌가? 장용
경 선생님은 당사자가 아니고 증언을 받고 있는 박봉남 감독님
께서 만나고 있는 분들은 당사자인가라고 했을 때 그렇지 않을
수도 있거든요. 그런데 직접적인 당사자분들 내지는 지역에 계
신 분들을 만난다고 했을 때 특히 린치 사건과 관련해서 이것을
회피하거나 언급하고 싶지 않아 하는 정서가 있을 수 있다고 생
각합니다. 그런 분들을 만나서 이 문제를 계속해서 직면하도록
만드는 것이 윤리적으로 가능한지, 성찰적인 민주화나 성찰적
기념을 위해서도 과연 바람직하고 필요한지에 대해서 의견을

말씀해 주시면 감사하겠습니다.

황인욱 : 그 부분은 제가 먼저 말씀드리고 나중에 다른 분들 이야기를 듣고 싶습니다. 어떤 역사적 사건은 항상 다면적이고 중층적이고 복합적인 성격을 가지고 있는데, 예를 들어서 한국전쟁도 그렇잖아요? 한국전쟁이 우리가 그냥 단순히 추상적으로 봤을 때 남침으로 해서 많은 전쟁 사상자가 생기고 낙동강까지 왔다가 다시 올라갔다가 휴전됐다, 이런 기본적인 서사만 알고 있는데, 사실 그 내부를 들여다보면 이미 많이 알려졌듯이 보도연맹 학살 사건이라든가, 역사적 사건의 성격 규정과 무관하게 수많은 다면적인 진실이 숨어 있는 거거든요. 이런 역사적인 다면성에 대해 좀 더 면밀하게 들여다봐야 하는 거죠.

그런 점에서 연구할 영역이 되게 많다는 거죠. 사북사건에 대해서도 첫 발단이 됐던 지프차 사건의 현장을 재구성하는 노력도 연구자들이 해야 하는 거고요. 그다음에 린치 사건이 실제로 어떻게 됐는가, 사진 들여다보면서 현장에 누가 있었고 어떤 게 과장됐고, 병원의 무슨 진료 기록이라든가 다 들여다보면서 실제에 접근하는 노력을 해야 하는 거고. 또 하나, 밀실 고문은 어떻게 됐는가. 여러 측면들을 다면적으로 보는 과정에서 어떤 단일한 결론을 도출한다기보다는 사건의 실체가 규명이 되고 사건의 성격도 드러난다고 보거든요.

사건의 성격을 규명하는 것으로 말하면 어떤 연구자든 다 자유가 있죠. 나는 항쟁으로 본다, 나는 그렇지 않다고 본다, 주장할 자유가 있는 거고, 다만 설득력의 문제니까요. 역사적 진실을 규명해 나가는 과정에서 서로 역할이 다르다고 봅니다. 영화감독이 가지고 있는 역할, 혹은 드라마 작가, 소설가가 가지고 있는 역할, 혹은 트라우마 치유자로서 역할이 다르기 때문에, 역사적 사건에 임하는 우리 현재 공동체의 태도는 치유의 관점에 서야 한다고 봅니다. 지금 당사자들이 얼마나 아파합니까. 사북항쟁동지회에 있는 분들도 아파하는 분들이거든요. 그분들의 마음을 달래줄 치유 센터라도 빨리 만들어야 하는 것이고, 당연히 노조 지부장 가족의 아픔도 치유하는 그런 조치가 따라야 하는 거고요.

그리고 연구자는 연구자대로 작가는 작가대로 각자의 방향으로 접근해서 숨겨진 일들을 드러내고 그것을 바탕으로 더 멀리 더 깊이 나아가는 식으로 된다면 오히려 이런 과정이 역사적 실체에 접근하는 일이 되지 않을까 생각합니다.

장용경 : 이원갑 선생님이나 신경 선생님이 린치 사건을 생각하기 싫어하세요. 왜 그럴까 생각한다면 그 사건에 대해서 본인이 관여한 거 때문에 싫으신 게 아니라 오히려 그거로 인해서 사건이 도배됐다는 말이에요, 국가에 의해서. 그거 때문에 치유가 필요하다는 말씀엔 적극적으로 동의를 합니다. 지부장 부인 쪽도 그런 의미에서 피해자라는 말에도 동의를 하는데, 그렇게 국가로 모든 걸 모아서 국가에게 요구하는 방식으로 가는 게 올바른가라는 차원도 생각을 해 봐야 되지 않겠습니까?

제가 아까 말씀드린 성찰적 기념, 이 말이 뭔가 부족했다, 잘못됐다, 이런 투는 아닙니다, 회피하는 태도라는 게…… 노동 항쟁으로 인정받기 위해서는 그걸 없애야 한다는 시대도 있었잖아요. 깨끗하게 노동 항쟁만으로 구성되길 원했으니까요. 지금은 노동 항쟁에 그런 부분도 없지 않아 있으니까, 이런 건 우리가 잘못했다는 정도의 마음가짐을 가져도 되지 않을까 싶었

어요. 떳떳하게, 이런 정도의 마음으로요. 그걸 더 성찰해야 한
다는 그런 차원은 아니니까 너무 오해를 안 하셨으면 좋겠어요.

황인욱 : 항쟁 주체로서 할 수 있는 이야기라고 봐요, 저희도 그런 이야
기를 하고 있고. 그러나 균형감을 갖추기 위해서는 우리가 늘
그런 입장을 취해 왔지 않습니까? '사북항쟁동지회 주체들이 빨
리 이 문제에 대해서 결자해지 차원에서 해결해라.' 그런데 그거
만으로는 안 된다는 거죠. 국가의 역할이나 국가가 이 과정에서
얼마나 이득을 취해 왔는지를 제대로 보여 주고 그 과정에서 왜
개인들이 이 문제를 사사화해 왔는지, 역사적 사건을 왜 개인들
끼리 논쟁하게 만들었냐는 거죠. 그런 측면에서 아까 말씀드린
그 개념이 훨씬 더 좋아 보인다는 거죠. 사사화하지 않고 역사
적인 맥락에서 벌어진 비극적인 사태에 대해서 우리가 다 같이
치유하려는 관점을 가지고, 특히 국가가 더 나서야 한다는 거
죠. 안 그러면 이거는 아무도 못 풉니다. 어떻게 풀겠어요? 당
사자들이 너무나 격앙돼 있고 서로 손가락질하고 있는데 안 풀
리는 문제죠.

김정한 : 그것과 관련해서는 진실화해위원회에서 마지막에 권고한 사항
들이 있거든요. 사북항쟁에 참여했던 분들한테 사과를 하고 명
예 회복을 해야 한다, 그리고 린치 사건과 관련해서 가족들한테
도 위로를 해 줄 수 있도록 조치를 취해야 한다, 이런 권고 사항
들이 있거든요. 우선은 권고 사항이 이행될 수 있도록 촉구하는
게 필요합니다. 장용경 선생님도 말씀하셨지만 2기 진화위가 출
범하게 되는데, 진화위의 역할 중 하나는 1기에서 권고된 사항
들이 제대로 이행이 됐는가 점검해 보는 일이고, 그에 대한 책

임이 있다고 생각하고요. 이런 점을 진실화해위원회에 촉구하는
작업부터 해서 풀어 갈 수 있지 않을까 생각합니다.

또 한편으로는 명예 훼손 소송이 진행되고 있다고 하는데,
지금 어디까지 진행이 됐는지는 명확하게 모르겠습니다만 소송
이 취하될 수 있도록, 사북항쟁 동지회든 아니면 다른 분들이든
같이 노력했으면 좋겠습니다. 어떤 과정을 밟아야지 취하될 수
있는 것인지 같이 노력을 하지 않으면, 지금 명예 훼손 걸리신
분들이 개인적으로 감내하면서 고통을 받을 수밖에 없는 입장
이실 텐데, 이 문제를 같이 고민했으면 좋겠습니다. 필요하다면
누군가 사과를 하는 문제가 될 수 있겠고, 아니면 다른 과정이
필요한 것일 수도 있겠습니다만, 소송 취하를 위해 같이 노력해
야 하지 않을까 합니다.

박봉남 : 제가 취재한 걸 중심으로 조금 첨언을 하면, 린치 사건의 실체에
대해서는 학문적으로 보고서나 이런 게 나온 게 없어요. 검찰의
공소장에 여러 가지 사실 관계들이 나열되어 있는데, 그걸 그대
로 믿을 거냐 아니면 전부 부정할 거냐. 이런 문제들이 있죠. 제
가 다큐 작업하는 것도 일종의 기록 작업을 하고 있는 건데, 관
련자들 또는 목격자들의 증언을 통해서 사실 관계를 어느 정도
파악할 수 있을 거라고 보여지고요.

사실은 사과를 해야 됩니다, 피해자인 지부장 부인과 가족들
에게. 누가 사과를 할 것인가. 저는 당연히 대표성을 가지고 있
는 사북항쟁동지회에서 사과를 하는 게 좋겠다고 생각합니다.
또한 사북항쟁동지회 같은 경우에는 역시 국가에 요구를 해야
될 것 같아요. 자신들의 재심, 명예 회복뿐만 아니라 당시 국가
권력이 린치 사건을 악용하고, 가족이 당했던 참혹한 고통을 가

지고 당시 광부들의 노동 투쟁들을 또 매도했단 말이죠. 그렇게 보면 사북항쟁동지회가 적극적으로 사과함과 동시에 국가가 이 문제를 악용했음을 역시 지적해서 국가는 가족들에게 사과하고, 명예 회복이나 피해 보상을 해야 된다는 그런 입장을 가져야 하는 것이 아닌가 싶고.

올해 사북항쟁 40주년 기념식이 8월에 열렸는데 뮤지컬이 있었단 말이에요, 〈화절령에서〉라는. 근데 그 뮤지컬 안에서 지부장 이름을, 네이밍을 하는데 굉장히 사자(死者) 명예 훼손에 가까운 이름으로 시나리오가 써져 있고, 그 시나리오대로 고인을 불렀단 말이죠. 그런 식으로 해 버리면 린치 사건의 피해자인 그분과 가족들은 사실 분노할 수밖에 없죠. 그런 점에서 보면 사북사건이 갖는 역사적 의미나 이런 걸 제대로 평가받기 위해서라도 사북항쟁동지회에서 린치 사건, 굉장히 불행하고 아직까지 치유되지 않은 상처들을 껴안고 사과하고 같이 문제를 풀어 나가는 것을 모색해야 될 때가 됐다, 그렇게 생각합니다.

장용경 : 저도 그 점에서는 박봉남 감독님 말씀에 동의하는데, 다만 동지회 쪽에서 뭔가 잘못해서라기보다 문제 해결의 주체로 나설 수 있는 도덕적 정당성도 가지는 게 좋겠다는 생각이에요. 그래야만 국가에게 요구하기에도 떳떳하고. 거기에 대해서 사과를 했으니까 국가에게 책임을 묻는 걸 할 수 있는 위치를 설정할 수 있다고 생각해요. 국가로만 가는 건 좀 그렇다는 생각이 듭니다.

황인욱 : 이렇게 된 데 이유가 있다고 봐요, 이렇게 문제가 안 풀렸던 이유. 방금 뮤지컬에 대한 소개를 하셨듯이 저도 그거에 전혀 동의하지 않아요. 예술가들이 사건을 바라보는 틀이 그렇게 형성

됐다는 게 안타까웠어요. 노조 지부장을 악마화하거든요. 그런데 여기에 대해서 역사가로서 책임을 느껴야 한다고 보고 있거든요. 그렇게밖에 규정을 못해 줬냐는 거죠.

그런데 왜 이런 일이 벌어졌냐 생각을 해 보면, 당사자 입장에서 보면 이해가 됩니다. 왜냐하면 국가가 단순히 매도한 게 아니라 사실은 은폐한 거예요, 자기 책임인데 떠넘긴 거잖아요. 자기가 불을 지른 뒤 싹 빠져 놓고는 나중에 중간에 벌어진 일을 등장시켜 광부들을 완전히 나쁜 놈으로 만들어 놨는데, 이분들은 그걸 변명을 해야 하는 사람들이 된 거거든요. 왜냐하면 의도치 않은 일이 벌어졌는데 "우리는 사실 왜 싸웠냐 하면…" 이렇게 이야기가 시작되는 거예요. 그래서 노조 민주화가 있었고, 어용이었고, 이 사람 때문에 우리가 고통을 받았고……, 이런 식으로 방어 논리를 펴다 보니 공격의 포인트가 국가를 향하지 못하는 거죠.

당사자들이 명예 회복까지 말씀을 하시는데, "우리를 폭도로 몰지 말라"는 말씀을 하세요. 그런데 주동자들 중에 현장에서 차에 깔린 분이 있다면 문제가 달랐을 거예요. 원일오라는 분은 사건의 객체, 그냥 광부들의 피해를 보여 주는 하나의 사례자이지 주역이 아니란 말이죠. 이 사건을 수습하거나 4월 21일 농성에 돌입하기까지의 주도 세력들은 지프차 사건하고 직접 관련이 없잖아요.

결국 매도당한 것은 노조 지부장의 대척점에 서 있던 사람들인데, "왜 너희가 노조 지부장 부인을 그렇게 인질로 잡았냐"는 것에 대한 해명을 해야 하기 때문에 노조 지부장을 악마화할 수밖에 없는 구도를 스스로 형성해 왔다는 거죠. 그 부분에 대해서 이분들이 자기의 틀을 벗어나야 한다고 저는 보는 거고요.

오히려 국가가 우리를 노·노 갈등으로 몰고 우리를 서로 손가락질하게 만들었구나 하는 관점을 회복하는 일이 중요하지 않을까, 이래야 풀리지 않을까 생각하는 겁니다.

장미현 : 여러 가지 이야기 중에 동지회가 사과의 주체가 아니라 화해와 치유의 주체가 돼서 적극적으로 국가에게 배·보상이라든가 사과를 요구하는 역할을 해야 한다는 제안과 함께 또 긴 시간 동안 왜 이런 식으로 노·노 갈등을 해명할 수밖에 없는 위치에 있었는가에 대한 문제까지 나왔습니다. 이 문제는 기념화를 어떻게 할 것인가, 어떤 방향으로 나아갈 것인가, 역사의 방안과 관련한 이야기로 진행할 수가 있을 것 같습니다.

장용경 : 황인욱 선생님이 '악마화' 이런 중요한 말씀을 하셔서……. 아까 박봉남 감독님이 '야만적'이란 표현을 쓰셨잖아요. 그렇게 규정을 하면 이것도 악마화인 건데, 당시 사건이 벌어진 걸 들으면 지금 '성폭력'이나 '린치'라는 말로 포괄 안 되는 다른 영역이 있어요. 김정한 선생님이 '민란'이라고 표현하셨는데, 이거는 노동 항쟁의 규범적인 코스라든가 이런 차원이 아니라, 민란이나 전쟁 비슷한 상황으로서 그때의 문법에 따라서 이해할 수밖에 없는 상황이 있다고 생각해요. 그때는 죽고 사는 문제고, 포로로 잡고 인질로 잡고 이런 식의 문제여서, 그런 상황을 '성폭력'이나 '야만성'이라는 문제로 환원해서 설명하려면 다시 한 번 또 악마화하는 문제가 발생합니다. '성폭력', 지금의 용어잖아요? '야만'도 지금의 관점이기 때문에, 당시의 정치·문화적인 시야에서 풀어내는 게 사사화하지 않는 거고 개인한테 문제를 돌리지 않는 게 아닐까 생각이 들어서 좀 부언했습니다.

5. 사북항쟁 기념사업의 방향—국가적 기념 vs. 광부 주체의 행위성

장미현 : 마지막에 쟁점이 될 만한 이야기를 해 주셨는데, '성폭력'이나 '야만성'과 같은 것들이 지금의 용어이고 그것을 당시의 정치·문화적인 용어로 호명을 하는 게 낫지 않냐는 제안인데, 저는 충분히 문제가 될 수 있는 것을 제기해 주셨다고 생각해요.

지금까지의 논의에서 조금 더 나아가서 어떤 식으로 이것을 역사화할 것인가, 성찰적으로 역사화할 것인가의 문제들에 대해 이야기를 했으면 좋겠는데요. 올해 광주항쟁이 40주년이고 제주 4·3 같은 경우에도 70년 이상의 시간이 흘렀습니다. 사북이 40주년이죠. 한국에서 많은 운동들, 항쟁들이 역사화되는 과정을 겪었고 현재도 역사화가 진행이 되고 있습니다. 이러한 가운데 사북항쟁을 어떤 식으로 역사화 해 나갈지의 문제는 단순히 사북만의 문제가 아니라 사북항쟁 자체가 한국 사회의 민주화라고 하는 것, 항쟁의 역사화라고 하는 것들을 성찰할 수 있는 계기가 될 수 있다고 생각합니다. 말하자면 사북에서부터 한국 사회로의 발화라고 하는 것들이 본격적으로 시작될 시기가 도래했다고 볼 수 있는데요.

먼저 김정한 선생님께 말씀을 요청 드리고 싶은데, 항쟁 내에서의 갈등 자체를 지역사회에서 해결하는 여러 가지 사례들, 연구가 진행되어 있습니다. 예를 들면 경찰 가족들과 학살의 피해 당사자들, 우익이라든가 좌익의 당사자들이 위령제를 같이 지내는 방식, 또는 기념탑을 같이 만든다든가 아카이브라고 할 수 있는 자료집을 같이 편찬하는 작업을 한다든가 여러 가지 화해와 치유, 성찰적인 역사화 방법들이 있을 텐데요. 이와 관련해서 선생님께서 알고 계시는 광주의 사례나 다른 항쟁의 기념화, 역사화의 사례를 이야기해 주시면 논의를 진행해 나갈 수 있을 것 같습니다.

김정한 : 제가 말씀드릴 수 있는 선에서 말씀을 드려야 할 것 같고요. 아까 장용경 선생님이 말씀하신 것처럼 당대의 상황, 당대의 단어를 통해서 내재적으로 접근해야 하는 부분들이 있는데, 또 다르게 생각해 보면 당시에는 인식하지 못했던 문제들을 지금은 인식하게 되는 것도 있는 것 같습니다. 여성 혐오나 가부장주의 같은 문제가 분명히 있는 것이고요. 또 지난 토론회에서 황인욱 소장님이 언론에서 피해자 사진을 실었던 것은 반인권적이었다고 말씀을 하셨는데, 사실 예전에는 그게 반인권적이라는 인식을 못했다면 지금은 인식을 할 수 있는 거잖아요. 이런 점도 같이 고민하고 이야기해야 한다고 생각합니다.

　저는 사북항쟁이 굉장히 중요한 1970년대의 노조 민주화운동이었고 노동운동이었다고 보는데, 그게 잘 설명이 안 되고 이해가 안 되고 있는 것 같아요. 4월 21일부터 24일까지만 주목하다 보니까 박봉남 선생님이 말씀하셨던 것과 같이 1970년대부터 노조 민주화를 위한 은밀한 작업들이 있었다는 이야기를 하면 사람들이 다 놀라거든요. 어떻게 그럴 수가 있었냐, 의식화를 누구한데 받은 것도 아닌데 자생적으로 어떻게 노동운동을 할 수가 있었냐고 놀라는 사람들이 많거든요. 노동운동사를 보면 전태일 열사를 계승한다고 이야기를 하고 있는데, 사실은 사북항쟁도 계승해야 하는 부분이 분명히 있습니다. 저는 우선 노동운동 연구자들이나 관련 단체들에서도 사북에 대해서 더 주목을 할 필요가 있고 민주노총 같은 경우에도 기념행사를 해야 한다고 생각해요. 민주노총이 사북항쟁을 계승하고 있다, 이런 기념식을 민주노총에서도 해야 하는 게 아닌가 생각이 있고요.

또 하나는 5·18 같은 경우는 정권 교체라는 문제와 결부되어 있어서, 우리나라 선거는 지역주의 선거이기도 하고, 사실 정권이 바뀔 때마다 계속 정치인들이 활용하는 사안이 되면서 진상 규명도 되고 보상도 되고 한 측면들이 있는데요. 사실 다른 사건들이나 다른 항쟁들은 진상 조사도 제대로 안 된 것이 많이 있거든요. 그래서 진화위도 다시 출범하는 의미가 있을 테고요.

저는 5·18이 사북을 같이 지원해 줘야 하는 게 아닌가 하는 생각이 듭니다. 이것을 '기념의 연대'라고 표현할 수도 있을 것 같은데, 이를테면 내년에 5·18민주화운동서울기념사업회와 같은 관련 단체들이나 5·18기록관 같은 데서 사북항쟁과 관련된 전시회를 연다든가, 같이 기념행사를 한다든가 하는 식으로 사북항쟁과 5·18이 연대하는 기념사업을 생각해 볼 수 있지 않을까 합니다.

부마항쟁 같은 경우는 12·12 군사반란이 일어나기 전에 있었기 때문에 조금 성격이 다를 수 있지만, 12·12가 일어나고 나서 사북항쟁이 있고 5·18이 있었는데요. 사실은 사북항쟁도 신군부의 내란에 대한 저항의 성격이 있었기 때문에 5·18과 사북이 함께 기념하고 연대하는 것이 충분히 정당성이 있다고 생각하고 있습니다.

장미현 : 여러 가지 중요한 말씀을 해 주셨는데요. 예를 들면 5·18과 관련해서도 사북과 기념사업이라든가 기록화 사업을 같이 할 수 있다는 제안도 해 주셨고, 또 구체적으로 노동운동사 연구나 노동운동 단체에서 적극적으로 사북항쟁 계승의 주체로 참여하는 것도 필요하겠다는 이야기도 해 주셨습니다.

또 하나 중요한 주체 중의 하나가 사북이라고 하는 지역이라고 생각합니다. 황인욱 선생님께서는 지역 내에서 사북공공도서관 관장도 맡고 계시고, 여러 가지 지역 사업이나 미래 세대들이 사북에 대해서 어떻게 기억하고 계승할 것인가의 문제도 깊게 고민을 하고 계신 거로 알고 있는데요. 지역적인 차원에서도 어떤 이야기가 가능할지와 관련해서 제주나 광주 같은 경우에도 지역의 역사와 교육을 연관 짓는 여러 가지 사례를 가지고 있지만, 사북도 하나의 좋은 사례가 될 수 있다고 생각합니다. 지역 공동체에서 이걸 가지고 어떻게 미래 세대와 연계를 할 것인가. 기념식에서 중학생이 아버지의 사북과 할아버지의 사북항쟁을 같이 이어서 시를 지은 걸 낭독한 적이 있었잖아요. 굉장히 감동을 받았었는데요, 그와 같은 것들이 모여서 사북이라고 하는 지역에서 이것을 기념하고 역사화하는 좋은 사례로 한국사에 발화할 수 있는 지점도 많다고 생각합니다. 이와 관련해서 이야기를 해 주시면 좋을 것 같아요.

황인욱 : 공교롭게도 지난 40주년에 이산하 시인께서 사북항쟁 40주년 기념행사 집행위원회 역할을 해 주셨는데요, 저는 4·3에 많은 힌트가 있다고 생각을 해요. 왜냐하면 우리나라 역사에서 정말로 웅장하고 자랑스러운 그런 역사도 있고 아픈 역사도 있는 거잖아요. 그런데 아픈 역사의 대부분은 정말 가해와 피해를 분간할 수 없을 정도로 혼재된 사건들인데, 특히 4·3 사건이 너무나 대표적이지 않습니까? 사북은 저리 가라죠. 왜냐하면 서로 죽고 죽이는 그런 일들인데 기념일이 됐지 않습니까? 그것이 지역민들이 역사적 사건을 어떻게 해석하고 기념해야 하는지에 대한 작은 본보기라고 보거든요. 역사로 받아들이고 치유의 관점에서

접근한다는 거고요.

그다음에 거기서 역할을 수행했던 개인들을 사적인 감정의 문제가 아니라 역사적인 순간에 그 자리에 설 수밖에 없었던 진실로 이해한다는 거거든요. 그런 점에서 사북에도 많이 힌트가 된다고 보고, 그중에서 특별히 기념사업과 관련해서 사북에서도 국가가 나서야 한다고 봐요. 4·3 사건이 그랬듯이. 그거는 대통령이 가서 사과하지 않았습니까?

우리 현재 가지고 있는 인권 감정이 과거와는 다 다르죠. 그런데 지금 재판부도 과거 조작 사건 재심하고 무죄 취지의 판결을 하면서 사법부를 대신해서 사과하고 이런 일이 벌어지잖아요. 그러니까 현대적 인권 관점이나 성 관념을 현대사의 범주 안에 있는 과거 사건에 개입시키는 게 부당한 건 아니라고 보고요.

지금 관점에서 봤을 때, 국가가 문제를 회피하고 당사자들끼리 싸우도록 방치한 것은 다른 걸 다 떠나서 국가 책임이라고 먼저 인정하면서 이 사건의 의미를 부여해 주고, 이 사건으로 오랫동안 고통 받아 왔던 당사자들, 서로 상대가 가해자라고 주장하는 그런 사람들의 상처를 어루만져야 문제가 풀린다고 저는 보거든요. 그래서 이 기념사업에서도 국가의 책임성이 요구된다, 이렇게 말씀드리고 싶습니다.

장미현 : 장용경 선생님 의견도 말씀해 주세요.

장용경 : 저는 약간 외연을 넓히고 싶은데요. 아까 김정한 선생님 5·18 말씀을 하셨는데, 국가 기념사업의 일환이 돼야 한다는 말에 충분히 공감하고 드리는 말씀이에요. 그 기념사업에서 나타나는 문제점들을 사북에서는 되풀이되지 않았으면 하는 마음에서 말

씀드리는 건데…….

연구자 입장에서 말씀드리면, '5·18 광주 민주화운동' 이렇게 되면 모든 글의 결론이 민주화운동이에요. 약간 정형화되는 게 있더라고요. 그런데 사북에 가서 인터뷰하면서 느꼈던 건, 회사의 유혹도 있었고 협박도 있었고 그러면서도 '인간으로서 그러면 안 되지 하는 용기들', 그다음에 사람들을 모아 내는 힘들, 이런 인간적인 것들과 국가에 대해서 뭘 바라지 않아도 스스로 책임지는 자세가 굉장히 감동적이었어요. 특히 신경 선생님, 이원갑 선생님의 그런 인간적인 감정들, 인간적인 행위성들……. 기념을 과연 노동 항쟁이라는 데에 둘 것인가, 아니면 그런 인간적인 감정들의 위대함에 둘 것인가를 기념사업 구상에 포함시켰으면 좋겠어요. 국가적으로 노동 항쟁이라고 기념을 하더라도 그것이 결론이 아니라 시작점이 돼서 다른 인간적인 감정들을 포함한 기념이 됐으면 좋겠다는 생각을 가지고 있습니다. 그렇지 않으면 화석화된다는 위험이 있을 것 같아요.

황인욱 : 노동운동으로서 기념하는 거에 대해서 제 입장은 좀 달라요. 그러니까 사북항쟁은 그렇게 기념되기 어려워요. 왜냐하면 성격 자체가 그렇지 않았고, 당사자들은 노조 민주화운동에 대한 이야기를 많이 하시지만 사실 잘 보십시오. 4월 21일부터 이원갑 선생님이 사건의 중심에서 사라집니다. 그러니까 그 역사의 현장에서 뜨겁게 일어났던 사람들이 일반 광부였고 그리고 이원갑 선생님은 다시 수습 과정에서 등장하시거든요. 이게 내포하고 있는 진실은 뭐냐 하면 이게 일반적인 노동운동의 과정에서 탄생한 노동운동의 폭발 이런 것이 아니라는 것이지요.

제가 왜 국가를 말씀드리는지 보완을 해 볼게요. 먼저 그 당시의 노동 환경에 제도화된 억압이 있는 거예요. 아시다시피 전체 산업 노동자 중에서 광부들이 1.5%를 차지하고 있는데 재해율은 한 14%를 차지했어요. 아시다시피 증산보국 운동이라는 게 있지 않습니까? 그러니까 광부들의 안전을 뒷전으로 놓겠다는 거예요. 국가가 선언한 겁니다. 그러니까 우리나라 광부들의 처지를 그렇게 몰아갔던 것이 결국 국가 정책이었다는 거죠. 그리고 그것의 대리인이 기업주였던 거예요. 광업주들이 뭔 힘이 있어요? 그 당시에 국가가 기간산업을 끌고 나가는 데서 국가 정책이 딱 정해지면 생산해야 하고 안전 관리는 뒷전이고, 이렇게 몰아갔던 건 국가 책임이라는 겁니다. 그걸 인정하라는 거죠. 그리고 거기에 따라 노동운동이 파생했고.

두 번째로 어용 노조가 등장했는데, 국가 기간산업 노동운동에 대한 국가 통제가 있었어요. 정보부라든가 아예 그냥 경찰을 들이대서 노동자들의 단결권을 제한하고……, 아시지 않습니까? '너희 노조 재선거하면 우리가 막겠다'라고 공권력이 나서서 막았단 말이죠. 그 정도로 일상적인 폭력이 국가랑 연계돼 있는 측면이죠. 그러니까 어쩌면 이재기라는 분은 연민을 느껴야 하는 분이라고 저는 생각해요. 거기서 이용당한 거죠. 물론 노동자들은 그 사람을 욕하지만 그건 국가 기제 속에 있는 거 아닙니까? 그러면 이게 누가 잘못한 겁니까? 국가가 잘못했네, 이렇게 이야기를 해야 하는 거예요.

세 번째로 쟁의 현장에서 국가 폭력이 직접적으로 발생했잖아요? 지프차로 광부 네 명을 깔아뭉겠지 않습니까? 그거보다 직접적인 폭력이 어디 있습니까? 그런데 우리 연구자들이 항상 사북항쟁의 폭력이 발생한 순간을 어디로 잡으세요? 노조 지부장 부인의 린치 사건을 폭력의 시작점으로 보십니다. 그게 말이 안 되는 거죠. 사북사건을 촉발한 방아쇠이자 도화선, 지프차로 농성 광부를 깔아뭉개고 방광이 탈구되고 사람이 죽었다고 느끼는 아비규환의 현장이 벌어졌는데도 불구하고 그걸 폭력으로 안 본다? 먼저 그 폭력성을 인정해야 합니다.

네 번째로 수습 과정에서 벌어진 국가 폭력이 엄청나지 않습니까?

그러면 보세요. 네 가지를 제가 언급을 했는데 재해를 유발하는 노동 환경, 광부들이 매년 200명 가까이 죽었습니다, 광부들이. 그런 환경에 대한 국가 책임성 하나. 두 번째, 기간산업이라고 노동운동을 통제하고 어용 노조를 만든 것도 국가. 세 번째, 그 수천 명의 부녀자들까지 아기 업고 나오게 만들었던 직접적인 도화선이 국가 폭력이었던 것. 그다음에 패퇴한 다음에 몰래 다시 잡아들여서 엄청난 고문을 가했던 네 가지를 봤을 때 이게 일반적인 노동운동으로 설명할 수 있는 게 아니라는 거죠.

그래서 이거는 국가 폭력에 대항한 광부 항쟁으로 보는 게 맞고, 그런 점에서 국가가 이거에 대해서 책임성을 가지고 산업 전사들을 너무나 학대하고 광부들을 하층민이라고 멸시하고 이런 거에 대해서 먼저 사과해야 한다는 겁니다. 그 과정에서 우리가 서로 손가락질하는 걸 거두고 치유해 나가야 한다는 거죠. 그게 기념사업의 기조가 되어야 하지 않을까 생각을 합니다.

장미현 : 지금 황인욱 선생님께서 제시해 주신 기념사업의 방향과 관련해서 다른 의견 있으시거나 보충하실 선생님 계실까요?

박봉남 : 역시 더 많은 아카이브와 조사들이 필요하다고 생각을 합니다. 제가 취재한 바에 의하면 폭력의 형태들이 크게 보면 두 곳에서

폭발적으로 드러났는데, 하나는 21일에서 24일에 경찰과 대규모 충돌하는 거, 그와 동시에 벌어졌던 지부장 부인에 대한 린치 사건 이게 하나고요. 그다음에는 5월 6일부터 진행됐던, 국가가 관련자들 100여 명을 연행해서 무자비하게 가했던 폭력. 후자도 역시 잘 드러나지 않고 있어요. 그러니까 제가 관련자들 계속 찾고 만나러 다니는데, 가슴 아픈 사연들이 좀 있더라고요.

아직까지 한 번도 공개가 안 돼 있는, 전남 화순에 살고 있는 구○우라는 분이 계세요. 이분 동원탄좌 광부였고 이분 진술을 두 번을 들었는데, 특이하게도 처음 정선경찰서 끌려갔을 때부터 군복 입힌 등에 '빨갱이'라고 스프레이로 썼다고 하고, 들어갔을 때부터 이 사람은 경찰관 폭력이나 린치 사건 혐의를 취조받은 게 아니라 "너 김대중의 사주를 받았지?"라는 취조를 받았다고 일관되게 이야기를 하세요. 이분 고향이 화순이거든요. 굉장히 특이한 사례인데, 이분이 풀려나고 나서 오랫동안 분노와 트라우마 때문에 화순광업소에서 일하면서 술 먹고 경찰서에 찾아가 항의하고 전화하고 이런 식의 시간을 굉장히 오랫동안 보냈어요. 광주에 있는 트라우마 센터에 가서 치료까지 받았더라고요. 그러니까 이분 같은 경우를 보면 완전히 방치됐던 거죠. 오랫동안 정선경찰서에서 고문을 당하고 회사에서 밀려나 화순에 가서 광부 생활을 했지만, 그 고통을 잊지 못하고 풀지도 못하고 아직까지도 이 이야기를 하면 손을 벌벌 떨고 있는 굉장히 놀라운 모습을 보이셨어요.

그다음에 박○식 사연을 들었고, 지금 그분의 묘역이 울주에 있어서 묘역도 갔다 왔어요. 이분 되게 선한 인상을 가지셨고, 당시 사북성당을 다니면서 가톨릭 영세도 받으셨어요. 요하킴이라는 세례명을 가지고 계셨는데, 여러 가지 정황으로 사실 관계를 보면 이분은 대의원을 했고 기존 집행부에 반대했어요. 그 다음에 사북사건 발발 직전에 광노에 올라가서 농성에 동참했고. 딱 이게 죄목이거든요. 그 대가 치고는 너무 가혹한 거죠. 그리고 그 고통을 아내와 자식들이 고스란히 떠안았고.

이런 사례들이 굉장히 많을 거라고요. 제가 또 찾고 있는 분들이 있는데, 아직 못 찾고 있는데 아까 국가가 수습 과정에서 행했던 폭력의 피해자들에 대한 사례를 당사자들과 가족들이 있을 때 찾아야 합니다. 그래서 이것도 세상에 알려야 한다, 그런 생각을 하고 있습니다.

장미현 : 굉장히 중요한 이야기를 해 주셨습니다. 사실 오늘 이야기에서 우리가 가해나 피해 문제를 사사화하는 것에 대해서는 더 성찰하고 경계해야 한다는 이야기를 나눴지만, 고통이야말로 정말 사사화될 수밖에 없는 문제인 것 같아요. N개의 고통, 거기에다 가족들의 고통까지 생각을 하면 이거는 해결할 수가 없는 문제인 거죠. 해결해서도 안 되는 것이고. 어떤 면에서 역사화라는 건 계속해서 끄집어내는 과정이라고 할 수 있을 텐데요.

한국 사회가 가부장적인 사회고 한 명의 홑벌이 구조인데, 그런 분들이 신체를 훼손당했을 때 가족들이 겪게 되는 가난이나 고통 같은 것들에 대해서는 앞으로도 계속해서 국가의 사죄라든가 배·보상 문제뿐만 아니라 기억들을 기록하고 기억하는 과정을 같이 가져가야 할 것 같습니다.

마찬가지로 장용경 선생님께서 이야기를 해 주셨던 인간적인 감정의 위대함들을 같이 보여 주는 것과 김정한 선생님이 이야기해 주셨던 네이밍의 문제나 공식적인 기념의 문제라고 하는 것이 별개의 문제가 아니라 같이 가져가야 할 문제라고 생각을 해요.

이것을 같이 가져가는 모습을 사북항쟁에서 먼저 보여 줌으로써, 그간에 한국 사회 여러 가지 항쟁들이 거쳤던 지난한 과정들을 반면교사로 삼아서 다른 지역에 성찰의 계기가 될 수 있는 기념사업으로 마련해 갈 수 있을지 않을까라고 생각을 합니다.

황인욱 : 제가 박봉남 감독님의 말씀에 조금만 보충해서 말씀드리고 싶어요. 지금 아카이브 이야기를 하셨는데, 사실 상당히 중요하다고 봐요. 왜냐하면 한 20년 동안 사북의 이야기를 하지 못했잖아요. 20년 동안 못하다가 2001년에 겨우겨우 말이 나오기 시작했는데, 사실 박봉남 감독님 앞에 이미영 감독인가요? 〈먼지, 사북을 묻다〉라는 영화를 통해서 말을 꺼냈죠. 그때 우리가 알게 된 여러 사실들이 나옵니다. 거기 나왔던 경찰의 이야기라든가 고문 이야기 다 끄집어 나왔잖아요. 그런 이야기들이 입체적으로 구성돼야만 이 사건이 그야말로 '말뚝에 묶여 있지 않은 사건'이 된다는 거죠.

다양한 이야기가 나와야 하고, 저도 박봉남 감독하고 이야기를 나눌 때 가끔 깜짝깜짝 놀랄 때가 있어요. 왜냐하면 경찰을 취재하고 왔는데 이 경찰들의 인식이, 그때 안경다리 전투에서 패퇴하고 도망가면서 자기네가 그랬다는 거예요. '저 사람들이 왜 우리를 저렇게 도망가는 데까지도 죽일 듯이 쫓아오는가.' 그런데 본인이 몰랐다는 거죠. 광부들이 지프차에 깔려서 사경을 헤매고 있었다는 사실을 자기는 처음 듣는다는 거예요, 수십 년 만에.

그러니까 사북에 대한 진실을 우리 모두가 다 아는 것처럼 보이지만 너무나 이미지화되어 있는, 상징이 너무나 교묘하게 조작이 돼 있기 때문에 우리가 사북 하면 지금까지 '말뚝에 묶인 지부장 부인'은 다 기억하실지 몰라도 그 실상을 과연 알까요, 경찰이 지프차로 광부들을 몇 명 깔아뭉개고 갔다는 사실을 사람들이 이 사북사건에서 떠올릴까요? 그러니까 그런 것들이 없기 때문에 아카이빙이 더 필요하고, 아까 말씀하신 N개의 진실들을 더 추적하다 보면 사건의 진실이 좀 더 객관화되고 또 당사자들도 용서하는 마음이 생기지 않을까요? 나만 피해자가 아니잖아요. 고통스러운 여성들이 얼마나 많았고.

노조 지부장 부인을 포함해서 하는 말씀입니다만 서로 연민하는 마음을 가져야겠죠. 결국 우리 모두는 그 당시 국가 폭력의 희생자일 수도 있는 거니까. 좀 더 그런 측면에서 앞으로도 아카이빙 작업, 그다음에 이런 역사적인 의식을 가지고 있는 영화감독의 추적 작업 이것들이 역사적으로 상당히 중요하게 작용하지 않을까 싶어요.

장용경 : 지금 선생님께서도 자료 수집을 하고 계시잖아요. 구술 자료도 있고 동원탄좌 자료도 있고 동원탄좌뿐만 아니라 삼탄도 있고 한데, 그런데 문제는 아까 말씀하셨지만 직접 자료들이 없어요. 국가기록원에 있고 또 진실화해위원회에서도 수집한 자료가 있는데 공개를 못하니까. 그게 빠지면 사실 앙꼬 없는 찐빵이라고 하나? 그런 느낌이 있어서. 그걸 어떻게 해서 지역의 도서관에다 모아 놓으면 사북 연구의 핵심이 될 수도 있겠다는 생각도 들어서.

황인욱 : 그러니까 우리가 입수할 수 있는 자료가 있으면 찾으면 좋은데, 일단은 제가 볼 때는 사람들이 돌아가시기 전에 들을 이야기가 아직도 많다는 거죠. 지금 박봉남 감독이 엄청난 일을 하고 있는데…… 지금 찾아다니잖아요, 경찰분 찾아다니고 피해자 찾아

다니고 사진의 인물들 다. 우리가, 역사가들이 미처 하지 못했던 일들을 많이 하고 있는데, 예를 들면 그렇습니다.

우리가 이원갑 선생님이나 신경 선생님 이야기는 많이 들었는데 지프차에 깔려서 다른 사람들의 삶이 어떻게 변했는지, 그리고 황인오라는 동지회 회장님도 그렇잖아요. 그 당시의 젊은 청년이 왜 이 사건에 말려들어서 인생행로가 바뀌었는지에 대한 이야기를 아나요? 그러니까 그런 이야기들을 좀 더 구성을 해서 연구자들에게 많은 자료를 제공해야 하고, 일반에게도 제공된다면 문학적으로든 예술적으로든 많이 승화되지 않을까 생각합니다.

박봉남 : 폭력의 피해자들은 광부와 가족들이 있고요, 그다음에 지부장 부인이 있고, 그다음에 경찰들도 폭력의 피해자예요. 당시 아무 영문도 모르고 시위 진압에 투입됐다가 잘못된 작전 과정에서 경찰 1명이 사망하고 60~70명이 중경상을 입거든요. 제가 중경상을 입은 경찰들 목록을 확인해서 세 분을 만났어요. 그중에 한 분이 아까 그 이야기를 하셨거든요. "우리들이 패퇴해서 도망가는데 애들하고 여자들이 막 욕을 하고 돌을 던져서 왜 우리한테까지 저렇게 적대적일까 그때도 몰랐는데, 지금도 모르고 있다"라고 이야기해서 제가 "그때 사실 직전에 경찰이 지프차로 광부를 치는 사건이 발생했고 경찰이 광부를 죽였다는 소문이 쫙 돌았습니다" 하니까 그때서야 "그랬어요? 그러면 그럴 만했겠네요"라고.

제가 계속 취재하고 있는 피해 경찰이 한 명 더 있어요. 저는 피해 경찰이라고 생각을 하는데, 영월경찰서 순경이었어요. 둘째 날 안경다리 투석전이 벌어질 때 이덕수 순경이 앞에 가다가 돌을 맞고 사망하잖아요, 그 바로 뒤에서 두 번째 쓰러졌던 경찰이거든요. 이분이 돌에 맞아 쓰러져서 뇌수술을 받고 6개월 간 치료를 받거든요. 그리고 후유증을 오랫동안 갖고 있고. 그 런데 참 굉장히 놀라웠던 것은 이분 인터뷰를 올해 4월 22일에 했거든요, 딱 40년 되는 그날 인터뷰를 했어요. 이분이 그때 자 기가 당했던 고통, 생사를 헤매던 암담함, 뭔가 영안실 같은 데 던져졌던 느낌, 이런 이야기를 하는데 제가 질문을 했단 말이에 요. "당신을 그렇게 만든 광부들에 대해서 원망하는 마음이나 적대감이 없었나요?" 그랬더니 의외로 "나는 그들을 원망해 본 적 없다. 지금도 원망 안 한다"라고 이야기를 하시더라고요. 그 래서 왜 그러냐고 물어봤더니, "내 고향이 영월 마차리다." 마 차리, 우리나라에서 탄광 처음으로 있던 데잖아요. "마차리에서 태어났고 아버지가 광부였고 나도 경찰에 들어가 일하기 전에는 광부 일을 했다. 광부들이 얼마나 힘들게 일하는지 안다." 그리 고 자기가 의식을 잃고 쓰러질 때 누군가 자기를 태워서 보건원 에 데려갔는데 경찰은 아니었대요. 제복을 안 입고 있었기에 주 민 아니면 광부일 거라고 생각했대요. 그래서 사북사건 2년 후 에 동원탄좌에 가 봤대요, 나를 구해 준 사람이 누굴까 찾아보 고 싶은 마음에. 그런 이야기를 하더라고요. 그런데 이분이 그 당시에 난동 사건 주범 중의 한 명으로 구속이 됐던 진ㅇ규의 육촌 동생입니다. 이런 게 엇갈리고 서로 이런 상처들이 교차하 는 사례들이 많거든요. 그래서 사실은 경찰들이 당했던 고통과 상처도 기록으로 남기고 돌아볼 필요가 있다는 생각입니다.

장미현: 지금 박봉남 감독님께서 이야기해 주신 소위 구조적 가해자의 스 토리들은 현재 다양한 폭력의 현장이라든가 학살의 현장에서도 중요한 이슈가 되고 있는데요. 예를 들면 베트남 민간인 학살에

서도 가해 군인들, 한국 군인들의 이야기를 들어야 한다는 움직임이 있고요. '위안부' 문제도 마찬가지고. 사북에서도 이 문제에 대해서 좀 더 천착할 필요가 있을 것 같네요. 특히 지금 소개해 주셨던 사례 같은 경우에는 중요한 이야기를 담고 있기 때문에 그런 사례들이 더 많이 발굴돼야 할 것 같습니다. 이거 관련해서 장용경 선생님께서 하시고 싶은 이야기가 있는 것 같은데요.

장용경 : 저는 물론 다 동의한다는 전제에서 말씀드리면, 뭔가 국가에 대해서 피해 공동체라는 것을 설정하는 기념이 나름 큰 의미가 있지만 거기서 더 나아가야 할 것 같아요. 아까 말씀드린 인간적인 용기, 희생, 책임감 이런 거까지 포함해야 제대로 된 계승이 아닌가, 기념이 아닌가 생각이 들어요. 아까 경찰도 그렇고 지부장도 그렇고 다 국가에 의한 피해자라고 하면, 어떻게 보면 맞는 말이라고 생각이 들긴 하지만 모든 게 국가에 의한 어떤 수동적인 대리인 정도밖에 위치를 갖지 못하거든요.

그러면 행위자성, 주체성은 뭔가? 신경 선생님이 서명을 받고 또 내가 노동자 편에 선다는 대의 때문에 참을 수 있다고 말하는 용기, 황인오 선생님이 정치를 하시려고 했는데 노동자들의 상황을 알고서 "내 꿈이다. 겉멋이었구나"라고 말씀하시는 결단, 그런 인간적인 결단과 용기가 빛을 발하는 건 피해자라는 전체적인 규정에서가 아니라, 일상을 미세하게 보고 그 사람의 행위성을 잘 드러내는 데 있다고 생각해요. 광부들의 용감함이나 행위자성, 그걸 살리지 않으면 너무 아깝단 말이에요.

황인욱 : 주체성이 당연히 중요해요. 제가 말씀드린 게 이겁니다. 아까 박봉남 감독도 이야기했지만 1979년부터 시작된 노조 민주화

에 대한 운동, 엄청난 일들이 있잖아요. 그 주체성이 분명히 드러나야 해요. 그게 평가돼야 하고. 이원갑 선생님, 신경 선생님, 그 외의 수많은 광부들. 그리고 거기서 그치면 안 되죠. 4월 21일에 원일오 광부를 둘러싼 이야기들. 왜 저항했고 왜 다쳤고 이런 이야기들이 발굴이 돼야 하는 거고요. 거기엔 황인오라는 인물도 있죠. 그리고 그 이후에 잡혀가면서 서로 상처를 받고 이래야 했던 사람들이 있는 거고. 그게 다 주체 아니겠습니까? 그런 이야기들이 다 진실로 묶이다 보면 이게 영웅 서사도 아닐 것이고 그리고 완벽하게 피해자도 아닐 거예요.

그 주체성 있는 사람들이 각자 용기 있게 국가에 맞섰는가 하는 거죠. 그래서 항쟁이 되는 거고. 아기 업은 엄마까지 나와서 어디에 맞섰습니까? 그 사람들의 이야기가 하나하나 나와야 한다는 거죠. 이게 잘못하면 수사 당국이 공소장으로 만들어 낸 '너 주동자'라고 하는 프레임에서 우리가 못 벗어난다는 거죠. 그런 점에서는 기념사업을 위해서도 그 주체성 있는 사람들의 이야기가 더 발굴돼야 한다고 말씀드리면 해명이 될지 모르겠네요.

장미현 : 같이 갈 수 있는 문제라고 봅니다. 다들 잘 아실 거라는 생각이 드는데요. 또 구조적인 억압의 문제라고 하는 건 당연히 중요한 문제고요. 그 구조적인 억압이라는 것을 아주 세심하게 밝히고, 그 억압이 사실은 그냥 있는 게 아니라 거기에 중층적으로 아주 켜켜이 주체들을 넣어서 말단 경찰에서부터 이를테면 보안사령관까지 이런 구조에 의해서, 거기서도 주체성이 나왔는데 그런 사람들의 판단이나 행위에 의해서 만들어지는 거죠.

저희가 그런 것들을 세밀하게 밝히는 작업들이 필요한 반면에 장용경 선생님께서 말씀해 주신 대로 인간적인 용기나 희생이라든가 책임감과 같은 것은 정말 내면의 주체성 같은 거죠. 극단의 상황에서도 인간이 주체성을 발휘하는 게 어떤 면에서 역사를 구성해 왔잖아요. 이런 것들을 앞으로 사북항쟁을 역사적으로 계승하고 역사화하는 과정에서 같이 고려하면 될 것 같습니다.

그리고 이 자리를 끝으로 해산하는 것이 아니라 그런 책임감을 무겁게 느끼면서 앞으로 이 사북항쟁을 한국 사회와 세계 시민을 향해서도 발화할 수 있는 역사적인 사건이자 성찰하는 사건으로 만들기 위해서, 항쟁으로 계승하기 위해서 여러 가지 우리가 해야 할 역할들이 많이 나왔다고 생각을 합니다.

저도 책임감을 가지고 좀 더 당사자성이라고 하는 것을 무겁게 느끼면서 계속해서 연구와 실천을 해 나갈 것 같고요, 참여해 주신 패널분들이나 온라인으로 참여해 주신 참가자 여러분도 저와 같은 생각을 가지고 계실 것 같습니다. 마지막으로 한마디씩 하고 마무리하겠습니다.

박봉남 : 사북사건을 주도했고 또는 참여했던 당시 광산 노동자들은 어떤 의지를 가지고 어떤 동기에 의해서 움직였는가, 한 인간으로서. 그걸 저도 고민을 가지고 보거든요. 물론 객관적으로는 유신 체계의 포괄적인 지배 구조, 그다음에 자신들의 대리인이어야 할 노조에 대한 불만, 그다음에 늘 자신들의 반대편에 서서 자신들을 감시했던 경찰과 공권력에 대한 분노, 이런 것들이 복합적으로 폭발이 되어서 아주 대규모 사건으로 비화한 건데, 각 개개인들의 동기는 무엇일까 생각해 보면 주목할 부분들이 있어요.

신경이라는 분은 사북사건 관련 아카이브 중에서 현장에서 찍힌 사진도 없고 동영상에서도 없고, 당시 1979년 12월에 제

주도에 갔을 때 대의원들과 찍은 사진밖에 없어요. 이분 집에 가 보니까, 이분이 청주교도소에서 2년간 실형을 살고 나왔는데 그때 봤던 책이 있어요. 『노동법교본』. 그 뒤에 교도소 직인이 찍혀 있고. 이분이 그 안에서 계속 책을 읽었던 것이고, 특히 『노동법교본』을 계속 봤던 거죠. 그리고 이분이 옥중 편지에서 자신의 삶에 대해서 명확하게 이야기를 하고 있어요. "우리의 희생으로 근로 대중의 삶이 조금이라도 나아졌다고 하면 여한이 없다"라는 표현을 하셨어요. 그러니까 당시 막 앞서서 하지는 않았지만 대의원 자격으로 광산 노동자들의 근로 조건 개선과 인간다운 삶을 열망했던 동기가 분명한 거죠.

김ㅇ용이라는 분이 있어요. 이분 역시 끌려가서 고충을 당했어요. 이분은 동원탄좌 직영이 아니고 하청업체 광부였는데, 제가 물어봤어요. "왜 이 일에 관심을 가졌습니까?" 이분이 이렇게 이야기했어요. "내가 하청업체 대의원이 됐을 때 이원갑을 찾아갔다." 이원갑을 찾아가서 "당신이 지부장이 되면 우리 하청 광산 노동자들의 처우를 개선해 달라." 이렇게 단도직입적으로 요구를 했고, 이원갑이 "좋다"고 해서 자기는 이원갑의 편에 섰다고 이야기한 거죠. 그리고 이분이 또 흥미롭게 한 이야기는 그때 어떤 사람, 그분은 돌아가셨는데 그 사람으로부터 노동법 관련된 책을 받아서 그걸 봤대요, 1979년에. 그걸 보니까 '우리 동원탄좌 하청업체에서 하는 일은 말도 안 되는구나' 이걸 알고, 비로소 책을 보고 뭔가 눈을 떴다, '그 책을 내가 받지 않았으면 이런 일에 엮이지 않았을 거다'라고 이야기를 하더라고요. 그러니까 등치시키기는 어렵지만 전태일이 봤던 책, 그다음에 사북의 광산 노동자들이 봤던 『노동법교본』, 이 책이 비슷한 시대의 맥락이 있는 거죠.

그리고 제가 아직 찾지 못했지만 권○욱이라는 분도 노동법에 밝았다고 신경 선생이 증언을 하고 있거든요. 그러니까 1970년대 후반에 광산 노동자들은 『노동법교본』을 보면서 우리의 노동 현실이 개선돼야 한다는 걸 인식하고, 그것들이 조직화되지 않았지만 나섰고, 동조했고. 그런 것들이 개인의 선택에 동력이 됐다는 거죠. 저는 이런 것들이 중요한 사실 관계라고 생각을 하고 좀 더 밝혀지고 모아질 필요가 있다고 생각합니다.

6. 앞으로의 과제 - 연구의 심화와 주체들의 연대

김정한 : 역사문제연구소에서도 구술 작업을 해서 곧 책으로 펴낸다고 이야기를 들었는데요, 박봉남 감독님도 취재를 많이 하셔서 굉장히 귀중한 자료가 될 것 같고 영화도 상당히 기대가 됩니다.

아까 말씀하신 국가 폭력과 관련해서는 사실 과거 청산이나 과거사 정리의 딜레마 같은 것이 있어요. 국가가 진상 규명을 하고 책임자 처벌을 하고 기념 공간을 조성하고 하는 과정들이 있게 되는데, 사실은 5·18도 과거에는 혁명이나 항쟁이라는 담론이 중심에 있었지만, 그렇게 하다가 '국가 폭력의 희생자다', '국가 폭력에 의해서 피해를 입었다' 이런 담론들로 넘어가게 되는 과정들이 있습니다. 가장 중요한 게 보상 문제였어요. 국가가 보상을 해 주겠다, 책임자 처벌은 안 됐지만 보상은 해 주겠다고 했는데, 이게 개별적으로 보상을 받는 식이 되니까 어떻게 되냐 하면 얼마나 피해를 입었는지를 개별적으로 증명해야 하는 과정이 된 거예요. 그러면서 누구는 보상을 많이 받고 누구는 적게 받는 등 보상의 차별도 생기고 하면서 저항 담론, 항쟁 담론에서 피해자 담론, 희생자 담론으로 넘어가고, 당사자들 간의 갈등도 생기고 하는 문제들이 있었습니다. 그래서 국가가 나서서 해결해야 하는 과제들이 있지만, 또 한편으로는 시민 사회라고 표현하기가 좀 애매하긴 하지만, 국가에 의존하지 않고 어떻게 이 갈등을 풀어나가고 계속 저항 정신을 이어갈 것인가 하는 고민을 계속할 부분들이 있는 것 같습니다.

황인욱 : 일단 역사문제연구소의 연구자들한테 감사를 해야 할 것 같아요. 왜냐하면 사북항쟁, 사북사건에 대한 연구의 불모지에서 그나마 관심을 가지고 연구를 한다는 것이 후대의 많은 연구자들에게 영감을 줄 거라고 보고, 그런 관점에서 되게 귀한 연구들이고요.

　오늘 폭력 문제를 이야기했는데 당사자들이 이 문제를 해결하기는 어렵다고 봅니다. 그래서 중요한 건 당사자들이 아닌 주변에서 연구자, 혹은 예술가, 사실에 대한 관심을 가진 사람들이 훨씬 더 많은 노력을 하는 가운데 당사자들의 아픔도 치유될 것이라고 보거든요. 그래서 이 문제를 절망적으로 볼 필요는 없고.

　우리가 아픔을 치유한다는 관점에 서서 연구자들이 '사건'이나 '항쟁'이라고 규정한다고 해서 그걸 미화하거나 혐오한다고 저는 보지는 않아요, 그렇게 볼 이유도 없고. 연구자들이 각자이 사건의 성격을 어떻게 볼 것인가에 대한 다양한 이야기를 내놓고 또 다른 사람은 거기에 뒷받침되는 자료라든가 아니면 반박할 수 있는 자료를 내놓으면서 한 발 한 발 역사적 진실을 향해서 나가면 될 거라고 봐요.

　저도 앞으로 연구를 한다고 하겠지만, 연구자들한테 탐정의 관점이 필요하다고 봐요. 사건의 단서를 볼 때 은폐되거나 지워진 것들을 잘 찾아내야 하잖아요. 특히 사북사건의 경우는 그런

게 되게 많습니다. 너무 부각된 일에만 자꾸 눈을 돌릴 게 아니라 지워져 버린 일, 은폐된 일들을 잘 찾아내는 것이 연구자들의 몫이 아닌가 생각해요. 그래서 우리가 그런 장면들을 제대로 복원해 낸다면 아픔도 치료될 것이고, 역사적인 계승 문제도 잘 해결되지 않을까 생각합니다.

장용경 : 저는 대안으로 성찰적 기념을 말씀드렸는데, 성찰이라는 게 '반성하자' 이런 차원의 문제는 아니었어요. 아까 말씀하신 용기와 책임감을 가지신 분들이 지금의 난관에 부딪힌 문제를 풀 수 있는 주체로도 확장 가능하지 않겠냐는 차원에서 문제를 제기한 거고, 반성하자는 차원에서 얘기한 건 아니라는 말씀을 드립니다. 주체의 확장, 이 정도로 이해해 주셨으면 좋겠습니다. 거기에는 피해도 받고 이러지만 또 견디면서 힘껏 살아가려고 하는 용기도 가지고 있는, 이런 긍정적 메시지도 분명히 들어 있다는 점을 말씀드리고 싶습니다.

장미현 : 한마디, 한마디 제시해 주신 내용들이 굉장히 중요한 문제라고 생각합니다. 우리가 가려져 있던 것들을 계속해서 찾아내고, 탐정의 시각을 가지고, 국가에게 피해를 당한 것에 대해서 당당하게 배·보상을 요구하고 사과를 요구해야 합니다. 하지만 국가에 의한 보상으로만 수렴되는 그런 기념화가 아닌 모습에 대해서도 계속해서 우리가 생각을 가져가야 하고, 이 안에서 어떻게 사북항쟁이 가지고 있었던 저항 담론 같은 것들도 면면히 이어 나가고 서사화하고 역사화할 것인가에 대한 제안도 해 주셨습니다. 이것을 바탕으로 삼아서 앞으로의 사북항쟁, 앞으로의 사북을 만들어 나가야 할 것 같습니다.

마지막으로 오늘 많이 이야기하진 못했지만 사실 중층적으로 억압되어 있는 구조 속에 분명히 사북의 여성들이 있었습니다. 광부의 아내로서, 지역의 주민으로서, 또 아이들의 엄마로 항쟁 참여자 그리고 국가 폭력의 가장 큰 피해자로서도 있었는데, 그런 모습이 많이 가려져 있기에 훨씬 더 많이 찾아야 할 지점이라고 생각을 합니다. 마찬가지로 이분들도 억압의 피해자였던 모습만 있었던 것이 아니라 그 안에서 저항의 주체로서의 모습 또는 인간성을 발휘하는 모습들도 있었을 것 같아요.

제가 들었던 증언 중에서는 폭력의 상황에서도 지부장 부인께서 목이 마르다고 했을 때, 옆에 있는 남자들이 다 "뭘 갖다 주면 널 내가 가만두지 않겠다"고 이야기했지만 "너무 목이 말라 보여서 몰래 물을 줬다"라는 여성의 증언을 들은 적이 있는데요, 극한의 상황에서도 인간성을 드러내는 모습이 마찬가지로 사북의 여성들 내에서도 있었을 것 같습니다.

지역사회라든가 한국 사회에서 더 많은 다양한 주체들, 그중에서도 훨씬 더 중층적으로 가려져 있었던 역사적 마이너리티에 대해서 주목해야 한다는 제안을 드리면서 자리를 마감했으면 합니다. 감사합니다.